鉄道と地域の社会経済史

篠崎尚夫 編著

日本経済評論社

はしがき

　本書『鉄道と地域の社会経済史』は、立教大学大学院経済学研究科老川慶喜ゼミの現役院生を中心に、かなり年齢の離れた OB も一部混ざって、でき上がったものである。老川ゼミは、その時々に、他大の院生、留学生等も自然に交わり運営されて来た伝統がある。その意味では、本書は老川ゼミの特徴をよく表しているものといえる。

　老川先生が還暦を迎えられる前年の正月 4 日、恒例の老川邸「酒盛り一門会」の席上、突如「還暦記念に本をつくろう」ということになった。この「決定」は北京オリンピックが終わった後であったから、ついこの前のロンドンオリンピックを考えると、4 年の歳月が過ぎたことになる。

　このままでは、還暦記念が古希、喜寿記念、否、やがて盤寿、傘寿、米寿、卒寿……記念となってしまう可能性がある。今までに提出された原稿を、早く生かさねばならない。予定されてはいたが、未提出の原稿は諦めねばならない。「四年一日」のごとき空気を破らなければならない。「エイッ！ヤッ！ター！」と、蛮勇を奮って出版することにした。

　いまどき、還暦記念本の類は流行らないかもしれない。が、敢えて本書を刊行したのは、迷惑を承知で、我々一同、先生を尊敬し慕っていることを形に表したかったためである。「仰げば尊し　わが師の恩」と、本気で唄えるのである。こういう社会科学系大学院ゼミも未だ残っているのだ、と誰か（何か）に向かって叫びたかったのである。「酔狂」と映るかもしれない。確かにそうであろう。酔った席で決まった企画であるから当然である。但し、「真摯な『酔狂』が日本の歴史を創って来た」という事実も忘れないで欲しい。

　老川先生は、立教大学ホームページ上「経済学部研究室紹介」で、自らの研究について次のように述べられている。

大学院時代からの研究成果をまとめて、日本経済評論社から『明治期地方鉄道史研究』(1983年)、『産業革命期の地域交通と輸送』(1992年) という2冊の単著を出版してからは、私の研究上の関心は広がり、現在は自動車産業史、生鮮食料品市場史、商品流通史、電力業史、経済思想史、企業家史、不動産業史などの研究を手がけている。(圏点――引用者)

　これらの研究は一見ばらばらに見えるが、いずれも市場の動向を重視し、需要側に重点を置いて考察をしているという点で、大学院時代から進めている鉄道史研究の延長上にあるように思われる。(圏点――引用者)

　鉄道史研究から始まった私の研究は、多角化・多様化し続けているように思われるが、市場や需要の側面に関心を向けているという点では一貫しており、大学院時代に敷いたレールの上を何両かの電車が走っているというのが実情なのかもしれない。(圏点――引用者)
　(http://www.rikkyo.ac.jp/eco/feculry/introduction/introduction01.html)

　先生は、これまでに単著6冊を書かれている。さらに、編著・共著・共編著・監修等を含めると、Amazon検索で、101冊の本が登場する。
　先生が大学院時代に敷かれたレールの上には、今や101両の電車が走っているのである。論文、雑誌・新聞記事、事典、ビデオ・DVD監修等を含めた詳細説明については、喜寿記念まで、待って頂きたい。調べれば、調べるほど、筆者の自信がなくなってくるからである。着々とした、まさに鉄路を征く機関車のような、「静かなパワー」に圧倒されてしまっているのである。
　先生の大学・学会等における役職等の紹介も省く。先生は、学問・研究そしてそれに裏打ちされた「現場の教育」以外のことを、我々の前で話題とされることはないからである。そういった役職には余り興味がないのであろう。少なくとも学者にとって、「役職自慢」は自慢というより自爆に至る、とお考えのようである。但し、現在人気の鉄道博物館 (大宮) 設置の立役者が、この老川

先生であることだけは記しておく。やはり、先生は「鉄道の人」なのである。

　本書『鉄道と地域の社会経済史』は、10本の論文から成っている。質において老川先生の論文に遠く及ぶべくもないが、「問題意識」だけは師の片鱗を受け継いでいるはずである。「鉄道（交通）」と「地域」が、「社会経済」すなわちヒトではなく人間（人の間＝二人以上必要＝社会）の営み（くらし＝経済）を醸す、「道具」と「場」となり、その証拠（我々の諸論文）を新たに組み合せることによって、「これらの研究（断片──引用者）は一見ばらばらに見えるが」、一つの物語（歴史）を創り出し始めるはずである（イノベーション）。
　以下、それぞれの論文（各章）を簡単に紹介していく。

第1部　鉄道
　緒となる、第1章の恩田・小緑「国鉄明知線の第3セクター転換──モータリゼーションの進展と住民の認識──」は、国鉄明知線の第3セクター鉄道への転換時期（1981年から1985年）における赤字ローカル線、すなわち特定地方交通線の存続をめぐる沿線市町村と住民の認識を検討することで、地域社会がいかなる問題に直面していたのかを明らかにしようとしている。
　戦後日本における自動車産業の発展は、全国的な道路整備を伴いながら、人々の暮らしにマイカーを不可欠なものとする、いわゆるモータリゼーションを生み出した。モータリゼーションの進展に伴い、多くの地域住民に「マイカーを移動の主体とした生活」が浸透したことは、鉄道（公共交通）離れを引き起こした。一方で、高齢者や通学生徒などマイカーを持たない、いわゆる「交通弱者」も生み出すことになった。
　当時、国民の多くは、自ら利用する国鉄路線の経営動向について、必ずしも関心を持っているとはいえなかった。が、その路線が地元自治体出資の第3セクターに転換されようとしたとき、否応なく、地域住民として路線経営に関心を持たざるを得なくなった。
　国鉄再建に端を発する赤字ローカル線廃止問題は、地域住民が「鉄道の地域

振興にもたらす意義」について再認識する、きっかけとなったという。

　第2章の西谷「常北電鉄と日立製作所――地方鉄道と戦時期の軍需増大――」は、茨城県久慈郡太田町（現・常陸太田市）における常北電気鉄道（現日立電鉄――鉄道事業は2005年に廃止）の開業と経営の展開について考察したものである。

　戦時期鉄道業に関する概括的研究は幾つもある。が、当時急拡大を遂げた地方工場とその労働力とされた地域住民を輸送によって結びつけた「地方鉄道の役割変化」について、経営内容と関連付けた具体的研究は、管見ながら、知らない。

　常北電鉄は、明治時代中期に、茨城県北部の主要商業地の一つであった太田町の有志が中心になって、設立された私営鉄道である。地域経済発展（「停滞」打破）の期待を担って開業された常北電鉄であったが、その成果はそれほど見られず、開業当初の電鉄経営も安定せず赤字が続いた。

　この状況を大きく変えたのは、戦時期における日立製作所の急拡大であった。同社は、生産設備を次々に拡張していき、周辺地域には日立製作所の工場が次々と新設されていった。これに応じて、大量の労働力を農村部等から集める必要が生じた。このため、太田町から久慈郡の農村部を経由し常磐線へと接続する、常北電鉄が通勤手段（労働力の輸送手段）として機能するようになり（役割変化）、同社の業績も急速に改善していったという。

　第3章の恩田「遊覧地・長瀞の形成と秩父鉄道」は、戦前期、とくに1920年代に現出した「郊外ブーム」について、鉄道会社の経営面から検討することを目的としたものである。

　「郊外ブーム」とは、都市に居住する多くの人々が自然を求めて郊外に周遊するようになる現象である。また、このブームは、鉄道会社による乗客誘致を目的とした経営策の一つの結果としても知られている。

　本論では、戦前期の秩父鉄道株式会社（1916年2月までは上武鉄道株式会社）による長瀞への行楽客・遊覧客誘致の「あり方」について、同社の経営展開に即して検討していくことで、地方鉄道会社による沿線の遊覧地開発の「あり様」

を示している。

　当初の上武鉄道では沿線住民だけであったものが、その後徐々に「埼玉県内さらには東京市民」へと、乗客の地理的範囲を拡げていった（量的拡大）。それとともに、「富裕層から家族連れも含めた客層」といった質的拡大も進んでいったことがわかる。遊覧地としての長瀞が、秩父鉄道開業後に形づくられていったことが明らかにされている。

　第4章の鈴木「明治・大正期の株式取引所と鉄道株――日本における投資家保護思想の萌芽との関連で――」は、日本における「投資家保護」（本論ではおもに「有価証券の円滑な取引」をめぐる議論）思想の萌芽について、明治・大正期の株式市場の動きや株式取引所のあり方をめぐる議論と関連させながら、考察したものである。

　明治期の株式市場は、その大半がキャピタルゲインを狙った投機的な取引であった。取引の中心は、鉄道株（私鉄会社の株式）であり、これら私鉄の中には、上場後、他の私鉄と合併したり、買収されたりしたものもあった。企業勃興期（1887年前後）から鉄道国有化（1906年）までを「鉄道株時代」と呼ぶほど、株式市場における鉄道株の影響は大きかったのである。

　このような中で、投機取引を抑制すべく、政府は1893年に「取引所法」を制定した。この法律には、取引所に対する政府の監督権限や、取引所での取引は公定相場を基本とする旨の規定が入ったが、上場制度や有価証券の円滑化についての規定は見られなかった。

　大正期に入り、第1次大戦による好況を経て、1920年3月、東京株式市場で株価が大暴落し、戦後恐慌が始まった。これを契機に、投機抑制と公正な相場の形成を主眼とした「取引所法の改正」が議会でなされ（1922年4月公布）、財界からも「投機の取り締まり」や「取引所の不備」を指摘する意見が相次いで出された。また、一部ではあるが、議会からは「有価証券流通の円滑化」を、財界からは「正しい営業や資産状態の情報を発表すること」や「各種の経済状態の正しい情報を収集すること」を求める声も上がるようになったという。

　第5章の高「小口混載と鉄道貨物取扱業――コストなのか、組織形態なのか

――」は、1890年代以降に創業された鉄道貨物運送取扱業者の利益構造の核心であった「小口混載制度」を検討し、制度変化と業者への影響を解明することによって、いわゆる「小運送紛擾」の原因について考察している。

運送業は、1870年代創業の通運系業者と1890年代に創業ラッシュが見られた鉄道貨物運送取扱業者とに大きく二分される。日本運送や明治運送といった通運系が半ば官製業者であるのに対して、鉄道貨物運送取扱業者は民間資本から成長したものであった。

民間資本から成長した鉄道貨物運送取扱業者は、やがて通運系企業と「正面から競争」することになる。「小運送紛擾」における主役となったのである。

しかし、このような鉄道貨物運送取扱業者についての創業背景、活動状況および利益構造等についての研究は未だ見られない。そのため、鉄道国有化(1906年)以降の「国鉄当局と運送業者との対抗の原因」についても究明しきれていない状況を今日に見るとしている。

第2部　地域

第6章の藤井「第2次世界大戦後における駅と商業の復興――富山民衆駅を事例に――」は、1953年に開業した、富山民衆駅について考察されたものである。

第2次大戦により日本の多くの都市は壊滅的被害を受け、「駅」もまた復興の必要に迫られた。が、当時の国鉄は十分な資産を有せず、駅本屋(ほんおく)の改築は困難であった。そこで、部外者に駅改築費用の一部を負担させる代わりに完成後に商業施設などとして利用させる、「民衆駅」とよばれる形式による駅舎改築が行われた。

「民衆駅」は、国鉄による早期の運行業務復旧を大きく助けただけでなく、当該期における「駅前商業展開」という観点からも、非常に重要なものであった。しかし、これまで「民衆駅」については全くといってよいほど研究がなされてこなかった。そこで、富山民衆駅を事例として、その構想から完成後の様相までを明らかにしようとしたのである。

実際、富山民衆駅には地元商業者が多数入居し、地元商業の復興と発展に大きく寄与したという。
　第7章の中村「1930年代における神戸市内商店街組織と神戸商店連盟の共同事業」は、百貨店対商店街という対立の構図等といった先行研究の枠組みを越え、都市における商店街および商店街組織の「商業活動」(単なる政治的活動ではない)を検討し、本来の「商店街のダイナミズム」を見出そうとしたものである。
　具体的には、1930年代の産業合理化運動から統制経済に至る、経済環境に大きな変化があった時期を対象に、(神戸市内全域を対象とした商店の集まりである商店会を含む)商店街組織および商店街組織を連合した「神戸商店連盟の活動(商業活動)」を検討している。この試みにより、明らかになった興味深い点が幾つかある。
　例えば、商店街商業組合が未組織であった商店会の段階でも、共同事業が成立していたということである。そして、それは「共同照明」や「共同売出し」といったものにとどまらなかった。湊川新開地のような、商店主・地主・興行業者等による、商店街の改良事業まで行っていたというのである。
　さらに、産官学連携により設立された神戸商店連盟は、「全市商店街の売出し統一」を展開したばかりでなく、市内の百貨店とも連携して「大売出し」をしていたのだという。これは、戦前期小売商業の「百貨店対小売商」という対立イメージを一新するものである。
　第8章の黒川「東京新市域における町内会結成以前の住民組織と選挙――1910年代から1930年代の王子町を例として――」は、1910年代から30年代における東京府北豊島郡王子町(のちに東京市王子区、現在の東京都北区)、いわゆる「東京新市域」のさまざまな住民組織と選挙の関係について検討を加えたものである。
　これまでの研究により、町内会と選挙の関わりや、戦時下町内会の行政補助的な性格については、すでに明らかになっている。しかし、町内会結成以前から存在していた旧来住民組織が、選挙や行政にどのように関係したかについては、

未だ不明である。

「東京新市域」は、明治期に近代的工場などが進出し、殊に関東大震災以後、急激な人口の増加がみられ、農村から市街地へと変貌した地域である。人口急増は、地域における住民組織や「選挙のあり方」に少なからず影響を与えた。町内会の登場である。

町内会以前の旧来住民組織としては、大字や村組の集まり、各種の講などがある。当時、これらが、選挙と全く無関係にあったとは当然考え難く、選挙との関わりという面で、新たに登場した町内会とどう連続し、変化したかを本論は明らかにしている。

第3部　そして、人間

第9章の松本「北越製紙の企業成長と田村文四郎・覚張治平」は、1910年代に新潟県の産業発展に大きく寄与した北越製紙（現・北越紀州製紙）株式会社を設立・主導した田村文四郎および覚張治平の「企業者活動の展開」について、具体的に検討したものである。

近年、地方（地域）の「産業発展ないし企業勃興」をテーマとした研究は大きく進展している。この分野の研究では、「資金調達」面、つまり企業家（この場合、名望家ないし資産家といった地域の有力者）による出資・投資の側面が比較的注目されてきた。

この「資金調達」面重視の研究動向に対し、いかに「企業構想」を確立し、そして「経営資源（ヒト・モノ・カネ）」を結集し、「製品開発や販売網」の整備をし、「組織やマネジメントの構築」を行ってきたかなどに松本は着目している。いわば、これが「企業者活動の展開」であり、本論の特徴といえる。

例えば、板紙の市況が急速に悪化したときまず同業他社と共販体制を確立したものの、意見調整がつかなくなったため、敢えて北越製紙は脱退を選択し「独自の販路確立と価格設定」に挑んだ、という件が非常に興味深いところである。

結びとなる、第10章の篠崎「『鉄道員（ぽっぽや）』の思想」は、浅田次郎の短編「鉄道員（ぽっぽや）

(1995年）をモチーフとして、さらにNHK朝の連続テレビ小説「旅路」（1967年）とイタリア映画『鉄道員』（1958年）を絡め、（国営の）国有鉄道、（国所有であるが国営ではない）日本国有鉄道、国鉄再建、国鉄マル生（生産性向上運動）、その後の「スト権スト」、そして国鉄「分割・民営化」と繋がっていく路線を辿っていったものである。そして、その後に見えてきたもの（人間観）は、……。直接触れてはいないが、老川先生の「内面的生活（研究）態度」を意識して書かれたものであることは想像がつこう。

　最後に、現在のような出版事情困難な時期に、本書刊行を快諾された日本経済評論社栗原哲也社長のご好意に厚く御礼申し上げる次第である。「社長、再びお世話になりました、本当にありがとうございます、もっともっと頑張ります」。また、冒頭の「老川先生が還暦を迎えられる前年の正月4日、恒例の老川邸『酒盛り一門会』の席上、突如『還暦記念に本をつくろう』ということになった」で、一緒に音頭をとってくれた同社編集部の谷口京延氏にも感謝で一杯である。同氏は、いわば老川一門の「叔父貴」的存在である。「叔父貴、何時もありがとうございます、そして次回も助けてください、宜しくお願い致します」。
　　　2012年10月15日

老いて尚　川面のわれ観　慶事とす　喜び希望（のぞみ）　流れの夫れに
　　　立教大学大学院経済学研究科老川慶喜ゼミナール有志を代表して　篠崎尚夫

目　　次

はしがき　i

第Ⅰ部　鉄　　道

第1章　国鉄明知線の第3セクター転換
　　　　　──モータリゼーションの進展と住民の認識──
　　　　　……………………………… 恩田　睦・小緑　一平　3

　はじめに　3
　1　国鉄再建法と明知線の存続運動　6
　2　第1次廃止対象線区選定後の明知線存続運動　12
　3　国鉄との協議開始と第3セクター鉄道計画の試算　22
　4　明知線の第3セクター転換の模索　28
　5　明知鉄道株式会社の設立と開業　36
　おわりに　43

第2章　常北電鉄と日立製作所
　　　　　──地方鉄道と戦時期の軍需増大──……　西谷　直樹　53

　はじめに　53
　1　常北電気鉄道の開業　56
　2　常北電気鉄道の経営　63
　3　日立製作所の軍需生産と日立電鉄　72

おわりに 75

第3章　遊覧地・長瀞の形成と秩父鉄道 ………… 恩田　睦 81

はじめに 81
1　長瀞への延伸と学生団体の誘致 83
2　秩父への延伸と旅客誘致 93
3　輸送量の増加と電化 98
4　電化後の経営と長瀞遊園地 102
5　昭和初期の秩父鉄道と長瀞 111
おわりに 120

第4章　明治・大正期の株式取引所と鉄道株
　　　　――日本における投資家保護思想の萌芽との関連で――
……………………………………………… 鈴木　和哉 129

はじめに 129
1　投資家保護とは何か 132
2　株式取引所の設立と明治期の証券関係法規 134
3　1893（明治26）年「取引所法」の制定 138
4　大正期の株式取引所――大正11年の「取引所法」改正を中心に―― 147
おわりに 158

第5章　小口混載と鉄道貨物取扱業
　　　　――コストなのか、組織形態なのか―― …… 高　宇 165

はじめに 165

1 小口混載制度の発達から見る鉄道と運送取扱業者の関係 169

2 鉄道の国有化と特約運賃 179

おわりに——鉄道国有化による鉄道と運送業者の関係の変化—— 190

第Ⅱ部 地　域

第6章　第2次世界大戦後における駅と商業の復興
　　　　——富山民衆駅を事例に——……………藤井　英明 203

はじめに 203

1 富山民衆駅計画の開始 206

2 改築計画段階における民衆施設 211

3 民衆駅の改築費用 216

4 民衆駅と商業 220

5 開業後の富山民衆駅 223

おわりに 223

第7章　1930年代における神戸市内商店街組織と神戸商店連盟の共同事業……………中村　慎一朗 229

はじめに 229

1 神戸商店連盟創立までの神戸市小売商業 232

2 神戸市における商店街の共同事業 243

3 統一された販売政策と商業祭の開催 249

4 神戸市内商店街と阪急三宮楽天地構想 261

おわりに 266

第8章　東京新市域における町内会結成以前の住民組織と選挙
　　　——1910年代から1930年代の王子町を例として——
　　　　　　　　　　　　　　　　　　　　　　　　　　　黒川　徳男 275

　　はじめに 275

　　1　村組から町内会へ 277

　　2　町会議員選挙における１級選挙の予選と２級選挙の大字推薦 281

　　3　町内有志団体と等級廃止後の町議選 284

　　4　町議選の男子普通選挙化と町内会 285

　　5　郡会議員・府会議員と地域 288

　　おわりに 292

第Ⅲ部　そして、人間

第9章　北越製紙の企業成長と田村文四郎・覚張治平
　　　　　　　　　　　　　　　　　　　　　　　　　　　松　本　和　明 299

　　はじめに 299

　　1　田村文四郎・覚張治平の足跡と北越製紙の設立過程 300

　　2　長岡工場の操業動向 307

　　3　販売体制の確立 313

　　4　洋紙生産および新潟への進出計画と北越板紙の設立および新潟工場への転換 323

    5　販売体制の混乱とその対応　329
    6　業績の推移および田村文吉の支配人就任と経営再建　332
  おわりに　335

第10章　「鉄道員(ぽっぽや)」の思想 …………………… 篠崎 尚夫　341
  はじめに　341
    1　国鉄職員と制服・制帽、試験　343
    2　国鉄労組と生産性向上運動　350
    3　国鉄からJRへ　357
  おわりに　362

第Ⅰ部 鉄　　道

第1章　国鉄明知線の第3セクター転換
──モータリゼーションの進展と住民の認識──

恩田　睦・小緑　一平

はじめに

　本章の目的は、国鉄明知線の第3セクター鉄道への転換の時期における赤字ローカル線、すなわち特定地方交通線の存続をめぐる沿線市町村と住民の認識を検討することで、地域社会がいかなる問題に直面していたのかを明らかにすることである。

　図1-1で示すように国鉄明知線（以下、明知線と略記）は、中央本線の恵那駅（岐阜県恵那市）を起点に明知駅（同県恵那郡明知町、1954年7月1日に明智町に改称）に至る25.2kmの路線である。同線は、1921年3月に「中央線大井（1963年11月に恵那駅に改称）駅ヨリ明知挙母ヲ経テ東海道岡崎駅ニ達スル鉄道」（括弧内引用者）として当時の明知町長の橋本泰治ほか50名により建設が請願され[1]、1934年6月に上述の区間の開業をみた。こうした経緯から、地元では明知以南への延伸を求めてきたものの、日本国有鉄道経営再建促進特別措置法（以下、国鉄再建法と略記）の公布・施行後の1981年6月には岐阜県内の神岡線と樽見線とともに特定地方交通線の第1次廃止対象線区に選定された[2]。その後の協議によって、1985年11月16日に第3セクター方式の明知鉄道株式会社へと経営移管されたのである。

　ところで、わが国の1960年代から80年代における道路事情は、高速道路を中心に道路交通網が整備されたことで知られている[3]。1975年7月に岐阜県は、

図1-1 明知鉄道沿線および広域図（1986年9月1日時点）

民間資金を導入して道路建設をすすめるために岐阜県道路公社を設立して、1980年4月に飛騨美濃街道有料道路、翌年には中津川有料道路を開業させた。さらに1982年11月には中央自動車道が全線開通し、1983年1月には名神高速道路羽島インターが完成した。1978年度末において岐阜県は、1人当たりおよび1世帯当たりの自動車保有台数で全国3位となっていた。

　本章は、1981年から1985年の5年間にわたり沿線市町村で展開された明知線のあり方をめぐる議論を検討するが、その際には道路整備に伴い自動車が人々の生活必需品になる、いわゆるモータリゼーションが進展するなかでの沿線住民の鉄道に対する認識について注目することにしたい。岐阜県は、第1次廃止対象線区をもつ道県のうち1世帯当たりの自動車保有台数が全国1位であり、最もモータリゼーションが進展していた地域の一つであった。明知線は、貨物輸送が行われていた神岡線と樽見線とは異なり、旅客輸送のみであるため沿線住民に注目する際に適当な事例であると考えられるのである。

　次に、特定地方交通線のあり方について、沿線住民の認識に注目することの意義を明らかにする必要があろう。九州の第3セクター鉄道の設立の経緯を考察した香川正俊氏は、国と関係各地方自治体の地域政策と交通政策の決定過程に注目するなかで、国鉄の特定地方交通線の廃止をめぐる国と県、沿線町村間の議論の過程を検討した[4]。香川氏は、国鉄高森線の沿線町村は、熊本県に対して鉄道存続を働きかける一方で、住民に対する「行政側の説明が不足していた」とも指摘したように[5]、必ずしも沿線住民を重視していなかったことを明らかにした。もっとも、香川氏は、国鉄松浦線の事例では沿線市町村が、住民に対する乗車運動を展開したことも指摘しているのであるが[6]、その運動の結果について必ずしも資料に基づいて具体的に検討しているとは言えない。国鉄再建法に基づき経営移管された多くの第3セクター鉄道が旅客輸送専業であることを考えたとき、潜在的な利用者になりうる沿線住民の行動や鉄道に対する認識を具体的に検討することは、今日の第3セクター鉄道が直面する利用者離れの要因を探るうえでも重要な論点の一つになると思われる[7]。

　また上遠野武司氏は、アンケートとヒアリング調査を通じて国鉄丸森線から

第3セクター鉄道の阿武隈急行株式会社に経営移管された際の住民の認識について興味深い指摘をしている[8]。上遠野氏によると、地域住民の阿武隈急行線への評価は一様ではなく、同線が通る自治体では鉄道利用の意識は高く、対照的に同線が通らない自治体では低かった。もっとも、上遠野氏の調査は、阿武隈急行が開業してから5年も経過した時点で当時のことを聞き取っているため、住民の認識を正確に把握できているのか、疑問が残る。本章では、アンケートおよびヒアリング調査によらず、その当時に作成された資料を検討することで、明知線に対する沿線市町村と住民の認識を明らかにすることにしたい。

　幸いにもわれわれは恵那市明智振興事務所の厚意により、同所所蔵の一次資料を利用することができた。この資料から旧明智町のみならず同町内における各種団体の特定地方交通線問題に対する取り組みについても知ることができる。さらに沿線市町村ごとの考えの違いを明らかにするために新聞資料に加えて沿線各市町村が発行する広報紙も利用する。明知線の沿線市町村とは、同線の経由地である岐阜県恵那市、中津川市、岩村町、山岡町、明智町に加えて、隣接する串原村そして上矢作町を合わせた2市5町村である（このうち、中津川市を除いた1市5町村は、2004年10月に合併し現在の恵那市になる）。

1　国鉄再建法と明知線の存続運動

① 国鉄再建法の成立

　1980年12月27日に公布・施行された国鉄再建法は、鉄道輸送が効率的な路線（旅客輸送密度4,000人以上8,000人未満）とバス輸送が適当でない路線（ピーク時1時間当たり1区間1方向の輸送密度1,000人以上、代替輸送道路未整備、積雪などによる代替輸送道路の不通日が年平均10日以上、旅客1人当たりの平均乗車距離が30km以上で旅客輸送密度が1,000人以上のうちいずれかの条件を満たす路線）を国鉄による運行を継続する路線とした。換言すれば、旅客輸送密度（1日1km当たりの平均輸送量のことであり、輸送した人数×それぞ

れの乗車距離÷営業キロで算出する）4,000人未満で、ピーク時1時間当たりの1区間1方向の輸送密度1,000人未満、代替輸送道路が整備されていて、積雪などによる代替輸送道路不通日が10日以下、旅客1人当たりの平均乗車距離が30km以上の場合でも旅客輸送密度が1,000人以下という条件のすべてを満たす路線は、バス輸送が適当とされたのである。

　このような特定地方交通線のうち、営業キロが30km以下の盲腸線（行き止まり線）かつ旅客輸送密度が2,000人未満の路線（石炭輸送量が72万トン以上の路線は除く）および営業キロが50km以下かつ旅客輸送密度が500人未満の路線は、1981年9月18日に第1次廃止対象線区に選定された。

　さらに同法は特定地方交通線の廃止に関して、①特定地方交通線対策協議会を設置して必要な輸送の確保に関する協議をすること（9条）、②2年以内に協議がまとまらない場合はバス輸送に転換されること（10条）、③特定地方交通線の借入、譲渡を受ければ存続が可能になること（12条）、④廃止後の輸送確保のための代替輸送に対して1km当たり3,000万円の転換交付金と営業開始後5年を限度とする欠損補助金（赤字額に対してバスは全額、鉄道は半額）を事業者に交付する（24条など）方針を示した。また地方交通線の借入、譲渡を受ける鉄道存続とは、第3セクター方式による会社か民営会社を想定した。

　このように同法は協議期間を2年間に限定したこと、転換交付金を代替輸送の初期投資として機能させたことで、特定地方交通線の廃止・転換を促進した。とくに協議期間を限定し、その期間内に協議が成立しない場合には沿線自治体の同意なしにバス転換するという方針は、あまり効果を上げることのできなかったそれまでの国鉄の赤字路線対策とは一線を画していた。

　図1-2で示すとおり、この頃の明知線の経営状況は、1979年度にはおよそ7,700万円の営業収入に対して6億100万円もの営業費を要しており、欠損額はおよそ5億2,400万円であった。すなわち、100円の営業収入を得るのに要する営業費を表す指数である営業係数は780であった。この時期の営業係数は、1977年度には691、1978年度には679そして1980年度には577と推移した。

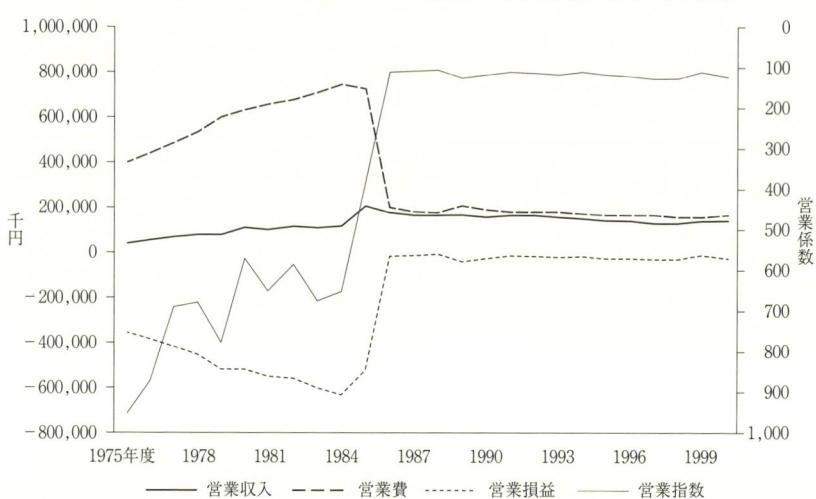

図1-2 国鉄明知線・明知鉄道の運輸収入・営業係数の推移（年度別）

出典：『線別経営統計』日本国有鉄道情報システム部（1975～1985年度）、運輸省地域交通局監修『民鉄統計年報』社団法人政府資料等普及委員会（1985・1986年度）、運輸省地域交通局監修『鉄道統計年報』社団法人政府資料等普及委員会（1987～1999年度）から作成。
注：1985年度は、『線別経営統計』（国鉄明知線）と『民鉄統計年報』（明知鉄道）の合算値。

② 国鉄再建法成立以前の存続運動

　国鉄再建法をめぐる論議は政府・与党を中心に数年来続いており、明知線の沿線市町村は路線廃止に対する危機感をつのらせていた。

　明智町の広報紙である『広報あけち』は、1980年2月19日の国鉄再建法案の閣議了承をうけて、「バス転換路線となる基準は輸送密度（1日1km当たり）2,000人以下が予定」されていると紹介したうえで、「明知線の過去3年間の平均輸送密度は1,717人（中略）で、2,000人となるにはおよそ300人不足」していると指摘した。明知線の輸送密度は、1976年度には1,786人であったものが、1977年度には1,725人、1978年度には1,639人、1979年度には1,508人へと減少傾向にあったのである。同記事では、「1月31日、明知線沿線市町村長、議会議長らが集まり国鉄明知線問題対策会議を開き、「あと300人増やそう」と利用者増加運動を展開することを決」めたことを伝え、町民に「明知線存続のため

にもマイカー利用を自粛し」、明知線を利用するよう呼びかけた[9]。

　国鉄明知線問題対策会議は沿線市町村から出席者を集めたものであったが、明知線の廃止が町の発展に悪影響を及ぼすと考えられた明智町では、独自の存続運動も展開した。同年3月12日には町の各種団体の代表者40数名を集めて明知線対策会議を開いて、「「1世帯1カ月1回の利用の呼びかけ」など、明知線利用者増加運動を強力に推進していくことを決」めた[10]。同記事では明知線の利用者増加のための町内団体の活動として、明知線旅行友の会が主催した旅行案内が紹介され、町民の協力が呼びかけられた。

　沿線市町村は、利用者を増加させる運動と並行して、明知線を延長して廃止を回避する運動も展開した。1979年8月1日の『広報あけち』は、同年7月17日に愛知県西加茂郡小原村（2005年4月に豊田市に合併）役場にて明知線延長期成同盟会総会が開催されたことを伝えた。明知線をあと35km南方向に延長して岡多線新豊田駅に接続し、東海道本線と中央本線を結ぶ「重要路線」にしようとしたのである。同総会には岐阜県側沿線7市町村と愛知県側沿線関係6市町村の代表者や岐阜・愛知両県の関係者が出席し、「明知線の豊田市まで延長実現に地域をあげて運動を促進する旨、決議」した。同記事によると、「明知線が赤字線であるのは短区間で行き止まり線であるのが一因であ」るとして、延長することで利用者数の増加が期待できるというのである[11]。

③ 存続運動の本格化

　沿線市町村で展開された明知線廃止を回避するための運動は、国鉄再建法が公布・施行されるとさらに本格化していった。1981年には、山岡町の広報紙である『広報やまおか』でも、「当町から高校へ通学している者が約350名あり、そのうち約85％にあたる300名弱が明知線により毎日通学してい」ることや「昨年実施した町民意識実態調査で、明知線の廃止について、困る＝72％、仕方ない＝24％、どうでもよい＝24％、その他＝1％と結果がでてい」ると数値を挙げて廃止への懸念を示した[12]。

　同年2月28日には、岩村町公民館で明知線撤去反対住民会議、国民の足を守

る県民会議主催、明知線問題対策協議会協賛の明知線を考える対話集会が、関係自治体首長・議会議長や国会・県会議員、県企画次長、名古屋鉄道管理局営業部長らを迎えて、明知線沿線住民約500名の参加をもって開催された[13]。同集会では住民から次々に廃止反対の意見が出されて、以下のような決議が採択された[14]。

　政府はこのたび「国鉄再建法」を強行成立させた。これは沿線住民の意向を無視し、地域の文化向上発展、産業の開発に重大な悪影響を及ぼすことは必至である。
　明知線は、昭和9年開通以来、通勤、通学をはじめ地域発展に寄与した役割は大きく、また今後の地域の産業、経済、文化の発展に欠くことのできない路線であって、沿線住民の生活に密着している。
　しかるに、国鉄は単に赤字線だから廃止しようとしているが、万一廃止しバス路線に切り替えられれば道路の未整備をはじめ、雨期の交通止めもしばしばあり、また冬期の凍結の危険、通勤、通学者はラッシュの混雑と交通費の負担増などに苦しむことは明らかである。
　よって、われわれ沿線住民は、国鉄明知線の存続について政府、国会を始め関係機関に対し、強く要望し決議する。

これまでは、利用者増加を図るなどして廃止基準から脱することが存続運動の主な方針であったが、それだけでなくたとえ赤字線であっても産業・経済・文化など地域発展に不可欠な地域インフラであるとして存続を求めたのである。『広報あけち』もまた、「赤字だから廃止するという考え方は納得できません。沿線住民の私たちは明知線を残してほしいと頼むのではなく、国が行なう当然のこととして要求していくべきだ」と主張した[15]。
この時期、国鉄特定地方交通線問題はいよいよ新聞紙上を賑わせるほどの問題となりつつあった。1981年4月10日の中日新聞では、明知線建設に関わったという元明智町会議員の安藤亮が思いを述べた。彼は「明知線は明智町で止め

るのではなく、初めから東海道線へつなぐことが理想だった。みんなが自動車にうつつをぬかして赤字線への原因をつくったのだから、自分で自分の首を絞めているようなものだ。（中略）明知線がなくなったら、一人ならまだなんとかなる。子供の通学費も二人も三人もとなれば高くつきすぎて、とても学校へやるどころではなくなってしまう。わしは本当に腹が立つ」と述べて[16]、国鉄のみならず明知線を延伸せず自動車利用に流れた多くの住民をも冷静に批判した。

　一方で同時期に沿線市町村は、中央政治への働きかけも強めていた。同年3月3日には沿線市町村の首長・議会正副議長・議会各委員長が、岐阜県知事の上松陽助と運輸省国鉄部長の永光洋一の立会いの下で自民党交通部会長の三塚博に明知線の存続を陳情した[17]。およそ1カ月後の4月6日に三塚が明知線の視察に訪れると、沿線市町村関係者はこのときにも陳情し[18]、特定地方交通線の廃止対象線区から明知線を除外することを求める沿線住民2万8,500人分の署名を手渡した[19]。三塚は沿線に11の学校があることを指摘したうえで、「唯一の通勤通学及び生活路線として現在の道路ではこれらの代替道路として至難であり」、とりわけ「阿木川ダム建設により水没する国道257号線（明知線代替輸送道路）の付け替え道路が完成する昭和60年3月までには廃止させるわけにはいかない。そのため第1次選定路線からはずすよう努力」（括弧内引用者）すると返答した。

　しかしながら、『岐阜日日新聞』は、明知・神岡・樽見の3路線の存続に取り組む県選出国会議員・自民党県連幹部の「どの路線でも、いまのままでは国鉄経営では存続はムリ」という声を伝えた[20]。こうして明知線は、同年6月10日に特定地方交通線の第1次廃止対象線区に選定されたのであった。

2　第1次廃止対象線区選定後の明知線存続運動

① 明知線問題対策協議会の設立

　1981年6月10日における明知線の第1次廃止対象線区選定に先だって、5月30日に恵那市役所にて明知線問題対策協議会の設立会議が開催された[21]。明知線問題対策協議会とは、前述の明知線問題対策会議が「組織が曖昧で活動にも不都合な面が生じていた」ことを理由に改められたものであり、「強力」に活動するために役員を明確にして、専任の事務局長を置くなど体制を整えた。

　6月29日には明知線問題対策協議会の設立総会が開かれた[22]。地元選出の県会議員・県恵那事務所長・沿線市町村長・議会関係者などが参加した総会では、同協議会会長に阿部廉平（明智町長）を、副会長に西尾道徳（恵那市長）・小池保（中津川市長）・深萱泰一郎（岩村町長）・伊藤隆蔵（山岡町長）を、監事に大島慶三（上矢作町会議長）・堀千之（串原村会議長）を、事務局長に各務哲夫（明智町職員）をそれぞれ選出し、事務局を明智町役場内に置くこととした。さらに総会では①乗客拡大運動の実施、②地域住民の意識等の調査研究、③明知線を利用する団体への運賃の助成、④利用しやすくするためのダイヤ改正を求める運動といった事業計画が検討された[23]。これにより、地域として組織的に明知線存続運動に取り組む体制が整ったわけである。翌6月30日に、同協議会は早速県知事および県会議長らに対する存続の陳情を行った[24]。

　明知線存続運動が活発化する一方で、運輸省・国鉄側による特定地方交通線廃止の手続きは着実に進められていた。1981年9月18日に明知線を特定地方交通線として承認した運輸大臣は、同月25日には第1次廃止対象線区の廃止予定時期と特定地方交通線対策協議会の開始希望日についても承認した。明知線は、第1次廃止対象線区であるが阿木川ダム建設に伴う代替道路の未整備という事情が考慮されて、他線区よりも1年間遅い1984年度内に廃止することを前提に、1983年4月1日以降に特定地方交通線対策協議会を開催することになった[25]。

特定地方交通線対策協議会とは、国鉄再建法に基づいて国鉄が経営を手離したのちの代替輸送機関について話し合う場であって、主に運輸省・国鉄と地方自治体の指名職員により運営された。

これに関して1982年6月の『明知線問題広報第3号』は、対策協議会の開始が1年遅れたことを利用して「他線区の「地方交通線対策協議会」の状況をできる限り掌握して、関係自治体の対応及び沿線住民の取り組み等を参考にし、明知線が同じ状況におかれたとき最も有利な条件をつくる準備体制を整える」ために、「乗客の利用拡大とその定着を図りながら、地域全体の実態として明知線が本当になくてはならないことを内外に認識させる」必要があると指摘した。また同広報は、未だ多くの特定地方交通線対策協議会が開催されていない理由として、「関係自治体に将来展望が全くない中で地域住民の総意は鉄道存続を終始一貫して求めている」ことを挙げた。そして各自治体には「廃止を前提とせず地域交通のあり方及びその線区の特殊事情を含めた輸送手段について、幅広い協議を」求めた[26]。

一方で、明知線を岡多線新豊田駅まで延長することで存続を図る運動は、依然として続いていた。1981年7月14日には、明知線延長期成同盟会総会が恵那市東野公民館で開催され、同年度も明知線存続と延長を目標として運動を進めていくことが確認された[27]。1982年1月1日の『広報あけち』でも、「豊田市を持つ奥三河との経済交流も忘れてはなりません」としたうえで、「若者が人口の過半数を占めるこの都市（豊田市）は、距離にしてわずか35キロで矢作川の上流・下流としてむかしから切っても切れないつながりがあり、この都市と交流のパイプラインとして明知線を結ぶことが過疎から脱出」（括弧内引用者）する方法だと主張している[28]。

1982年6月19日には明知線問題対策協議会総会が地元国会議員、県会議員、自治体関係者らの出席を得て明智町文化センターで開催され、①陳情活動の強化、②乗客の拡大、③調査活動の推進という三本柱からなる事業計画が了承された[29]。

明知線問題対策協議会による乗客拡大策は、明知線利用の呼びかけと沿線住

民10名以上のグループを対象にした明知線内の運賃補助であった。1982年7月に明知線問題対策協議会は関係する官公署に、「今後開催される各種会議及び諸会合並に行事の企画にあたっては、努めて明知線沿線の市町村を選定されるほか時刻の設定についても御配慮をいただき、明知線の利用拡大の促進と率先垂範の実を高めるよう」要請した[30]。また学校と保育所には、「運賃の助成を含めた乗客拡大運動を現在実施しておりますが、回数券利用或は一般団体等は運賃コストが高く、行政負担が多額になるため経済計算的に良策ではありません。（中略）割引率の高い学生団体による乗客拡大を強力に推進したい」という文書を配布した[31]。明知線問題対策協議会は国鉄運賃の割引率の高い学生団体の利用を喚起することで、少ない助成額で利用者の増加を図ろうとしたのである。

一方で1982年9月30日の明知線問題対策協議会幹事会では、輸送密度が100人台の閑散路線の一つである青森県の南部縦貫鉄道の視察報告がなされた[32]。国鉄線による存続が不可能になった場合の明知線の経営についての検討もこの時期に始まったと思われる。

岐阜県は、たとえ国鉄による存続は難しくとも、何らかの方法で明知線を含む県内特定地方交通線を存続させようとしていた。上松知事は、1983年1月5日のインタビュー記事で以下のように語った[33]。

　　特定地方交通線を廃止するなんてことはとうてい考えていませんね。何十年もかかって敷かれた鉄道線で、大きく過疎を埋めている。取りはずしたら、奥の方の人の虚脱感は大きい。
　　ただ、道路が良くなるとあまり乗らなくなりますけど、通勤通学はラッシュなんですよ。ラッシュ時と昼間帯でうまく職員を、合理的に配置出来るかを考えながらやれば、今の国鉄が抱えるような赤字にならないという見込みですわな。
　　神岡、樽見、明知、越美南各線とも、廃止するなんてことじゃなく、何らかの方法で合理的に経営出来る方法の検討を進めておるんですよ。

このような状況のもとで1982年10月に、明知線問題対策協議会は後述する明知線存続に説得力を持たせるための大規模な住民アンケートを実施したのであった。

② 各町村における明知線存続運動

　明知線問題対策協議会の設立を受けて、沿線市町村でも存続運動のための組織作りが進められた。山岡町では、「町ぐるみで存続運動を展開する必要がある」として、「町議会、区長、商工会、小中学校育友会などへ町長が呼びかけ」、山岡町明知線問題対策協議会が設立された[34]。8月31日に開催された同協議会設立総会では、会長に町長の伊藤、副会長に町会議長の鈴木と区長会長の岡庭が選出され、「町民1月1回利用運動を行ったらどうか、乗客拡大のためのPRをもっと積極的にやるべきだ、無人駅のため切符の購入に不便なので役場に切符購入窓口を作ってはどうか、国鉄明知線を核とした地域開発計画を早急に検討すべき」といった意見が出された[35]。

　上述したような明知線存続のための体制の強化などを受けて、乗客拡大のための具体的な動きも見られるようになった。1981年8月17日の明智町の明知線問題地区長会議では、①明智町広報で全町民にPRする、②事業主と懇談して通勤者の国鉄利用を要請する、③国鉄とダイヤ改正について検討する、④他町在住の縁故者に帰省時の明知線利用を呼び掛けるといった利用拡大策が話し合われている[36]。岩村町においても、沿線住民が10名以上のグループで明知線を利用する場合には明知線内の国鉄運賃の補助を行うようになった[37]。明智町では、明知線旅行友の会が主催する明知線乗客拡大のための団体旅行である「お座敷列車で播州赤穂と姫路城の旅」への参加が募集された[38]。

　このような努力もあって、図1-2のとおり1981年度の明知線の営業係数は656、1982年度の営業係数は588と、1979年度の780と比較するとある程度の改善がみられた。こうした動きは全国的にみられて、多くの第1次廃止対象線区で営業係数が好転した[39]。

1982年4月23日に明智町では、「全町民の総意を結集して乗客の利用拡大等を主体とした運動を進めるため」[40] 明知線を守る会を結成した[41]。同会は会長を町長が、副会長を町会議長・地区長代表者が、委員（12名）を3名の町会議員や商工会青年部長、婦人会長、青年団長、老人クラブ会長らが、幹事（70名）を5名の町会議員や教育委員長、商工会長、商店会長、明智商業高校校長、明智中学校校長、明智小学校校長、消防団長、明知駅長、ライオンズクラブ会長、旅行友の会会長、地区労議長、高校生父母の会会長、49名の地区長らが務め、明智町内の成人5,403名が加入した団体であった[42]。

　『広報あけち』は同会の第1回事業として5月2日に行われた「明知線を守る」チャリティーセールの様子を、「当日は生憎の荒天にもかかわらず町民各位のご協力によって全品残らず処理することができ120万円近くの成果をあげることができました」と伝え、「昨年9月に実施しました「廃品回収運動」に続いて今回行われた「チャリティーセール」で示された明智町民の盛りあがりは、明知線沿線市町村の範として「明知線の必要性」を内外に認識」させることができたと総括している[43]。

　しかし1982年11月になると、明知線の存続が極めて難しいという認識が沿線市町村からも示されるようになった。『広報あけち』は、「昭和56年度の国鉄統計によれば、明知線を利用した人員が前年に比べて1日平均65人減っており、第1次廃止基準に示された2,000人の輸送密度に対して483人も不足しているという、余りにも絶望的な事実」を示したうえで、「乗客拡大による明知線存続運動は文字どおりアドバルーンをあげた当初から前進がなく、恵南2市5町村を含めた大衆行動・住民運動のむづかしさを泌みじみと痛感すると同時にこれからの対応をどうするか誠に厳しい選択を迫られる」と伝えた。さらに同記事は、「乗って残す運動の可能性がないとすれば、つぎに考えられる途は国鉄が手放した後の鉄道経営を民間会社か第3セクターで運営する方法」としたうえで、「現在国鉄が行なっている経営形態を抜本的に再構築して3分の1の経費に圧縮しなければ第3セクターとしての経営が成り立たない」と指摘し、さらに「経費を3分の1に切り詰めても鉄道経営が実際に可能か否かの検討を進め

ると同時に、一方では運賃が二倍になっても地域に欠かせない交通手段の明知線を守る上から、現在以上に利用する住民運動が盛りあがらなければ、第3セクターが単なるアドバルーンに終ることは必至」と断じている[44]。いよいよ第3セクター鉄道への転換を視野に入れざるをえなくなり、利用者が減り続けるようであれば第3セクター鉄道への転換すら難しいという状況となっていた。

このように住民の鉄道利用を喚起することの難しさが述べられているが、その背景には言うまでもなく沿線地域におけるモータリゼーションの進展があった。1982年3月に山岡町の産業基本問題研究会は、「町にとって必要な交通システムは中京圏への近道で」あるとして、「地場産業の発展、工場誘致には欠かせない重要な交通網である瑞浪・恵那両市への道路について早急に対策を講じ」るよう提言した[45]。

山岡町ですらそのような状況であったので、明知線が町村内を通らない上矢作町や串原村が道路整備に関心をもつのは当然のことであった。上矢作町長の平出勇は、1982年1月の『広報かみやはぎ』において鉄道には言及せずに、交通について「国道257号につきましては、木の実トンネルを始め、漆原橋、越沢トンネル、小田子バイパスの早期着工、完成等又、県道の改良、舗装の実現を関係機関に強力にはたらきかけ」ると述べた[46]。串原村長の堀正夫も、1983年1月の『広報串原』において鉄道には言及せず、「生活基盤の整備は県道村道の改良にあると信じ、現在施工中の各種改良事業の促進を図り村民各位の足の確保に努力」すると述べた[47]。

明知線の存廃にかかわらず市内の中心駅から名古屋方面への足が確保されている中津川市や恵那市でも道路整備に目が向いていた。中津川市が1981年7月から1982年1月にかけて市内の各地区で実施した市政懇談会では、市内のうち唯一明知線が通る阿木地区から市に対して明知線の存続の要望が出ているが、国道、県道改良事業の促進と同列に扱われた。阿木地区以外からの交通関係の要望は、すべて道路に関するものであった[48]。1982年度の恵那市の予算では、75億5,000万円の一般会計のうち道路改良整備事業に2億9,614万円が費やされている。これは主要施策の中で、文化センターの建設と小学校の校舎建設に次

ぐ3番目に高額な事業であった[49]。

　モータリゼーションの進展を象徴するエピソードが沿線住民からも語られている。明知線問題対策協議会へ1983年2月頃に中津川市瀬戸の住民から寄せられた投書によると、数年前の明知線関係の会合のとき「この集会のことを考えれば、参集者はせめて当日だけでも明知線を利用してお集まりいただけるかと思いましたが、予想に反して官用車やマイカーでお集まりになった」ということがあったという[50]。明知線関係の会合さえも車を利用して集まるほど、明知線利用の意識は希薄になっていたのであった。

③ 地域住民の鉄道存続への意識

　沿線住民の明知線に対する認識はどのようなものであったのだろうか。まず鉄道廃止への懸念について概観したい。

　1981年8月17日の明智町の明知線問題地区長会議で配布された「広報資料」という文書には、「駅は町の玄関といわれ、鉄道のない町に繁栄はない」と指摘したうえで、「一度なくなったレールは再び帰ってきません。次代に残す遺産を大切に守りましょう」と、地域の衰退を懸念して鉄道の存続運動への参加を呼び掛けている[51]。1982年3月1日の『広報あけち』では、「線路のなくなった町がどのように変化し、モータリゼーションと道路整備が進んでいる現在でも、経済振興の基盤であったことを今更の如く実感する実態」が近隣の地域に存在すると指摘している[52]。このように鉄道廃止の懸念として一つ目には、地域や経済の衰退につながるというものがあった。

　鉄道廃止の懸念の二つ目は、教育に関してであった。『広報あけち』では、「現在明知線は、岩村高校の422人を最高に大学生高校生1,112人が通学に利用していて、これからも通学の足として明知線は欠くことのできない大切なもの」であると指摘している。同記事では、バスの「通学定期運賃を明知線に比べてみると明知・岩村間で4.28倍、明知・恵那間で4.66倍（56年8月調）にもなり、地域によっては下宿生活を考えなければならなくなって、青少年の非行問題まで憂慮されなければならなくな」ると主張している。さらに、「バスで代行輸

送をするにしても黒字になる保証はなく、赤字経営が続けば再び廃止問題が発生する」と、代替バスでさえ廃止されかねないといった懸念が示された[53]。また『広報いわむら』は以下のような懸念を示した[54]。

　明知線を利用して通学している高校生等は（中略）朝夕同時刻に登下校しているのが現状です。もし、バスになった場合、代替道路を走る一般車両が交さくし、通学通勤バスを利用する多数の乗客について、終始業時刻、定時制の確保は極めて困難となり、さらに冬期間における道路の凍結、積雪、降雨による道路状態の危険度及び交通災学（原文ママ、害か）等安全面の問題を考えますと、保安度の高い教育の足を守るためにバス転換ではその機能を果たすには余りにも問題が多いほか、現行の通学運賃が5倍近くにもなって父兄の負担となることを考えますと、経済的にも教育振興の阻害要因になることはいなめない事実です。

　次に1982年10月に明知線問題対策協議会が実施した「明知線に関する住民アンケート調査」から、地域住民の鉄道存続への意識をみていく。このアンケート調査は明知線問題対策協議会が「明知線の今後の対策を進めるために必要な基礎資料を得」て、「(地方交通線対策協議会やその前提として行われる国鉄主催の説明会において)沿線住民の率直な意向を、正しく強力に伝え」(括弧内引用者) るために実施された[55]。

　この調査は、関係市町村ごとに住民基本台帳の満15歳以上の者の中から30人に1人の割合で無作為抽出により選定した調査対象者（計1,040名、ただし恵那・中津川の両市は沿線区域の地区に調査区域を限定）に調査票を郵送して無記名で返送をうけるという方法で実施された[56]。回答率は、山岡町の85.3％が最高で、平均68.8％であった[57]。

　まず、回答者のデータについてまとめてみると、年齢別比率は30歳未満が22％、30～40歳代が35％、50歳以上が43％であった。また回答者を職業別に分類すると、自営業が17％、会社員など一般勤労者が42％、高齢者など非就労者

が29％であった[58]。鉄道利用にも関係してくる回答者の環境についてみると、住居から最寄り駅までの距離が2km未満という人は54％にとどまった。そして回答者全体のうち61％が自動車運転免許を取得しており、とくに50歳代以下の男性の大半は取得しているという状況であった。

はじめに明知線の利用状況についてみると、利用回数については1年に5回未満のほとんど乗らない人が53％と過半数を占め、毎日から月に1〜2回程度まで乗っている人の43％を上回った。利用する理由は「経費が安い」、「他に適当な交通機関がない」ためであり、全体の32％が通勤や通学、業務、通院、買い物などのために利用していた。一方で利用しない理由は、過半数（55％）が「マイカーの方が便利だから」と答え、外出する際にはマイカー、乗用車便乗ないしはバスを利用するものが合計90％を占めた。また片道の平均乗車距離は、5km未満が5％、5km以上〜10km未満が15％、10km以上〜20km未満が47％であった[59]。

明知線の現状に対する認識として、運賃については「高い」と「少し高い」が合わせて4％であるのに対して、「安い」が60％と料金面では概ね満足していたことがうかがえる。ただ、運転間隔については、「満足」、「まあまあ良い」、「普通」の合計41％と「不満」の40％が拮抗した。明知線の混雑度合いについては、「ほとんど座れる」など85％の人が利用環境の良さを評価したが、これは利用者があまり多くないという状況の裏返しと言えよう[60]。

利用客を増やす方策については、「国鉄のダイヤ改正」や「接続バスを含めた設備改善」などを求めた人が53％であったが、「マイカーの自粛」を求める人も40％を占めた。

明知線の今後については、「ぜひ残すべきだ」と「できれば残してほしい」を合わせると全体の84％を占めて、「廃止」または「バス化でよい」の10％を大きく上回り、同線存続への強い希望が示された。ただし、今後の明知線の利用については、「毎日利用する」および「機会をつくってできるだけ多く利用する」と答えた人が合わせて70％を占めた一方で、「ほとんど利用する予定のない」と未回答を合わせると30％になり無視できない数値を示している。第3

セクター経営に関しては、「長続きしない」と「できない」が64％と多く、「できる」の32％を上回った。さらに現在の乗客拡大による第1次廃止基準突破に対しても「やっても定着性がない」もしくは「できない」が61％を占め、「できる」の39％を上回った。バス転換については「大変困る」と「困る場合がある」を合わせると67％になり、「困らない」の17％を大幅に上回った。バス転換で困る理由としては、60％の人が「運賃が高くなる」を挙げていて、ほかにも所要時間や車内混雑に対する懸念が挙げられた[61]。明知線問題対策協議会の会長である明智町長の阿部勘三は、「存続を希望する住民の意思が強いことがわかったので、一層の理解を深め運動に取り組む。存続法については、第3セクターの導入の検討をしていかざるを得ないのではないか。存続法に否定的な数字が出ているのはPR不足のためで、今後は積極的に住民に理解を訴えていく」と述べた[62]。

　以上のように1982年10月の住民アンケート調査からは、明知線の存続を望む住民の意思が示された一方で、沿線市町村を中心にした乗客拡大運動はモータリゼーションの進展もあり盛り上がらなかったことがわかる。1980年頃に実施された恵南青年会議所によるアンケート調査に明知線に関する調査項目があったが、その中で明知線の利用について「よく利用」する人と「時々利用」する人の合計が41.5％で、「ほとんど利用しない」人と「全く利用しない」人の合計が58.5％であるという結果が示されている[63]。この数字は、今回の利用頻度調査の結果である毎日から月に1～2回程度まで乗っている人の43％と1年に5回未満のほとんど乗らない人が53％という数字にかなり近似している。つまり、2年間の沿線市町村や明知線問題対策協議会による乗客拡大運動の実施にもかかわらず、沿線住民の鉄道利用は増えなかったのである。

　住民は、アンケート調査の結果によると第3セクター鉄道に懐疑的な態度を示したのであるが、一方で乗客拡大運動による廃止の回避が困難であることも認識していた。ここにいたっていよいよ、第3セクター鉄道への転換を軸にした明知線の存続が議論されるようになるのであった。

3 国鉄との協議開始と第3セクター鉄道計画の試算

① 第3セクター鉄道の試算と事前説明会

すでに述べたとおり、明知線の特定地方交通線対策協議会の開始は、阿木川ダム建設に伴う代替道路の整備を理由に1年間の猶予が与えられ、1984年度末までに代替輸送機関を決定することが定められていた。1983年1月に国鉄の名古屋鉄道管理局は、「早く具体的な方向が議論できるテーブルについてほしい」と[64]、沿線市町村長に対して明知線特定地方交通線対策協議会に先立つ事前説明会を開催する旨を申し入れた。しかし、同年4月には統一地方選挙が実施される予定であり、自らの選挙運動に不利に働くことを恐れた沿線市町村長は開催を拒否した。明知線問題対策協議会を構成者のうち恵那市、中津川市、明智町および串原村では議員選挙、上矢作町では町長選挙が実施され、新聞でも「「明知線の将来展望もはっきりしていない段階で説明会を受けるのはどうか」というのが表向きの理由だが、ホンネは目前に迫った選挙」と報じられた[65]。「微妙な時期に何もヤブをつつくことはない」という一議員の指摘どおり[66]、事前説明会の開催は選挙後まで持ち越されることになったのである。

ただし、明知線問題対策協議会にとって事前説明会の延期は、選挙対策だけでなく、独自に第3セクター鉄道の経営を試算する期間になった。明知線問題対策協議会は、沿線住民に明知線利用を促す活動を展開する一方で、1983年3月には同線の第3セクター鉄道への転換を想定した経営収支案を作成した。これには、1981年度の収入を基準にして職員数、列車本数および業務対応についての改善案と、それに伴う損益の変化が計算された。仮に富士重工業製のレールバス（LE-Car）による運行に切り替えると、当時の職員数66名は42名まで削減することができるのであるが、勾配区間が多い明知線の場合には国鉄のディーゼルカーによる運行を継続する方が適当であり、その場合でも45名まで削減することができるというものであった。職員の配置は本社に8名、明知駅に

10名、岩村駅2名、車掌と運転士に各5名、車両保守に6名（レールバスの場合は3名）、線路保守に7名そして電気保守に2名とされ、阿木駅は無人化することとされた。列車本数は1日当たり10往復とされ、当時の8.5往復から午前に2本と午後に1本を増発することにした。そして業務では恵那駅における乗車券販売、改札、信号扱い、列車扱いについて「将来的に国社分離を検討するが要員配置及び利用者の利便を考えれば収支上問題あり」というように[67]、国鉄に年間1,400万円の手数料を支払い委託することとされた。経営収支について、1981年度における欠損額は5億5,600万円であるが、運賃を据え置いても2億3,402万円（レールバスの場合は1億8,296万円、以下同）に半減させることができ、仮に運賃を路線バスと同水準の3倍に値上げすると9,057万円（3,951万円）にまで圧縮できることが算定された。営業係数についても、1981年度において656であったものが、運賃を据え置いて359（302）、運賃を3倍に値上げすれば139（117）まで改善できると予測された。翌月に発行された『広報あけち』には、「単年度の欠損額5億5,000万円が合理化・省力化の徹底と体質改善による企業経営でどの程度圧縮できるか等想像を絶する問題点があります」と記されたが[68]、第3セクター鉄道に転換する青写真はすでに描かれていたのである。

　その一方で、明知線問題対策協議会は、「住民のマイレール意識による収入増は努力目標」と記したように[69]、沿線住民に明知線の利用を定着させることについて決して容易ではないと考えていた。沿線住民に配布される広報資料に一住民が、「マイカー利用が常識化した現状では一般市民への浸透も思うに任せず、乗客の拡大も難行しているのが現状」と投書したことからも窺うことができる[70]。

　1983年6月11日に明智町文化センターにおいて国鉄による事前説明会がようやく開催された。事前説明会とは、国鉄が1984年度末をもって明知線の運営を廃止することに沿線住民の理解を求めて、国鉄再建法で定められた特定地方交通線対策協議会を開催して廃止後の代替輸送機関のあり方を議論するための布石を打つための集会であった。当日は明知線の沿線市町村に居住する代表者95

名と岐阜県および国鉄関係者など15名をあわせた110名ほどが出席した。このうち明智町からは、町長、総務課長、議会正副議長、商工会正副会長、婦人会長、高校生父母の会長、沿線中学校のPTA会長、代表地区長、青年団長そして住民会議長など16名が出席した。明智町長の阿部勘三は、「私鉄と比較した国鉄の働き度や経営努力からみても、ズサン極まりない企業管理により今日を招いた国鉄の体質・責任体制も納得できるものではなく、国鉄再建法の公布された事実のみを唯一の条件としてローカル線廃止を進めることに問題がある」、と国鉄への不信感を述べた[71]。そして「明知線問題への対応は、第3セクターによる経営或はバス転換の二者択一よりないが、地域の将来展望を熟考した中で真剣に取り組み沿線住民とともに最善の途を開」く[72]、と第3セクター鉄道による存続に含みをもたせた。これに対して、名古屋鉄道管理局長の小玉俊一は、「沿線地域住民の交通手段はバス輸送がベターであり、鉄道の特性を持続できる可能性は乏しい」と[73]、鉄道の存続が困難であるとの認識を示し、特定地方交通線対策協議会の早期開催を求めた。同局総務部長の松井もまた、「特定地方交通線についてはバス輸送への転換を進めざるを得ない」と述べて明知線のバス転換に理解を求めた[74]。国鉄は、明知線のバス転換後の経営予測を試算していた。岐阜県内のバス会社の平均的な運賃水準と営業費をもって計算すると営業係数は62になり、黒字経営を実現することができるのであった[75]。バス転換後の運賃はおよそ国鉄の2.5倍、通学定期券と通勤定期券は3.5倍から4倍へと大幅な値上げになるため利用者は「目減りする」ものの、「線路保守がないために」職員数を23名に削減することで人件費を節約することができるとした[76]。バス停留所は、「在来線の駅付近」のほかにも「地元の要望等を勘案」して増設するため[77]、利用者の利便性も向上するというのである。

　結局、明知線のバス転換を図りたい国鉄と、鉄道として存続を図りたい沿線住民との間の溝が埋まることはなかった。『広報あけち』は、事前説明会について「内容的には具体性の乏しい説明会であり極めて不充分」であると評し[78]、『広報いわむら』は、「赤字ローカル線の名で地域住民の足を切り捨てようとする国鉄の姿勢には納得できない」と不満を表明したのであった[79]。

② 国鉄との協議開始

 1983年7月1日の時点で全国に40線区ある特定地方交通線の第1次廃止対象線区のうち、明知線だけが一度も特定地方交通線対策協議会を開催していなかった。小玉は、「明知線の対策協議会を早く開くように、と本社や運輸省から矢の催促が来」たことを受けて[80]、明知線問題対策協議会に対して明知線特定地方交通線対策協議会を開催したい旨を通知した。1983年7月7日付けで明知線問題対策協議会は、明知線特定地方交通線対策協議会の運営について名古屋鉄道管理局と名古屋陸運局に対して文書で申し入れを行い、以下の5項目について回答と合意を得たことで開催に踏み切った。すなわち、①明知線の廃止を前提としない幅広い協議をすること、②2年間の協議期間を経過しても一方的に明知線廃止を断行しないこと、③国鉄経営再建計画のなかで明知線だけを突出させないこと、④転換交付金の査定基準について線区別の事情を考慮すること、そして⑤構成員の意見を十分に尊重することが取り決められた[81]。

 同年7月13日に岐阜市水産会館において明知線特定地方交通線対策協議会第1回会議が開催された。同協議会の構成員には議長である名古屋陸運局長の橋本昌史をはじめ中部管区警察局長、公安部長など、岐阜県からは知事、企画および土木部長、警察本部長および交通部長、国鉄からは名古屋鉄道管理局長と地方交通線部長など13名に沿線市町村の首長、助役そして担当課長などを加えた合計34名が名を連ねた。上松知事は、明知線について「沿線住民に幅広く親しまれているほか、地域の乗客拡大運動の努力等もあって利用が落ち込んだ現在でも、通学・通勤を中心に生活の手段として地方との密着度が高い」と指摘し[82]、阿木川ダムの工期の延長に伴い代替輸送道路の整備にも遅れが生じていることから「慎重に審議」するよう求めた。当日の協議会は、具体的な議論は幹事会において協議することを決めて、1時間ほどで終了した。

 上松の発言は、明知線には一定の利用者がいることを印象付けた。確かに、図1-3のとおり、1982年度の旅客数をみると若干ながらも増加しており、図1-2をみると、営業係数も好転していることがわかる。明知線問題対策協議

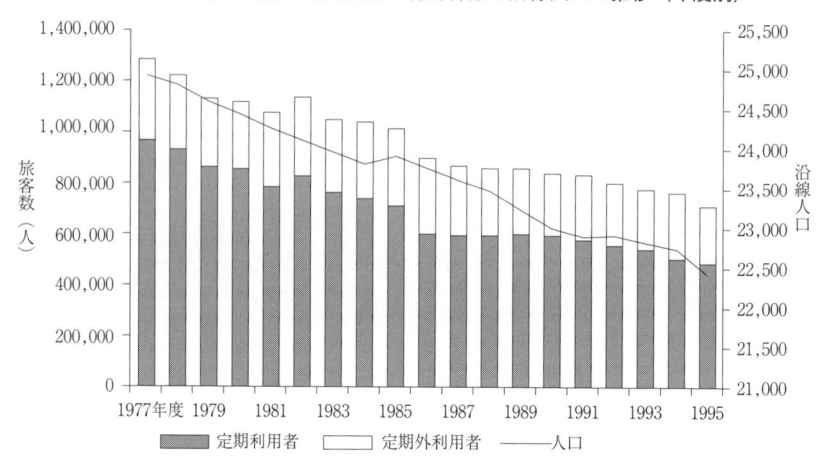

図1-3　国鉄明知線・明知鉄道の利用者数と沿線人口の推移（年度別）

出典：『線別経営統計』日本国有鉄道情報システム部（1975〜1985年度）、運輸省地域交通局監修『民鉄統計年報』社団法人政府資料等普及委員会（1985・1986年度）、運輸省地域交通局監修『鉄道統計年報』社団法人政府資料等普及委員会（1987〜1999年度）から作成。
注：1）1985年度は、『線別経営統計』（国鉄明知線）と『民鉄統計年報』（明知鉄道）の合算値。
　　2）人口は、岩村町、山岡町、明智町、串原村および上矢作町の現住人口の合計。

表1-1　明知線の乗客拡大運動

		1980年度	1981年度	1982年度
輸送量	人キロ（千人キロ）	13,683	13,957	15,394
	1日平均輸送密度（人）	1,484	1,517	1,673
乗客拡大運動実績	1日平均輸送密度（人）	―	106	382
	輸送量に占める割合（％）	―	7.0	22.8

出典：明智町「明知線の経営収支と利用状況」『広報あけち』（1983年10月1日）8頁から作成。

　会の調査による表1-1で示すように、1日平均の輸送密度に換算した場合、1982年度の1,673人は、1980年度の1,484人と比較して13％の増加であることから、乗客拡大運動によって利用者数は増加したとみることができる。しかし、本来ならば、乗客拡大運動の実施前である1980年度の1日平均の輸送密度の1,484人に、1982年度の増加分の382人を加えた1,866人程度になるはずであった。明知線の沿線市町村が1981年度に914万円、1982年度には1,143万円も助成金を拠出して明知線利用者を増やそうとしたにもかかわらず、増加分のうち193人

については「純増とならずに消滅」したのである[83]。明智町は、乗客拡大運動が思うような成果をあげないなかで、「利用者の少ない線区に有利な条件は生まれません」と[84]、住民に明知線を利用するよう呼びかけた。

③ 神岡線の第3セクター転換

　岐阜県における特定地方交通線の第1次廃止対象線区である神岡線と樽見線は、それぞれ第3セクター鉄道に転換する構想をとりまとめた。神岡線では三井金属鉱業株式会社神岡事業所、樽見線では住友セメント株式会社岐阜工場から発送される製品輸送がそれぞれ行われていた。それぞれの荷主企業が、第3セクター会社の大口出資者と経営参加に名乗りをあげたことは、両線区の存続を決定するひとつの要因となった[85]。とくに神岡線の第3セクター鉄道への転換決定は、三陸鉄道に続く2例目であったため、全国的に注目を集めたのである。

　これに先だって、1983年10月17日には明知線意見交換会が、岐阜県議会交通対策特別委員会主催のもと明智町文化センターで開催され、沿線市町村長と議会議長の全員と、岐阜県企画部長の森川ら14名が意見を出し合った。明知線の存続を求める地元側に対して県議会側は、「神岡線等の先行状況を見ながら一年遅い廃止時期を有効に活用」すること、岐阜県も「先行する神岡線・樽見線問題対応のなかで、第3セクターによる経営構想を模索」すると約束し、明知線の第3セクター鉄道への転換に前向きな姿勢をみせた。

　明智町もまた神岡線に注目していたが、経営計画の内容よりもむしろ鉄道存続運動に積極的に関わった沿線住民に関心を寄せていた。神岡線は、高山本線の猪谷駅（富山県）から神岡駅（岐阜県）に至る全長20.3kmの特定地方交通線であるが、「豪雪地帯としての特殊事情から、地元住民が鉄道存続を強く希望して」いた線区であった[86]。1983年11月9日に神岡青年会議所主催による町民会議が開催されると、「100名に余る町民」は神岡線を存続させるべく多くの意見を寄せた[87]。たとえば、①町民がマイレール意識をもって積極的に利用する、②利用者にとって便利なダイヤに改める、③会社の出張、学校の行事など

は神岡線を利用する、④富山駅に直通する特急列車を新設するというものであった。さらに「町民が少しずつ金を出し合って第3セクター新会社の株を持ち、配当金など当てにしない一株運動」を展開するべきとの提言もなされた[88]。

明智町は、「主要企業の経済力等にも増して神岡線問題を支える町民運動の盛りあがりがマイレール意識を原点にして定着し、第3セクターの3動力になれば収支展望のある新会社の経営も明るい」と神岡町民を賞賛した[89]。そして、「山村の過疎対策として振興活性化を図る長期展望の中で交通がうけもつ分野と位置づけを明確にして、住民一人一人が取り組まなければならない」と説いたのである[90]。のちのことではあるが、明知線問題対策協議会は、「樽見・神岡両線について住民運動の実情等を視察して明知線の存続に取り入れました」と報告しており[91]、廃止まで一年間の猶予があることを活かして他線区の実例をうまく取り入れようとしたのである。

4　明知線の第3セクター転換の模索

①　沿線住民への「マイレール意識」の植え付け

1983年11月に明智町長の阿部勘三は、町内の建物の多くが大正時代に建てられたことを利用して町の中心地を日本大正村という観光地にして売り込む計画を立てた。明智町は、日本大正村への交通機関として明知線を位置づけることで、沿線住民に加えて観光客の利用を増やそうとしたのである[92]。

1984年1月20日に第3セクター鉄道である神岡鉄道株式会社が設立され、同月26日には樽見鉄道株式会社が設立されたことは、明智町にも刺激を与えた。同年2月1日付と3月1日付の『広報あけち』では、仮に明知線を第3セクター鉄道で経営する際に想定される諸問題を検討する特集が組まれた。まず、神岡鉄道と樽見鉄道について、ともに貨物収入が運輸収入全体の大部分を占め、とりわけ樽見鉄道では営業収入のおよそ90％をセメント輸送に依存しているため、運賃を国鉄時代の1.2倍に引き上げただけで採算がとれること、営業費に

については、神岡で職員数を41名から15名に、樽見で104名から47名にそれぞれ削減して収支バランスをとっていることを紹介した。ただし、明知線は、仮に運賃を1.2倍に引き上げたとしても、収支のバランスをとるためには職員数をその当時の66名から少なくとも28名程度に削減しなければならなかった[93]。しかも、明知線は、貨物輸送を廃止しているため運賃の引き上げ後も利用者数を維持・拡大させなくてはならず、営業費を節減することと同時に、「「マイレール意識」を根底にした住民協力の結集により「利用される明知線」に育て」ることが必須の条件であった[94]。明智町は、神岡町民による「マイレール意識」に基づく乗車運動を明知線沿線住民にも植え付けようとしたのである。「「明知線だけが無くなるなんて、まさか」という巷の声を耳にしますが、（中略）有利な背景に恵まれない明知線の場合、利用客の増加と定着及び資本構成の成否如何が最終の判断材料になる」と[95]、明知線が第３セクター鉄道に転換されると思い込んでいる町民にも利用拡大を訴えたのである。

　1984年３月21日の明智町議会は、４月以降における明知線の乗客拡大運動の助成方針として、10名以上の一般団体から15名以上の学生団体に限定するよう改めた。この理由は、「一般団体の場合は多客期を除いて1.5割引、学生団体は子供運賃の３割引及び大人運賃の場合は５割引となり可成りの経済効果が期待できる」ためであった。1981年度から実施されている乗客拡大運動の成果は徐々に見られなくなっており、1983年度における回数券助成対象の4,113人は、1981年度における17,096人の４分の１以下に落ち込んでいた。しかし、1984年４月20日には国鉄の地域別運賃導入に伴う運賃改定が予定されており、明知線内の普通運賃は最大で30円値上げされることが明らかになっていた[96]。結果的に明知線の利用者はさらに減少するのである。

② 第３セクター転換に向けた検討

　これと並行して、1984年３月29日には山岡町公民館において明知線問題対策協議会主催の勉強会が開かれ、第３セクター鉄道への転換を前提に、営業費の節減方法と明知線特定地方交通線対策協議会の進め方が話し合われた。まず、

第3セクター鉄道への転換後の収支予測について年間の推定欠損額がこれまでの5,760万円から1億円へと下方修正された。そして、人件費の年間予算について国鉄OBを雇用することでこれまでの1億2,300万円から1億円程度に節減することができるとした。中央本線との接続駅である恵那駅の業務についても、当初計画した国鉄への委託を取りやめて、ホームと通路そして建家など初期投資に4,350万円をかければ、その後は年間で1,920万円を節減できることが示された。次いで明知線特定地方交通線対策協議会については、開催回数を増やせという「運輸省の強力指導」には「基本的に賛成できない」とし、「今後の対応はできる限り水面下で問題点をツメて正規協議会の回数は少なくする方向で進め」ることが示し合わされた[97]。

1984年4月には明知線問題対策協議会の幹事会が開催された。1982年度における明知線の利用者の1,673名うち60%が学生である状況について、幹事会は「数字からみれば悲観したものではない」と判断した。また、神岡鉄道と樽見鉄道の人件費の節減方法について、神岡では「鉱山OBを採用」し、樽見では「国鉄OBを主に雇用」していることが報告された。樽見鉄道における1人当たり年間363万円の人件費は、中小私鉄の平均額である1人当たり年間440万円よりも低廉であった。次いで「市町村のやるべきこと」として、まず第1に「運営主体をみつけること」、第2に「資金、資本金」の拠出者を募ること、そのうえで地方鉄道法に拠って「免許をとる」ことが挙げられた[98]。そして第3に「地元の意向を主として進め」るために、「地元として協議がしやすいような方向付けが必要」であることが指摘される一方で、「鉄道経営としての考えであれば今年中に方向を定めないとバス転換しかなくなる」と、結論を出す期限が迫っていることが確認されたのである[99]。

こうした諸会合での検討を経た1984年5月1日付の『広報あけち』は、住民に対して「地域沿線住民の要望による鉄道存続の方向で当面検討している」と[100]、明知線を第3セクター鉄道に転換する計画を進めていることを明らかにした。ただし、第3セクター鉄道で運営するには徹底的に人件費や物件費を節減することと、「沿線住民による利用の拡大が定着し、マイレール意識が定

額収入を確保する状態に成長すること」が条件であった[101]。「利用されない鉄道の生き残る途はありません」と[102]、明知線の第3セクター鉄道への転換を図りたい明智町は、利用者数の減少を食い止めなければならなかった。

明知線問題対策協議会にとって、1984年5月5日から7月15日までの日曜日の4日間に催された明知線開通50周年記念行事は、利用者を増やす絶好の機会であった。行事は、5月5日、6日、6月24日そして7月15日に明智町を中心に沿線各地で開催され、明知線記念乗車券の発売をはじめ明知線写真展、大正琴演奏会、明知太鼓発表会の開催、さらに沿線市町村選抜の駅伝大会、ゲートボール大会、明知線を利用したハイキングが実施された[103]。明智町では日本大正村のオープンとも重なったこともあり、行事は「有意義のうちに終了」したのであった[104]。

1984年8月20日に明知線問題対策協議会は、「バスへの代替に反対し、鉄道を残すこと」で沿線市町村長が合意したと発表した[105]。明智町は、明知線を鉄道として存続させる理由として以下の3点を挙げた。すなわち、①積雪寒冷地帯である、②沿線に高等学校があることから、高校生の通学の足として不可欠である、③地域住民の鉄道利用に対する認識が定着しているため利用者数の増加が期待できるからであった[106]。

③ 利用者の伸び悩み

しかしながら、1984年10月1日付の『広報あけち』には、明知線の第3セクター鉄道への転換を図りたい明智町など沿線市町村を落胆させる記事が掲載された。1983年度の明知線の利用者数は、前年度比で9％の減少であることが報じられたのである[107]。図1-3から1983年度の旅客数が減少したこと、また図1-2によると営業係数も再び悪化したことが把握できる。輸送密度もまた、1981年度の1,517人から1982年度には1,674人へと上昇したと思われたが、1983年度には1,505人に減少した。明智町をはじめ沿線市町村は、住民に対して明知線を利用するよう働きかけてきたにもかかわらず、利用者数を増やすことができなかった。沿線住民は、道路の整備に関心を向けるようになっていたので

ある。

　1984年7月26日に岩村町公民館において恵那南部国道改良促進協議会の通常総会が開催された。同協議会は、恵那市と恵南5町村が岐阜県に対して道路予算の拡充、また道路整備の促進を求めるために結成された。当日は恵那市、岩村町、山岡町および明智町からも出席者が集まり、県内各道路の整備事業費の大幅増額を決議した[108]。なかでも、多くの出席者が求めたのは、山岡町から中央本線沿いの瑞浪市までを結ぶ国道と、明智町から愛知県豊田市までを結ぶ国道の改修工事の早期着手であった。『広報やまおか』では一住民の声として、岩村城という観光地がある岩村町、日本大正村をもつ明智町に挟まれた山岡町が、「観光客の通路、廊下の役割だけを背負って賑やかさを見ている立場に甘んじること」は「非常に残念」との記事を掲載した[109]。山岡町は、中央自動車道にアクセスできる恵那を起点に「岩村、山岡、明智から豊田、名古屋方面に向かって道路を結」び、「山岡と大都市との結びつき」を「一層強く」することで地域振興を図ることを考えていたのである[110]。

　上矢作町が実施した同町民のアンケート調査によると、18歳から29歳までの若年層の50.5％が「住みにくい」としており、その要因について24.8％が交通条件の悪さにあると回答した。全世帯でみると、30.6％が交通条件の悪さを回答しており、「都市へ通ずる国道等の改良整備」と「山村内バス路線の整備」が地域振興のために必要であるとした[111]。多くの上矢作町民の意向により、1972年には上矢作町と岩村町を結ぶ国道257号の悪路の一つとされた木の実峠においてバイパス化の工事が開始された[112]。1990年2月に木の実バイパスが完成するまで、上矢作町民は早期開通を求め続けたのである。

　図1-4で示すのは、恵那市と中津川市を除いた明知線沿線町村における自動車の普及状況の推移であるが、登録台数をみると右肩上がりで増加していることがわかる。また、自動車1台当たりの人口の推移をみると、1979年度には12人強で1台だったものが、1984年度には9人強で1台にまで普及しており、各町村別で山岡町は普及の度合いで上から2位であった。1984年6月12日には明知線延長期成同盟会の総会が開催され、「岡多線接続への新線建設を促進す

図1-4 明知線沿線町村の自動車普及状況の推移（台数・1台当たり人口、年度）

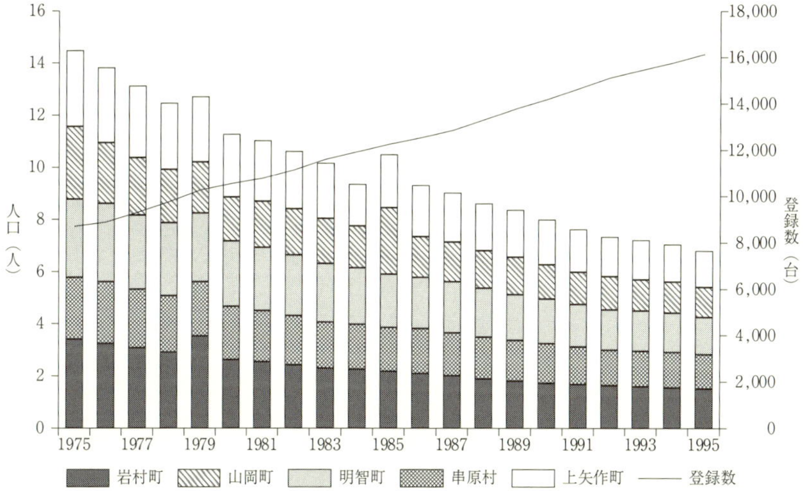

岩村町　山岡町　明智町　串原村　上矢作町　──登録数

出典：岐阜県企画部統計課編『岐阜県統計書』各年度版から作成。

る」ことを決議したのであるが[113]、他方で沿線住民の多くは道路の整備を求めるようになっていたのである。

　明智町は「最近の乗客拡大運動の実態をみても「明知線問題」が巷の話題として白熱化するほど利用実績に結びつかない」原因について、住民が「他力本願」だからであると分析して、「沿線住民が「マイレール」意識を統一目標に利用運動を進め」なくては鉄道として存続させることはできないと[114]、明知線利用を強く求めた。同年10月4日の岐阜県議会において、上松知事は、明知線の存続問題について「民営など具体的問題について関係方面と調整している」と発言して、「第3セクターなどによる鉄道肩代わりの意向を示した」のだが[115]、その一方で沿線市町村は、沿線人口とともに減少し続ける同線利用者に歯止めをかけることができなかったのである。

④ 明知線の第3セクター転換の決定

　明知線を第3セクター鉄道に転換する場合、新会社の設立準備を考慮すると

1984年12月末までに方針を決める必要があった。明知線問題対策協議会は、明知線特定地方交通線対策協議会第2回会議の開催を12月21日に決めると、幹事会において新会社設立のための具体的な手続きを検討し始めた。1984年11月6日に幹事会が開催された際、出席者からは「民営方式は消極的につき自治体主導で行」い「出資、7～80％自治体」という発言があった。すなわち、神岡や樽見と異なり大口出資者がいないため、資本金の大部分を岐阜県および沿線市町村で負担するというのである[116]。中部運輸局管理課長の吉村は、運行計画について「都市計画や観光などの地域の特性を考慮」するべきであると述べたうえで、「明知線の場合、乗客確保が絶対に必要」であり、そのための「強力な対策」の実行を求めた[117]。吉村によると第3セクター鉄道への転換後における明知線の営業収入は、国鉄のおよそ年間1億500万円から1億9,000万円に増やさなければ「厳しい」のであった[118]。今後の課題は、何よりも「輸送人員の確保」であり、「見通しの出た後主たる経営主体探し」であることが示し合わされたのである[119]。

また吉村は、12月12日の幹事会において地方鉄道免許の認可に際して重視されやすい審査項目を指摘した。それによると、「第3セクターで鉄道を残す要望が強いとき」と前置きしたうえで、当該線区の「広域性」、「適正経営能力」、「長期的赤字補てん策」そして「自治体の能力」であった[120]。そして、経営収支予測は、「収支を少なく、支出を多く」見積もるよう指導した。1984年12月15日に明知線問題対策協議会の臨時総会が開催され、第3セクター経営の新会社を設立して明知線の運営を継承させる決議を採択した。その内容は以下のとおりである[121]。

　明知線が第1次特定地方交通線に選定されて以来、沿線自治体において「明知線問題対策協議会」を結成し、乗車拡大運動をはじめ鉄道存続についての強力な運動を進めてきたところである。われわれは、ここに地域住民の通勤・通学の足として、さらには地域の活性化を一層図るため、長期的かつ総合的な視野にたって、明知線を第3セクター方式による地方鉄道として存

続することを強く要望する。

　1984年12月21日には岐阜市内において明知線特定地方交通線対策協議会第2回会議が開催された。主な参加者には岐阜県知事をはじめ沿線市町村長、中部運輸局企画部長の小杉、岐阜県交通問題調査審議会委員の近藤栄司がおり、このほかに意見聴取のため沿線住民を代表して明智町在住高校生父母の会長の成瀬郁夫、岩村高校育友会副会長の依馬八郎、岩村町商工会副会長の荻山善蔵が出席した。
　近藤は、冒頭で「明知線は永久に残していくということで会議の中でご議論いただきたい」と述べると、沿線住民を代表する成瀬と依馬は、通勤・通学および広域的な観光ルートを確保するためには、「何が何でもこの明知線を第3セクターで残して」欲しいと訴えた[122]。また、依馬は、横のつながりが少ない市町村にとって、明知線の第3セクター鉄道への転換は「行政の枠を超えた発想法が生まれる良い機会」であると述べている[123]。荻山は、「沿線町村のカソ地域として活性化をいかにするかとりくんでいるとき一町村では限界がある」と述べ、明知線は「広域観光事業の原石であり、また大黒柱でもあ」ると発言して存続を求めた[124]。近藤は、明知線の存続を要望した3名の沿線住民の代表者に対して、「利用者の皆さんの意見というものが、どこまで生かされて議論が出されたのか、疑問があり心配がある」と[125]、疑義を呈した。沿線の学校と商工会の関係者からなる意見聴取者が、はたして沿線住民の意向を代弁したのかが必ずしも明らかではなかった。近藤によると、明知線は「走れば走るほど赤字」であるため、「永久」に残すための方策を聞きたいと考えていたのである[126]。
　明智町長の阿部勘三は、明知線の利用者には学生や高齢者がいることを理由に「鉄道が占める特性は極めて高」いとして、「明知線を鉄道として存続させる道を選択せざるを得なかった」と[127]、第3セクター鉄道に転換する決断を下したことを明かした。これに対して、中部運輸局企画部長の小杉は、「将来の事業収入をどのように確保していくのか」ということと、「免許の観点」から、

「経営主体をはっきり明確に」することについて「十分詰め」る必要があると注意したものの[128]、第3セクター鉄道に転換することで合意に至ったのである。

5 明知鉄道株式会社の設立と開業

① 運行計画の策定

1984年12月21日に新たに結成された明知線運行対策準備会が、第3セクター鉄道の新会社の設立準備を進めた。同準備会の目的は、会社設立の各種手続きと地方鉄道事業免許申請に伴う収支予測、基金計画そして出資者を明確にすることであり、構成員は岐阜県知事と中津川市、恵那市、岩村町、山岡町、明智町、串原村そして上矢作町の各市町村長であった。会長には恵那市長の西尾、副会長には明智町長の阿部勘三、そして事務局長には名古屋鉄道管理局の神谷芳昭が就き、ほかに7名の委員、2名の監事、7名の事務局、9名の幹事からなった。神谷は、明知鉄道の開業と同時に実質的な経営者である専務取締役に就任する人物である。

第3セクター鉄道への転換後に使用する車両をめぐっては、勾配区間に対応するため、国鉄のディーゼルカーを選ばざるを得ないと結論づけられていたが、富士重工業製のレールバスに寒冷地でなおかつ勾配線区に向けて改良された車両が加わったことを受けて、新車のレールバスを5両購入することに変更した。国鉄のディーゼルカーであれば購入費用が1両当たり1,800万円になるところが、新車のレールバスにすると1両当たり4,800万円になるため負担増になるが、一方で燃料費や修繕費など運行費用の点では新車のレールバスの方が年間1,500万円も安く、総体的にみると年間でおよそ400万円も節約することができた。また、「保安度、耐用年数、省力化等有形無形の効果は大きい」ことから新車のレールバスが導入されたのである[129]。これによって職員数は国鉄当時の66名から29名へと半減させることができた。運行計画については、沿線に高

表1-2　明知鉄道の収支予測（1985年度〜1994年度）

	旅客収入（千円）	収入合計（千円）	人件費（千円）	修繕費（千円）	支出合計（千円）	営業係数	減価償却（千円）	償却後損益（千円）	欠損補助 国庫（千円）	欠損補助 基金（千円）	税引前損益（千円）
1985年度	68,579	71,088	35,321	23,704	75,065	109	8,682	△12,659	—	—	△12,659
86	184,054	190,616	98,491	65,399	204,572	111	8,682	△22,638	6,329	6,330	△9,979
87	202,459	208,966	102,332	67,230	211,299	104	8,682	△11,015	11,319	11,319	11,623
88	202,459	209,839	106,323	69,112	218,257	108	8,682	△17,100	5,507	5,508	△6,085
89	222,705	230,196	110,470	71,047	225,454	101	8,682	△3,940	8,550	8,550	13,160
90	222,705	231,136	114,778	73,036	232,897	105	0	△1,761	1,970	1,970	2,179
91	244,976	253,500	119,254	75,081	240,596	98	0	12,904	513	1,248	14,665
92	244,976	253,853	123,905	77,183	248,560	101	0	5,293	—	—	5,293
93	269,474	278,465	128,737	79,344	256,798	95	0	21,667	—	—	21,667
94	269,474	278,931	133,758	81,566	265,321	98	0	13,610	—	—	13,610

出典：「収支計算書及び資金計算書」明智町『明知線転換促進関連事業交付金交付申請書』（1985年10月21日）別紙5。
注：1）欠損補助は、前年度の償却後差損に対して国庫と基金で半額ずつ負担。
　　2）旅客収入は、1987年度以降、隔年で10.0％増加する計算。
　　3）人件費は毎年3.9％、修繕費は毎年2.8％増加する計算。
　　4）収入合計には、運輸雑収入および受取利息を含む。支出合計には、諸税および支払利息を含む。

校が点在するために「朝ラッシュが同一時間帯に上下で発生」することを考慮して、「乗車率が150％を超えないよう、1〜3両編成にして経費を抑えた」[130]。明知線問題対策協議会の調査によると、明知線の利用者の半数近くが恵那駅で中央本線に乗り継ぐため、列車ダイヤの設定に際しては恵那駅での接続が重視された。

　第3セクター鉄道の収支は、表1-2の償却後損益の項目で示すとおり、7年目に黒字に転じることが示され、営業係数も100前後で推移する予想であった。ただし、算出に際して旅客収入は隔年で10.0％増加すること、営業費では人件費が毎年3.9％、修繕費が毎年2.8％増加することが前提であった。

　1984年12月25日の明智町議会では、明知線の代替輸送計画が検討され、1985年5月に新会社を設立して11月をめどに営業を開始することと、7億5,600万円の転換交付金の使途、そして地方自治法第241条の規定に基づく運営基金の設置が決議された[131]。1985年2月には第3セクター鉄道による運営方針が取り決められ、職員数は「常勤職員は当面33名にするが、経営の安定を待って29名にする」ことになり、運行本数は12往復、旅客運賃は定期券を除き50％の値

上げ、恵那駅は国鉄との共同使用としながらも、出改札と信号扱いは自社で行うこととした。7億5,600万円の転換交付金の使途については、学生の通学定期券の値上がりによる負担の増加を抑えるための定期運賃差額に7,000万円、車両や駅への初期投資に4億8,600万円、そして残りは基金として2億円を計上することが取り決められた[132]。転換交付金のうち基金に割り当てた2億円は、18年間で使い切るように計画された。ただし、物価上昇率は毎年2.8％、さらに年間の利息は7.0％を想定していた。1990年代初頭の日本経済の景況悪化、いわゆるバブル崩壊に伴う運用利息の急落は、全国の第3セクター鉄道の経営に打撃を与えることになる。

1985年3月1日には出資者と出資額が決まり、2億円の資本金のうち岐阜県と沿線市町村がそれぞれ6,500万円ずつ出資して、地元の26の企業団体が7,000万円を分担して出資することでまとまった。表1-3のとおり、出資に名乗りを上げた企業団体は、沿線で事業を展開する製造業者と観光業、小売業、運輸業、銀行そして農協であった。

1985年3月7日には明知線特定地方交通線対策協議会第3回会議が開催され、明知線の第3セクター鉄道への転換計画案が策定された。第3セクター鉄道の損失補てん措置として、明智町が出納管理者になる明知鉄道運営基金が設けられることになり、基金の原資には転換交付金の2億円に加えて、沿線地域からも寄付金1億円を募ることとされた。1億円の拠出は、沿線市町村の鉄道利用者数で割り振ることにして、恵那市の3,000万円を筆頭に、明智町は2,080万円、岩村町は1,710万円、中津川市は1,450万円、山岡町は1,330万円、串原村は160万円そして上矢作町は270万円を負担した[133]。明智町では、町内に立地する全企業と全町民に半額ずつ割り当てた。1億円の基金の募集経過は、必ずしも明らかではないものの、後述する明知鉄道協力会連合会長の三宅重夫は、「鉄道の経営対策基金に1億円寄付しました」と発言していることから[134]、1987年度内には募集を終えたものと思われる。明知鉄道は3億円の基金をもつことになったのであるが、使途については前年度の経常損失相当額および車両等の国鉄継承資産の更新費用に限られた。

表1-3 明知鉄道株式会社の出資者構成

(単位:万円)

区分		出資者	出資額
自治体 (65%)		岐阜県	6,500
		恵那市	1,950
		明智町	1,350
		岩村町	1,100
		中津川市	950
		山岡町	850
		上矢作町	200
		串原村	100
		県・市町村合計	13,000
企業・団体 (35%)	恵那市	株式会社バロー	700
		中央舗道株式会社	700
		協和ダンボール株式会社	500
		恵那高原開発株式会社	300
		山本石油株式会社	300
	山岡町	アイカ電子株式会社	200
	岩村町	岩村タクシー株式会社	200
		株式会社ワコー	200
		岩村観光開発株式会社	200
	明智町	平和タクシー株式会社	700
		富士カントリー明智ゴルフ倶楽部	500
		株式会社キラミ工業	300
		明智碍子株式会社	300
		明智セラミックス株式会社	300
	串原村	串原建設工業株式会社	100
	上矢作町	株式会社丸河興業	300
		花菱建材株式会社	200
	金融機関	株式会社十六銀行	300
		株式会社岐阜相互銀行	50
		岐阜信用金庫	50
		東濃信用金庫	50
		中津川信用組合	50
	地元農協	恵南農業協同組合	200
		中津川市農業協同組合	100
		恵那農業協同組合	100
	バス事業	東濃鉄道株式会社	100
		企業・団体合計	7,000
		合計	20,000

出典:岩村町「明知鉄道発足」『広報いわむら』(1985年6月10日) 2頁。

1985年4月17日に恵那市の恵那総合庁舎において第3セクター鉄道の新会社の設立発起人会が開催され、会社名は明知鉄道株式会社になった。5月21日の明知鉄道の創立総会では役員が選出され、代表取締役には明智町長の阿部勘三、専務取締役には神谷、取締役には岩村町長の深萱、株式会社バロー代表取締役の伊藤喜美、中央舗道株式会社代表取締役の阿部龍輔、監査役には山岡町長の西尾九一がそれぞれ就任した。

② 沿線住民の意識

明知線の第3セクター鉄道への転換準備が進められていたときの沿線住民の意識はどのようなものであったのであろうか。1985年2月に山岡町は、地元の問題点を議論するために同町在住の20歳の社会人の男女5名を招いて座談会を催したのであるが、明知線についてある男性が「自分の子供（中略）のことを考えると明知線が残ることになってよかった」と言いながらも、「今は直接関係ない」と述べており、別の一人の男性も「個人的には利用していない」と発言した。また、明知線について「明智から陶を通って瑞浪へ通すとどうかな。（中略）瑞浪の方が利用する人が多いと思う」と提案した別の男性に対しては、女性が「私もほとんど多治見」に買い物にいくことを理由に賛成している。座談会の出席者は、自分好みの品物を選ぶことができる「大きなデパートみたいな店」や「レコード店」、「若い子の集まる喫茶店」がひととおり揃っている多治見に頻繁に出かけるのであるが、恵那を経由すると遠回りになり不便だというのである。沿線地域の若者は、明知線を利用するのは学生と高齢者だけという認識をもっており、鉄道の存続には賛成したとしても自らは利用する意思が希薄であった。むしろ、「生活にすぐかかわること」として[135]、企業や工場を誘致するため山岡町内における道路の改修工事を強く希望した。図1-4のとおり、1986年度以降も沿線地域において自動車は一定のペースで普及したが、岐阜県内の市町村道、すなわち生活道路の舗装率は40％未満であり、全国水準と比べて立ち後れていたのである[136]。このことは、明知鉄道の開業後に沿線市町村のうちの7,300世帯を対象に実施されたアンケート調査において、同鉄

道を「よく利用する」人と「時々利用する」人を合わせて78%だった一方で、「利用しない」人が21.8%と、決して少なくない比率を占めたことからも窺うことができる[137]。

『広報あけち』は、「車社会の中で、鉄道利用者の増大が如何に難しい問題」であるかを認めたうえで[138]、神岡鉄道の利用者が減少していることを紹介して、沿線住民が頻繁に利用しなければ「「明知鉄道」の将来性はない」と断じた[139]。ただし、その一方で「広域性の高いイベントの企画、観光地の発掘と観光客の受入れ」を進めて沿線以外からも利用者を引き込む構想があることを明らかにした[140]。

1985年7月5日には恵那市文化センターで開催された明知線問題対策協議会総会において同協議会の解散宣言のあと、同じメンバーで明知鉄道連絡協議会の設立会議が開かれ、同会長には恵那市長の西尾が選出された。同協議会は、「明知鉄道の安定的な運営のため」に鉄道を利用したイベント等を企画・実行することを目的にした組織である。このほかに各市町村では明知鉄道協力会が結成され、駅構内の清掃のほか「地域住民および利用者の声を鉄道経営に反映させ、マイレール意識の高揚を図る」役割を担った[141]。1985年8月28日に明智町明知鉄道協力会が、明知線を守る会を改称して設立され、同年10月22日には岩村町と山岡町でも明知鉄道協力会が設立された。これと同時に各協力会を統括して「情報交換や連絡調整を図る」ことを目的にした明知鉄道協力会連合会が組織され[142]、前述の三宅重夫が代表に就いた。三宅は、明智町商工会長や明智町観光協会長を歴任し、日本大正村の初代理事長でもあった人物である。三宅は、無人駅の阿木駅と山岡駅について、「旅客増や防犯」のため、それぞれの駅舎内に歯科医院と学習塾を誘致することを明知鉄道に働きかけた[143]。また、鱒のつかみ取り大会などの企画も立てて「住民のマイレール意識向上のための会報の発行」を通じて定期的に情報を発信した[144]。三宅は、イベントを通じて沿線内外から明知鉄道の利用者を増やそうとしたのである。

③ 開業後の輸送状況

　1985年11月15日をもって明知線は国鉄による運行を終了して、翌16日から明知鉄道株式会社による運行へと切り替えられた（同日に明知駅は明智駅に改称）。同鉄道は、国鉄再建法に基づき経営移管された全国で7番目に開業した第3セクター鉄道であった。図1-2から、1983年度以前と1985年度以降とを比較すると、経営状況が一変したことがわかる。営業係数は、1983年度の675から、1986年度には111にまで改善し、1998年度に至るまで100から120までの間で推移した。営業収入についてみると、明知鉄道に転換した直後の1986年度には開業記念乗車券の完売などによる「開業フイーバの影響」[ママ]で営業収入は増加したものの[145]、その後は1998年度にかけて目立って大きな変化はなく、概ね1億5,000万円前後で推移した。これに対して大きく変化したのは営業費であった。1980年度に6億3,000万円強であった営業費は、1983年度には7億円を超えるまで膨張していたが、明知鉄道への転換後には人件費が削減されたことなどにより、1986年度には2億円強、1987年度には1億8,000万円強に激減した。営業損益の推移から、明知鉄道は黒字経営に転じることができなかったとはいえ、「格段の業績アップ」と報じられたように[146]、経営収支の赤字額を大幅に低減させたのである。

　次に、旅客輸送の動向について検討してみたい。明知鉄道は、開業と同時に運賃を国鉄のときと比較して50％も値上げしたため、「乗客離れを警戒」していた[147]。そのため、「通学生対策として、学校当局と連絡を密にして、学校行事に合わせた車両増結を行」うなど、学生に合わせた輸送体制をとる一方で、「観光客誘致」のため日本大正村と岩村城址をはじめ、地元名産物をポスターで宣伝し、JR東海の協力を得て名古屋市内において往復割引きっぷ「青空クーポン日本大正村＆岩村城」を売り出した[148]。

　1987年度には「沿線の観光開発で団体客が伸び、一日平均で当初より100人乗客増」と報じられたように[149]、「明智町の日本大正村を始め、沿線の観光地が"吸引力"となったことや運行本数を国鉄時代の8.5往復から12往復に増発

した」ため観光客の利用が増えた[150]。しかし一方で「通学定期客は増えたが通勤定期客と定期以外の客は減っている」と指摘されたように[151]、学生以外の沿線住民による鉄道利用は、依然として減少し続けていたのである。図1-3のとおり、沿線人口の減少が進むなかで明知鉄道の利用者数が1980年代を通じて年間およそ85万人で推移することができたのは、学生と観光客の増加と沿線住民の減少が拮抗していたからであった。1990年代以降に沿線の学生数が減少し始めると、明知鉄道には再び利用者を増やすための対策を講じることが求められるのであった。

おわりに

　ここまでの検討で明らかにしたことを整理して総括することにしたい。
　1980年12月に施行・公布された国鉄再建法では、原則として1日1km当たりの利用者数、すなわち輸送密度が2,000人未満の路線を第1次廃止対象線区に選定する方針をとった。運輸大臣が廃止対象線区として承認して特定地方交通線対策協議会が開催されると、2年以内に代替輸送機関への転換を決定することが義務づけられるため、特定地方交通線と称される赤字ローカル線の沿線では利用者数を増加させることが喫緊の課題になった。
　明智町長の阿部勘三を会長とする明知線問題対策協議会は、乗車拡大運動を展開して沿線住民に明知線利用を促した。ところが、当時の岐阜県は全国においても、自動車の普及が急速に進んだ地域であったために沿線住民による利用を増やすことができなかった。明知線問題対策協議会を構成する市町村においても、道路の新設・改修を要望しており、実際に国道をはじめ県道、町村道の整備が進められていたのである。
　明知線の場合は、阿木川ダム建設に伴う代替輸送道路の付替工事が未完成であったことが斟酌され、国鉄と地元との話し合いの場である特定地方交通線対策協議会が他線区よりも1年遅れて開始された。明知線問題対策協議会は、第3セクター鉄道への転換を予定する神岡線と樽見線を先行事例として視察し、

職員に国鉄 OB を雇用して人件費を抑えることと、沿線住民に「マイレール意識」を植え付けて利用者拡大を図ることを明知線の存続運動に取り入れたのであった。

1982年10月に実施された住民アンケートの結果は、明知線の第3セクター鉄道への転換を希望する内容であったが、ついに同線利用者の減少に歯止めをかけることはできなかった。明智町をはじめ沿線市町村は、明知線利用者に対する運賃助成を実施したものの、沿線住民は、自動車の普及に伴い鉄道よりも道路整備に関心を向けるようになっていたのである。なかでも山岡町と上矢作町では、道路の整備こそが地域振興をもたらすと考える人々が多い傾向にあり、明知線利用者を増やすために町全体を日本大正村として売り出した明智町との温度差がみられた。明知線の存続運動は、明智町を中心に展開したものの、利用者の減少に歯止めをかけることができなかった。

明知線問題対策協議会は、1984年度末までに明知線の代替輸送機関を決めなければならないため、沿線住民への鉄道利用の意識づけが十分にできないまま、第3セクター鉄道への転換計画を策定せざるを得なかった。1985年11月16日に開業した第3セクター経営の明知鉄道は、人件費を削減することで営業費を低位に抑えることができたものの、利用者が増えないことによる営業収入の伸び悩みを解決することはできなかった。1980年代の明知鉄道は、利用者を増やすために沿線の学生に加えて沿線の岩村城および日本大正村への観光客の誘致を行った。しかし、1990年代以降に学生と観光客が減少を始めたとき、明知鉄道には再び利用者拡大のための運動を展開することが求められるのであった。

明知線にみる特定地方交通線の沿線市町村は、必ずしも先行研究が指摘するような国ないし県の政策決定だけに注目していたわけではなく、沿線住民に対して鉄道利用を促すと同時に、潜在的な観光資源を掘り起こして観光地として整備して沿線に利用者を呼び込んだのであった。特定地方交通線は、道路の整備に伴いモータリゼーションが急速に進展するなかにおいて、過疎化を防ぐための一つの手段として捉えられていたのである。

注
1) 明知線延長期成同盟会編『活動の記録』(1987年12月) 2～4頁。
2) 同上。
3) 建設省五十年史編集委員会『建設省五十年史 (I)』(1998年7月) 727～731頁。
4) 香川正俊「国鉄湯前線の第3セクター鉄道転換と「くま川鉄道」設立に至る政策決定過程(1)——特定地方交通線対策協議会における協議過程を中心として——」(『熊本学園商学論集』第7巻第2号、2000年12月、1～14頁)。同「国鉄湯前線の第3セクター鉄道転換と「くま川鉄道」設立に至る政策決定過程(2)——特定地方交通線対策協議会における協議過程を中心として——」(『熊本学園商学論集』第7巻第3号、2001年3月、35～52頁)。同「国鉄湯前線の第3セクター鉄道転換と「くま川鉄道」設立に至る政策決定過程(3)——特定地方交通線対策協議会における協議過程を中心として——」(『熊本学園商学論集』第8巻第1号、2001年8月、19～34頁)。
5) 香川正俊『第3セクターと地域振興』(成山堂書店、2000年) 54頁。
6) 香川正俊「第3セクター・松浦鉄道の歴史的考察——松浦鉄道株式会社設立過程を中心に——」(『立命館経営学』第47巻第4号、2008年11月) 8～10頁。
7) 矢野俊幸「第三セクター鉄道の歩みと今後の取り組み」(運輸調査局『運輸と経済』2001年5月、第61巻第5号) 61～69頁。
8) 上遠野武司「第三セクター鉄道の研究——阿武隈急行の事例——」(『大東文化大学経済論集』第62巻第2号、1995年1月) 37～69頁。
9) 明智町「明知線存続にご協力を」(『広報あけち』1980年3月1日) 6頁。
10) 明智町「明知線のご利用を対策会議で呼びかけ」(『広報あけち』1980年4月1日) 10頁。
11) 明智町「明知線延長期成同盟会総会開く」(『広報あけち』1980年8月1日) 3頁。
12) 山岡町「明知線は廃止されるのか?」(『広報やまおか』1981年2月15日) 6頁。
13) 山岡町「廃止反対の対話集会開催」(『広報やまおか』1981年3月15日) 2頁。
14) 同上。
15) 明智町「私たちの力で明知線存続を」(『広報あけち』1981年4月1日) 8頁。
16) 「83翁嘆きと怒り〔どうなる国鉄赤字路線8〕」(『中日新聞』1981年4月10日)。
17) 岩村町「「明知線存続」へ動き活発化」(『広報いわむら』1981年3月20日) 3頁。
18) 明智町「自民党交通部会長明知線を視察」(『広報あけち』1981年5月1日) 8頁および山岡町「明知線アト数年は存続」(『広報やまおか』1981年4月15日) 7頁。
19) 山岡町『広報やまおか』(1981年3月30日) 3頁によれば、「明知線問題対策会議が「国鉄明知線存続に関する要望書」の署名集めを行」ったとあり、山岡町で

は「区長を通じて町民のみなさんに協力を願ったところ、百パーセント近くの署名（5,224名）が集ま」ったようである。

20) 「存続へ陳情第一弾——明知線の2市5町村長ら」（『岐阜日日新聞』1981年4月15日）。

21) 岩村町「明知線の存続へ市町村がスクラム」（『広報いわむら』1981年6月20日）8頁。

22) 明智町「明知線問題対策協議会を発足」（『広報あけち』1981年8月1日）2頁および岩村町「「明知線対策協議会」スタート」（『広報いわむら』1981年7月20日）8頁。

23) 明智町「明知線問題対策協議会を発足」（『広報あけち』1981年8月1日）2頁。

24) 岩村町「「明知線対策協議会」スタート」（『広報いわむら』1981年7月20日）8頁。

25) 明智町「明知線存続に沿線住民の英知を結集」（『広報あけち』1981年11月1日）12頁。

26) 明知線問題対策協議会『明知線問題広報第3号』作成年月日不明。

27) 明智町「明知線延長期成同盟会総会を開く」（『広報あけち』1981年8月1日）2頁。

28) 明智町「明知線をいつまでも残そう」（『広報あけち』1982年1月1日）6頁。

29) 明智町「乗って残す運動を継続　明知線問題対策協議会で決定」（『広報あけち』1982年7月5日）8頁。

30) 明知線問題対策協議会『乗客拡大計画の実施策について（明知線問題対策協議会長　阿部勘三）』作成年月日不明。

31) 同上。

32) 明知線問題対策協議会『明知線問題対策協議会幹事会』作成年月日不明。

33) 「気張らずに着実に地域開発」（『朝日新聞』1983年1月5日）。

34) 山岡町「山岡町明知線問題対策協議会設立」（『広報やまおか』1981年9月15日）4頁。

35) 同上。

36) 明智町『明知線問題地区長会議』作成年月日不明。

37) 岩村町「国鉄明知線を利用しましょう　10人以上の団体に補助します」（『広報いわむら』1981年8月20日）10頁。

38) 明智町「明知線を利用してお座敷列車で楽しい旅を」（『広報あけち』1981年9月1日）8頁。

39) 『中日新聞』・『朝日新聞』・『日本経済新聞』・『岐阜日日新聞』各新聞1983年8月28日号。

40) 明知線問題対策協議会『「明知線を守る会」発足準備会』作成年月日不明。
41) 明智町「明知線を守るチャリティを終えて」(『広報あけち』1982年6月1日) 8頁。
42) 明知線問題対策協議会『「明知線を守る会」の結成準備について』作成年月日不明。
43) 明智町「明知線を守るチャリティを終えて」(『広報あけち』1982年6月1日) 8頁。
44) 明智町「明知線問題の現状は」(『広報あけち』1982年11月1日) 12頁。
45) 山岡町「山岡町の産業を考える 産業基本問題研究会報告会」(『広報やまおか』1982年4月15日) 6頁。
46) 上矢作町「昭和57年年頭のあいさつ 町民の生活環境をより豊かに」(『広報かみやはぎ』1982年1月) 2頁。
47) 串原村「年頭の辞 知恵と努力で緊縮財政を」(『広報串原』1983年1月20日) 2頁。
48) 中津川市「実り多かった市政懇談会」(『広報なかつ川』1982年2月1日) 1頁。
49) 恵那市「新年度予算の概要」(『広報えな』1982年4月1日) 3頁。
50) 明知線問題対策協議会『明知線問題対策協議会幹事会』(1983年2月3日)。
51) 明智町『明知線問題地区長会議』作成年月日不明。
52) 明智町「明知線シリーズ 過疎からの脱皮」(『広報あけち』1982年3月1日) 6頁。
53) 明智町「明知線は教育の足です」(『広報あけち』1981年10月1日) 8頁。
54) 岩村町「「明知線問題」を理解していただくために」(『広報いわむら』1982年1月20日) 14頁。
55) 明知線問題対策協議会『明知線に関する住民アンケート調査実施要領』(1982年10月)。
56) 明知線問題対策協議会『国鉄明知線に関する住民アンケート調査のまとめ』(1982年11月)。
57) 同上。
58) 同上。
59) 同上。
60) 同上。
61) 同上。
62) 「「明知線」沿線住民の感情複雑——存続望むが第三セクター否定的」(『読売新聞』中部面、1982年12月8日)。
63) 恵南青年会議所アンケート調査特別委員会『つくろう明日の恵南を』(1980年12

月25日）15頁。
64) 「国鉄赤字線廃止、選挙の季節は"停車中"──票が逃げると地方議員敬遠」(『日本経済新聞』1983年2月18日）21頁。
65) 同上。
66) 同上。
67) 明知線問題対策協議会『明知線経営収支の試算について』(1983年3月)。
68) 明智町「第三セクターへの国の転換助成は」(『広報あけち』1983年4月1日) 10頁。
69) 同上。
70) 明知線問題対策協議会『広報資料第7号』作成年月日不明。
71) 明智町「明知線国鉄説明会のあらまし」(『広報あけち』1983年7月1日) 8頁。
72) 同上。
73) 同上。
74) 同上。
75) 『明知線に係るバス経営（試算）あらまし』(1983年12月)。
76) 同上。
77) 同上。
78) 同上。
79) 岩村町「明知線廃止問題で国鉄側が説明」(『広報いわむら』1983年7月10日) 2頁。
80) 「赤字線廃止へ出発できるか──名古屋鉄道管理局局長小玉俊一氏」(『日本経済新聞』1983年7月1日) 7頁。
81) 明智町「明知線問題についての申入れと回答」(『広報あけち』1983年9月1日) 10頁。
82) 明智町「明知線はどうなる」(『広報あけち』1983年8月1日) 8頁。
83) 明智町「明知線の経営収支と利用状況」(『広報あけち』1983年10月1日) 8頁。
84) 同上。
85) 「岐阜の樽見線存続決まる──来春にも第三セクターで」(『日本経済新聞』1983年11月12日) 21頁。
86) 明智町「地域が支えた神岡線」(『広報あけち』1983年12月1日) 8頁。
87) 同上。
88) 同上。
89) 同上。
90) 同上。

91) 明智町「明知線存続を果たした明智町・議会の動き」(『広報あけち』1985年1月1日) 4頁。
92) 「今日の話題　大正村」(『朝日新聞』1984年1月25日)。
93) 明智町「第三セクターによる明知線経営について」(『広報あけち』1984年2月1日) 12頁。
94) 明智町「第三セクターによる明知線経営について　その2」(『広報あけち』1984年3月1日) 8頁。
95) 同上。
96) 明智町「国鉄の地域別運賃について」(『明智町議会全員協議会資料』1984年3月21日)。
97) 『勉強会について』(1984年3月29日)。
98) ［明知線問題対策協議会メモ］(1984年4月)。当時の出席者については、残念ながら明らかではない。
99) 同上。
100) 明智町「全国ローカル線廃止と明知線問題」(『広報あけち』1984年5月1日) 10頁。
101) 同上。
102) 同上。
103) 明知線を守る会「記念行事案」前掲『明智町議会全員協議会資料』。
104) 明智町「明知線開通50周年　記念行事終了にあたって」(『広報あけち』1984年8月1日) 10頁。
105) 「「明知線も第3セクターで」上松岐阜県知事が表明」(『日本経済新聞』1984年10月5日) 7頁。
106) 明智町『輸送需要予測関係資料について』作成年月日不明。
107) 明智町「明知線　第1次選定地方交通線　その後の状況」(『広報あけち』1984年10月1日) 6頁。
108) 岩村町「恵那南部国道改良促進協議会通常総会開催さる」(『広報いわむら』1984年9月10日) 4頁。
109) 山岡町「提言　山岡町の進む道をさぐる」(『広報やまおか』1984年9月15日) 3頁。
110) 同上。
111) 上矢作町「三期山振アンケート調査結果」(『広報かみやはぎ』1984年9月) 2、3頁。同調査は、同町が国土庁による第3期山村振興計画樹立地域の指定を受けたことに伴い全世帯を対象に実施されたものである。

112) 上矢作町史編纂委員会『上矢作町史』通史編（2008年3月）575、576頁。
113) 明知線延長期成同盟会『決議（案）』（1984年6月）。
114) 前掲「明知線　第1次選定地方交通線　その後の状況」。
115) 同上。
116) 同上。
117) 同上。
118) 同上。
119) 同上。
120) 同上。
121) 明知線問題対策協議会『決議』（1984年12月15日）。
122) 『明知線特定地方交通線対策協議会第2回会議　会議録案』（1984年12月21日）。
123) 同上。
124) 同上。
125) 同上。
126) 同上。
127) 同上。
128) 同上。
129) 明知線運行対策準備会「明知鉄道KK新車投入の経緯」（『明知線第三セクターの概要』1985年2月）。
130) 『明知線に係る鉄道経営（試算）について　LE-Car（案）』作成年月日不明。
131) 明智町「明知線の代替輸送について」（『明智町議会全員協議会資料』1984年12月25日）。
132) 明智町「明知線第3セクターの概要　3月7日まで取扱注意」（1984年2月）同上。
133) 明知鉄道連絡協議会『協力基金市町村負担割合試算』（1986年3月）。
134) 「黒字めざし着実な歩み」（『信濃毎日新聞』1987年7月8日）。
135) 以上、座談会の発言の引用は、山岡町「町内にもっと若者の働く場を」（『広報やまおか』1985年2月15日、2、3頁）による。
136) 前掲『岐阜県史』515頁。
137) 前掲「黒字めざし着実な歩み」。
138) 明智町「「明知鉄道」開業を前に」（『広報あけち』1985年5月1日）2頁。
139) 同上。
140) 同上。
141) 同上。
142) 明智町「明知鉄道　協力新体制が整う」（『広報あけち』1985年8月1日）2頁。

143)「無人駅舎に学習塾誕生　モザイク壁画で外観一新　明知鉄道の山岡駅」(『中日新聞』1988年9月3日) 27頁。
144)　前掲「黒字めざし着実な歩み」。
145)　明知鉄道株式会社『年度別輸送人員及び収入』(1961年3月31日)。
146)「明知鉄道　経常赤字大幅に減少」(『中日新聞』1987年4月7日)。
147)「経常収支目標上回る　明知鉄道　観光地が"吸引力"」(『中部読売新聞』1987年4月7日)。
148)　明知鉄道株式会社『営業報告　1987年度』1、2頁。
149)「営業係数さらに向上」(『岐阜日日新聞』1987年4月6日)。
150)　前掲「明知鉄道　経常赤字大幅に減少」。
151)「「明知鉄道」の営業係数好転」(『朝日新聞』1987年4月6日)。

〔謝辞〕
　本章の執筆に際しては、恵那市明智振興事務所には資料の閲覧で便宜を図っていただいた。記して謝意を表したい。

第2章　常北電鉄と日立製作所
──地方鉄道と戦時期の軍需増大──

西谷　直樹

はじめに

　本章は茨城県久慈郡太田町（のちの常陸太田市、以下太田町と記す）における常北電気鉄道（のちの日立電鉄──鉄道事業は2005年に廃止[1]）──以下、常北電鉄と略す）の開業と経営の展開について考察を加えるものである。

　常北電鉄は、明治時代中期ごろまで茨城県北の商業の中心地の一つであった太田町の有志が中心となって設立された私営鉄道である。この鉄道が設立された背景として、太田町の鉄道交通の便の悪さや商業者の主要取扱い品目の一つである葉煙草が専売化されたことによる打撃などにより同町の経済が「停滞」していた点が挙げられている[2]。こうして地域の期待を受けて開業した常北電鉄であったが、開業当初の経営は安定せず赤字が続いた。

　この状況を大きく変えたのが、当時軍需生産へと転換した日立製作所における生産の急増であった。同社は、生産設備を次々に拡張していき、周辺の地域には日立製作所の工場が次々と新設されていった。これに応じて、大量の労働者を農村部などから集める必要が生じたため、太田町から久慈郡の農村部を経由し常磐線へと接続する常北電鉄が通勤手段としての機能を新たに与えられ、同社の業績は急速に改善されていくのである。

　以上の考察を通して、地域における交通機関の役割の変化（「地域振興」のための鉄道から、「工業都市への通勤手段」としての鉄道へ）と、当時急速に

拡張しつつあった工業都市・日立市への通勤手段である私有鉄道の設立とその経営について明らかにすることが本章の課題である。

一般的に「企業城下町」と呼ばれる日立市についての研究は市史を含めその存在は確認できる[3]が、日立電鉄について検討された研究はほとんど見受けられない。関連工場の急拡大と労働者の急増による住宅や道路などの社会資本の脆弱さが指摘されていた当時の日立市にとって市外から労働力を輸送する鉄道の存在意義（市外通勤者の増大による住宅問題の緩和）は大きく、この研究は工業が主要産業である都市と鉄道運輸の関係について明らかにするものである。

戦前期（戦時期を含む）の地方鉄道の形成に関する先行研究は、数多く存在する。例えば、武知京三の三重県の電気鉄道に関する研究[4]は、日本資本主義発達史の一側面を解明することを目的として通史的に地方鉄道の展開について検討した。当時の地域経済にとって、鉄道の敷設は経済の盛衰に大きな影響を与える存在として認識され、町場的な商業地域の住人が中心となって建設が進められた。しかし、この鉄道のすべてが建設当初に設定された役割を果たし続けたのだろうか。

時代が戦時期のあたりになると、地方工業化政策などにより、農村に大規模工場が設置されるなどして、急速な工業化が進展した地域が出現した。その中で、従来からその地方に存在していた鉄道は職工の通勤電車としての役割が主なものとなったり、鉄道がない地域では新設されるなどの動きがみられた。こうした事例としては東部熊谷線の事例[5]などが挙げられる。この鉄道は群馬県太田町と中島飛行機工場を結び、工具輸送や資材運搬の役割を担ったものであり、軍による要請から設置されたものであった。このように、戦時期に際して新設の動きが見られた鉄道や、従来の役割からの変化を余儀なくされた鉄道も存在するのであり、こうした変化を追うことで地方における戦時期の急速な工業化の影響の一端を見ることにもつながるのではないだろうか。

本章は以下のように議論を進める。まず、第1節では、明治期・大正期の久慈郡の概況について触れたうえで常北電鉄の開業について明らかにする。次に、

図2-1　茨城県久慈郡周辺図[6) t]

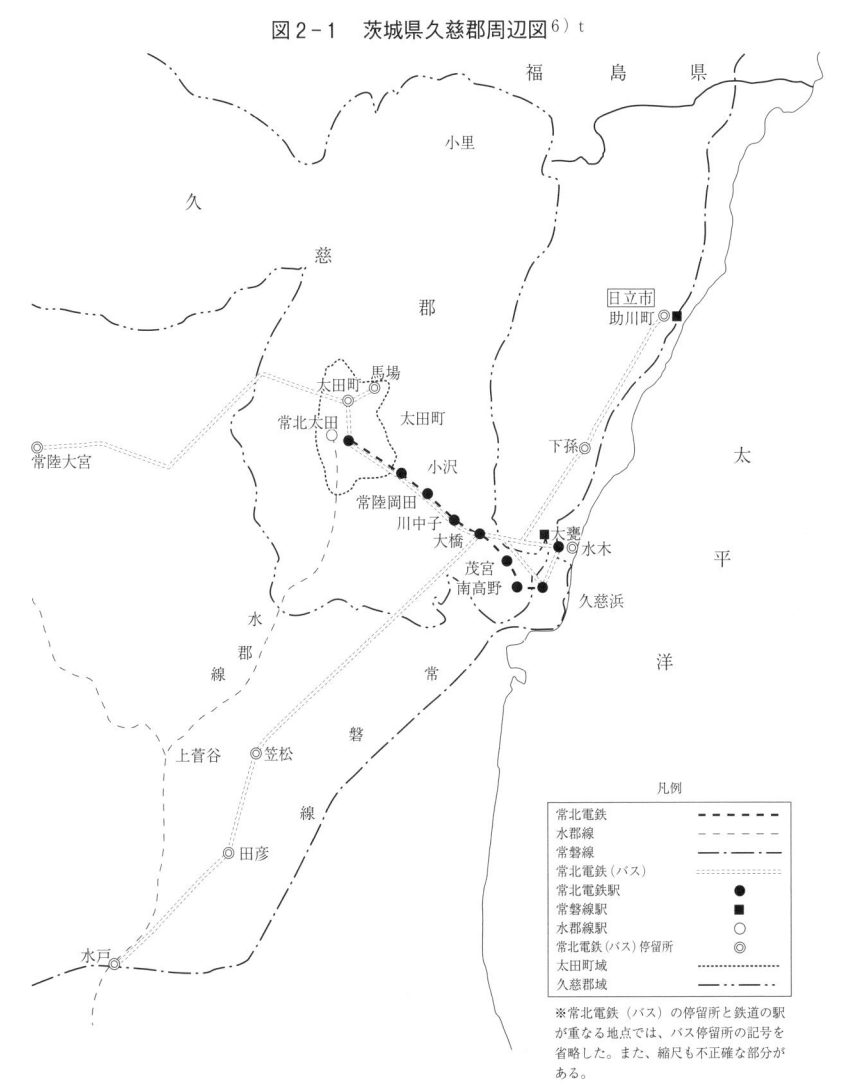

凡例
- 常北電鉄
- 水郡線
- 常磐線
- 常北電鉄(バス)
- 常北電鉄駅　●
- 常磐線駅　■
- 水郡線駅　○
- 常北電鉄(バス)停留所　◎
- 太田町域
- 久慈郡域

※常北電鉄(バス)の停留所と鉄道の駅が重なる地点では、バス停留所の記号を省略した。また、縮尺も不正確な部分がある。

出典：白土貞夫『日立電鉄の75年』(株式会社ネコ・パブリッシング、2004年)、常陸太田市史編さん委員会『常陸太田市史通史編　下巻』(常陸太田市役所、1983年)を基に筆者作成。

第2節では、常北電鉄の開業に関する諸決定と、この鉄道が地域の輸送においてどのような役割を担っていたかを地域の統計資料（事蹟簿）から検討する。そして、第3節では経営の危機からの脱出と地域内での労働者輸送機関としての役割の獲得（経営の安定化）までの過程について明らかにしたい。

1 常北電気鉄道の開業

　本節では常北電鉄の開業について明らかにする。地域振興を目的として生み出された同鉄道であるが、はたしてどのような層の住民がこの鉄道を必要とし、どのような人々が設置に際して中心的な役割を担ったのか、こうした点を中心に述べる。
　常北電鉄の敷設が予定されたのは主に茨城県久慈郡（以下、久慈郡と表記する）であった。久慈郡は茨城県の北部に位置しており、福島県や栃木県と接する一方、太平洋とも接しており、林業や漁業が盛んな地域であった。
　表の2-1①と表2-1②は久慈郡の産業構造について表している。それによると、郡全体の生産価額のうち、農産物は5割以上を占め、工産物は1割程度であることから、典型的な農業地域であると言える。農産物の中で主要なものとしては米穀のほかに、北部で産出される葉煙草や蒟蒻芋などが挙げられる。また、農産物に次いで生産価額の大きい林産物は木材やその木材を原料とした木炭がその大部分を占めている。ちなみに、生産価額としては小規模であったが地域にとって重要であったのは水産物であった。この水産物の大部分を占めるのは鰯や秋刀魚などであり、これらは食用のほか、魚肥として利用されており、内陸部の農業生産に用いられていたのである。
　ところで、比率としては低いが同地域の工業生産について触れておきたい。表2-1①、表2-1②中において生産価額的にも比率的にも最も大きな値を示した、1925年当時の工産物に占める主要工産物の一覧は表2-2のとおりである。これをみると、酒類や粉蒟蒻、醤油などの従来から存在していた工業が盛んであり、かつ、最も生産額が大きい酒類における工場制設備での生産額は4割に

表2-1① 久慈郡生産額一覧

(単位:円)

	農産物	畜産物	林産物	鉱産物	水産物	工産物	合　計
1905	3,484,832	135,502	1,613,168	2,043	152,038	680,150	6,067,733
1910	3,789,166	90,916	1,375,525		192,389	946,997	6,394,993
1915	3,564,819	102,406	589,981	13,265	325,916	547,383	5,143,770
1920	11,945,303	266,553	3,003,307		957,557	2,909,287	19,082,007
1925	11,695,810	337,383	3,826,198		1,366,562	3,192,258	20,418,211

出典:『茨城県統計書』各年度版より作成。

表2-1② 久慈郡生産額一覧（百分比）

	農産物	畜産物	林産物	鉱産物	水産物	工産物	合　計
1905	57.4%	2.2%	26.6%	0.0%	2.5%	11.2%	100.0%
1910	59.3%	1.4%	21.5%	0.0%	3.0%	14.8%	100.0%
1915	69.3%	2.0%	11.5%	0.3%	6.3%	10.6%	100.0%
1920	62.6%	1.4%	15.7%	0.0%	5.0%	15.2%	100.0%
1925	57.3%	1.7%	18.7%	0.0%	6.7%	15.6%	100.0%

出典:『茨城県統計書』各年度版より作成。

達していない[7]。この点だけを見ても、この地域では近代的な工業の発展はほとんど見られなかったといえる。

　以上のような産業構造上の特徴を有した久慈郡では、常磐線への接続によって主要移出品である北部の農林産物の販路を拡大し、その一方で南部の漁獲物を内陸部へと運び、かつ、その中間に位置する太田町に輸送の結節点としての役割を与える鉄道の敷設が求められた。これにより、地域内の在来産業のさらなる発展と、中心的地域である太田町における商工業の発展が目指されたのである。

　鉄道の建設は、総代の市村貞造をはじめとする18人の発起人による免許申請がその皮切りとなった。表2-3では発起人の氏名・居住地・職業を示した。総代である市村貞造（水戸市）と石井三郎（東京市）を除いて全員が久慈郡在住者であり、とくに目立つのは、農業従事者（中村、稲田、江幡、梶山、高倉）と酒造業者（岡部、檜山、佐川（八）、佐川（忠）、井坂）といった層であり、前述した同地域の産業構造と鉄道敷設が強い関係にあることがうかがえよう。

表2-2　久慈郡工産物品目一覧
（1925年時）

品　目	価額（円）	百分比
酒　類	973,470	30.5%
粉蒟蒻	462,410	14.5%
醤　油	311,940	9.8%
瓦	290,145	9.1%
蚕　糸	290,112	9.1%
木製品	202,184	6.3%
麺　類	146,890	4.6%
菓子類	87,081	2.7%
鉄製品	83,577	2.6%
藁製品	53,293	1.7%
和　紙	35,557	1.1%
その他	255,599	8.0%
合計	3,192,258	

出典：『茨城県統計書』（1925年）より作成。
注：1）瓦：主に屋根瓦。
　　2）木製品：履物、挽物、曲物、差物、箱類、木箸、桶樽類、車両、唐箕、その他。

　ところで、総代である市村は住所からもわかるように、久慈郡在住者が多数を占める発起人のなかで名義のみを貸す存在であった[8]。おそらく、衆議院議員という肩書きが持つ影響力や、中央政界での発言などが期待されたのであろう。鉄道敷設のために中心的な役割を果たしたのは太田町在住の竹内権兵衛であった。竹内権兵衛は1875年に太田町に生まれ、茨城農工銀行（株）監査役、日本製鋼（株）取締役等を経て、水浜電車、常北電鉄、いはらき土地株式会社を創立し、県下実業界の重鎮として活躍した人物[9]であり、太田町における有力な企業家の一人であった。

　初期の計画については企業目論見書に以下のように記述されている。まず、企業活動の目的は、「一般旅客及貨物ノ運輸業」[10]であった。次に、当初の会社の資金総額は500万円であり、そのうち建設費は250万円と見積もられていた。そしてこの500万円を集めるために株式は1株50円として発行された。ちなみに、のちにこの資金計画は事業規模の見直しに伴い100万円に減額された。当初の建設計画について触れておくと、起点は久慈郡坂本村内の大甕駅に設定された。大甕駅は常磐線大甕駅に近接して設置されており、常磐線との接続による流通の改善が目指されたのである。そして、終点は久慈郡の小里村に設定された。小里村は、葉煙草や蒟蒻芋などの農産物の生産地であり、この地域までの鉄道の延伸が当時は重要であると認識されていた。そして、この2地点間には久慈町と太田町という二つの町が位置していた。

　では、企業側はこうした事業計画についてどの程度の収益を見込んでいたのであろうか。表2-4は目論見書の中に含まれている、「営業収支概算書」をまとめたものである。これによると、収入面では「旅客収入」は19万2,074円、「貨

表2-3 常北電鉄発起人一覧

氏 名	住 所	職 業	事業に関する経歴
市村貞造（総代）	水戸市大字上市	衆議院議員	
竹内権兵衛	久慈郡太田町	商	
中村哲義	久慈郡西小沢村	農	久慈交通株式会社取締役
□義芳次郎	久慈郡太田町	運送業	
五来留義	久慈郡久慈町	呉服商	
塙信平	久慈郡坂本村	郵便局長	
岡部林吉	久慈郡西小沢村	酒醸造業	耐火煉瓦製造会社社長
稲田信左エ門	久慈郡機初村	農	久慈銀行取締役
江幡伊代之介	久慈郡佐都村	農	
檜山徳之介	久慈郡河内村	酒醸造業	
梶山五郎	久慈郡中里村	農	
中野泰隆	久慈郡賀美村	木材商	
佐川八郎	久慈郡賀美村	酒醸造業	
佐川忠	久慈郡賀美村	酒醸造業	
菜蒔義尚	久慈郡小里村	公吏	
高倉虎	久慈郡小里村	農	
井坂照三	久慈郡小里村	酒醸造業	
佐藤兵衛門	久慈郡小里村	無職業	
石井三郎	東京市赤坂区	茗迷業	

出典：「発起人一覧」（『鉄道省文書 常北電気鉄道 巻一』国立公文書館蔵）より作成。

物収入」は24万4,695円とそれぞれ見積もられている。この鉄道が、前述した農産物輸送の拡大や常磐線の接続地域などの地域利害を反映した性格を帯びているために、「旅客収入」よりも「貨物収入」による収益を多く見込み、期待したのであろう。そして、輸送貨物の内容[11]であるが、各駅ごとの取扱い予定の貨物をおおまかにまとめると、大甕から小里村方面に向けては鮮魚肥料を主に運び、その反対に小里村から大甕方面に向けては「木材薪炭」や農産物（葉煙草や蒟蒻、米穀）を運ぶ予定とされていた。

こうした地域の期待を背負いつつ、常北電鉄は、1922年11月16日免許状の交付を受けるに至った。しかし、免許交付後に速やかに事業が展開されたわけではなく、数年の期間を経なければならなかった。その理由については、中心的役割を担った竹内権兵衛が、自身が経営する他事業に力を割く必要があったためとされている[12]。

表2-4　営業収支概算書

項　目	金額（円）
旅客収入	192,074
1哩当たり	7,276
1日1哩当たり	20
貨物収入	244,695
1哩当たり	9,269
1日1哩当たり	25
雑収入	29,200
収入合計	465,969
1日1哩当たり	57
営業費	257,220
1日1哩当たり	27
益金	208,749
建設費	2,500,000
建設費に対する利益割合	8％

出典：「営業収支概算書」（『鉄道省文書　常北電気鉄道　巻一』国立公文書館蔵）より作成。

　第1回常北電気鉄道株式会社設立協議会が開催され、起業活動の要項が決定されたのは1926年のことであった。鉄道敷設区間については先に決められた大甕～小里間が工事区間で分けられている。すなわち、第1期工事区間としての太田町～大甕区間、次に、第2期工事としての、大甕～助川区間（現・日立市と接続）と太田町～大宮町（現・常陸大宮市との接続）。そして、第3期工事区間は太田町～小里区間であった。地図において確認できるように、従来から検討されていた久慈郡を縦断する小里～大甕間のほかに、付近における有力な町場の一つである大宮町との接続や、日立製作所や日立鉱山の影響を強く受けて発展しつつあった助川町との接続を企図していたことから、太田町を中心として縦横に伸びる鉄道網の形成が一時期は期待されていたのである。

　この一方で事業計画自体の変更を余儀なくされる決定が同時になされた。それは、資本金額の再設定であり、当初目標額として定めた500万円から100万円へと下方に修正されたのである。この修正の背景には、難航した株主募集という事情が存在した。当時の会社側は、常北電鉄の設立について、「一般から大きな期待、共感」が持たれており、資金も容易に集まるであろうとする楽観的な見方で出資者を集めていた。しかし、この希望的観測は見事に覆され、実際は募集株数2万株の内60％程度の消化にとどまり、目標額を大きく下回ることとなった。この事態をうけて、竹内権兵衛は、自身の知己である事業家の林甚之丞[13]（日本レール株式会社専務）に株式の引き受けを要請した。竹内が林に対して協力を要請した理由として、林が現職のほかに東京鉄軌信託投資団[14]の一員でもあり、彼の鉄道事業に関連した社会的地位に注目したと考えられる。竹内からの要請を受けた林は、大阪電機工業所専務の熊野興太郎を誘い、2人

で7,000株を引き受けたのである。

この資本金の変更によって、常北電鉄の経営方針は変更を余儀なくされた。1927年4月に電気事業許可を申請する一方で、「企業目論見変更許可申請書」（以下、「申請書」）を関係大臣あてに提出した。「申請書」によると、起業目論見書の資金総額を変更して300万円とし、その内100万円で会社設立と先述した第1期工事区間（太田町〜大甕区間）の建設費に当て、第2期工事着工の際は別途募集するというものであった。しかし、この先延ばしは実際のところは無期限延期、あるいは計画の断念を意味しており、事実これ以後戦前期において鉄道路線が延伸されることはなかったのである。

表2-5 取締役一覧

取締役	竹内権兵衛 稲田信左衛門 大津　信正 長谷川新兵衛 武弓謙之助 外池太一郎 原沢　勇 三田尾松太郎 竹内勇之助
監査役	千速　賢正 竹内　利介 萩庭　喜市 小祝　秀寿 小口　幸助 滝田　春吉

出典：日立電鉄50年史編さん委員会編『日立電鉄50年史』より作成。

資金集めから困難に見舞われた常北電鉄であったが、同年7月30日には会社設立総会が開かれ、取締役と監査役の決定がなされた。表2-5はそのときの顔ぶれを示したものであるが、その中で経歴が明らかな者について見てみると、稲田信左衛門（金融業）や長谷川新兵衛（宍戸郵便局長、水浜電車取締役）など地域内の富裕層が参加していたことがわかる。このことから地元有志が主体的に参加していた、ということができるかもしれないが、長谷川や竹内勇之助は竹内権兵衛の経営する水浜電車の取締役を兼任[15]しており、リーダーである竹内に協力する意味で参加していた側面も無視することはできない。そして、株主構成であるが、100株未満の零細な株主が全体の83％を占めていたことから、社史において述べられているように、「一般地方人が」常北電鉄の「事業と将来に関心」を有していた[16]、と見ることもできるかもしれない。だが、一方で、資力の制限はあるかもしれないが、先述した資本金の募集の困難さを鑑みると、なるべく少ない負担（株式引き受け）で済まそうとする地元の人々の消極的な態度もうかがえるのである。

表 2-6　乗合自動車路線（1925年11月当時）

太田～大甕	小池自動車
太田～小里	常北自動車
太田～水戸	太田自動車
太田～天下野	木村栄一運行
太田～久慈浜	⎫
太田～馬場	⎬ 久慈交通
太田～大宮	⎭

出典：『いはらき』（1925.11.3）参照。

① 乗合自動車事業への進出

　常北電鉄がその経営体制や事業計画を本格的に決定しつつあったこの時期、全国の都市部では鉄道以外の交通手段も利用されつつあった。その中でも代表的なのは自動車事業であり、バス事業やタクシー事業が新たな住民の足として定着しつつあったといってよい。この動きは徐々に地方にも波及し、常北電鉄においてもバス事業への参入が早期から決定されていた。この動きについて概観しておきたい。

　まず、常北電鉄について触れる前に茨城県内での自動車業、とりわけ乗り合いバスの出現について述べておこう。

　茨城県に乗合自動車が出現したのは1918年頃と言われており、最初に参入した企業は本橋自動車商会で、水戸から大洗～大貫海岸までの路線で営業した。この企業の出現に触発され、太田町周辺で事業を開始したのが同町周辺で乗合馬車業を営んでいた小池丑松であった。彼が事業の免許を得たのは1918年の11月であったため、県内では比較的早い参入であったと言えよう。ともあれ、小池の参入を皮切りに、同地域周辺での自動車業の新規参入者が続発したのであるが、その結果過当競争となって利益が減少した上、高額な車両購入費用がかさむなどしたため、各事業者の経営が困難となったのである。

　この結果、地域内の自動車業者間で事業の提携と法人化の動きが見られた。表2-6は、1925年11月当時の事業者とそれぞれが担った路線の一覧である。太田町を中心として、各地域への路線をそれぞれの事業者が担っていたことがわかる。この中で、3路線を担当したのが久慈交通であった。この久慈交通は、久慈浜への路線と大宮と接続する路線など、常北電鉄が事業計画において示した路線とほぼ重なる路線で営業していたのである。

　常北電鉄の自動車事業への参入は、この久慈交通の営業権の買収により達成された[17]。同社の発起人内に久慈交通の取締役である中村哲義がいたことから

も、早期から久慈交通の吸収と自動車事業への参入は企図されていたと思われる。ともあれ、自社鉄道路線と重なるバス路線を傘下に置いた理由として、社史では、「自社鉄道線の培養と自衛を図る」[18] ためであったとされている。すなわち、自社鉄道路線と併走するバス事業を他企業が経営するということは、地域内で競合することとなり、事業収益を減少させる結果となる。こうした状況の回避が第一に考えられたのであろう。また、このほかにも、乗り合いバス事業は鉄道よりも近距離で地域に密接したサービスを提供できるため、鉄道事業にとって補完的な役割を持つという積極的な認識がされていたのかもしれない。

こうして、常北電鉄は鉄道用の線路の敷設を行う一方で、同地域内の自動車業の営業権を獲得することにより、後の競争相手となる危険性を解消するとともに、鉄道事業が軌道に乗るまでの間の補完的収益事業を得た。この自動車事業が結果として常北電鉄の初期の経営難を救うことになるのだが、その点については後述する。

2　常北電気鉄道の経営

① 常北電気鉄道の経営

会社設立総会が開かれた時点での常北電鉄においては、事業計画、資本金、取締役・監査役の選任といった経営に必要な項目についての決定がほぼ下された。そして残された主要課題の一つは線路の敷設であった。

この問題は比較的速やかに実行に移され、翌年の1928年3月1日には用地買収が完了し、同年12月には大甕〜久慈浜間の2.1kmが完成し、続く1929年の7月には久慈浜〜常北太田間の9.4kmが完成した。この時点で、いわゆる第1次工事区間である大甕〜常北太田間の11.5kmが開通したのである。

ちなみに、この線路敷設工事を実際に行ったのは、日本レールと大阪電機工業所であった。この2社には、林甚之丞（日本レール）と熊野興太郎（大阪電

表2-7① 常北電鉄鉄道営業関連指標

	旅客人員	客車収入		貨車収入	収入合計	営業費	営業係数	営業利益
		旅客運賃	手小荷物運賃	貨物運賃				
1929下	201,017	19,950	590	6,393	30,397			
1930上	197,711	20,249	1,171	12,348	43,752			
1930下	135,402	16,623	455	6,125	39,656			
1931上	152,009	14,582	897	10,186	26,085	27,868	106.8	-1,783
1931下	136,724	13,205	423	4,388	18,279	21,772	119.1	-3,493
1932上	127,974	11,361	766	8,648	21,081	24,771	117.5	-3,690
1932下	127,893	12,107	387	4,133	16,984	17,391	102.4	-407
1933上	126,651	10,736	766	7,806	19,647	20,361	103.6	-714
1933下	141,750	12,486	456	4,284	17,488	18,738	107.1	-1,250
1934上	132,032	11,177	725	8,919	21,389	20,825	97.4	564
1934下	150,290	12,625	428	5,147	18,802	18,294	97.3	508
1935上	178,258	12,899	698	7,455	21,508	23,886	111.1	-2,378
1935下	197,161	14,901	449	3,542	19,327	20,983	108.6	-1,656
1936上	209,945	14,102	660	5,345	20,658	22,945	111.1	-2,287
1936下	255,976	17,473	472	4,485	22,826	20,951	91.8	1,875
1937上	266,740	18,962	712	7,635	27,793	24,857	89.4	2,936
1937下	304,272	21,815	525	6,053	28,978	27,899	96.3	1,079
1938上	317,548	21,520	725	8,633	31,465	28,094	89.3	3,371
1938下	355,938	24,598	981	8,810	35,830	37,186	103.8	-1,356
1939上	439,648	29,731	1,357	11,168	43,017	47,506	110.4	-4,489
1939下	564,497	39,437	1,204	7,751	48,887	44,550	91.1	4,337
1940上	701,617	48,319	1,709	12,160	62,859	45,147	71.8	17,712
1940下	799,104	58,835	1,326	10,519	71,448	44,853	62.8	26,595
1941上	827,427	60,383	2,378	14,883	78,572	54,781	69.7	23,791
1941下	923,256	70,289	1,708	10,761	83,743	52,708	62.9	31,035
1942上	999,338	78,724	2,223	22,627	104,451	72,001	68.9	32,450
1942下	1,137,906	94,614	1,608	20,340	117,784	81,946	69.6	35,838
1943上	1,109,163	94,895	1,503	22,428	123,322	88,089	71.4	35,233

出典:『常北電鉄営業報告書』各年度版より作成。

機工業所)がそれぞれ関わっており、先の大量株式引き受けの際には敷設工事の受注が条件とされていたものと考えられる。日本レールは主に軌条やその他資材の提供を行い、大阪電機工業所は、架線、変電所、車両、橋梁、停車場などの工事一切を担当したのである。

線路の敷設も完了し、本格的に運輸営業を開始した常北電鉄であったが、主

表2-7②　常北電鉄自動車部門経営指標

	市外乗合運賃	市内乗合運賃	回数券及定期券	貸切運賃	その他	収入合計	営業費	営業利益
1931上	13,947	2,443	188	646	29	17,255	12,890	4,365
1931下	12,901	2,321	299	1,113	10	16,646	16,563	83
1932上	12,013	2,177	461	712	7	15,371	12,120	3,251
1932下	11,307	2,107	658	1,346	107	15,527	12,803	2,724
1933上	13,111	1,728	647	910	95	16,494	13,324	3,170
1933下	18,862	1,819	1,492	3,736	30	25,942	20,455	5,487
1934上	31,155	1,715	5,360	3,890	47	42,169	25,710	16,459
1934下	32,291	1,797	6,338	3,358	493	44,291	30,026	14,265
1935上	36,193	1,868	7,829	2,559	888	49,359	35,526	13,833
1935下	35,161	1,968	9,056	3,890	122	46,309	37,214	9,095
1936上	38,054	1,827	10,759	2,876	193	53,713	35,421	18,292
1936下	41,437	2,311	9,716	3,182	145	54,895	41,157	13,738
1937上	49,252	2,415	7,703	3,791	281	63,444	40,731	22,713
1937下	52,309	2,850	7,736	2,966	374	66,237	47,909	18,328
1938上	55,221	2,593	6,964	2,799	228	67,810	48,085	19,725
1938下	48,630	2,144	5,551	891	1,265	58,487	42,094	16,393
1939上	61,870	2,552	7,486	477	20,884	93,272	50,884	42,388
1939下	57,345	3,726	7,104	0	334	68,512	49,531	18,981
1940上	71,377	3,649	7,651	0	259	82,938	57,897	25,041
1940下	80,088	4,078	1,217		406	85,791	66,426	19,365
1941上	90,616	3,830	1,172		1,085	96,706	74,851	21,855
1941下	84,523	2,235	555		843	88,159	80,287	7,872
1942上	62,578	63			815	63,459	61,321	2,138
1942下	65,760	110			712	66,584	55,717	10,867
1943上	84,671	68			796	85,536	70,290	15,246

出典:『常北電鉄営業報告書』各期より作成。

要業務として位置づけられていた鉄道部門の経営はどのような状況であったのであろうか。当時の営業報告書から作成した表2-7①から見てみたい。

　鉄道建設後の営業状態を見ると、旅客運賃、貨物運賃ともに1933年下期からほぼ継続して減少傾向にあることがわかる。これが改善されるのは、旅客人員では1935年の下期、貨物輸送では1938年の上期あたりであった。とくに、当初事業の根幹として据えられていた貨物輸送による運賃収入は長らく安定しなかった。そして、この点とともに経営者側にとって悩みの種となったのは、収入を上回り続けた営業費の存在であった。1931年から判明する営業係数を見ても、

間に何期か100を切る（採算が合う）時期も存在するが、連続的に100を下回るのは1939年の下期以降である。無論、この背景には、営業費の大きさだけではなく貨物運賃でみたような収益の不安定性も大きな影響をあたえていることは疑いない。

　では、もう少しこの収益と費用について細かく検討してみたい。まず、旅客収入から見てみると、上期と下期では「海水浴客」の有無が影響して増減が見られたことが示されている。そして、同じ上期であっても、例えば、1930年下期の営業報告書では海水浴客が例年に比して減少したために前年度上期と比べて旅客収入が振るわない点が指摘[19]されており、この傾向はしばらく続いたのである。

　次に、貨物輸送の状況であるが、常北電鉄側の経営資料などで数量的に輸送実績が確認できる資料が現在のところ見つかっていない。常北電鉄の営業報告書から確認できるのは、貨物輸送において重要な位置を占めていたのは久慈浜で水揚げされる鮮魚類の輸送であった。1929年下期[20]では、久慈浜における秋刀魚漁や鰯漁などの水揚げについてふれているほか、1930年上期[21]では、久慈浜の不漁が貨車収入の2割減につながっている点を指摘している。

　常北電鉄での海産物輸送の数量的な実績について見るために、太田町（常北電鉄の終着駅が存在）の事蹟簿に記載された、貨物の出入に関する統計も参照する。この統計を輸送量の多い項目に整理したのが表2-8である。この統計の難点は、価額ではなく重量によって示されている点であるが、各項目の輸送の有無と増減の確認により、大まかな傾向をつかむことは可能であろう。この統計中の「肥料類」[22]、「鮮魚」、「塩魚」などの項目が確認され、1930年代初頭までは塩漬けや肥料に加工されて輸送されたことが確認できる。

　統計について触れたついでに、当時の常北電鉄の輸送貨物の特徴を挙げると、他地域からの移入品として最も多いのは石炭であった。これは、当時小規模ながら操業が見られた太田町の諸工場の燃料として使われたと思われる。その一方で移出品目の中で輸送量が多かったのは木材や竹などの林産物であった。これは前述した久慈郡の産業の特徴の一端を示しているといえるのである。

表2-8 太田町鉄道貨物移出入一覧

移出貨物一覧 (単位：トン)

	鮮魚	塩魚	肥料類	木材	砂糖	醤油	莚叺類	竹	木炭	織物類	その他	合計
1929		5	1	7		3		43		3	68	130
1930		9	3	14		198		61		5	136	426
1931		55	2	1	2			7			26	93
1932			34	18	3	4		219			339	617
1933			19	20	5			102	1		7	154
1934			40	154	10			370			12	586
1935	78		5	400	19			280	8		50	840
1936	217		16	450	22		94	228	13	6	158	1,204
1937	198	6	13	49	18		82	216	12	3	638	1,235

移入貨物一覧 (単位：トン)

	鮮魚	塩魚	肥料類	木材	米	麦	石油	石炭	石類	織物類	その他	合計
1929		5	1	62	3	12		634	10	10	7	744
1930		54	3	138	2	5		978	2	3	389	1,574
1931		12						50	5		15	82
1932					2	12		916	28		35	993
1933			2			7		103				112
1934			16			9		816		16		857
1935	17					2		400	3	6	20	448
1936	9		18	5	1	3	2	370	8	48	191	655
1937	12	2	16	4	2	5	2		2	8	185	238

出典：『久慈郡太田町事蹟簿』より作成。

　ところで、この統計で示された常北電鉄の貨物輸送量は水郡線のそれと比べると極めて小さいものであった。常北電鉄の移出貨物が初めて事蹟簿の統計上で1,000トンを超えた1936年を例にとると、常北電鉄の貨物移出量・移入量はそれぞれ1,204トン・655トンであったのに対し、水郡線常陸太田駅の移出量・移入量は1万3,897トン・1万5,544トンとその差は10倍以上に及んでいる。統計の性質上この数値を鵜呑みにすることは難しいかもしれないが、既設の水郡線に比べると、常北電鉄の地域に与えた影響は貨物輸送という面においては限定的であったといえる。そしてこのことは、竹内をはじめとした経営者たちにとっては収益上の誤算として重くのしかかることとなった。

　この状況にさらに追い打ちをかけたのが、営業費の大部分を占める建設費の

膨張であった。社史においても建設費の膨張については「手痛い誤算」[23]と表現しているように想定を大きく上回った。営業報告書においては「営業費」という括りでしか表されないが、表2-7①をみると、1930年代を通して利益をほぼ上回る額となり、常北電鉄の経営を圧迫していたことがわかる。

　開業当初の常北電鉄の鉄道部門の経営は、収益も費用も当初の見込みと大きく異なり、収支は安定せず、頻繁に赤字がみられた。この慢性的な赤字はのちに改善されることになるが、この解決策を模索していた時期の企業側はさまざまな対策をたてて生き残りを図った。収益低迷期の企業の多くが行うであろう人件費などの諸費用の削減も1930年の下期にはすでに行っており、「給料の1～0.5割の削減」、「残業（時間外勤務）手当の廃止」、「宿直料の減少」などを断行した。しかし、事態は一向に改善を示さなかった。

　この窮状の中で、常北電鉄の命脈を保たせた要素は何だったのか。次項ではその点について述べていきたい。

② 常北電鉄の経営再建

　地域経済の活性化を期待され開業した常北電鉄であったが、その主要部門である鉄道部門の赤字が続き、危機的状況となった。しかし、この状況下でも常北電鉄は事業の継続は可能であった。なにが常北電鉄の延命を可能としたのか。この時期の常北電鉄の採った経営改善のための方策は主に三つある。まずは、前述した「副業」としてはじめた自動車業が挙げられる。次に、1931年上期には決定が見られた政府補助[24]がある。そして、3点目が、株式整理・債務整理の断行であった。本稿では、企業側の経営上の努力や工夫に焦点をあてるために、「自動車事業」と「株式整理・債務整理」について述べることにする。ちなみに、「政府の補助」に関する詳細は不明であるが、地方鉄道補助法に基づいた融資であったとするのが時期的に妥当であろう。この法律に基づく融資は1924年度にはその8割が蒸気動力の鉄道に対してなされ、残り2割が電気動力に対して行われたが、1934年度には電気鉄道に対する融資が半分を占めるに至った[25]。常北電鉄に対する融資の内容は、大橋から常北太田間の建設費68万

536円[26]に対する補助を行うものであった。表2-10に示しているように、1932年下期から分割して給付された補助は合計して32万4,891円であった。

まず、自動車事業であるが、常北電鉄が営業を開始した初期から統合した同事業は、表2-7②において示すように継続的に利益をあげた。鉄道部門が不調である1930年代において、それと対を成すように好調な成績を示していた。収益の内訳に着目すると、「市外乗合運賃」の額が「市内乗合運賃」の額を圧倒的に上回っていた。路線としては、前述したように鉄道路線と並走しているほか、太田町を起点として西へは常陸大宮、北には馬場、東は助川町、そして茨城の中心部である水戸市へとそれぞれつながっており、鉄道の通っていない地域への交通手段の補完していたのである。鉄道会社側は、当初「補助である」と認識していた自動車業が想像以上に好調であることをうけて、「将来自動車業ノ利用ノ極メテ緊要ノ事ト信ズ」[27]という認識を示すに至ったのである。

だが、この好調も1940年代以降陰りがみられる。戦時期の統制が常北電鉄の自動車部門にも影響を及ぼしていくのである。前掲表2-7②においても示したように、徐々に乗客数は減少していく。この原因は、戦時統制に伴う燃料調達の困難さに基づいていた。すなわち、1938年の5月に出された物価統制令とそれに準じて発せられた石油統制令により、操業用のガソリンの入手が困難になったのである。1939年には早速合理化が進められ、ガソリンの代替燃料を使う「代燃車」の使用や貸切車両の廃止なども行ったが、状況に改善の兆しは見られなかった。結局、1941年に米国が対日石油禁輸政策を採ったことを受けて、日本国内において第三次石油消費規制がなされ、営業用・自家用自動車、バスなどのガソリン消費が禁止されたのである。様々な努力を重ねてきた常北電鉄側も、「鋭意努力致シタルモいよいよ強化セル燃料費規制ノ影響ヲ受ケ」主要路線の運休や運転回数削減をせざるをえない状況に追い込まれたのである[28]。

そして、常北電鉄の経営を圧迫していたもう一つの要因が株式と債務処理の問題である。とくに、負債の問題は、先に述べた建設費の増大と金融の梗塞[29]により生じた融資の受け難い状況が重なり、深刻であった。

この問題についての決定は1934年10月26日に太田町の亀田ビルにて開催され

表2-9　常北電鉄特定債権者一覧

名　称	債権価格（円）	付与株数
株式会社大阪電機工業所	187,500	3,750
日本レール株式会社	75,000	1,500
株式会社川崎第百銀行	37,500	750

出典：『第15期　常北電鉄営業報告書』。

た第1回と第2回の臨時株主総会[30]で下された。第1回の臨時総会では、資本金の減少が議論された。この減少の内容は、設立当初設定された100万円の資本金をその半分の50万円へと変更させるものであった。その方法は、1株が額面50円で当時の時点で36円払い込み済みの株式2株を併合して1株にし、1株額面50円払い込み済とするものであった。これによって、株式の総数も2万株から1万株に半減されるとともに「払込済72万円を50万円に切り捨て減額」[31]されたのである。ちなみに、この株式整理の際、払い込み未済などの併合の条件に適合しない株式はその資格を失い、新たに発行する株式は競売にかけてその譲渡価格を決定した。

第2回臨時株主総会は大口債務の処理の方針が決定された。大枠としては未計算利子を含めて120万円といわれた債権を80万円に切り捨てる[32]ものであった。しかし問題は切り捨てるための方策である。このための方策は第1回の臨時株主総会で減額した資本金を一転して増加するものであった。増加させる資本金額は30万円で、合計して80万円となる計算である。この方法としてとられたのが、特定債権者の債権を「現物出資」[33]という形で放棄させ、その代わりとして常北電鉄が新規に発行する株式を譲渡するというものである。すなわち、表2-9において示した、債権者である㈱大阪電気工業所、日本レール㈱、㈱川崎第百銀行の3社が保有する債権、併せて30万円を放棄させ、それと引き換えに1株額面50円（払い込み済み）の株式合計6,000株を発行・譲渡したのである。

この第1回・第2回の臨時株主総会の決定は、資本金の更正、減資差益と債務免除益金の獲得による負債整理を達成[34]したものであり、会社の財務内容の改善を図ったものといえる。

では、実際、常北電鉄の経営内容はどの程度改善されたのだろうか。常北電鉄の鉄道部門と自動車部門を合計した経営成績について示した表2-10を見る

表2-10　常北電鉄経営成績一覧

(単位：円)

	当期利益金	当期欠損金	政府補助金	資本金	払込未済資本金	建設費	未払建設費	借入金合計
1929下	2,925			1,000,000	450,070	1,167,446		1,617,516
1930上	2,027			1,000,000	399,925	1,415,301		1,815,226
1930下		64,444		1,000,000	366,625	1,420,674		1,787,299
1931上	741			1,000,000	361,663	1,421,865		1,783,528
1931下		12,979		1,000,000	361,563	1,226,279	56,974	1,644,816
1932上		18,173		1,000,000	358,218	1,380,863	55,029	1,794,110
1932下		16,705	16,758	1,000,000	358,188	1,375,953	53,742	1,787,883
1933上		22,470	21,923	1,000,000	358,038	1,372,486	52,854	1,783,378
1933下		22,158	22,347	1,000,000	358,038	1,371,509	53,831	1,783,378
1934上		21,998	21,998	1,000,000	355,902	1,368,087	48,357	1,772,346
1934下		35,814	35,814	1,000,000	280,000	1,352,768	35,873	1,668,641
1935上		28,992	28,992	1,000,000	280,000	1,353,168	37,712	1,670,880
1935下	104,741			800,000		1,255,293	13,985	1,269,278
1936上		28,583	29,676	800,000		1,237,396	16,266	1,253,662
1936下		24,370	30,173	800,000		1,223,903	8,555	1,232,458
1937上	2,064		29,456	800,000		1,224,087	5,688	1,229,775
1937下	994		23,664	800,000		1,196,396	4,555	1,200,951
1938上	1,069		22,880	800,000		1,176,294	4,508	1,180,802
1938下	21,146		22,881	800,000		1,154,924	1,895	1,156,819
1939上	26,580		18,329	800,000		1,141,476	924	1,142,400
1939下	15,566			800,000		1,104,620	54	1,104,674
1940上	13,800			800,000		1,086,494	54	1,086,548
1940下	29,308			800,000		1,069,486		1,069,486
1941上	25,074			800,000		1,060,077		1,060,077
1941下	13,967			800,000		1,043,248		1,043,248
1942上	6,665			800,000		1,026,734		1,026,734
1942下	21,819			800,000		1,015,982		1,015,982
1943上	20,904			3,950,000		1,000,694		1,000,694

出典：『常北電鉄営業報告書』各年度版より作成。
注：1935年下期以降の当期利益金は減資差益を含む。

と、株式整理や負債整理を断行した1935年下期を境として以下の点で改善が見られた。まず、1930年代前半は欠損金が慢性的に発生する状態であったが、1936年の上期・下期を除いて、利益金が継続して生み出されるようになった。また、借入金が1935年下期に40万円程度減額されてから低下し続けていったうえ、未払い建設費も3分の1程度に減額された後減額を続けていったのである。

以上のように、副業である自動車事業の好調と、株主および債権者の協力によ
る財務状況の改善と債務整理、そして政府の補助金に支えられ、常北電鉄は
1930年代の経営が困難な時期も乗り切ったのである。

3　日立製作所の軍需生産と日立電鉄

① 日立製作所の軍需生産の拡大

　常北電鉄が経営の健全化のために努力していたころ、日本国内全体には1931
年の満州事変を皮切りとして、戦争とその遂行のための戦時統制が姿を現し始
めていた。とくに1937年に出された臨時資金調整法をはじめとする統制三法に
より、一般企業の活動は戦争遂行にとって有益か否かという価値基準に基づい
て資金や材料の配分が決められ、実質的に著しい制限を受け、機械産業をはじ
めとした国内工業は次々に軍需製品の生産へと転換していった。

　常北電鉄が位置する茨城県北部には日立町（1939年に日立市へと改称）があ
り、同町には、日立鉱山という銅の採掘・精錬を行う鉱山や、発電用の水車を
中心とした機械生産を行う日立製作所が立地していた。これらの企業も戦時統
制の影響を受けることとなる。とくに日立製作所の急激な拡大は目ざましいも
のがあり、日立町の方面に限定しても、表2-11が示すように、生産面では
1935年から1939年までに2倍以上、労働者数に至っては1931年から1940年まで
の間に10倍程度の増大がそれぞれ見られたのである。

　この生産増大の動きは、さらなる設備拡張を日立製作所に促すことになっ
た[35]。1939年4月には機械器具類の生産を目的とした多賀工場、1940年9月に
は特殊鋼の生産を目的とした水戸工場、そして、航空機用部品の生産のための
高萩分工場が1943年12月に建設されるなど、続々と軍需生産を目的とした工場
が茨城県内（とくに北部）に設置されていった。この一連の生産設備の拡張の
動きは「日立〜水戸間工場地帯構想」[36]と呼ばれた。工場の増加はその一方で
労働力の需要をさらに増加させる。当時の日立製作所は、従来農業や平和産業

に従事していた人々を雇用[37]することによって必要とする人員を確保したのである。このような軍需産業への転化を可能にしたのは、前述した統制三法などによる平和産業の「整理」が進行した結果であることは言うまでもない。

② 労働者輸送機関としての常北電鉄へ

前項で述べたような、茨城県の北部を中心とする日立製作所関連諸工場の展開と労働力の増大は、必然的に労働力の輸送需要を発生させることとなった。

これを受けて、常北電鉄の輸送旅客数は急速に拡大した。常北電鉄の営業報告書においても乗客数の激増について触れており、その理由として「地方経済界ノ関係」と「日立製作所ノ事業拡張」[38]を挙げている。表2-12は日立工場が点在する日立町と助川町への通勤・通学者数の調査であるが、他の市町村からの流入者が多く、水戸や久慈郡からの移動者も見られ、この時点ですでに広範な地域から労働力を集めていたことがわかる。1935年上期から増加が見られ始めた旅客数は、前掲表2-7①において示しているように、1939年から継続的かつ顕著な増加率を示した。すなわち、対前期比でみた場合、1938年以前では大きくても1936年下期の21.6%であったのに対して、1939年上期・下期および1940年上期はそれぞれ、23.5%、28.4%、24.3%と連続して増加したのである。以後、増加率こそ低下するが、10万人単位で増加を続けていったのである。さらに、後年の1938年には、日立町付近に存在する国分村・鮎川村・河原子町が合併して形成される多賀町に工場(多賀工場)の増設される点について言及し、このことが経営にさらなる好影響をもたらすものとして期待を示した[39]。実際、表2-13

表2-11 戦時期日立工場生産価額・労働者数一覧

	生産価額(円)	労働者数(人)
1931	—	2,139
1932	—	2,854
1933	—	4,017
1934	—	7,162
1935	28,090	9,923
1936	36,140	12,082
1937	47,611	16,799
1938	56,454	18,135
1939	63,698	18,663
1940	59,775	21,312
1941	67,271	24,330
1942	52,877	21,057
1943	49,908	20,057
1944	51,767	22,619
1945	1,887	10,052

出典:『米国戦略爆撃調査報告書』および『日立工場五十年史』より作成。

注: 1) 1934年以前の生産価額についてはは元データが欠落している。
2) 「日立工場」とは、日立市域内に点在した、日立製作所関連工場の総称である。

表2-12　通勤・通学目的での移動人員

日立町　　　　　　　　　　　　　　　（単位：人）

		総数	男	女
他の市町村へ（出）		624	403	221
水戸市		72	30	42
東茨城郡	吉田村	19	19	0
多賀郡	河原子町	11	10	1
〃	助川町	522	344	178
他の市町村より（入）		2,283	1,898	385
久慈郡	中里村	29	25	4
多賀郡	坂上村	26	23	3
〃	国分村	45	45	0
〃	河原子町	58	55	3
〃	鮎川町	82	72	10
〃	助川町	1,871	1,508	363
〃	日高村	57	57	0
〃	豊浦町	25	25	0
〃	松原町	27	26	1
〃	松岡町	19	19	0
〃	南中郷村	19	19	0
〃	磯原村	25	24	1

助川町　　　　　　　　　　　　　　　（単位：人）

		総数	男
他の市町村へ（出）		1,961	1,581
水戸市		44	29
東茨城郡	吉田村	20	20
多賀郡	国分村	16	14
〃	河原子町	10	10
〃	日立町	1,871	1,508
他の市町村より（入）		668	427
多賀郡	国分村	25	10
〃	河原子町	39	25
〃	鮎川町	30	21
〃	日立町	522	344
〃	日高村	25	16
〃	豊浦町	14	10
〃	櫛形村	13	1

出典：『国勢調査報告』1935年版より作成。

で示しているように、大甕駅での降車数は1935年から1940年の間に3倍以上に増加していて、1938年当時の目論見は見事的中したと言えよう。

　ともあれ、軍需産業の一大生産地である日立地域と周辺地域を結ぶ常北電鉄の重要性は急速に高まっていった。利用者数の急増に伴い、利便性の向上などが求められるようになり、1940年3月には大甕から日立までの延線の許可を申請するに至ったのである。この申請自体は1942年の5月に認可されるのであるが、この日立への延伸に代表される日立地域あるいは日立製作所との関係の強化は、結果として、常北電鉄にとっての経営上の大きな転換点をもたらすこととなる。それは日立製作所による常北電鉄の吸収・合併である。

　前述したように、日立製作所は茨城県北部において急激な生産拡大を行い、多くの労働者と生産資材を必要とした。同社は生産活動を円滑に行うために人

員・資材輸送用高速度電車の敷設を計画したのである。この計画を実行に移す段になってその鉄道を走らせる路線として注目されたのが常北電鉄だったのである。

当時、日立製作所日立工場の副社長であった高尾直三郎は常北電鉄の直接経営を目指し、経営権の委譲の動議を株主総会において持ちかけた。この時、1941年下期の時点における常北電鉄の株式の所有関係は、日立製作所社長の小平浪平が全1万6,000株中1万1,134株を取得しており、実に69.5％を占めていた[40]。2代目社長である林甚之丞は諸事情を鑑み、1941年3月19日の臨時株主総会においてこの申し出を受諾することを決定した。この決定と同時に取締役と監査役が全員解任され、新役員の選任が行われた。新しく選任された役員のほとんどは、日立製作所の関係者であった。すなわち、取締役社長に高嶋秀吉、専務取締役に野沢松寿、取締役に広津熊太、西田成三、萬田五朗、田中達次郎、そして監査役には伊藤俊雄、門田彦士がそれぞれ就任した。

常北電鉄が日立製作所の経営傘下に入ることによって、意外な利益を享受する部門も出現した。自動車部門がそれで、1942年には日立製作所のバス部門である日立バスを吸収した[41]ほか、1944年3月、陸運統制令による事業統合の流れの中で、多賀郡一円の既存バス事業者など7事業体とも合併した。これにより、自動車事業は155kmの事業路線と43車両を保有する形となり、その事業規模を拡大させた[42]のであった。

表2-13 大甕駅降車数

年	人数
1935	917
1936	1,025
1937	1,194
1938	1,547
1939	2,386
1940	2,970

出典：「最近六カ年乗降客変遷」（『鉄道省文書　常北電気鉄道　巻三』国立公文書館蔵）より作成。

おわりに

本章において分析の対象とした常北電鉄は、1927年に茨城県久慈郡太田町に設立された。太田町は明治時代まで北茨城地方で生産される「水府煙草」の集荷・加工の中心地であり、商業の町として栄えていた。だが、国鉄（常磐線）

の駅からは離れており、水戸駅と接続する太田鉄道（のちに水郡線により合併）は水府煙草の産地である北茨城および福島方面への接続は実行に移されず交通が不便であった。さらに、葉煙草自体も1898年には専売制へと移行したため、太田町の葉煙草の販売・加工業者はもとより、同地域の銀行や商工業者も業績の不振に悩まされることとなった。

こうした状況を挽回すべく、常磐線への接続と県北地域までの線路の延伸を可能とする鉄道会社が求められたのである。しかし常北電鉄はその期待に応えることはできず、当初の予想を超える建設費に圧迫されたうえ、電鉄の事業収入も安定せず、その経営は厳しいものとなった。この経営の危機的状況を救ったのは会社側が断行した負債の切捨てと資本金の減額であった。そのうえで経営を好転させる契機となったのが、早期から利益を上げ続けていたバス事業の存在と、日立製作所の労働力需要の増大に伴う周辺地域での旅客輸送の増加であった。

こうして、常北電鉄は当初期待された太田町の産業振興という目的とは異なり、周辺地域住民の日立製作所への通勤手段としての役割を担うことにより、その営業を安定化させていったのである。

注
1) 日立電鉄交通サービスHP、「会社概要」http://www.hitachi-dentetsu.co.jp/general/kaisya_annai.html 参照。
2) 常陸太田市史編さん委員会編『常陸太田市史（下）』（常陸太田市、1983年）27頁。
3) 例えば、日立市史編纂会『新修　日立市史（下）』（常陸書房、1979年）や、日本人文科学会『近代鉱工業と地域社会の展開』（東京大学出版会、1955年）、中野茂夫『企業城下町の都市計画』（筑波大学出版会、2009年7月）などが挙げられる。
4) 「第1章　三重県下松阪軽便鉄道の変遷」（武知京三『日本の地方鉄道網形成史──鉄道建設と地域社会──』柏書房、1990年）。
5) 「第11章　恐慌・戦時期の鉄道」（老川慶喜『埼玉鉄道物語』日本経済評論社、2011年）283頁。
6) 参考資料：白土貞夫『日立電鉄の75年』（ネコ・パブリッシング、2004年）、常陸太田市史編さん委員会編『常陸太田市史（下）』（常陸太田市、1983年）、野田正穂・

老川慶喜監修『戦間期都市交通史資料集　第十六巻』（丸善株式会社、2004年）。
7) 工場での酒類の生産価額は39万8,740円である（『茨城県統計書（1925年度）』参照）。
8) 日立電鉄50年史編さん委員会編『日立電鉄50年史』（日立電鉄、1979年）。
9) 『第一版　茨城県紳士録』（有備会出版部、1935年）。
10) 「企業目論見書」（『鉄道省文書　常北電気鉄道　巻一』国立公文書館蔵）。
11) 同上より作成。
12) 前掲『常陸太田市史（下）』。
13) 林甚之丞（1884-1960）は、1884年3月1日に北海道に生まれた。日本鋼管の白石元治郎の援助で日本レールを設立後は、1937年日本鋼材社長、全国鋼材商業組合理事長。1941年南洋鉄鉱取締役、1944年日本鋼管鉱業社長に就任し、東南アジア方面の鉄鉱開発に尽力した。戦後、日本鋼管会長兼副社長（「林甚之丞の足跡」編集会編『林甚之丞の足跡』「林甚之丞の足跡」編集会、1961年）。
14) 東京鉄軌信託投資団は全国の有望な地方鉄道、軌道に投資する代わりに、鉄軌道の建設、その他の工事を投資団が引き受ける形となっていた。
15) 各人の経歴については前掲『第一版　茨城県紳士録』参照。
16) 前掲『日立電鉄50年史』7頁。
17) 前掲『常陸太田市史（下）』478頁。このとき、竹内権兵衛はいったん個人名義で営業権を購入したのち、常北電鉄に購入させている。これは、「当初の定款にバス事業がなかった」（前掲『日立電鉄50年史』11頁）ためである。
18) 前掲『日立電鉄50年史』9頁。
19) 『常北電鉄営業報告書（1930年下期）』。
20) 『常北電鉄営業報告書（1929年下期）』。
21) 『常北電鉄営業報告書（1930年下期）』。ほかにも、1931年下期においても、久慈浜の不漁と収益の減少が関連づけられている。
22) 第1節で述べたように、久慈浜で獲れる鰯などは、食用のほかに農業における肥料としても用いられていた。
23) 前掲『日立電鉄50年史』13頁。
24) 主に建設費に対して行われた政府からの補助であったが、その査定の過程で支払い中の建築費が見直され、支払額が減額されるなど予想外の利益も生じた（『常北電鉄営業報告書（1931年下期）』）。
25) 野田・原田ほか編『日本の鉄道——成立と展開——』（日本経済評論社、1986年）198～200頁。
26) 『常北電鉄営業報告書（1931年上期）』。

27) 『常北電鉄営業報告書（1930年上期）』。
28) 『常北電鉄営業報告書（1942年上期）』。また、1941年には、収入の90％支出を占める状況になっていた（前掲『日立電鉄五十年史』）。
29) 『常北電鉄営業報告書（1933年下期）』。
30) 『常北電鉄営業報告書（1934年下期）』。株式と債務処理の問題については、特別の指定がない限り、同資料を基にして記述する。
31) 前掲『日立電鉄50年史』17頁。
32) 同上。
33) 同上。
34) 同上。
35) 日立製作所臨時五十周年事業部社史編纂部『日立製作所史　2』（日立製作所、1950年）参照。
36) 前掲『日立電鉄50年史』21頁。
37) 日立製作所『日立製作所史　2』（日立製作所、1950年）31頁。
38) 『常北電鉄営業報告書（1935年上期）』。
39) これは、常北電鉄の終着駅である大甕駅がこの多賀町の中に立地しているためであり、単純に工場の新設が輸送需要の増大に結びつくと判断したために生まれた期待である。
40) 『常北電鉄営業報告書（1940年下期）』。
41) 『常北電鉄営業報告書（1941年上期）』。
42) 前掲『日立電鉄50年史』（25頁）。当初の計画では茨城県の交通圏を北部・中部・南部に分割し、常北電鉄を中心として北部全体の交通圏を編成する予定であったが、すでに日立製作所の傘下にあったため、北部交通圏とは独立した企業として存続した。

【参考資料】

・茨城県立歴史館蔵『久慈郡太田町事蹟簿』（1907〜1937年）
・茨城県立歴史館蔵『常北電鉄営業報告書』
・茨城県立歴史館蔵『新聞いはらき』
・茨城県立歴史館蔵『第一版　茨城県紳士録』（有備会出版部、1935年）
・茨城県立歴史館蔵『茨城県統計書』
・茨城県立歴史館蔵「林甚之丞の足跡」（編集会編『林甚之丞の足跡』「林甚之丞の足跡」編集会、1961年）
・国立公文書館蔵『鉄道省文書　常北電気鉄道　巻一〜三』

- 『常北電鉄営業報告書』
- 『国勢調査報告』（1935年）
- 『第一版　茨城県紳士録』（有備会出版部、1935年）

【参考文献】
- 茨城県史編さん総合部会『茨城県史　市町村編Ⅰ』茨城県
- 日立市史編纂会『新修日立市史（下）』（常陸書房、1979年）
- 日本人文科学会『近代鉱工業と地域社会の展開』（東京大学出版会、1955年）
- 中野茂夫『企業城下町の都市計画』（筑波大学出版会、2009年）
- 老川慶喜『埼玉鉄道物語』（日本経済評論社、2011年）
- 老川慶喜編『両大戦間期の都市交通と運輸』（日本経済評論社、2010年）
- 常陸太田市史編さん委員会編『常陸太田市史（下）』（常陸太田市、1983年）
- 日立電鉄50年史編さん委員会編『日立電鉄50年史』（日立電鉄、1979年）
- 『町場の近代史』
- 小野浩「「軍需工業都市」川崎の形成——戦時期における南部鉄道沿線工業化と輸送・住宅問題——」（『立教経済学研究』vol. 64-1、2010年）
- 野田正穂・原田勝正・青木栄一・老川慶喜編『日本の鉄道——成立と展開——』（日本経済評論社、1986年）
- 野田正穂・老川慶喜監修『戦間期都市交通史資料集　第十六巻』（丸善株式会社、2004年）
- 日立製作所臨時五十周年事業部社史編纂部『日立製作所史　2』（日立製作所、1960年）
- 白土貞夫『日立電鉄の75年』（ネコ・パブリッシング、2004年）
- 武知京三『日本の地方鉄道網形成史——鉄道建設と地域社会——』（柏書房、1990年）

【参照ホームページ】
- 日立電鉄交通サービス：URL：http://www.hitachi-dentetsu.co.jp/general/kaisya_annai.html

第3章　遊覧地・長瀞の形成と秩父鉄道

恩田　睦

はじめに

　本章の目的は、戦前期の秩父鉄道株式会社（1916年2月までは上武鉄道株式会社、以下では秩父鉄道、上武鉄道と略）による長瀞への行楽客・遊覧客誘致について、同社の経営展開に即して検討することで鉄道会社による遊覧地開発のありようを示すことである。

　今日、長瀞は埼玉県有数の観光地・行楽地として県内外に知られているが、江戸時代まで遡ると同地は藤谷淵と呼ばれる観音巡りないし宝登山参詣者だけが訪れるような場所であった[1]。上武鉄道の延伸により「東京方面より気軽に来秩可能になるや、当長瀞方面には、荒川の清流や春秋の山気を求めて来る人々でにぎわう様になった」というように[2]、遊覧地としての長瀞は、上武鉄道の開業後に形づくられていったのである。

　都市における娯楽の展開について、戦前期における旅行案内書の出版動向を検討した奥須磨子氏によると、東京の住民は、1910年代半ばに東京郊外を散策することに関心をもつようになり、1920年代半ばごろには「郊外ブーム」、すなわち東京郊外や近郊に出かけることを一つの娯楽にしていた[3]。そして、郊外鉄道の延伸・開業が「郊外ブーム」を後押ししたことも指摘している。そうであれば当該期における鉄道会社が、沿線に行楽客・遊覧客をいかにして呼び込んだのかということについても実証的に検討する必要があるように思われる。

こうすることで「郊外ブーム」という現象をより具体的にイメージすることができるからである。

永江雅和氏は、戦前から戦後にかけての向ヶ丘遊園の経営展開を検討しており[4]、戦前期における小田原急行鉄道は、不動産業に注力したため向ヶ丘遊園への関心は必ずしも高くなかったことを指摘している。もっとも永江氏は、向ヶ丘遊園の独立経営が可能になる戦後期の展開に注目しているため、いかなる経緯で小田原急行鉄道が向ヶ丘遊園を設立したのかについて、必ずしも実証的に検討しているとは言えない。

それどころか鉄道会社の経営と遊覧地・遊園地業という論点は、阪急電鉄の経営者である小林一三の宝塚開発が鉄道史・経営史研究において注目されるあまり、かえって他の鉄道会社についての検討が十分になされてこなかったという憾みがある。小川功氏は、戦前期における鉄道会社と遊園地の関係について、全国の鉄道会社が開設した観光・遊園施設の所在調査と類型化を試みており[5]、郊外電鉄はもちろん地方私鉄までもが多様な遊覧地ないし遊園地を運営していたことを明らかにしている。つまり、戦前期において鉄道会社が、行楽客・遊覧客を誘致することは一般的な経営戦略であったと考えられるのであり、その多様性について具体的な事例に基づき議論する余地があるように思える。

図3-1は、秩父（上武）鉄道の運輸収入総額に占める貨客別の収入割合の推移を示している。当該期間を通じてみると、総じて旅客収入の割合が貨物収入のそれを上回っていることがわかる。秩父（上武）鉄道の運輸収入は、年による変動はあるものの旅客輸送を中心としていた。秩父鉄道による長瀞と奥秩父の観光開発については、老川慶喜氏による概説的な記述にとどまっているので[6]、本章では長瀞が遊覧地として成り立つまでの過程について秩父（上武）鉄道の経営実態に即して検討することにしたい。ところで、当時の遊園地は、鈴木勇一郎氏が指摘するように、必ずしも遊具を備えたものばかりでなく、草花を観賞する入園無料の自然公園のようなものも少なくなかった[7]。秩父（上武）鉄道が整備した長瀞遊園地もその類のものであった。

図3-1　運輸収入に占める旅客収入・貨物収入の比率

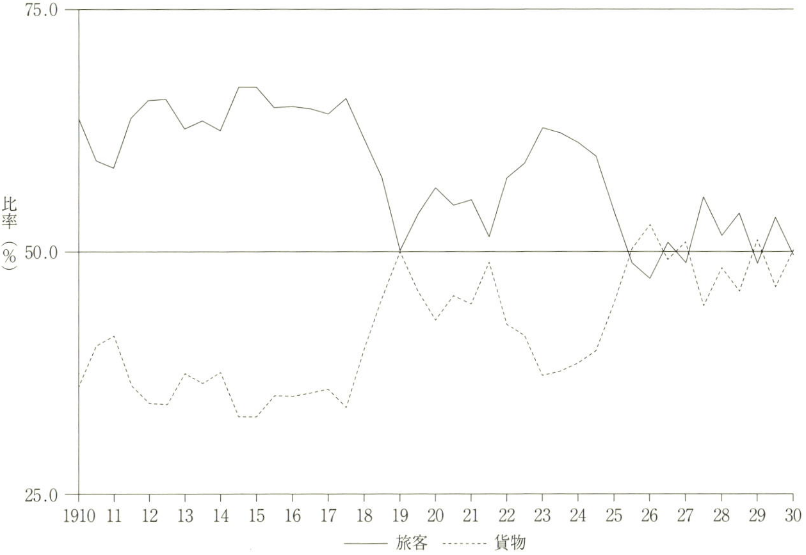

出典：上武鉄道株式会社・秩父鉄道株式会社『報告』（第22～57回）から作成。

1　長瀞への延伸と学生団体の誘致

① 波久礼～秩父金崎間の延伸

　1899年11月に設立した上武鉄道は、熊谷～秩父大宮間の敷設計画をもっていたが、先行研究が指摘するように、1904年4月に寄居～波久礼間を延伸させたところで株主からの株金払込の遅滞と運輸収入の低迷による資金難が決定的となり、その先の延伸を中断せざるを得なくなっていた（当時の開業区間は熊谷～波久礼間）。1907年2月に2代目の取締役社長に就任した柿原定吉は、伝手をたどって埼玉県出身の財界人である渋沢栄一から優先株8,000株（40万円）の発行・引き受けと、30万円の融資という資金援助を得た。こうして1910年7

表3-1 秩父鉄道の資本構成

		公称資本金	株式払込金	借入金	支払手形	社 債	建 設 費	
							鉄 道	特殊土地建物
		円	円	円	円	円	円	円
1911年	上期	1,000,000	700,000	300,000	—	—	830,057	—
	下期	1,000,000	700,000	300,000	—	—	983,070	—
12年	上期	1,000,000	700,000	300,000	—	—	1,003,774	—
	下期	1,000,000	759,648	230,000	—	—	1,010,858	—
13年	上期	1,000,000	760,000	230,000	—	—	1,014,235	—
	下期	1,000,000	839,730	165,000	6,181	—	1,050,393	—
14年	上期	1,000,000	840,000	425,000	3,369	—	1,289,590	—
	下期	1,000,000	919,260	435,000	0	—	1,391,219	—
15年	上期	1,000,000	920,000	455,000	0	—	1,393,943	—
	下期	1,000,000	999,540	365,000	0	—	1,397,511	—
16年	上期	1,400,000	1,040,000	340,000	0	—	1,398,408	—
	下期	1,400,000	1,119,740	260,000	0	—	1,398,464	—
17年	上期	1,400,000	1,119,720	180,000	0	—	1,434,039	—
	下期	1,400,000	1,279,920	140,000	0	—	1,486,424	—
18年	上期	1,400,000	1,359,980	70,000	0	—	1,498,254	—
	下期	1,400,000	1,400,000	10,000	0	—	1,501,668	—
19年	上期	2,000,000	1,280,000	0	0	—	1,543,170	—
	下期	2,000,000	1,280,000	0	0	—	1,542,411	—
20年	上期	2,000,000	1,280,410	0	422,000	—	1,544,417	—
	下期	2,000,000	1,440,000	0	685,000	—	1,742,657	—
21年	上期	2,000,000	1,440,000	1,000,000	0	—	1,955,206	—
	下期	2,000,000	1,440,000	1,000,000	200,000	—	2,378,829	—
22年	上期	5,000,000	1,740,000	1,000,000	227,000	—	3,180,510	—
	下期	5,550,000	2,889,510	750,000	662,740	—	4,360,775	—
23年	上期	5,550,000	2,890,000	750,000	1,009,290	—	4,747,375	—
	下期	5,550,000	3,631,440	500,000	565,000	—	4,893,631	—
24年	上期	5,550,000	3,649,180	500,000	545,000	—	4,911,633	—
	下期	5,550,000	3,650,000	1,250,000	160,000	—	4,959,674	—
25年	上期	5,550,000	3,650,000	2,000,000	120,000	—	5,132,626	59,410
	下期	5,550,000	3,650,000	2,000,000	90,000	—	5,664,614	60,370
26年	上期	5,550,000	3,650,000	0	220,000	2,000,000	5,832,711	64,380
	下期	5,550,000	3,650,000	0	600,000	2,000,000	6,158,368	67,953
27年	上期	12,000,000	4,295,000	0	0	2,000,000	6,220,223	77,882
	下期	12,000,000	4,295,000	0	0	2,000,000	6,325,766	93,923
28年	上期	12,000,000	4,295,000	0	0	2,000,000	6,536,203	118,241
	下期	12,000,000	4,295,000	0	0	3,000,000	6,739,235	122,532
29年	上期	12,000,000	4,295,000	0	70,000	3,000,000	6,915,087	124,474
	下期	12,000,000	4,295,000	0	235,000	3,000,000	7,033,604	126,996
30年	上期	12,000,000	4,295,000	0	450,000	3,000,000	7,442,895	133,191
	下期	12,000,000	4,295,000	500,000	170,000	3,000,000	7,448,004	133,191
31年	上期	12,000,000	4,295,000	500,000	100,000	3,000,000	7,456,650	133,191
	下期	12,000,000	4,295,000	500,000	100,000	3,000,000	7,457,458	133,191
32年	上期	12,000,000	4,295,000	500,000	100,000	3,000,000	7,464,836	132,836
	下期	12,000,000	4,295,000	200,000	50,000	3,000,000	7,478,674	133,220
33年	上期	12,000,000	4,295,000	500,000	50,000	3,000,000	7,531,293	133,320
	下期	12,000,000	4,295,000	0	260,000	3,000,000	7,534,297	133,320
34年	上期	12,000,000	4,295,000	0	260,000	3,000,000	7,549,118	133,320
	下期	12,000,000	4,295,000	0	260,000	3,000,000	7,589,469	133,661

出典：上武鉄道株式会社・秩父鉄道株式会社『報告』(第24〜71回)から作成。

注：1) 金額の1円未満は切り捨て。
　　2) 利益率は、株式払込金に対する当期利益の割合である。
　　3) 内部留保は、当期利益に前期繰越金を加えて、株主配当金と役員賞与金、補填準備金、職員退職準備金を差

第3章　遊覧地・長瀞の形成と秩父鉄道　85

・配当率（1911～1934年）

合　計	総資本	当期利益	内部留保	利益率（年率）	配当率（年率）			
					普通株	優先株	旧　株	新　株
円	円	円	円	%	%	%	%	%
830,057	1,024,000	11,746	3,088	3.4	1.2	9.2	—	—
983,070	1,011,000	14,827	5,175	4.2	2.0	10.0	—	—
1,003,774	1,012,000	15,717	7,712	4.5	2.0	10.0	—	—
1,010,858	1,006,648	15,575	6,317	4.1	2.0	10.0	—	—
1,014,235	1,008,500	18,206	5,624	4.8	2.0	10.0	—	—
1,050,393	1,033,411	19,226	7,670	4.6	2.0	10.0	—	—
1,289,590	1,292,869	21,002	7,623	5.0	2.0	10.0	—	—
1,391,219	1,380,760	20,149	6,052	4.4	2.0	10.0	—	—
1,393,943	1,403,500	18,066	3,818	3.9	2.0	10.0	—	—
1,397,511	1,394,540	20,084	3,523	4.0	1.0	9.0	—	—
1,398,408	1,420,173	27,854	6,039	5.4	1.0	9.0	—	—
1,398,464	1,422,825	32,153	6,113	5.7	2.0	10.0	—	—
1,434,039	1,346,536	40,241	7,519	7.2	2.0	10.0	—	—
1,486,424	1,472,191	44,263	7,862	6.9	2.0	10.0	—	—
1,498,254	1,490,896	50,205	8,487	7.4	2.0	10.0	—	—
1,501,668	1,476,788	66,068	12,663	9.4	3.0	11.0	—	—
1,543,150	1,353,831	81,753	14,592	12.8	—	—	11.0	11.0
1,542,411	1,361,365	79,879	14,171	12.5	—	—	11.0	11.0
1,544,417	1,794,606	100,768	22,639	15.7	—	—	12.0	12.0
1,742,657	2,231,228	85,109	15,029	11.8	—	—	11.0	11.0
1,955,206	2,557,722	111,192	19,521	15.4	—	—	11.0	11.0
2,378,829	2,784,610	140,120	31,241	19.5	—	—	12.0	12.0
3,180,510	3,139,272	140,022	52,643	16.1	—	—	11.0	12.0
4,360,775	4,512,521	128,802	24,016	8.9	—	—	11.0	12.0
4,747,375	4,871,756	180,840	32,554	12.5	—	—	10.0	10.0
4,893,631	4,931,141	164,559	37,221	9.1	—	—	8.0	8.0
4,911,633	4,950,689	230,329	53,050	12.6	—	—	10.0	10.0
4,959,674	5,341,798	222,860	56,910	12.2	—	—	10.0	10.0
5,192,036	6,058,585	212,351	56,761	11.6	—	—	10.0	10.0
5,724,984	6,051,247	270,798	88,809	14.8	—	—	11.0	11.0
5,937,496	6,191,527	270,580	90,389	14.8	—	—	12.0	12.0
6,282,414	6,608,159	283,591	100,527	15.5	—	—	12.0	12.0
6,382,339	6,672,622	314,590	129,536	14.6	—	—	11.0	11.0
6,545,579	6,717,144	247,972	77,758	11.5	—	—	10.0	10.0
6,944,538	6,745,806	240,984	74,992	11.2	—	—	10.0	10.0
7,410,023	7,773,319	242,335	50,577	11.3	—	—	10.0	10.0
7,741,929	7,887,457	244,918	28,745	11.4	—	—	10.0	10.0
7,977,314	8,070,912	203,018	33,963	9.5	—	—	8.0	8.0
8,695,804	8,307,718	188,178	10,341	8.8	—	—	8.0	8.0
7,581,195	8,500,338	68,266	25,919	3.2	—	—	2.5	2.5
7,456,650	8,292,911	93,021	26,631	4.3	—	—	3.6	3.6
7,457,458	8,298,911	91,763	30,084	4.3	—	—	3.6	3.6
7,464,836	8,303,911	96,403	39,178	4.5	—	—	3.6	3.6
7,478,674	7,958,911	82,624	34,493	3.8	—	—	3.6	3.6
7,531,293	8,263,911	120,666	57,259	5.6	—	—	4.0	4.0
7,534,297	7,980,911	126,901	71,785	5.9	—	—	5.0	5.0
7,549,118	7,990,911	169,860	81,796	7.9	—	—	6.0	6.0
7,589,469	8,010,911	171,418	91,364	8.0	—	—	6.0	6.0

し引いたものである。

月に秩父大宮に向けて延伸工事を再開させることができたのである[8]。このときに上武鉄道が延伸した区間は、波久礼〜藤谷淵間と、藤谷淵〜金崎間の支線であった（藤谷淵は宝登山、金崎は秩父として開業、以下、宝登山、秩父金崎とする）。1911年9月14日に両区間は開業し、同年11月12日には宝登山駅付近の長瀞にて「鉄道院其他ノ重要関係者等ヲ招待シ」た開通式が執りおこなわれた[9]。

この直後には「鉄道収入においても一日一哩平均収入は十三円に昇り延長前の倍増を来した」というように[10]、運輸収入の増加が経営を好転させた。表3-1は、上武鉄道の経営状況の推移を示しているが、1911年下期には普通株で2.0％、優先株で10.0％の株主配当を実現させて株主を喜ばせた。表3-2は営業収入の内訳の推移を示すが、同期における旅客収入の2万6,756円は、前年同期の1万4,722円と比較して81.7％も増加し、旅客数の14万9,893人は、同じく8万9,331人と比較して67.8％の増加となった。一方で貨物収入の1万5,603円が、前年同期の1万252円と比較して52.2％の増加、貨物トン数の6万1,504トンが、同じく4万7,804トンと比較して28.7％の増加であることを考えても、秩父金崎までの延伸は、とりわけ旅客輸送を活発にしたと言える。上武鉄道は、「秩父盆地の物資の集散と交通に一層の利便を加え」たためと説明したが[11]、それだけでなく「沿道ノ名勝古蹟ヲ紹介シ以テ観月、観楓、其他探勝客ノ誘致ニ努メ」て遊覧客を呼び込んだことがより重要であった[12]。

② 学生団体の誘致

1912年5月に上武鉄道は、長瀞へ遊覧客を誘うために小冊子の『秩父長瀞遊覧案内』を発行した。同冊子の冒頭は以下のように記されていた。

　殊に有名なる長瀞の奇景は宏闊として展開せる河原一帯奇石怪岩並列して荒川の碧流巨岩に湛へられて清流能く丈余の水底遊漁の群を透見し対岸数十丈の懸崖高く聳へ今や新緑涌るの間（中略）歩を転回せば数丁をして山中日本武尊の遺跡を祀る宝登神社ありて境内幽邃閑雅真に仙境に入るの感あり日

常騒然たる都会にあつて奮闘せらる、都人士は勿論学校生徒諸彦の為め最も快活なる好遊覧地たり尚沿線中史蹟の徴すべき古蹟鉱物地質の研究資料に乏しからす

　上武鉄道によると、熊谷駅から宝登山駅までの所要時間は1時間半で、1日につき6往復の列車運行があるため上野からの日帰りが可能であった。上武鉄道は、自然の景観を鑑賞して、言わばリフレッシュできる「好遊覧地」として長瀞を紹介したのである。同年5月6日に、上武鉄道は、営業課長名で「乗客ヲ誘致シ収益ノ増加ヲ計ラントスルニハ多数団体ノ勧誘ニ如カス今ヤ各学校生徒ノ春期運動会ノ季節」であると、多数の集客が見込める学生団体を誘致せよという内容の文書を発した[13]。そして、埼玉県大里郡、北埼玉郡、比企郡の各小中学校、さらに東京市内の各中学校を合わせておよそ400校に案内状を発送した。その内容は上述の『秩父長瀞遊覧案内』の冒頭の文言に準じていたが、注目すべき諸点を挙げると、①長瀞は風光秀麗にして鉱物研究に最適である、②上武鉄道が長瀞の岩石上の眺望が利くところに休息所を仮設して湯茶を無料提供する、③500名以上の団体に限り余興して上武鉄道が音楽隊を派遣する、④上野〜高崎間各駅発の連絡割引運賃を適用する、⑤準備のため遅くとも3日前には予約すること、というものであった[14]。「鉱物研究」という言葉からは、今日の「運動会」よりも、むしろ林間学校や校外学習に近い印象を受ける。上武鉄道では、25人以上の学生団体について片道5哩以上でなおかつ同一区間を往復する場合で3等車に限り運賃割引規定を設けており、50人未満で3割引、150人未満で4割引、300人未満で5割引、300人以上で6割引としていた[15]。

　1912年7月11日には東京高等師範学校附属中学校の教員と生徒を合せた300名による長瀞訪問の連絡が上武鉄道に伝えられた。同校の計画は、7月17日の早朝に上野を出発して熊谷で乗り換え、片道4時間半をかけて樋口駅で下車して渡船で荒川の対岸に渡り、徒歩で移動したのち、ふたたび渡船にのって長瀞に到着するものであった。そして周辺を散策したあと夕方に宝登山駅から乗車して往きと同じ経路で帰京する日帰り行程であった[16]。上武鉄道は、自社線内

表3-2 収入額の推移と

		旅客						数量
		人員	前年同期比	収入	前年同期比	小計	前年同期比	
		人	%	円	%	円	%	トン
1910年	上期	91,332	—	15,427	—	15,697	—	39,850
	下期	89,331	—	14,722	—	14,990	—	47,804
11年	上期	106,516	16.6	17,385	12.7	17,655	12.5	68,751
	下期	149,893	67.8	26,756	81.7	27,579	84.0	61,504
12年	上期	146,866	37.9	32,691	88.0	33,514	89.8	60,608
	下期	165,830	10.6	33,136	23.8	34,481	25.0	62,493
13年	上期	148,607	1.2	33,871	3.6	34,946	4.3	71,710
	下期	166,121	0.2	35,844	8.2	37,218	7.9	72,395
14年	上期	158,199	6.5	36,406	7.5	37,509	7.3	74,482
	下期	196,005	18.0	39,980	11.5	41,694	12.0	54,414
15年	上期	186,655	18.0	45,797	25.8	47,490	26.6	53,645
	下期	203,465	3.8	44,372	11.0	46,553	11.7	47,562
16年	上期	200,915	7.6	48,785	6.5	50,606	6.6	60,269
	下期	220,915	8.6	53,000	19.4	55,126	18.4	68,000
17年	上期	241,376	20.1	58,350	19.6	60,794	20.1	76,412
	下期	266,916	20.8	65,632	23.8	69,357	25.8	69,217
18年	上期	266,220	10.3	80,163	37.4	83,561	37.4	85,605
	下期	286,119	7.2	80,835	23.2	89,288	28.7	85,468
19年	上期	307,856	15.6	94,424	17.8	102,021	22.1	141,874
	下期	379,848	32.8	106,932	32.3	117,491	31.6	120,177
20年	上期	382,489	24.2	145,134	53.7	152,730	49.7	162,167
	下期	367,067	▲3.4	131,859	23.3	142,534	21.3	151,428
21年	上期	368,752	▲3.6	139,316	▲4.0	152,398	▲0.2	141,035
	下期	407,898	11.1	149,220	13.2	168,564	18.3	145,105
22年	上期	446,141	21.0	164,948	18.4	178,276	17.0	190,255
	下期	629,512	54.3	202,362	35.6	228,961	35.8	203,825
23年	上期	785,398	76.0	254,686	54.4	276,308	55.0	225,194
	下期	792,219	25.8	244,173	20.7	277,689	21.3	190,338
24年	上期	941,345	19.9	297,600	16.8	322,176	16.6	257,002
	下期	931,505	17.6	288,806	18.3	321,451	15.8	252,737
25年	上期	905,234	▲3.8	284,524	▲4.4	308,508	▲4.2	274,385
	下期	1,038,392	11.5	303,397	5.1	336,618	4.7	368,406
26年	上期	963,246	6.4	288,479	1.4	312,962	1.4	425,290
	下期	806,599	—	232,759	—	260,658	—	371,096
27年	上期	1,002,559	4.1	290,897	0.8	323,870	3.5	415,863
	下期	987,299	—	282,046	—	315,860	—	433,309
28年	上期	1,047,745	4.5	298,919	2.8	331,616	2.4	369,134
	下期	995,135	0.8	283,883	0.7	314,563	▲0.4	432,175
29年	上期	981,863	▲6.3	288,719	▲3.4	320,117	▲3.5	399,593
	下期	848,167	▲14.8	247,394	▲12.9	273,367	▲13.1	408,974
30年	上期	923,279	▲6.0	270,239	▲6.4	295,860	▲7.6	387,692
	下期	706,194	▲16.7	207,686	▲16.1	226,995	▲17.0	343,598
31年	上期	758,525	▲17.8	222,069	▲17.8	244,626	▲17.3	340,528
	下期	641,321	▲9.2	184,721	▲11.1	202,319	▲10.9	401,353
32年	上期	687,996	▲9.3	200,184	▲9.9	218,933	▲10.5	383,612
	下期	556,030	▲13.3	160,956	▲12.9	175,738	▲13.1	379,902
33年	上期	687,080	▲0.1	196,150	▲2.0	213,486	▲2.5	439,056
	下期	620,049	11.5	180,331	12.0	196,942	12.1	430,263
34年	上期	700,865	2.0	205,101	4.6	224,123	5.0	513,922
	下期	601,776	▲2.9	177,753	▲1.4	194,231	▲1.4	562,470

出典:上期武鉄道株式会社・秩父鉄道株式会社『報告』(第22~71回)から作成。
注: 1) 金額の1円未満は切り捨て。
　　2) 旅客輸送の小計は、旅客収入・手荷物収入・郵便手数料の合計額。貨物収入には発着手数料を含む。運
　　3) ▲はマイナスを示す。
　　4) 1926年下期期は7月から11月までの5カ月間である。そのため、当期と1927年下期期の前年同期比の増

第3章 遊覧地・長瀞の形成と秩父鉄道　89

その内訳（1910〜1934年）

	貨　物		運輸収入合計	営業費	営業係数	雑収入	収入総額
前年同期比	収　入	前年同期比					
%	円	%	円	円	%	円	円
—	9,010	—	24,707	22,212	89.9	—	24,707
—	10,252	—	25,242	21,581	85.5	—	25,242
72.5	12,441	38.1	30,096	22,740	75.6	—	30,096
28.7	15,603	52.2	43,182	34,831	80.7	—	43,182
▲11.8	17,566	41.2	51,080	38,787	75.9	—	51,080
1.6	17,983	15.3	52,464	39,820	75.9	—	52,465
18.3	20,753	18.1	55,699	40,125	72.0	—	55,700
15.8	21,436	19.2	58,654	42,022	71.6	—	58,655
3.9	22,521	8.5	60,030	40,845	68.0	—	60,030
▲24.8	20,616	▲3.8	62,310	44,568	71.5	—	62,311
▲28.0	23,452	4.1	70,942	55,132	77.7	—	70,943
▲12.6	25,240	22.4	71,793	55,990	78.0	—	71,794
12.3	27,282	16.3	77,888	53,465	68.6	0	77,888
43.0	30,123	19.3	85,249	53,465	62.5	0	85,249
26.8	33,840	24.0	94,634	56,724	59.9	0	94,634
1.8	36,252	20.3	105,609	65,413	61.9	0	105,609
12.0	52,183	54.2	135,744	88,846	65.5	0	135,744
23.5	65,164	79.8	154,452	93,269	60.4	0	154,452
65.7	101,018	93.6	203,039	127,664	62.9	0	203,039
40.6	100,513	54.2	221,854	146,320	66.0	4,342	226,196
14.3	117,369	16.2	275,207	177,281	64.4	2,840	278,047
26.0	112,932	12.4	261,042	180,583	69.2	4,648	265,690
▲13.0	125,788	7.2	286,244	179,525	62.7	4,471	290,715
▲4.2	136,147	20.6	315,601	179,628	56.9	4,145	319,746
34.9	167,401	33.1	356,171	219,621	61.7	3,469	359,640
40.5	167,728	23.2	409,606	289,449	70.7	8,643	418,249
18.4	191,077	14.1	479,647	302,810	63.1	4,001	483,648
▲6.6	164,793	▲1.7	453,034	294,923	65.1	6,446	459,480
14.1	195,984	2.6	534,448	310,688	58.1	6,566	541,014
32.8	203,542	23.5	538,582	325,268	60.4	9,543	548,125
6.8	206,788	5.5	526,557	322,830	61.3	8,621	535,178
45.8	283,941	39.5	637,626	374,739	58.8	7,908	645,534
55.0	326,593	57.9	657,690	569,694	86.6	22,580	680,270
—	290,895	—	566,530	361,368	63.8	8,346	574,876
▲2.2	313,403	▲4.0	654,646	418,070	63.9	78,012	732,658
—	329,719	—	662,502	443,283	66.9	28,750	691,252
▲11.2	267,136	▲14.8	614,921	407,703	66.3	33,764	648,685
▲0.3	293,901	▲10.9	623,020	408,653	65.6	27,965	650,985
8.3	274,957	2.9	606,789	392,106	64.6	30,233	637,022
▲5.4	286,067	▲2.7	570,878	403,186	70.6	35,324	606,202
▲3.0	259,085	▲5.8	565,646	413,152	73.0	35,682	601,328
▲16.0	227,817	▲20.4	465,028	420,458	90.4	23,694	488,722
▲12.2	221,217	▲14.6	477,195	401,081	84.0	16,908	494,103
16.8	258,322	13.4	468,715	398,866	85.1	21,914	490,629
12.7	233,310	5.5	463,578	395,284	85.3	28,109	491,687
▲5.3	238,040	▲7.9	423,600	374,282	88.4	33,307	456,907
14.5	263,259	12.8	486,236	397,750	81.8	32,180	518,417
13.3	270,460	13.6	478,557	392,870	82.1	36,449	515,006
17.1	303,943	15.5	539,822	406,051	75.2	36,089	575,911
30.7	337,678	24.9	546,169	410,442	75.1	35,691	581,861

輸収入合計には運輸雑収を含む。

減率は計算していない。

での乗降箇所が異なっても正規運賃を6割引にした団体割引運賃を適用すること、長瀞での休息所の設営と湯茶の提供をおこなう旨を返答した。それだけでなく、渡船の手配と現地の道案内、さらに長瀞の周辺に大人数を収容できる食堂がないことから300名分の鮎寿司の弁当を手配するところまで請け負った。

同校の長瀞訪問の顛末については必ずしも明らかでないが、前日には大口団体ゆえに予定していた上野発の急行列車に乗りきれないことが判明し、当日の行程と弁当の受け渡し場所が変更になっていた。学生団体は一回当りの集客規模が大きいという利点があるものの、宝登山駅付近に食堂や店舗、休憩施設がないために、上武鉄道が率先して道案内や渡船、湯茶、弁当の手配などの付帯的な業務を担わなければならなかった。こののち、上武鉄道は、宝登山駅付近において宿泊施設や食堂などを充実させていくのである。

③ 遊覧客向け施設の整備

上武鉄道は、宝登山駅から徒歩で訪れることができる長瀞と宝登神社に遊覧客や参拝客を誘致するための諸施設を整備し始めた。まさに、「上武鉄道会社は沿線中唯一の旅客遊覧地なるを以て、当（宝登山）山及び長瀞の発展に就ては主力を傾注して事に当」（括弧内引用者）たったのである[17]。

1911年12月に上武鉄道は、埼玉県土木課に対して「遊覧者ノ来遊季節」に先立ち官有地である「荒川筋長瀞」の土地63坪を借り受けたい旨を申し入れた[18]。「秩父郡ニ於ケル勝地探遊客ニ対シ適当ナル旅館設備ナキ」ため、木造平家の「休息所」を新築することが目的であった[19]。この「休息所」は、宿泊を想定したものではなく、長瀞を訪れた学生団体ないし遊覧客が一時的に休憩して食事をとるための建家であった。1912年9月に県の担当者による現地調査を経て官有地の使用許可が下りると、上武鉄道はすぐに「休息所」の建設に着手したのであるが、翌年3月には早くも「漸次探勝客増加ノ為メ」[20]、「該建物ノミニテハ狭隘ニシテ不便」であることを理由に[21]、さらに19坪を借り受けて増築する旨の申請書を提出した。

上武鉄道は、「休息所」のための土地使用の許可を受けたのと同時に、宝登

山駅から徒歩3分ほどの至近距離で荒川の景勝である赤壁を見下ろせる地点に長生館という旅館・料亭を建設した。長生館もまた「秩父郡ニ於ケル勝地探勝客ニ対シ適当ナル旅館設備ナキ」ことを建設の理由にしたが、利用客としては学生団体よりも大人の遊覧客の食事と宿泊を想定し、運営についても「他ニ貸与シ一般公衆ノ便利ヲ謀ルヲ目的ト」した[22]。同館の家主と地主は、当時の上武鉄道取締役社長の柿原定吉の名義であったが、『秩父鉄道五十年史』によると、「東京自笑軒をしてその経営に当らしめた」と記されており[23]、東京田端の高級料亭として知られた自然自笑軒が運営したものと思われる。「此家は東京辺の観光客を惹かん為に上武鉄道会社の経営せるところにして万事東京式なり」と言われ、「鮎の塩焼き、魚田、茶碗もり等鮎づくめの料理」が提供された[24]。1910年代から1940年代にかけての旅行作家として知られた松川二郎も、「長瀞の景を一目に見わたすやうな位置に、長生館と云ふ感じの好い旅館があつた。その家にはちよつと垢の抜けた女中も居た。あんな山の中に、あんな旅館があらうとは意外だつた」と記している[25]。上武鉄道による沿線の遊覧地開発の特徴の一つは、建物などの施設を用意するものの直営せず、運営を外部の有志者に委託するというものであった。

　1913年2月に上武鉄道は、宝登山駅から宝登神社に向かう道の途中に宝登山公園を整備した。同公園には、桜や蝋梅が植樹されて、「金崎の景勝地十二天山へ廻ることができる園内の眺めは甚だ佳であ」った[26]。宝登神社は、日本武尊が東征の際に立ち寄ったとされるほか火除けの神として人々に知られており参拝者は少なくなかったが、「登山は容易にして河には鮎漁舟遊の好適地長瀞近く境内芳香梅花あり、爛漫たる桜花あり、山霊に親しみて帰路には長瀞を逍遥す」ることができる「清遊的」な要素を兼ね備える好遊覧地であると評された[27]。上武鉄道の延伸に加えて、宝登山公園の整備が功を奏して宝登神社の参拝客は増えていったのである[28]。

　宝登山駅付近における旅館や店舗は、上武鉄道によって建設されたものだけでなく、長瀞の地元である秩父郡野上村在住で宝登神社の氏子総代である村田佐七と村山金之助といった有志者も積極的に関わった。1912年5月に村田と村

山の2名は、上武鉄道との間で宝登山駅の構内用地の一部を借り受ける賃借契約を締結した。村田佐七は、宝登山駅前にて「乗降客ノ便宜ヲ計リ旅宿及ヒ鉱泉浴場営業致度候」と[29]、二階建ての家屋二棟を新築し、一つで旅館営業、もう一つで遊戯場を営業しようとした。もう一方の村山金之助も、宝登山駅前で「乗降客ヘノ便宜」のため、「煙草販売」と「待合営業」をおこなうことを企図していた[30]。土地の貸借契約書によると、村田の借地は145坪で1年間当りの借地料は14円50銭、村山の借地は117坪で同じく11円70銭であった（ともに1坪当り10銭）。また借地料は、上期と下期に分けて年間2回（3月末と9月末）徴収することとされた。村田の旅館は宝登山亭、村山の商店は村山支店の名称で営業を開始した。

さらに同年6月に野上村の塩谷巳之作と村田与之作、そして村田岩吉の3名が、それぞれ上武鉄道に対して会社が使用している「長瀞岩石上ノ一部ヲ拝借」して「遊覧客ノ利便ヲ謀ル為メ飲食品販売ノ目的ヲ以テ」売店を設置する許可を得ようと申請書を提出した。上武鉄道総務課は、遊覧客を対象にしていることを好意的に捉えて、8月末日までの夏季のみに限り、「冥加金」として3人合せて15円を会社に払い込むことを条件に営業を許可した。このほか1912年5月に村田佐七は、宝登山駅構内の土地9坪を利用して「噴水式水槽」を設けてはどうかと上武鉄道に提言した。これを受けた上武鉄道は、「一般公衆ノ用ニ供ス」ことを条件に土地を無償で貸与した[31]。こうした地元有志者の行動によって、1914年ごろの宝登山駅前は、「旗亭旅館雑貨店等が軒を列ねて居る」ようになったのである[32]。

秩父郡野上村は、1911年時点の人口が2,669名、戸数が438戸で、住民の多くは養蚕業と織物業そして農業を生業にしていた[33]。地元有志者らは、遊覧客を長瀞に呼び込みたいという上武鉄道の行動をみて、そこに商機があることを見出すと「宝登山停車場構内」と「長瀞岩石上」という場所に旅館や店舗を構えていったのである。野上村在住の村山と村田をはじめとする地元有志者のなかに上武鉄道の株主は一人もいなかった。

1913年上期になると「遊覧客誘致ノ目的ヲ以テ企図セル宝登山駅付近ノ設備

ハ都人士ノ為メ不鮮便宜ヲ与ヘ近来他線ヨリ来往ノ探勝客漸ク多キヲ加ヘタル」と[34]、遠方から多くの遊覧客が訪れるようになったと報告された。そして、1914年ごろに刊行された旅行案内書『宝登山ト長瀞』においても「上武鉄道の乗客過半は常に宝登山駅に昇降するもの皆、霊境宝登山に詣する賽客と勝地長瀞に清遊する雅士たるを見ては、宝登山霊のいかに崇高にして神威の赤灼たるを知るべく、又長瀞の風光絶勝なるを察するに難からざる」と[35]、旅客に占める遊覧客の多さが叙述されるようになった。

2　秩父への延伸と旅客誘致

① 秩父延伸後の経営状況

　長瀞が遊覧地として発展しだしたことで「秩父地方の人びとの鉄道延長の熱望は一層高ま」り[36]、重役に対して早期延伸を主張するようになった。1914年10月24日に上武鉄道の宝登山～秩父大宮間は竣工し、同月27日から熊谷～秩父大宮（秩父として開業、以下、秩父とする）間の営業運転が開始された。

　ところが、表3-2における営業係数をみると、熊谷～秩父間の開業後においても70％台で推移したことからわかるように、すぐに経営状況が好転したわけではなかった。表3-1のとおり、1914年下期における利益率（対払込資本金、以下同）の4.4％は、前期比で0.6％の減少、前年同期比では0.2％の減少であった。こうした状況は、1918年下期にかけて続いた。

　上武鉄道の利益率が停滞した理由は、秩父への延伸に際して株式払込金を追加募集したことにあった。いま一度、表3-1をみると、1912年上期には70万円であった株式払込金は、1918年下期には140万円へと倍増したことがわかる。この時期に株式払込金が追加募集された理由は、言うまでもなく秩父への延伸にかかる建設費を調達するためであるが、もう一つには借入金の償還という目的があった。そのため、1914年から1917年にかけて建設費がほぼ一定の金額で推移しているにもかかわらず、株式払込金は追加募集され続けたのである。株

式払込金が増加の一途をたどる一方で、当期利益が伸び悩んだことが、利益率低下の要因であった。

当期利益が伸びなかった原因は、表3-2で明らかなように、運輸収入の不振に求めることができる。1914年下期における旅客数は19万6,005人で、前年同期の16万6,121人と比較して18.0％の増加、旅客収入は3万9,980円で、前年同期の3万5,844円と比較して11.5％の増加であった。一応は増加しているものの、1911年のときと比較するとその増加の幅は小さい。一方の貨物輸送は、第一次世界大戦の開戦にともなう景況悪化により、1914年下期における輸送量の5万4,414トンは、前年同期の7万2,395トンと比較して24.8％の減少、貨物収入は2万616円で、前年同期の2万1,436円と比較して3.8％の減少となった。貨物収入は1915年上期には前年同期比で増加に転じるものの、輸送量は3期連続の前年同期割れを起こすほど不振であった。

当時の主な貨物輸送品は熊谷～寄居間で採取される荒川の砂利であったが、1916年2月24日に「上武鉄道に拠る砂利の運搬減少し勢ひ他に収入を求むるの必要上甲山の石灰岩発掘の為め影森延長問題の起れる」と報じられた[37]。前年のうちに武甲山麓の土地所有者から石灰石採掘権を取得していた柿原定吉と常務取締役の中村房五郎は、1916年2月25日の臨時株主総会において秩父から武甲山麓の影森に至る延長線敷設の議案を満場一致で可決させたのである。「武甲山石灰発掘は（中略）有力なる財源たるに至る可く一般株主は勿論地方識者は社長柿原定吉支配人中村房五郎氏等の手腕に信頼し居れり」とあるように[38]、株主も石灰石輸送による経営の好転に期待を寄せたのであった。

② 秩父延伸後における遊覧客誘致

上武鉄道は、秩父延伸後において旅客輸送を増やすことによって運輸収入を確保しなければならなかった。前述の1914年下期における旅客輸送の伸びの要因は、秩父への延伸による自然増加だけではなく、「七月中鮎漁客稍多数ナリシト十二月秩父神社大祭ニ際シ賃金割引ヲナシ」たと言うように[39]、秩父神社と宝登神社の例大祭への参拝客誘致を展開したことにあった。両神社とも、多

くの参拝客を動員するために趣向をこらしていたため、例大祭当日には多くの人々が鉄道を利用したのである。

毎年12月3日に秩父神社で開催される大祭と2月3日に開催される節分祭（追儺祭）は、秩父郡内外から多くの参拝客が訪れることから、秩父鉄道では各駅から秩父までの往復乗車に限って4割引から5割引の運賃を設定し、臨時列車を運転して対応した。例えば、1917年12月3日の夜に開催された大祭は、「市街地全部は家並に軒灯を掲げ造花を以て装飾を施」すなどの準備がなされ、「県下一般経済界の好況」のために団体参拝客の申し込みがみられるなど、「秩父空前」の盛況であった[40]。1918年2月3日の同神社の節分祭では、「御守一万体御供物一万袋を無料授与するに決した」ことで、「同郡内は勿論熊谷地方よりの参拝者非常に多数に上る」とされ、当日は2万人以上の参拝客が訪れた[41]。節分祭は、秩父延伸を契機に余興などの見世物が増えていったという[42]。同年4月3日に宝登神社で執りおこなわれた例祭では、「余興として煙火五千本を昼夜間断なく打揚げ」ることが事前に報じられると[43]、多数の参拝客が訪れたのである。

1914年11月2日には、「淳宮高松宮両皇太子殿下並ニ伏見若宮博信王、山階宮藤麿王、同萩麿王ノ三殿下」が学習院初等科の修学旅行として「長瀞ノ景勝ヲ御賞覧且ツ地質学上ノ御見学」ため宝登山駅で乗降したことが報告された。1914年下期には、「宝登山駅長瀞ノ勝地ニ付テハ従来鮎漁ニ観楓ニ遊覧客ノ招致ニ努力セル結果漸次景勝ノ地トシテ稍世ニ知ラル、ニ至リ尚ホ同所ハ地質学ノ研究ニ稀有ノ好適地トシテ帝国大学理学博士神保小虎氏ノ称導ニ依リ近来斯道ノ大家又ハ諸名士ノ来遊倍々頻繁トナルニ至レリ」と、遊覧地だけでなく、地質学においても重要な場所であることが示されたのである[44]。1916年9月には当時、盛岡高等農林学校の学生であった宮沢賢治が地質調査実習のため長瀞を訪れていた。また1915年11月、1922年11月そして1923年5月には学習院初等科と高等科の修学旅行先に選ばれた。

③ 東京からの鮎漁客誘致

　上武鉄道は、長瀞への鮎漁客の誘致も積極的におこなった。荒川の鮎漁は解禁になる例年7月から9月にかけて熊谷近辺で盛んにおこなわれていたが、寄居以西については交通が不便なために「久しく世に埋もれ都人士の忘るゝ所」となっていた[45]。

　1903年4月には前述の村山金之助、村田佐七そして村田源三郎らが中心になって長瀞鮎漁組合を設立した。このうち長瀞の織元であった村田源三郎は、1886年に野上絣（村田絣）という織物を発案した人物である。村山金之助は、「長瀞の風光を天下に紹介すべく苦心」するなかで[46]、遊覧客に鮎漁を体験させることを考えついた。鮎漁を呼び物にしようとする村山の意見には賛同者が相次ぎ、1914年時点で組合員数は85名に増え、彼らの拠出金で購入した鮎釣船の宝登山丸は7艘（定員は各15名）になった。1910年6月には寄居でも鮎漁組合が設立され、初代組合長には寄居町長を務め、当時の上武鉄道監査役であった湯本新蔵が就いた[47]。上武鉄道は、寄居駅構内に寄居鮎漁組合の事務所を設置すると荒川の鮎漁と舟遊を遊覧客誘致の一策にしていくのである。他方の村山は、「来遊客に便宜を与えて廉価に愉快に清遊の目的達せしむるやう」、夏季限定で荒川における鮎漁と川下り営業を始めた[48]。

　1912年7月に上武鉄道は、「鮎漁客誘致上東京ニ適当ノ申込所設置ノ必要」を認めて、上野駅前の「楼主」である武市庿衛なる人物との「交渉ノ結果」、武市の経営する店舗内に「申込所」を設けて業務を委託した[49]。上武鉄道による指示書には、上野から宝登山、寄居までの往復乗車券を販売するほかに、①申込客には懇切丁寧に応対して来遊客の誘致に努力すること、②受付期間は、鮎漁が解禁される7月上旬から9月初旬までとすること、③上武鉄道が取扱手数料として20円を支払うほか、期間終了後に受付人数を調査し、鮎漁客一人あたり1銭5厘の追加報酬を支払うことが明記された[50]。また、1913年4月に「宝登山付近ノ景情ヲ凡ク世間ニ紹介スル」ため、鉄道院の東京鉄道管理局の許可を得て上野駅の二等待合室内に「宝登山付近景油絵」（1.2m×1.6m）を

およそ2年間にわたり無料で掲出した51)。

1914年の鮎漁解禁の直前に、上武鉄道は、東京鉄道管理局に宛てて「舟遊ヲ主眼トシ鮎漁ハ付帯ノ事業トナシ広ク沿岸ノ風光ヲ都人士ニ紹介スルノ目的ヲ以テ遠距離ノ舟下シニ適当スル遊船ヲ新造」することを告げて52)、7月4日から8月末日までに限って上野～寄居、

表3-3 荒川舟遊料金

利用時間別料金 (単位：円)

定員	5名	6名	8名	10名	15名
1時間以内	0.5				1.0
2時間以内	0.75				1.5

利用区間別料金 (単位：円)

定員	5名	6名	8名	10名	15名
波久礼→寄居	2.5			3.5	4.0
秩父金崎→長瀞	2.5			3.5	4.0
長瀞→寄居		5.5		8.0	
秩父→長瀞			7.0		

出典：「舟遊ノ舟賃其他ノ定価」1914年6月3日、『大正三年官公署稟申往復録』。
注：1）料金は、成人1人当たり。
　　2）舟の進行は、矢印の左地点から右地点への片道のみ。
　　3）空白欄は、料金の設定なし。

宝登山、秩父金崎間の往復乗車で3割引にする3日間有効の割引乗車券を発売することを提案した。さらに新聞広告、チラシおよび看板による宣伝を実施するとして、広告料と印刷費を「院社線各哩程ノ割合」で負担することとした。これに対して東京鉄道管理局は、「他トノ振合」により割引率を2割4分にすること、そして広告費と印刷費の負担について「来意ニ応シ兼候」として双方で折半するべきだと主張し53)、上武鉄道が譲歩するかたちとなった。この結果、上野～波久礼間の往復運賃が2等で2円10銭、上野～秩父金崎間が2等で2円60銭になり、日曜日と祝日には高崎線の列車に接続するように熊谷～秩父金崎間に1往復の臨時列車が運転された。さらに東京の人々への宣伝として時事、朝日、東京日日、報知、国民、万朝、都、中外商業の各新聞に1回ずつ広告を掲載するほか、山手線と中央本線の電車内に吊り広告を掲出し、7月1日から同月末にかけて東京市内で4万枚のチラシを配布することが示し合わされた54)。

上武鉄道は、鮎漁組合と協議したうえで遊船料金を設定した。表3-3で示すように舟の定員と区間の組み合わせることで豊富なパターンが用意され、これとは別に10名以上の団体には弁当が付いて舟賃と合せて一日一人につき1円

という「賄付」も設けられた。舟の中で鮎釣と飲食ができるように、有料で投網（75銭／人）、釣具（50銭／人）、鮎料理（20銭／1品）、弁当（20銭以上／個）、ビール（28銭／本）、サイダー（13銭／本）、酒（8銭／1合）が用意された[55]。

3　輸送量の増加と電化

① 貨物輸送の急伸

1916年2月25日に上武鉄道は秩父鉄道へと改称して、秩父〜影森間の延伸計画を具体化させた。この延伸は、武甲山が「全山優良ナル石灰岩ニ満チ」ているにもかかわらず、「如何セン従来運輸機関ノ備ハラサル為メ未タ之カ採掘ニ着手セラレタルハ甚タ遺憾」とされたように石灰石輸送を本格的に始めるためであった。ただ、それだけでなく「同郡大滝村ニ鎮座セル三峰神社ヘノ参詣客ハ毎年数万ヲ数フルモノニシテ是亦交通ノ便全キヲ得ス」と、奥秩父の三峰神社への参拝客輸送の役割を担うことも想定された[56]。しかし、実際に秩父〜影森間が竣工すると「影森ニハ旅客乗合馬車人力車等未タ整頓セサルヲ以テ三峯参詣者ハ概シテ秩父町ニ下車シ祭ノ準備ヲ為スヲ便ト」するという理由から[57]、旅客列車は半年間の運転見合わせになった。1917年9月27日に秩父〜影森間には貨物列車の運転が開始され、翌年3月15日に旅客列車が運転されるようになった。

秩父〜影森間の旅客輸送が開始されたのを機に、1日に3往復の混合列車が設定され、両駅間で秩父町の中心地付近に御花畑駅が開設された。1918年9月16日に影森から、石灰石採掘場に近接し貨車に鉱石を積み込む設備を有する武甲駅（貨物専用）までが開業したことで東京市内の浅野セメント深川工場などへの石灰石輸送が本格的に開始された。表3-1をみると、1918年上期を境に利益率が好転したことがわかる。

利益率の上昇の要因は、石灰石輸送を開始したことによる貨物輸送の好調によるものであった。表3-2のとおり、1914年下期から低調なままで推移して

きた貨物輸送量が1918年上期にようやく増加に転じた。1919年上期の貨物収入の10万1,018円は、前年同期の5万2,183円と比較して93.6％の増加という驚くべきものであり、同様に輸送量の14万1,834トンは前年同期の8万5,605トンと比較して65.7％の増加であった。「石灰石砂利等ノ出荷急激ナル増加ヲ来シ異常ノ盛況ヲ呈シ」たと言わしめたように[58]、貨物は、旅客に匹敵するほどの収入を挙げたのである。経営が好調であることは営業係数が60％台で推移したことからも読み取ることができる。周知のとおり、1920年3月の東京株式市場の大暴落を契機にして日本経済は不況下にあり、1921年上期においては秩父鉄道も旅客数と収入および貨物量で前年同期割れを起こしていた。ところが、貨物収入は「大小荷物運賃改正ノ実施ニ依リ」辛うじて前年同期比でプラスを維持したことで[59]、旅客収入の減少分を埋めることで利益率の低下を回避したのであった。

② 長瀞への夏季遊覧客の増加

次に旅客輸送の状況について吟味しておきたい。秩父金崎は、秩父延伸の翌日に貨物専用の国神駅に改称されたが、1915年12月に荒川橋梁の熊谷寄りに新たに国神駅（1928年5月に上長瀞へと改称）が新設されたことにともない荒川駅へと再び改称された。本線からの分岐地点は、これまでの宝登山駅構内から新しい国神駅構内へと改められた。上武鉄道は、不要になった宝登山～国神間の旧支線の線路敷きを道路に転用して、大正天皇の「御即位式大典奉祝記念」として「数百本ノ松桜樹ヲ植付ケ」て[60]、「勝地としての施設に務めたのであった」[61]。1916年5月に秩父鉄道は、荒川駅に残る旧旅客待合室の建物を2分割して、荒川の沿岸付近の2箇所に移設・改築した。このうち、国神駅付近に移設されたものが、養浩亭として後述する長瀞を訪れた学生をはじめとする遊覧客が廉価で宿泊ないし休息できる旅館となった。1917年上期には「春季熊谷堤ノ観桜及学生団体ノ誘致ニ努メタル結果多数団体ノ輸送ヲ為シタル」と報告されたように[62]、学生団体を中心とした遊覧客の誘致を展開していたのである。

長瀞を訪れる遊覧客は徐々に増えていた。ただ、秩父鉄道が、東京市内にお

いて誘致活動を展開したため「(埼玉)県人に東京を知らぬ人は無いが秩父を知らぬ人が多い(中略)東京人士は秩父は帝都の公園だと云つて我物顔して居るに反し(埼玉)県人に於ける秩父は山の中だと馬鹿にして居る」(括弧内引用者)というように[63]、埼玉県の人々における認知度は依然として低いままであった。武蔵新報が、「甚だ県民として不誠実」と、いまだに秩父に見向きもしない埼玉県民に対して秩父への日帰り旅行を紹介するほどだったのである。「秩父の大宮に行く買物は秩父銘仙と木炭に限る帰りの手土産には山葵漬でも干柿でも夫はお好次第である(中略)陳列場で即売品を柄を見立て、買ふ木炭組合事務所で自家一年分の使用高又は近隣の分も頼まれて買ふ」と[64]、秩父大宮において日用品の買い物をすること、そして長瀞に立ち寄ってから帰途につくべきであること、運賃の割引がある季節に出かけるべきであることが記事になった。

　1917年12月に秩父鉄道は、「長瀞ノ景勝地ニシテ東京其他各地ヨリ来遊客輻輳シ且ツ近来ハ宿泊滞在ノ旅客増加セルモ従来通信機関ノ設備ナキ」ことを理由に[65]、宝登山駅に電信局を設置するよう東京逓信局に請願した。当時、秩父鉄道の駅で電信取扱所を設置していたのは、熊谷と寄居そして秩父の3箇所であったことを考えれば、いかに宝登山駅で下車する遊覧客が重視されていたかが窺えよう。1920年7月の長瀞付近の荒川は「投網に囮釣りに一般愛漁家により川筋一帯が賑し居れる」状況になり、とりわけ「長瀞付近より親鼻秩父橋付近」の流域には鮎漁客が集中して「持舟不足の盛況」であった[66]。長生館では、釣ってすぐの新鮮な鮎料理を食すことができたため「土曜日日曜日は鮎漁の団体にて三十有余の客室何れも満員の大盛況を呈し」た[67]。もっとも、長瀞が活況を呈したのは夏季を中心とした一時期であった。1920年の春先に単身で長瀞を訪れた若山牧水は、次のように記している[68]。

　　長生館というに行く。(中略)広い建物のなかに今夜の客は私一人であるのださうだ。(中略)此処がいはゆる秩父の赤壁とは長瀞とか耶馬溪とか呼ばれてゐる所なのである。唯だ通りがかりに見るには一寸眼をひく場所だが、

そんな名称を附せられて見るとまるで子供だましとしか感ぜられない。鉄道経営者たちの方便から呼ばれた名称であらうが、若しそれらの名からさうした深い景色を楽しんで行く人があつたとすると失望するであらう

若山が訪れた時期が、桜の開花する直前であったから遊覧客が少ない時期であったに違いないが、混雑期と閑散期の遊覧客数の差が大きいことも、長瀞の特徴であった。あくまで若山個人の感想ではあるが、長瀞の景観それ自体は旅慣れた人にはそれほど珍しいものではなく、鮎漁や川下りといった季節限定の要素が遊覧客を引きつけていたのである。

③ 電化工事への着手

1919年2月28日に開催された臨時株主総会では、「運輸ノ状況ヲ鑑ミ車輌ノ増加電気設備ヘ改良其他将来発展ノ為メ」に公称資本金を140万円から200万円に増資する決議がなされたが[69]、その際には140万円のうち、普通株の60万円（1万2,000株）を40万円（8,000株）に減資して全額払い込み済みにすることで、さらに新株式16,000株（80万円）を増加して200万円にすることとされた。表3−1をみると、1919年上期には株式払込金が減少しており、さらに借入金の償還が完了したこともわかる。秩父鉄道によると、「時勢の機運と輸送力増加と燃料費（或は動力費）節約の三方面より考へて電化を最急務とし尚不足の場合に於て複線計画を実行」することにしたと言うが[70]、その背景には、貨物輸送の好転にともなう輸送量と運輸収入の増加に加えて、増資に際しての財務整理があったのである。

1919年12月に秩父鉄道が鉄道院に提出した「工事方法変更認可申請書」には、「貨客ノ輸送著シク増加ヲ来シ従来ノ蒸気動力ニテハ此等ノ激増セル数量ニ対シ輸送困難ノ状態ト相成候」と明記された[71]。1920年2月に工事の認可を受けた秩父鉄道は、同月26日の臨時株主総会において公称資本金を200万円から500万円とする増資案を決議した。秩父鉄道総務課長の小原敬博によると、追加資本金の大部分は、電化工事の追加資金である158万円をはじめ車両の増備、熊

谷〜寄居間の複線化工事、影森〜白久（秩父郡白川村）間の延伸工事に投じられる計画であった[72]。

　1920年10月に秩父鉄道は、荒川上流で水力発電をおこなう武蔵水電株式会社との間で電力の売買契約を締結し[73]、高田商会を通じて電気機関車、電車、変電所機器をウェスチングハウス社に発注するなどの資材調達を進めた。1921年6月に秩父鉄道は電化工事に着手し、およそ半年間で全線の電化を竣工させると、試運転を経た翌年1月に電車による旅客輸送を開始した。貨物輸送は、アメリカからの部品の到着が遅れたため電気機関車の組み立てが間に合わず、同年5月に電気動力化された。これによって従来の混合列車は1日に1往復を残したほかは取りやめになり、旅客列車と貨物列車は分離して運転されるようになった。1922年上期にようやく認可されたことで公称資本金を500万円に増資した秩父鉄道であったが、同年8月に合併する北武鉄道株式会社の株式整理金55万円を新たに計上しなければならなかった。それに先立ち、同年5月22日の臨時株主総会での決議を経て555万円に増資したのであった。

4　電化後の経営と長瀞遊園地

① 電化後の輸送・経営状況

　秩父鉄道の電化前後における経営状況を確認することにしたい。表3-1によると、1921年下期には電化工事中にもかかわらず、利益率で19.5％、株主配当率で12.0％（新株・旧株とも）という極めて良好な結果を出していた。この理由には、もちろん「一般旅客ノ往来頻繁ナリシト貨物ノ増加」という運輸収入の増加を指摘することがきるが[74]、より重要だった点は、株主配当率を維持するために電化工事費を株式払込金の追加募集によらず株式会社武州銀行と株式会社第一銀行からの借入金調達によることで確保したことにあった。

　両行からの合計100万円の借入金にかかる利子は、およそ年率11％であったため、柿原定吉は、「大正九年上期ニ於テハ一割二分ノ配当ヲ為スノ好成績ヲ

示セル本会社モ俄ニ欠損金ヲ生スルニ至ル」ことを理由にして[75]、鉄道省監督局から電化工事の竣工まで借入金利子を営業費ではなく建設費に計上する認可を得ていた。そのため、電化が完成した1922年上期末には、「借入金ニ対スル利息支払ヲ電化工事完成後営業費ニ決算セル」ために[76]、営業係数が悪化したとはいえ、利益率では16.1％、株主配当率では12.0％（旧株は11.0％）を実現した。小原敬博が、「近キ将来ニ於イテハ配当率ノ如キ、蒸気時代ヨリ良好ナラシムルコトガ出来ルト信ジテ居ル」と述べたように[77]、電化による貨客輸送の増加が経営状況を好転させることに期待を寄せたのである。

ところが、電化後の貨物輸送は総じて低調のまま推移した。確かに、電化直後には「電化ニ依ル輸送能率ノ昂上ニ」より貨物量と貨物収入は増加していた[78]。すなわち、1922年上期における貨物量の19万255トンは前年同期比で34.9％の増加、貨物収入の16万7,401円も33.1％の増加であった。ところが、同年下期には貨物量こそ前年同期比で40.5％の増加であったが、貨物収入をみると23.2％の増加と、伸び率がやや鈍化したのであった。この原因は、「必竟経済界ノ不況ニシテ一般貨物ノ移動鮮キニ因ル」ほかに「八月下旬ヨリ九月上旬ニ渉リ水害ノ為メ電気供給会社発電所ノ故障ニ依リ電力ノ不足ヲ生ジ貨物列車ノ定期運転不能トナ」ったためであった[79]。図3-1によって1922年から1925年にかけての運輸収入の貨客別構成比を確認すると、旅客収入が貨物収入を上回っていることが看て取れる。

これに対して旅客輸送は、1922年下期において「熊谷影森間ノ旅客近来増加シ就中長瀞付近ニ於ケル遊覧客ノ激増セルニ因ル之レ全ク電車運転ノ利便ニ外ナラズ故ニ今後尚運転回数ヲ増加シ之ガ誘致ニ努力」することが報告された[80]。1922年上期における旅客数の44万6,414人は前年同期比で21％の増加、旅客収入の16万4,948円は18.4％の増加であったが、同年下期における旅客数は、54.3％の増加、旅客収入は35.6％と順調に伸ばしていた。そして貨客別の収入額を比較すると、旅客収入の方が圧倒的に多かったのである。秩父鉄道の遊覧客を重視する姿勢は、電化後の運行形態からも読み取れる。秩父鉄道は、電化に着手した当初において「列車ハ混合ヲ主トシ電車ハ謂ハゞ景物トシテ一列車

運転する計画」にしていた。ところが、電化工事の竣工からおよそ半年後の1922年5月末には「初期計画を捨て旅客は全然電車によること丶し」[81]、さらに「時間の短縮を計つた」ことで旅客にとって「非常に便利になつた」ことが報告された[82]。上野～宝登山間の所要時間は、電化前の4時間半から3時間強へと短縮されたのである。柿原定吉によると、「蒸気機関車一日五回の往復運転を改め平均一時間十分置き位に電車の運転を」行うというように、運行本数も増加した[83]。

1922年11月3日には、澄宮崇仁親王、久邇宮邦英王などが「学習院生徒ノ御資格ヲ以テ宝登山駅付近ニ修学旅行トシテ」訪れ、同月26日には秩父宮擁仁親王が「秩父郡内御視察トシテ御成被在御途次長瀞付近ノ景勝ヲ親シク御賞覧被遊特ニ当日ハ御召列車ノ臨時運転ヲ奉仕」したのであった[84]。「秩父鉄道の開通と宮様方の度重なる遠足の為に、長瀞の名が人口に膾炙し」たことにより[85]、長瀞は遊覧客にはもちろん学生の修学旅行先としての人気を高めたのである。

ところが、『東洋経済新報』が、「秩父鉄道の、動力変更及び其に伴う北武鉄道合併の飛躍には、聊か違算の観があ」ると報じたように[86]、経営状況はなかなか好転しなかった。1922年下期において株主配当率だけは12.0％（旧株は11.0％）を維持したものの、利益率は8.9％へと下落したのである。1923年下期になると株主配当率は8.0％に減配となった。秩父鉄道は、全線の電化だけでなく、北武鉄道の合併など積極的な事業展開をおこなったことで、かえって収益を悪化させたのであった。いま一度、表3-1の建設費の推移をみると、電化工事の着手以前である1920年上期には154万円強であったものが、電化が完成した1922年上期には318万円強に倍増していることがわかる。これに加えて、1922年下期に合併した北武鉄道の羽生～熊谷間の建設費（同区間の電化費も含む）に120万円強を要したことで、1922年下期における建設費の総額は474万円に膨張した。

1921年上期まで秩父鉄道の株式払込金は144万円で推移してきたが、1922年上期には公称資本金が500万円に増資されたことにともない30万円が追加募集されたことで174万円になった。さらに同年下期には北武鉄道の合併により55

万円の全額払い込み済の資本金が増加した。そして、1923年上期には、第二新株式の追加募集分である60万円が払い込まれたことで株式払込金は289万円になった。1923年下期における株式払込金の総額は365万円弱に達していたのである。

秩父鉄道は、借入金調達にかかる利子負担が収益を圧迫する状況において、建設費の増加にあわせて株式払込金を追加募集したこと、さらに短期間のうちに増資を繰り返して配当金総額を増加させたことにより、利益率と株主配当率を低下させた。しかも、1922年9月に影森〜白久間の延伸に対する敷設免許状が下付されたものの、用地の買収価格をめぐって地権者との折り合いがつかずに棚上げ状態になっていた。秩父鉄道は、「旅客吸収に其収入を増加せしむる望あり」という指摘の通り、伸び悩む貨物輸送ではなく旅客輸送をさらに伸ばすことで経営状況を好転させなくてはならなかった。そこで考え出されたのが、「十万円を投じ、逍遥道路、遊園、橋梁を設け、上下一里に亘り、其の両岸を「一週(ママ)」する幹線道路を開き自動車をも通す」うえに[87]、「鉱物植物ノ標本陳列所ヲ新設」するという長瀞遊園地の原型になる計画だった[88]。秩父鉄道は、より多くの遊覧客を長瀞に呼び込むことで経営状況の好転を図ったのである。

② 長瀞遊園地の整備

秩父鉄道は、長瀞遊園地計画を実行に移すに先だって、これまで地元の鮎漁組合に委託してきた鮎漁など遊船営業を直営に切り替えた。すなわち、荒川を親鼻〜長瀞（第1区間）、長瀞〜野上（第2区間）、野上〜波久礼（第3区間）、波久礼〜寄居（第4区間）に区分したうえで、100艘の舟を発注して遊船営業を始めた[89]。

また、上述の通り長瀞では化石や稀少な鉱物を採取することができたため、宝登山駅長であった松崎銀平は、長瀞付近で個人的に収集した化石や岩石を養浩亭の隣地に建てた小屋で陳列していたのであるが、これに目を付けたのが東京帝国大学の教授である神保小虎であった。1920年11月に神保は、埼玉県から委嘱されて岩石の調査ために長瀞に訪れた際に、「全国に於てかゝる偉大なる

石塊は他に例を見ず」と言うほど希少な鉱石である秩父虎石を発見しており、地質学における長瀞の重要性を認識していた[90]。神保の指導を受けながら松崎は化石・岩石を整理して、さらに「秩父鉄道会社及長瀞付近の人民が奔走し」て新たな陳列物を収集した[91]。1922年に松崎が建てた小屋を取り壊した跡に規模を大きくして建設されたのが、「遊覧者並びに研究学生団の参考資料に供する」ことを目的とした鉱物植物標本陳列所であった。これを機に松崎は、秩父鉄道総務課の遊園地主任に任命された。鉱物植物標本陳列所は、現在の埼玉県立自然の博物館の前身にあたる。

　1922年12月に「秩父鉄道会社ではこの際遊覧者をして一層満足せしむべく」、国神駅から宝登山駅を経て本野上駅まで「荒川の清流にそうて遊覧道路を開鑿する」こと、「養浩亭付近の遊園地内にはさる、しか、ひつじその他の小動物を飼養し一般児童の遊戯に供しまた白鳥島傍らに鉄鋼泉の入浴場を新築する」（圏点は引用者）こと、そして「荒川沿岸の広場には約一万坪のグラウンドを新設する」ことを通じて長瀞一帯を「全く理想的遊覧地」にする計画を具体化させた（図3-2）[92]。

　とりわけ運動場は、「秩父郡が県下でも屈指の運動熱の盛んな地であり将来は東京辺の運動家をも吸引したい」というスポーツブームに乗じて学生団体を誘致する目的で設営された[93]。秩父鉄道は、保有する2箇所の遊休地を整地して用地に充てることにして、一つは養浩亭付近の傾斜地を造成して応援席付きのテニスコートと一周100mのグラウンド、もう一つは荒川駅構内の旧機関庫の跡地を利用して一周200mのグラウンドを設計した[94]。1923年4月下旬に2箇所の運動場は完成し、その前月には「各地野球団の遠征申し込み頗る多かるべく会社は試合団の為に乗車賃その他便宜を与へる」予定であることが報じられた[95]。1923年4月22日に荒川運動場と命名された野球場では、「始球式は堀内知事により挙げらる、」ことになり[96]、当日は「熊谷ウール、秩父野球団、忍倶楽部（行田）、飯能三好倶楽部」（括弧内原文ママ）など埼玉県内の学生野球チームによる「紅白戦」が実施された[97]。秩父鉄道は、「長瀞遊覧者の為に運動場全部を開放する由なれば本年夏季学生団体その他の為には頗る福音とい

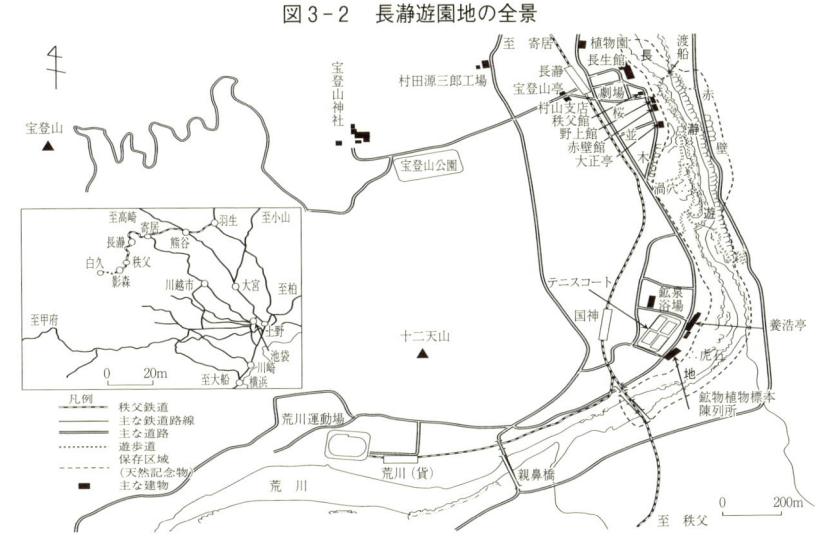

第3章　遊覧地・長瀞の形成と秩父鉄道　107

図3-2　長瀞遊園地の全景

出典：大日本帝国陸地測量部作成5万分の1地形図「寄居」（1910年測量）（埼玉県立文書館所蔵）および青木清水『長瀞鳥瞰図――ながとろ清遊案内』（1925年4月）（埼玉県立図書館所蔵）、秩父鉄道株式会社『秩父ながとろ遊園地図絵』（刊行時期不明）などから作成。

ふべくなほ宿泊者には同遊園地会社直営の養浩亭において実費（食料寝具共）宿泊の便をはかり且団体遊覧者には無料麦湯の接待を」（括弧内原文ママ）おこなった[98]。

　1923年に谷口梨花が著した東京郊外の旅行案内書である『家族連れの旅』（博文館）によれば、「絶壁、巨岩、深淵、夫が相俟つて形成したのが即ち秩父赤壁と称する長瀞遊園地である」[99]。長瀞遊園地は、「長瀞は全く岩ばかりから成立つた遊園で、所々に休息所の設けもあり、数千の人を寄せても窮屈は感ぜぬ大広庭である」といい、「帝都の人達の憧憬の里」であると紹介された[100]。1923年上期には、「遊園地ノ施設及列車運輸回数ヲ増加シ鋭意遊覧客学生等ノ団体誘致ニ努力セル」ため[101]、旅客数は78万5,398人（前年同期比で76％の増加）、旅客収入は25万4,686円（同54％の増加）になり、前年同期比で10％ほどの増加にとどまった貨物量・貨物収入とは対照的な結果となった。

　ただし、秩父鉄道は、一連の行楽客に向けた施設運営を兼業にはしなかった。

やや先のことになるが、1925年7月の定時株主総会において「遊園地業」が定款に加えられた際に鉄道省監督局から営業報告に関する照会を受けると、秩父鉄道は遊園地について「全然特種ノ営利事業ニアラス」と述べて、次のように回答した[102]。

一、遊園地施設ノ方法トシテハ大部分官有地ヲ借リ受ケ一部買収セル用地ヲ加ヘ遊覧道新設植樹其他旅客誘致上必要ナル諸施設工事ヲ施シ傍ラ遠来遊覧客ノ便宜ニ供スル為休息所食堂及宿泊所等ヲ設置シ之カ経営方法ハ本会社監理ノ下ニ指定人ヲシテ経営セシメツツアリ
一、遊船ニ対シテハ修繕費ノ意味ニ於テ使用料ヲ徴シ遊船ニ関スル諸費ヲ引去リ残額ヲ生シタルトキハ雑収入トシテ計理シ来リ

秩父鉄道にとって、長瀞遊園地は「旅客収入ノ増分ヲ目的トセル付帯事業」であった。つまり、長瀞における集客施設の狙いは、それだけで収益をあげるような兼業や副業ではなく、遊覧客を誘致して運輸収入を増やすことであった。1925年上期以降の貸借対照表において遊園地設備費として特殊土地建物費の項目が立てられるが、長瀞遊園地内の諸施設から生じた収入は雑収入に含められた。表3-2の雑収入の項目をみると、1923年下期から1925年上期まで毎期6,000円から8,000円で推移していた。この金額には遊園地以外の収入も含まれているため速断できないが、遊園地からの収入は決して多くなかったと思われる。

③ 関東大震災後の長瀞

こうした秩父鉄道の経営が、1923年9月に発生した関東大震災による影響を軽微なものにとどめたのであった。確かに、震災直後には、前述のとおり1921年に吸収合併した北武鉄道の未成区間（熊谷〜行田間）の建設費を調達するために株式払込金を追加募集した一方、浅野セメント工場が被災して主要貨物の石灰石輸送が中断したうえ、「相当ノ増収ヲ予期セル」旅客輸送についても「秋

季遊覧客ノ皆無」のために収入が伸びず[103]、利益率の低下とともに株主配当率は10.0%から8.0%への減配となった（表3-1）。

しかしながら、秩父鉄道沿線において大きな被害はなく、翌1924年の夏季には被災した伊豆と房総を避けた遊覧客の多くが長瀞を訪れた。このため秩父鉄道の旅客輸送は早くも好転したのである。同年7月13日から20日まで長瀞駅付近（1923年7月に宝登山から改称）において秩父長瀞納涼品展覧会が開催されると、「長瀞乗降客の数は平日の約三十倍」と言われ、「市場より約三割方安値」で販売される全国の特産品が人気を博したほか、余興の「煙火」と「源太踊り」で終日賑わった。なお、特産品の販売では、台湾産品と山形県産の風鈴、福島県産の夏枕、香川県産の日傘そして京都産の扇子に人気が集中した[104]。

1924年7月には「旅客収入が主であり、貨物収入が従である当社線は、動力電化後、長瀞観覧の客、三峰神社参拝客の著増により、殊に此の傾向を甚大ならしめて居る」と評されたとおり[105]、貨物収入を上回る旅客収入の増加が営業利益を上向かせ、ふたたび10.0%の株主配当率を可能にしたのである。

表3-2をみると、1923年下期以降では貨物と比較して旅客輸送が好調であることがわかる。1924年上期には、「客車収入ノ増加ハ専ラ遊覧客ノ誘致ニ努メタル結果」である一方、「本線主要ノ貨物タル石灰石ハ未タ輸出セラルヽニ至ラス」というように貨物輸送が回復しないなかで[106]、旅客輸送の好調ぶりが強調された。図3-3から宝登山（長瀞）駅における乗降客数の推移をみれば、1922年ごろから急増していることが読み取れよう[107]。長瀞への遊覧客の誘致が、電化後の秩父鉄道の経営状況を改善したのであった。

秩父鉄道の旅客輸送を重視する姿勢は、未成区間にもあらわれていた。1920年2月に埼玉県知事の堀内秀太郎が、秩父鉄道の影森～白久間の延長線の敷設免許状の出願に際して内閣総理大臣に宛てた進達書には、「所謂奥秩父ニ於ケル鬱蒼タル森林ハ無限ノ宝庫ヲ語リ之ガ利源ノ開発ハ本鉄道ノ延長ニ依リテ其目的ヲ達スル」[108]と、主に森林開発と木材輸送の意義が強調された。ところが、1924年7月になると「電車が開通するに於いては三峰神社参拝者の増加する外、中津川の探勝にも便利を加へ、当社線が遊覧鉄道としての特色を新たに」する

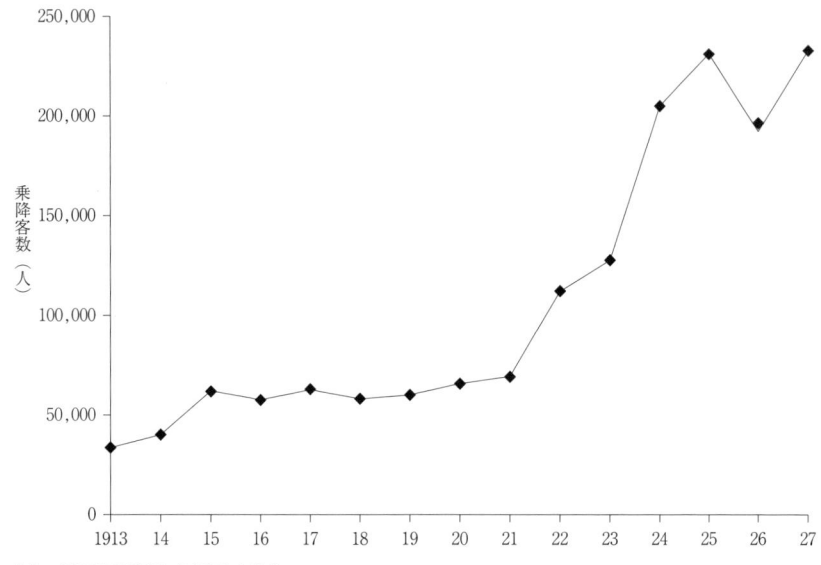

図 3-3　宝登山（長瀞）駅の年間乗降客数の推移（1913〜1927年）

出典：『埼玉県統計書』各年版から作成。

ことが期待されたのである[109]。

　1924年12月9日に長瀞は、史蹟名勝天然記念物保存法に基づき、内務省によって名勝及び天然記念物の「長瀞奇勝」に指定された。同法は、学術的な観点から調査保護を必要とする動植物ないし史跡を指定して保存することを目的にしていた。埼玉県が作成した「史蹟名勝調査事項」では、長瀞には多くの遊覧客が訪れること、地質学と鉱石学の観点から保護する必要があることが指摘された。そして「私鉄ナカラ秩父線ノ延設ヲ以テ如上ノ基因ト信シテ足レル」と[110]、秩父鉄道が一定の役割を果たしたことにも言及した。秩父鉄道も、名勝及び天然記念物に指定されたことを「最モ欣幸トスル所」と報告した[111]。

5　昭和初期の秩父鉄道と長瀞

① 東武鉄道東上線の寄居延伸

　1925年7月10日に池袋を起点とする東武鉄道東上線が寄居まで延伸したことで、長瀞は「東京よりは省線、秩父線、東武線と相俟つて環状線となり車中の倦怠を来すことなく周遊することができる」ようになった。長瀞は、「日曜は勿論平日にても観客頗ぶる多く、婦人子供杯一幅のパラダイ（ママ）を現出」するようになったのである[112]。同年10月の紅葉の時期には秩父鉄道の「四両連結の電気列車は殆ど満席の盛況である。車は新しくて明るい、遊覧客を運ぶに相応しい」と評され、「遊園地も出来た、秩父織物や名産の陳列館もある。旗亭や料亭は其の数を増し、美酒あり佳肴あり、添ふるに鄙びた美妓を以てする。一日の行楽地としては、いろいろの階級の人に都合の好い所」と紹介されたように[113]、秩父鉄道の沿線には多くの遊覧客が訪れるようになった。秩父鉄道はこの直前の4月末に「遊覧客ノ最モ多キ第一第二日曜日」が電力供給者である帝国電灯（1922年6月に武蔵水電を合併）の「休電日タルニヨリ電力供給ヲ受クルコト能ハス」という事情から、長瀞遊園地内の旅館の電灯、冷暖房、ポンプ用の電力を鉄道用の秩父変電所から直接給電するための「自家用電気工作物」を設置して遊覧客の来訪に備えた[114]。

　しかし、秩父鉄道の経営状況は、東武鉄道東上線の開業によってむしろ悪化していった。1925年下期には「東上線ノ連絡ニ依リ長瀞遊覧客団体ノ短区間輸送増加セル」とあるように[115]、旅客数の103万8,392人は前年同期比で11.5％の増加になり、半期で初の100万人を突破したのもかかわらず、旅客収入の30万3,397円は前年同期比で5.1％の増加にとどまった（表3-2）。秩父鉄道は、「東京秩父間の乗客は大部分東上線による事」になっただけでなく、「長瀞遊園地団体なども著しく東上線に吸収」されたことで[116]、長瀞を中心としてきた遊覧客の誘致策を改めなくてはならなくなった。

秩父鉄道のもう一つの悩みは、「長瀞は近来暴利をむさぼるとうはさされてゐる」とあるような長瀞に対する印象の悪化であった[117]。長瀞に来遊する遊覧客の数は堅調に伸びていたものの、「旅館も不足勝で且暴利を貪るとの評」があったために「滞在者が少い」と言われるようになったのである[118]。そのほかにも、「名物長瀞のヨーカン百五本」を腐敗した状態で販売した「暴利商人」が検挙される「騒動」が発生していた[119]。長瀞遊園地そのものを営利事業にしない秩父鉄道にとって、風評の悪化による遊覧客の減少は回避しなくてはならない問題だったのである。1925年9月12日に秩父鉄道は、宝登山神社（同年9月3日に宝登神社から改称）の社司であった塩谷俊太郎らとともに長瀞保勝会を設立するのであるが、その背景には「各商店の商品料理店の取締も警察署と協力して励行」というように[120]、長瀞地域内における営業人の監視という目的があった。

　長瀞保勝会の目的は、①名勝としての長瀞の保勝に関すること、②天然記念物としての長瀞の擁護に関すること、③見学地としての長瀞の設備に関すること、④遊覧地としての長瀞の施設に関すること、そして⑤そのほか勝地の声価を維持する為諸般の経営に関することであった[121]。表3-4に示すように同会の役員は秩父鉄道と地元の有志者によって構成された。すなわち、宝登山神社社司の塩谷俊太郎を会長にして、野上村長の塩谷長三郎を副会長、長瀞駅長の斉藤卯三郎と長瀞三業組合長の村田佐七の2名が幹事に選出された。理事以下には秩父鉄道の駅長や重役が名を連ねたほか、常設委員には村田源三郎と村山金之助など前述の鮎釣組合の設立者も含まれた。長瀞保勝会の運営資金は会員からの寄付金とされ、最初の事業である案内標の制作費用の2,500円は、内務省補助金1,100円、秩父鉄道寄付金700円、野上村寄付金700円とされた。

　② 輸送状況と増資

　秩父鉄道の旅客収入の伸びが鈍化したことで、「配当を少くするより現在の営業状態を続け」るべきだと考える株主は少なくなかった[122]。1925年下期における秩父鉄道の貨物量の36万8,406トンは、前年同期比で45.8％の増加、ま

第3章 遊覧地・長瀞の形成と秩父鉄道　113

表3-4　長瀞保勝会の役員（1925年9月12日）

役職名	所属等	氏名	役職名	所属等	氏名
会　長	宝登山神社社司	塩谷俊太郎	顧問	秩父郡長 秩父鉄道株式会社取締役社長 　同　　　　　常務取締役 東武鉄道株式会社取締役社長 林学博士	岡　松生 柿原定吉 米山熊次郎 根津嘉一郎 本多　静六
副会長	野上村長	塩谷晋三郎			
幹　事	長瀞駅長 長瀞三業組合長	斎藤卯三郎 村田佐七			
理　事	宝登山神社社掌 　同 　同　　会計 野上村助役 野上村収入役 長瀞駅助役 　同 国神駅長 本野上駅長 長瀞営業組合副組長 　同　　会長	戸口保三 江原多喜治 栃原孫一郎 堀口　哲 福島又吉 新井真平 富田文次郎 根岸林蔵 篠田喜一郎 堀内藍太郎 栃原峯吉	参与	秩父鉄道株式会社総務課長 　同　　　　　　　営業課長 野上郵便局 皆野村長 国神村長 白鳥村長	小原敬博 野村繁太郎 村田松五郎 青木定八 井深多十郎 高橋寿恵吉
			学術委員	国神村 　同	宮前治三郎 松崎銀平
			常設委員	野上村 　同 白鳥村	村田源三郎 村山金之助 田島儀三郎
書　記	宝登山神社書記	関根竹太郎			

出典：長瀞観光協会編『長瀞観光のあゆみ――大正から昭和――』（1990年1月）21、22頁。

た貨物収入の28万3,941円も前年同期比で39.5％の増加であり、「石灰石、砂利、セメント等ノ大量貨物ノ増加ニ外ナラズ就中セメントハ最近新ニ産出セル貨物ニシテ本期増収ノ一因」とあるように好調に推移していた[123]。なかでも、秩父セメント株式会社によるセメント生産の開始は、秩父鉄道に新たな貨物輸送品をもたらした。秩父鉄道は、秩父駅付近に建設された秩父セメント工場関連である燃料の石炭、原材料の石灰石そして製品のセメントのほぼすべてを定期的に輸送できるようになったのである。熊谷～秩父間は、浅野セメントへの石灰石輸送をはじめとする貨物列車が頻繁に往来するようになっていた。

　一部の株主は、奥秩父の産業・観光開発の可能性よりも、熊谷～寄居間の複線化工事や電気機関車の追加購入など「直に利益を挙げ得る」ことに投資して、より多くの株主利得を得ることに関心をもつようになったのである[124]。

　だが、秩父鉄道は、2代目取締役社長であった柿原定吉の引退後、3代目取締役社長に諸井恒平が就任したあとも、影森～白久間の延伸工事を進めた。諸

井は「奥秩父開発をなすためと時代の要求に従ふため多大の犠牲」を払うと述べたのであるが[125]）、他方において「遊覧客の多くが長瀞見物に止まるも、三峰神社及び中津川まで、其の足が伸びると、乗用里程が倍になる」ことも認識していた[126]）。つまり、秩父鉄道が、株主の意向に背くことも承知のうえで影森〜白久間の延伸工事を継続した一つの理由には、遊覧客により長い距離を移動してもらうことで旅客収入を増やすという狙いがあったのである。秩父鉄道は、「奥秩父の隠れたる名勝を紹介することにもなり、三峰神社参拝の客を吸収すること」を意識していた[127]）。

1926年4月5日の臨時株主総会では、350万円以内の社債または借入金調達をおこなうことと、資金調達に関する一切の条件は取締役に任せる内容の議案が諮られ、全会一致で可決された。秩父鉄道が発行した200万円の社債は、日本興業銀行によって全額引き受けられた。表3-1で示すように、社債の発行によって調達した200万円の使途は、同額の借入金を償還するためであった。借入金の金利は年利9.4％、日本興業銀行の社債引受の金利は年利7.5％であったため、秩父鉄道は利子負担を軽減させることができたのである。

1926年7月31日の定時株主総会では、公称資本金を555万円から1,200万円に増資することが決議された。追加資本645万円の内訳は、すでに着手している羽生〜熊谷間の電化工事費などの未払金である273万1,007円、新たに着手する停車場の拡張、車両の増備、変電所の電圧上昇工事費の383万5,288円が計上され、なおも不足する分については一時的な借入金調達によることとされた[128]）。

もう一度、表3-1を確認すると1927年上期、すなわち1927年1月15日に第1回の新株の払い込みとして1株につき5円、総額64万5,000円の募集が完了してからは、戦前期を通じて一度も新株の払込募集はなされなかったことがわかる。この65万5,000円は、「支払手形六十万円を決済」するための償還財源に充当されており[129]）、言い換えると払込資本金は、上述の社債発行と同様に利子負担を軽減するための資金に利用された。

秩父鉄道は、影森〜白久間の建設費である90万円を、「全然払込金に依らないで、建設費の全部を借入金で支弁」した[130]）。なぜならば、たとえ当期利益

が一定の水準を維持したとしても、払込資本金を増やしてしまえばそのぶん利益率は低下してしまい、株主配当率も低下してしまう。秩父鉄道は、社債発行と増資による財務整理を通じて、内部留保を充実させようとしていたのである。

秩父鉄道では、電化工事のときと同様、影森～白久間の建設期間に限って社債の利子を建設費に計上する認可を受けていた。ただし、影森～白久間が開通した暁には、この利子負担は営業費に計上されることになる。秩父鉄道は、影森～白久間の開業後における全区間の利益率を6％程度と見込んでおり、社債の利子である7.5％を下回ると予想していた。「大都市近郊の電鉄でも、開業早々七分五厘からの利息を負担し得るものの無い」なかで[131]、秩父鉄道が内部留保の充実を図った理由は、影森～白久間を開通させてから奥秩父を遊覧地として整備するまでの間に社債の利子負担が利益を圧迫しないようにするためであった。

秩父鉄道の強みは、内部留保を充実させる方法として財務整理だけでなく、秩父セメント関連の貨物輸送によって運輸収入を伸ばすこともできた点にあった。秩父セメントは、公称資本金を500万円から1,200万円に増資することでセメントの生産規模を拡大させることを決めていたため、秩父鉄道の「貨物輸送はその恩恵に浴して更に増加す」ると言われた。諸井は、秩父鉄道と秩父セメントの取締役社長を兼務していたから、秩父セメントの事業計画をいち早く秩父鉄道の経営に反映させることができたものと思われる。

だが、周知の通り、1927年3月末に発生した金融恐慌はセメント業界にも打撃を与え、「金融界空前ノ大動揺ハ一般貨物ノ移動ニ及ボシタル影響甚大ナリ」というように[132]、貨物輸送の伸長に期待していた秩父鉄道にも衝撃を与えた。秩父セメントは、1927年8月にカルテル組織であるセメント連合会に加入して生産・出荷制限（1年間は半減適用）を受け容れた。秩父セメントの生産規模の拡張工事は不況により延期を強いられ、1929年10月にようやく完成した。秩父セメントの生産能力は、80万樽から300万樽に増加したものの、不況によるセメント価格の値崩れのため、「増産完成ニ伴フ全能力ヲ未ダ完全ニ発揮スルヲ得サリ」という状況であった[133]。表3-2で示すように、1927年上期以降の

貨物量と貨物収入は、1929年上期を除いて前年同期を下回ったのである。

③ 「日本新八景」への投票運動

1927年4月9日に東京日日新聞社と大阪毎日新聞社から、鉄道省の後援で「日本新八景」を選定する旨の発表がなされた。「日本新八景」は、新時代ふさわしい風景を、一般の投票に求めるべく、海岸、湖沼、山岳、河川、渓谷、瀑布、温泉、平原ごとに、はがき投票するもので、各区分の得票数の上位10位を候補地に定め、最終的に主催者により組織された審査委員会で各区分に1つの景勝地を決めるというものであった[134]。

1927年4月13日から5月20日まで投票期間とされたのであるが、全国的に熱狂的な投票運動が展開された。当時の日本の人口が、6,445万人だったのに対して応募総数は、9,348万1,773票であったから、全国民が1.4枚のはがきを投函したのである。

秩父鉄道にとって、「日本新八景」への関心の高まりは遊覧客を誘致する好機でもあった。すでに秩父鉄道は、「当社沿線新緑ノ長瀞及奥秩父渓谷美紹介ポスター」を作成して、鉄道省に対して各駅構内への掲示を依頼していた。このポスターは、4月1日から5月30日まで、埼玉県内だけでなく関東地方の広範囲にわたり掲示された。具体的には東京市内と横浜市内の鉄道案内所、山手線の各駅、東海道本線の東京〜国府津間各駅、横浜線の各駅、横須賀線の各駅、総武本線の両国橋〜佐倉間各駅、常磐線の三河島〜水戸間各駅、成田線の各駅、東北本線の上野〜宇都宮間各駅、高崎線の各駅、両毛線の各駅、中央本線の万世橋〜八王子間各駅であった[135]。

埼玉県知事の斉藤守國は、「新日本の八景に秩父の幽峡を推さねばならぬ、奥秩父の奇勝、長瀞の清流、何れも絶景だが二つといふ訳には行かぬので先づ私は長瀞を推す」ことを表明した[136]。こうして長瀞を「日本新八景」に入選させようとする動きは、埼玉県全体に広がっていったのである。

長瀞の宣伝活動を積極的に展開したのは、秩父鉄道だけでなく長瀞保勝会も同様であった。1927年5月4日に長瀞保勝会は、長瀞駅前に「日本新八景」の

第3章　遊覧地・長瀞の形成と秩父鉄道　117

ための投票場を設営して地元の人々と遊覧客からの票集めを始めていた。さらに「地元だけの票数では他の名勝地に劣る」と考えて、埼玉県内の「官公衙並に有力者に檄を飛ばして」より広範囲に投票を呼びかけた[137]。

こうした活動を取り仕切ったのは、長瀞保勝会長の塩谷俊太郎であった。塩谷は、「多くの人々を引きつけるまさに大宣伝家」であると評され、1921年5月に宝登山神社の社司に就くと同神社と長瀞を「天下に紹介した人物」であった[138]。1927年5月4日に塩谷は長瀞保勝会の臨時集会を開くと、諸井恒平をはじめとする秩父鉄道の重役らとともに「全県下に檄を飛ばして」長瀞を「日本新八景」の渓谷部門に入選させることを確認した[139]。集会には秩父鉄道営業課長の宮野栄之助のほか熊谷の有志者も参加しており、秩父鉄道沿線の関心事になっていたことが窺える。

塩谷は、1927年5月9日から同月13日まで、保勝会員5名とともに上京して「東京市民の援助もたのむことに」した[140]。具体的には、上野、日比谷、浅草の各公園をはじめ、銀座、日本橋、九段に立て看板と移動式の投票場を設置した。長瀞保勝会は、東京の中心地において長瀞を宣伝することで、遊覧客になりうる都市の人々に直接かつ確実にその名を売り込んだのである。5月14日までに集計された分で、長瀞は渓谷部門の第1位であった。塩谷は、5月18日にも保勝会員とともに上京して「数台の自動車にて数万の宣伝ビラ」を撒いたうえ、「各方面の県出身有力者の戸別訪問」をおこなうことで長瀞に投票してもらうよう呼びかけた[141]。ただし、埼玉県内でも「日本新八景」への関心の程度には温度差があり、例えば所沢地域では「一般地方人民は極めて冷眼」であったから[142]、塩谷の行動が得票数に結びついたのかについては必ずしも明らかではない。事実、5月17日までに集計された分で長瀞は第5位に順位を下げており、最終的には「日本新八景」の候補からも脱落していったのである。

④　鉄道省との連携

長瀞は、「日本新八景」に入選しなかったが、同時に選考された日本を代表する景勝地の「日本二十五勝」と「日本百景」のうち、「日本百景」の渓谷部

門に入選した。入選直後には長瀞保勝会が、「荒川舟下りなどは平年に比し四五倍の申し込みあり（中略）八景投票による宣伝の効果の大なることに驚」くほど、多くの遊覧客が訪れるようになった[143]。長瀞に多くの遊覧客が来訪することは、「営業者は勿論秩父鉄道東上鉄道などもメキメキとふへるその遊覧客に驚歎」するほどであり、「金の成る木が浮かんだやうに上下をあげて享楽の別天地」になった[144]。表3-2の雑収入をみると、1927年以前は1万円未満であったが、同年上期に2万8,320円を計上してからは、1931年上期を除いておおむね2万円から3万円台で推移した。ここからも、長瀞遊園地に多くの遊覧客が訪れたことが窺えよう。

長瀞保勝会は、「日本百景」入選を記念して募集した長瀞の標語である「長瀞は天下の勝地」を、渋沢栄一に揮毫してもらい記念碑にして長瀞駅前に建立した。

表3-2によると、1927年上期における旅客数の100万2,559人は、「財界不況ノ深刻ナルニ拘ハラズ」[145]、半期で100万人を超え、前年同期比でも4.1％の増加であった。同期の株主配当率は、11％に減配になったが「地方鉄道としては素より悪い成績ではな」いとされたように[146]、遊覧客の増加によって他の鉄道会社と比べて相対的に安定した収益を維持することができた。

秩父鉄道営業課長の宮野栄之助は、遊覧客が急増した理由を「長瀞の如きは都会に近いその日帰りの遊覧地として交通も便利で雄大なあの山水の美を備へてゐる」分析したうえで、「今後遊覧設備を備へ十分に客の満足するやう努力する」ことを表明した[147]。表3-1の特殊土地建物費をみると、1928年上期から毎期で10万円以上の遊園地関連の建設費が計上されたことがわかる。

また、宮野はすでに1927年6月9日に「今後ノ旅客誘致及輸送等ニ付旅客事務御打合」のため、長瀞の長生館に鉄道省の上野運輸事務所長、新橋運輸事務所長、東京鉄道局運輸課長そして東京鉄道案内所主任を招待していた[148]。同月17日に秩父鉄道と鉄道省は、7月1日から9月末日（のちに11月末日までに延長）までの期間に省線内を発着地する往復割引乗車券の売り出しを発表したから、宮野はこの事前打合せを長生館で開催したものと思われる。秩父鉄道は、

「当社沿線名勝長瀞ノ夏特ニ水ノ長瀞ハ遊船或ハ一泊ニヨル朝夕ノ其ノ渓谷美ト涼味トハ奥秩父三峰山中津峡谷ノ山岳渓谷美ト共ニ絶好ノ避暑地」であるとして人々を誘った[149]。長瀞についての割引条件は以下のようであった[150]。

長瀞遊覧
東京市内各駅及横浜桜木町駅ヨリ高崎線熊谷駅間
二・三等車　　往復二割引
熊谷駅ヨリ秩父線内長瀞、国神、親鼻各駅間
三等車　　　　往復一円八銭（二割八分引）

　秩父鉄道が、鉄道省と協力して割引乗車券を発売した理由として、何よりも東京市内のみならず横浜から熊谷にかけての広い範囲から遊覧客を呼び込むことが挙げられよう。それだけでなく東武鉄道東上線の寄居延伸による旅客収入の減少に直面していた秩父鉄道にとって、遊覧客が確実に熊谷〜長瀞間を往復してくれることは収入を確保するうえで好都合だったものと思われる。熊谷〜長瀞間の正規運賃は往復1円50銭で、寄居〜長瀞間は同じく60銭であったから、秩父鉄道は2割8分引の運賃設定にしても、旅客収入の増収が期待できた。こうした秩父鉄道の思惑は、1927年10月から11月にかけて実施された上野〜国神間の客車直通運転によっても傍証することができる。1927年10月2日から11月13日までの日曜日において秩父鉄道は、上野〜熊谷間と熊谷〜国神間の定期列車に2両の客車を増結して1往復させる直通運転計画を立てると、客車の確保を鉄道省に依頼した。秩父鉄道によると、「日本新八景選定ニ際シ長瀞ノ名声大ニ揚」ったことと、上述の割引乗車券の発売で「今秋ノ遊覧旅客ハ一層増加ヲ来スベキ見込」であった[151]。秩父鉄道は、東京市内から長瀞まで乗り換えなしにすることで遊覧客の利便性だけでなく、確実に運賃収入を増やそうとしたのである。この当時は秩父鉄道と東武鉄道東上線との直通運転は行なわれておらず、往復割引乗車券類についても東武鉄道東上線内は3割引で秩父鉄道内は正規運賃というように設定された。

上述の割引乗車券の発売と、客車直通運転の実施による効果の測定は容易ではないが、秩父鉄道は、春季、夏季、秋季の行楽シーズンにあわせてポスター掲示と割引乗車券の発売を恒例にしていった。そして1930年代を通じて客車直通運転も継続され、1930年3月15日に影森～白久間が開業してからは（三峰口として開業、以下、三峰口とする）、上野～三峰口間と上野～長瀞間を、毎週日曜日にそれぞれ1往復運行されるようになった。

　表3-2をみると、1928年下期にかけて旅客数と旅客収入は前年同期比で増加したことがわかる。その後、1930年代初頭には不況の影響を受けて貨客輸送ともに縮小を余儀なくされるが、1931年下期に貨物輸送が、1933年下期には旅客輸送が前年同期比で増加に転じた。注目すべきは、1933年下期以降の旅客数と旅客収入の増加率をみると、僅かながらも旅客収入の伸びが大きいことである。これは、影森～白久間の延伸が竣工したことにともなう自然増加も一因であろうが、秩父鉄道による鉄道省を巻き込んだ遊覧客の誘致活動が実を結んだ結果でもあったのである。

おわりに

　本章では、戦前期の鉄道会社による娯楽・行楽の創出のあり方を考察するべく、秩父（上武）鉄道の経営展開に着目しながら、沿線の長瀞が遊覧地になっていく過程を検討してきた。ここまでで明らかにしたことを整理しておきたい。

　上武鉄道は、2代目の取締役社長の柿原定吉のもと、渋沢栄一から資金援助を得て波久礼～秩父金崎間を開業させると、長瀞および宝登神社を自然豊かな地として学生団体を誘致した。上武鉄道にとって、修学旅行など大口団体輸送は運輸収入を増やすうえで好ましいことであった。上武鉄道は長生館や休息所を整備するなど遊覧客のための施設を充実させていった。

　1922年に秩父鉄道は、全線の電化と北武鉄道の合併を通じて輸送の増加に対応したところ、かえって利益率を悪化させた。折しも貨物輸送が低調だったこともあり、秩父鉄道は、長瀞を遊園地として整備して遊覧客の誘致を図ること

で経営を立て直そうとした。1924年12月に長瀞は名勝及び天然記念物に指定されたため、関東大震災後にも多くの遊覧客が訪れたのである。しかし、1925年7月に東武鉄道東上線が寄居まで延伸したことによって旅客収入の伸びが鈍化すると、秩父鉄道は遊覧客の乗車距離を増やすことも考えて影森〜白久間の延伸を急いだ。その一方で長瀞では風紀の乱れを問題視した地元有志者とともに長瀞保勝会が結成された。

　1927年における「日本新八景」選出をめぐる運動は、長瀞の知名度を全国的なものにした。長瀞保勝会のメンバーは上京して東京の人々に直接投票を訴える活動を展開したのである。「日本百景」の渓谷部門に入選したのを機に、長瀞には多くの遊覧客が訪れるようになった。これを受けて秩父鉄道は、鉄道省と協力して関東全域の各駅におけるポスターの掲示、東京市内と横浜市内から熊谷経由の往復割引乗車券の発売と、日曜日における上野〜国神間の客車直通運転をおこなった。こうした行動は、遊覧客の利便性を高めるだけにとどまらず、熊谷を起点に往復することで秩父鉄道の運賃収入を高める効果があったのである。

　本章では秩父鉄道だけでなく長瀞保勝会をはじめとする地元の有志者の存在にも留意して検討してきた。秩父鉄道にとって、景況の変化や荷主の都合により輸送量が変動しやすい貨物に対して、宣伝や運賃割引などの施策によって活発にできる遊覧客誘致は、安定した運輸収入をあげるうえで極めて重要であった。ただ、長瀞が遊覧地として発展した要因について考えたとき、秩父鉄道の経営だけによるものであったかと言えば、決してそうではなかった。長瀞の周辺地域には、株主ではないものの秩父鉄道が誘致してくる遊覧客に商機を見出し、そのことが遊覧地としての長瀞を宣伝することになると考えた人々がいた。秩父鉄道は、こうした地元の有志者をうまく利用することで長瀞における諸施設を運営・宣伝してきたのであり、それゆえに遊覧客の誘致と輸送に集中することができたのであった。戦前期の鉄道会社によって設立された遊園地業は、必ずしも会社の一事業部門として独立して経営できるものばかりではなく、なかには地元という会社外の人々が関与することで成り立ってきたものもあった

のである。戦前期に都市の人々に「郊外ブーム」が広まった一つの要因には、鉄道会社と地域の有志者による積極的な遊覧客の誘致活動があったのである。

注
1) 『宝登山――宝登山神社誌稿』(宝登山神社々務所、1979年) 126頁。
2) 同上、104頁。
3) 奥須磨子「郊外の再発見――散歩・散策から行楽へ――」(奥須磨子・羽田博昭編著『都市と娯楽―開港期～1930年代』日本経済評論社、2004年) 193～215頁。
4) 永江雅和「向ヶ丘遊園の経営史――電鉄会社付帯事業としての遊園地業」(『専修大学社会科学年報』第42号、2008年) 165～181頁。
5) 小川功「我国における観光・遊園施設の発達と私鉄多角経営の端緒」(『鉄道史学』第13号、1994年12月) 15～23頁。
6) 老川慶喜『埼玉鉄道物語――鉄道・地域・経済』(日本経済評論社、2011年) 259～266頁。
7) 鈴木勇一郎「郊外行楽地の盛衰」(前掲『都市と娯楽』) 217～242頁。なお、本章では史料上の固有名詞を除いて原則「遊園地」という表記に統一する。
8) 上武鉄道の経営展開については、老川慶喜「明治期地方的中小鉄道の建設と資金調達――上武(秩父)鉄道会社を事例として」『関東学園大学紀要経済学部編』第11集、1986年3月(のち、老川慶喜『産業革命期の地域交通と輸送』(第4章第1節「上武(秩父)鉄道会社の建設と資金調達」) 日本経済評論社、1992年、305～342頁に収録)および恩田睦「上武鉄道の経営展開と地方零細株主」(立教大学経済学研究会『立教経済学研究』第63巻第2号、2009年10月) 83～119頁を参照。
9) 上武鉄道株式会社『第二十五回報告(1911年下期)』(7～12月) 6頁。なお、「駅」を指す用語には「停車場」と「駅」があるが、本章では便宜上、引用文を除いて「駅」という表記に統一する。
10) 秩父鉄道株式会社『秩父鉄道五十年史』(1950年12月) 16頁。
11) 同上。
12) 前掲『第二十五回報告』15頁。
13) 「案」(1912年5月6日)、『明治四十五年　庶務』(秩父鉄道株式会社総務部保存文書103、104)。以下、秩父鉄道株式会社総務部保存文書は、同社の許可を得たうえで埼玉県立文書館に所蔵されている複製史料を利用している。
14) 同上。
15) 「旅客賃金一覧」(1911年9月)、同上。

16) ［書簡］（宛先：上武鉄道会社、差出：東京高等師範学校附属中学校、1912年7月8日）、同上。
17) 新井孤川『宝登山ト長瀞』（中央出版社、1914年）7頁。
18) 「長瀞官有地使用ノ件」(1912年4月13日)、『明治四十五年　官公署稟申往復録』（秩父鉄道株式会社総務部保存文書105〜107）。この文書は、県による調査が長引いていることに対して速やかに決裁するよう懇願する趣旨のものである。
19) 同上。
20) 上武鉄道株式会社『第二十八回報告（1913年上期）』（1〜6月）10頁。
21) 「家屋増築許可願（休息所）」(1913年3月17日)、前掲『明治四十五年　官公署稟申往復録』。
22) 「家屋新築許可願（長生館）」(1912年9月2日)同上。
23) 前掲『秩父鉄道五十年史』41頁。
24) 「正丸峠より長瀞」『武蔵新報』(1916年6月28日)4頁。以下、武蔵新報は、埼玉県立文書館所蔵の複製史料を利用。
25) 松川二郎『日がへりの旅――郊外探勝』（東文堂、1919年）304頁。
26) 前掲『宝登山ト長瀞』22、23頁。
27) 同上、9頁。
28) 前掲『宝登山』154頁。
29) 「構内使用願」(1912年4月7日)、前掲『明治四十五年　庶務』。
30) 「物品販売承認書交付ノ件」(1912年5月8日)同上。
31) 「契約書」(1912年5月20日)同上。
32) 前掲『宝登山ト長瀞』17頁。
33) 『ながとろ風土記』（長瀞町教育委員会、1974年）4〜11頁。
34) 前掲『第二十八回報告』12頁。
35) 前掲『宝登山ト長瀞』3、4頁。
36) 新井壽郎監修『保存版　秩父の100年――鉄道とともに歩む人びとの1世紀のドラマ』（郷土出版社、1999年）40頁。
37) 「延長問題唯一の断案　秩父町民も鉄道側も共に満足せむ」（『国民新聞』埼玉版、1916年2月24日）6頁。以下、国民新聞埼玉版は、埼玉県立文書館所蔵の複製史料を利用。
38) 「影森線の竣工　武甲山石灰発掘」（『国民新聞』埼玉版、1917年6月12日）6頁。
39) 上武鉄道株式会社『第三十一回報告（1914年下期）』13頁。
40) 「秩父大祭」（『国民新聞』埼玉版、1918年12月2日）4頁。
41) 「秩父の追儺祭」（『国民新聞』埼玉版、1918年2月3日）4頁。

42) 同上。
43) 「宝登神社祭典」(『国民新聞』埼玉版、1918年4月3日) 4頁。
44) 前掲『第三十一回報告』6、7頁。
45) 「荒川の鮎」(『東京朝日新聞』1902年7月12日) 5頁。
46) 前掲『宝登山ト長瀞』29頁。
47) 「鮎漁組合組織」(『東京朝日新聞』1910年6月29日) 4頁。
48) 前掲『宝登山ト長瀞』29頁。
49) 同上。
50) 同上。
51) 「額面無料掲出方継続願」(1914年4月28日)、『大正三年　官公署稟申往復録』(秩父鉄道株式会社総務部保存文書115〜117)。
52) 「荒川舟遊 (附鮎漁) 客誘致ニ関スル方法」(1914年6月10日) 同上。
53) 「回答」(1914年6月17日) 同上。
54) 前掲「荒川舟遊 (附鮎漁) 客誘致ニ関スル方法」。
55) 「舟遊ノ舟賃其他ノ定価」(1914年6月10日)、前掲『大正三年　官公署稟申往復録』。
56) 「軽便鉄道延長線敷設免許申請書」(1916年3月1日)、『鉄道院文書　鉄道免許　秩父鉄道　巻二』(国立公文書館所蔵、1912〜1916年)。
57) 「秩父影森間旅客運輸見合ノ件」(1917年9月27日)、『鉄道院文書　鉄道免許　秩父鉄道　巻三』(国立公文書館所蔵、1917〜1918年)。
58) 秩父鉄道株式会社『第四十一回報告 (1919年下期)』10頁。
59) 秩父鉄道株式会社『第四十四回報告 (1921年上期)』10頁。
60) 上武鉄道株式会社『第三十三回報告 (1915年下期)』6頁。
61) 前掲『秩父鉄道五十年史』42頁。
62) 秩父鉄道株式会社『第三十六回報告 (1917年上期)』12頁。
63) 「県人と秩父」(『武蔵新報』1917年2月20日) 5頁。
64) 同上。
65) 「電信取扱所ノ開廃ニ関スル件」(1917年12月12日)、『大正六年　官公署稟申往復録』(秩父鉄道株式会社総務部保存文書120〜122)。
66) 「秩父鮎漁の賑ひ　釣船不足の有様」(『国民新聞』埼玉版、1920年7月23日) 4頁。
67) 同上。
68) 若山喜志子・大悟法利雄編『若山牧水全集』第6巻 (雄鶏社、1958年) 40〜42頁。
69) 「秩父鉄道株式会社臨時株主総会決議録」(1919年2月28日)、『自大正三年至大正十年　事業報告書株主総会関係書類綴』(秩父鉄道株式会社総務部保存文書112

70）「電化した秩父鉄道を視る」（『鉄道時報』1922年5月21日）45頁。
71）「工事方法変更認可申請書」（1919年12月16日）、『鉄道省文書　免許　秩父鉄道　巻四』（国立公文書館所蔵、1919〜1920年）。
72）前掲「電化した秩父鉄道を視る」。
73）渋沢研究会編『新時代の創造　公益の追求者・渋沢栄一』（山川出版社、1999年）83〜85頁（松本和明執筆部分）。
74）秩父鉄道株式会社『第四十五回報告（1921年下期）』14頁。
75）「借入金利子支弁方ニ付伺」（1920年10月6日）、前掲『鉄道省文書　免許　秩父鉄道　巻四』。
76）秩父鉄道株式会社『第四十六回報告（1922年上期）』17頁。
77）前掲「電化した秩父鉄道を視る」。
78）前掲『第四十六回報告』16頁。
79）秩父鉄道株式会社『第四十七回報告（1922年下期）』19頁。
80）同上。
81）前掲「電化した秩父鉄道を視る」。
82）「新緑に燃ゆる秩父赤壁を訪ねて」（『鉄道時報』1922年6月3日）5頁。
83）「秩父鉄道の全線電化　今秋九月運転」（『東京日日新聞』埼玉版、1921年6月16日）5頁。以下、東京日日新聞埼玉版は、埼玉県立文書館所蔵の複製史料を利用。
84）同上、10頁。
85）前掲『宝登山』126頁。
86）「電化来の秩父鉄道（上）」（『東洋経済新報』1924年7月5日）31頁。
87）同上。
88）秩父鉄道株式会社『第四十八回報告（1923年上期）』8頁。
89）「長瀞を中心に大遊園地計画既に遊船百艘を注文」（『東京日日新聞』埼玉版、1922年10月1日）5頁。
90）「全国に稀な秩父虎石」（『国民新聞』埼玉版、1920年11月5日）4頁。
91）「秩父長瀞に博物館　研究会も承諾す」（『国民新聞』埼玉版、1921年8月18日）4頁。
92）「秩父赤壁長瀞の遊覧施設　道路開鑿其他」（『東京日日新聞』埼玉版、1922年12月3日）2頁。
93）「秩父長瀞付近に大運動場を設置　秩父鉄道会社の計画」（『東京日日新聞』埼玉版、1923年1月21日）7頁。
94）同上。

95)「親鼻橋畔の新野球場工事　秩父鉄道会社の特設」(『東京日日新聞』埼玉版、1923年3月22日) 5頁。
96)「名勝長瀞に模範運動場　二十九日開場式」(『東京日日新聞』埼玉版、1923年4月24日) 5頁。
97)「荒川の野球場　秩父線新運動場」(『東京日日新聞』埼玉版、1923年4月12日) 5頁。
98) 前掲「名勝長瀞に模範運動場」。
99) 谷口梨花『家族連れの旅』(博文館、1923年) 343頁。
100) 同上、344頁。
101) 前掲『第四十八回報告』15頁。
102)「照会(大正十三年下期営業報告書ニ関スル件)」(1925年7月28日)、『大正十四年　官公署稟申往復録』(秩父鉄道株式会社総務部保存文書138、139)。
103) 秩父鉄道株式会社『第四十九回報告(1923年下期)』12、13頁。
104)「長瀞納涼展の第一日　お客は平日の三十倍」(『東京朝日新聞』埼玉版、1924年7月15日) 6頁。東京朝日新聞埼玉版は、埼玉県立文書館所蔵の複製史料を利用。
105) 前掲「電化来の秩父鉄道(上)」31頁。
106) 秩父鉄道株式会社『第五十回報告(1924年上期)』12頁。
107) 1924年度における長瀞の乗降客数は、20万4,235人で、熊谷(52万3,524人)、行田(45万4,618人)、秩父(34万6,182人)、寄居(22万335人)に次ぐ線内第5位であった。「鉄道旅客貨物及賃金」(1925年6月4日)、前掲『大正十四年　官公署稟申往復録』。
108)「地方鉄道延長線敷設特許願進達」(1920年2月27日)、前掲『鉄道省文書　免許　秩父鉄道　巻四』。
109)「電化来の秩父鉄道(中)」(『東洋経済新報』1924年7月12日) 32頁。
110)「史蹟名勝調査事項」(1924年2月5日)、埼玉県内務部『統計報告　史蹟　名勝　天然物』(埼玉県立文書館所蔵、埼玉県行政文書(大1670))。
111) 秩父鉄道株式会社『第五十一回報告(1924年下期)』8頁。
112)「最近の秩父長瀞」(『鉄道時報』1925年7月25日) 9頁。
113)「池袋から長瀞へ」(『鉄道時報』1925年10月24日) 6頁。
114)「自家用電気工作物施設認可申請書」(1925年4月25日)、前掲『大正十四年　官公署稟申往復録』。
115) 秩父鉄道株式会社『第五十三回報告(1925年下期)』15頁。
116)「秩父東上両鉄合併　近く正式決定」(『東京日日新聞』埼玉版、1925年10月28日) 6頁。

117) 「長瀞暴利の評判」(『東京朝日新聞』埼玉版、1925年7月17日) 6頁。
118) 「三十万円で長瀞に大ホテル　秩父鉄道経営で」(『東京朝日新聞』埼玉版、1924年8月20日) 6頁。
119) 前掲「長瀞暴利の評判」。
120) 「長瀞保勝会組織　郡当局や有志家協議」(『東京朝日新聞』埼玉版、1925年8月11日) 6頁。
121) 「長瀞保勝会会則」(作成年月日不明)、『大正十四年　文書庶務』(秩父鉄道株式会社総務部保存文書136、137)。
122) 「奥秩父の延長線一時見合せか」(『東京朝日新聞』埼玉版、1925年12月22日) 6頁。
123) 前掲『第五十三回報告』14頁。
124) 前掲「奥秩父の延長線一時見合せか」。
125) 「愈秩父鉄道延長断行　影森白川間を」(『東京日日新聞』埼玉版、1926年4月2日) 6頁。
126) 前掲「電化来の秩父鉄道(中)」。
127) 「秩父鉄道の近況」(『ダイヤモンド』1928年4月21日) 38頁。
128) 「資本増加認可申請書」(1926年8月17日)、『鉄道省文書　免許　秩父鉄道　巻六』(国立公文書館所蔵、1923～1926年)。
129) 「秩父鉄道の減配　前途は懸念なからん」(『東洋経済新報』1927年7月23日) 25頁。
130) 前掲「秩父鉄道の近況」。
131) 同上。
132) 秩父鉄道株式会社『第五十六回報告(1927年上期)』14頁。1926年7月31日の定時株主総会において定款が改正された際に、上期は12月から翌年5月、下期は6月から11月に改められた。
133) 秩父セメント株式会社『第十五回営業報告書(1930年上期)』3頁。秩父セメントの上期は12月から翌年5月、下期は6月から11月である。
134) 以上、「日本新八景」についての記述は、社史編纂委員会編『毎日新聞七十年』(毎日新聞社、1952年) 258、259頁。
135) 「奥秩父及長瀞新緑宣伝ポスターノ件」(1927年3月17日)、『昭和二年　官公署稟申往復録』(秩父鉄道株式会社総務部保存文書151～154)。
136) 「新八景に秩父赤壁長瀞を」(『東京日日新聞』埼玉版、1927年4月29日) 12頁。
137) 「長瀞駅前に新八景投票場　一般遊覧者にも応援を」(『東京日日新聞』埼玉版、1927年5月4日) 8頁。
138) 前掲『宝登山』248頁。
139) 「郷土の誇り長瀞を新八景入選運動白熱化す」(『東京日日新聞』埼玉版、1927年

5月6日）12頁。
140）　前掲「長瀞駅前に新八景投票場」。
141）　「天竜峡盛り返し、長瀞俄然二位に墜つ」（『東京日日新聞』埼玉版、1927年5月19日）12頁。
142）　同上。
143）　「宣伝の効果に長瀞、満足　百景入選を機に遊覧施設に猛進」（『東京日日新聞』埼玉版、1927年7月7日）8頁。
144）　「新八景さまさま　長瀞に黄金の雨」（『東京日日新聞』埼玉版、1927年5月29日）12頁。
145）　前掲『第五十六回報告』14頁。
146）　前掲「秩父鉄道の減配　前途は懸念なからん」。
147）　前掲「新八景さまさま」。
148）　「旅客事務打合ニ付招待ノ件」（1927年6月9日）、『昭和二年　文書庶務』（秩父鉄道株式会社総務部保存文書147〜150）。
149）　「奥秩父及長瀞探勝旅客誘致策」（1927年6月17日）、前掲『昭和二年　官公署棄申往復録』。
150）　同上。
151）　「上野国神間客車直通増結願」（1927年9月1日）同上。

〔付記〕
　本章の執筆に当たって秩父鉄道株式会社総務部および埼玉県立文書館には資料閲覧の際に便宜を図っていただいた。記して謝意を表したい。本研究は、日本学術振興会科学研究費補助金「研究活動スタート支援」（研究課題番号：23830083）による成果の一部である。

第4章　明治・大正期の株式取引所と鉄道株
——日本における投資家保護思想の萌芽との関連で——

鈴木　和哉

はじめに

　会計学（accounting）の世界において、会計の歴史を研究する分野、すなわち「会計史」（accounting history）は、従来、マイナーな分野であるといわれてきた[1]。会計学が実用的・実践的な技術に関する分野であるため、時々刻々と変化する社会の状況にいち早く対応することがその基本的任務となるという考え方に立てば、古い会計の技術を掘り起こすことなどは何の意味もなく、好事家の単なる趣味（hobby）にすぎないということになってしまうともいわれる[2]。
　しかし、「会計の歴史は概して、文明の歴史である」[3]（ウルフ［Woolf. A. H］）といわれてきたように、会計は、人間社会の発展とともに、徐々にその社会的役割を広めてきたのである[4]。文明の歴史の中で会計の歴史を考えるまでとはいかないが、経済や産業の発達の歴史の中で会計の歴史を考えてみると、株式会社の発達とともに会計も発達を遂げてきたということがいえる。このことは、企業経営と会計とは、表裏一体の関係にあることを示しているように思われる。こうした点を考慮すれば、会計史は、決して無意味なものなどではなく、むしろ経済史（economic history）や経営史（business history）と密接に関わりあった分野であり、延いては、経済史・経営史研究の一翼を担う分野として欠くことのできない、非常に重要な意味を持つものであるといっても過言ではなか

ろう。

　会計史は、以前は「簿記史」あるいは「簿記・会計史」と呼ばれていた[5]。実際のところ、1970年代までは、日本における会計史研究の大半は簿記史研究であったが、1980年代以降、第一次史料を用いた「会計制度史」研究の業績が散見されるようになってきた[6]。筆者自身も、専攻は会計学であるが、かねてより、第2次大戦後の日本における企業会計制度の形成過程に関心を抱いてきた。「会計史」研究というよりは、「会計制度史」研究である。とくに、「証券取引法」（現「金融商品取引法」）に基づく財務諸表公開制度の形成過程、および日本における投資家保護思想の形成過程について、調査・研究を進めてきたものである。

　「証券取引法」は、日本では1947（昭和22）年に初めて制定され、第2次大戦後の日本の企業会計制度の一角を担ってきた。その立法の精神とするところは、「投資家保護」である。この「証券取引法」自体が、GHQからの指令によって制定されたもので、経済の民主化政策と、アメリカ流の会計理論・会計制度を導入する過程という時代背景があった。投資家保護思想も、GHQすなわちアメリカのイニシアティブによってとり入れられたと考えられているのが、一般的であろう。

　「証券取引法」には、「投資家保護」の明確な定義はないが、その中心となるものは、財務諸表を中心とする企業の情報の開示（ディスクロージャー：disclosure）であると考えられよう。第2次大戦前・大戦中の日本においては、現在のようなディスクロージャー制度は存在していなかった。しかし、その当時の日本においても、明確なものとはいえないまでも、投機取引が中心であった株式取引所（証券取引所）の改善をめぐる議論から、のちの「投資家保護」につながってくるような考え方を見出すことができるように思われる。

　株式取引所に関する史料をたどってみると、株式市場の発展とともに、次第に、「投資家保護」に近い考え方が形成されていく過程が浮かび上がる。とくに、第1次大戦後の1920（大正9）年3月の東京株式取引所の株価大暴落を契機として、大正時代後半以降、取引所制度の改革を議論する中で、「投機の取り締

まり」や「真実な情報の収集」、「有価証券取引の円滑化」などといった意見が各界から出され、また、資料中にもそのような文言が散見されるようになる。その当時の基本的な証券法規は、1893（明治26）年制定の「取引所法」であったが、そうした論点は、それまでの取引所改革の議論の中では、ほとんど見出せなかったものである。

　本章のテーマは、必ずしも会計学の領域に属するものではない。しかし、株式投資と企業会計は密接に結びついているといえる。本章は、戦前・戦後を通じた日本の企業会計制度の歴史を考察するうえにおいても、重要な意味合いを持つものであると考えている。本章では、とくに明治時代から大正時代における株式取引所改革の点から、日本における「投資家保護」思想の形成過程の萌芽を考察してみたい。また、単に議論を追いかけるだけでなく、実際の株式市場の動きと併せて考察してみたい。その際、とくに株式市場の投機性に焦点を当てるために、活発に取引された鉄道株を取り上げる。株式取引所や株式市場のあり方をめぐる議論を通して、明治・大正期の日本においても、「投資家保護」に通じる議論が行われていたことを明らかにしてみたい。

　なお、本章では、多数の史料を引用している。史料からの引用については、旧字体はすべて新字体に改めた。歴史的かなづかいも、現代かなづかいに改めた。また、適宜句読点やルビ、送りがなを付け加えたり、段落分けを施したりしている。法律や条例以外の漢字カナまじりの史料については、カタカナをひらがなに改めた。法律や条例の条文については、原文のままを基本とし、適宜ルビを付け加えるにとどめた。句読点を付すことによって、条文の意味が変わってしまうおそれがあるのを避けたためである。読みやすさを最優先して、このような方針を取らせていただいたことをおことわりしておきたい。

　また、「株式取引所」と「証券取引所」の両方の文言が登場するが、本稿においては、両者に意味の区別はない。現在は「証券取引所」が一般的であるが、第2次大戦終戦までは、おもに「株式取引所」という名称が用いられていた。

1 投資家保護とは何か

① 証券取引法理論上の投資家保護

　そもそも、「投資家保護」とは、どのようなことを指すのか。これについて、「証券取引法」には明確な定義や内容は示されておらず、また、現在の「金融商品取引法」でも同様である。そこで、「証券取引法」の解説書から、一応の内容を明らかにしておきたい。

　投資家保護の内容は、①事実を知らされないことによって被る損害からの保護と、②不公正な取引によって被る損害からの保護、の２つから成り立っていると考えられている[7]。具体的には、前者は、投資家が自己の判断と責任とによって有価証券取引を行うためには、その有価証券および発行者に関する情報が開示されていることが前提になるという考え方に基づくものである。後者は、そのような開示を前提にしたうえで、さらに個々の取引に当たって証券会社や発行者の役員等、一般投資家に比べて、より専門的な知識や資力等を有する者が作為的に相場を形成したり、一般投資家を騙したりするような不公正な取引を許してはならないという考え方に基づくものである。

　こうした点については、1947年の第92回帝国議会で、日本で初めての「証券取引法」が審議された際、すでに次のような説明がなされている。

　　……今回新たに……株式または社債の発行に関する届出制度……を設ける趣旨は、投資家に株式または社債の発行会社の事業計画、資産の状況等に関する正確な資料を提供し、投資家の判断と責任とにおいて、証券投資ができるようにしようとすることにあるのであります[8]。（圏点は引用者）

　ここで引用したものは、有価証券届出制度を新設するにあたっての趣旨に関する部分であるが、やはり、投資家保護の中心に位置づけられているのは、財

務諸表を中心とする企業内容の開示、すなわち、ディスクロージャーであると考えられるであろう。しかも、そこでは、財務諸表だけでなく、事業計画や資産状況など、その企業全般にわたる情報の開示が求められている。ディスクロージャーは証券取引法の中心をなし、かつ、最も重要な内容をなすものであるといえる[9]。

この1947年制定の「証券取引法」は、さらにアメリカの証券法規の理念をとり入れるべく、翌1948年に全面改正される運命をたどることになるが、投資家保護の内容は、すでに1947年の時点で、ディスクロージャーを中心とすることが明確にされていたと考えてよいであろう。

なお、投資家保護について、有価証券の価値自体を保障するものであると解している向きもあるが、証券投資は、基本的に妙味と同時にリスクが存在しているものであり、証券価格の下落による負担は、あくまでも投資家の自己責任において処理されるべきものである[10]。

② 証券取引所の役割と投資家保護

法理論上だけでなく、「投資家保護」の内容を考察するには、証券取引所の役割をも考慮する必要があるように思われる。現在の東京証券取引所が発行する一般向けのパンフレットには、証券取引所の最大の役割は、「一定のルールに従って多くの注文（需給）を一ヶ所に集中させることによって、投資家がいつでも安心して取引できる流通市場を開くことにある」と記されている[11]。また、「さまざまな投資判断と需給を反映して形成された価格を、公正な価格として広く速やかに公表することも、重要な役割のひとつである」といわれる[12]。

日本における初めての証券取引所は、1878（明治11）年設立の「東京株式取引所」であった。しかし、明治期以来、第2次大戦終戦までの日本の証券市場は、それが投機的な流通市場として一面的に発達していた反面、発行市場としては何ら積極的な役割を果たさなかった、というのが通説となっている[13]。「投機的な流通市場」という認識は、第2次大戦終戦までの時代では、ほぼ共通した認識とされていた面もうかがえる。例えば、東京株式取引所調査課が1932

（昭和7）年に編集した解説書『東京株式取引所』には、「投機とは何か」という独立した節が設けられ、そこには、「取引所といえば投機、投機といえば取引所が連想される」などと記されている[14]。

ディスクロージャーだけではなく、円滑な流通市場が形成され、そのもとで株式取引が行われることも、投資家保護の重要な要素をなしているといえるであろう。本稿で取り上げる明治・大正期の株式取引所をめぐる議論からは、ディスクロージャーについての考え方を明確に見出すことはできないが、「有価証券の円滑な取引」という議論は、第1次世界大戦後において読み取ることができる。「有価証券の円滑な取引」が、日本における投資家保護思想の萌芽であり、最初に浮上してきた考え方であったように思われる。

2　株式取引所の設立と明治期の証券関係法規

① 株式取引所の設立

日本で最初の証券取引所に関する法規は、1874（明治7）年の「株式取引条例」（太政官布告第107号）であったが、この条例に基づいて設立された取引所はなかった[15]。その理由としては、この「株式取引条例」が、投機抑制を基本理念としていたことが挙げられる。江戸時代以来の米穀取引を通じて、当時の相場会所の取引慣習になじんできた関係業者の強い反対に遭ったのである[16]。

次いで1878（明治11）年には「株式取引所条例」（太政官布告第8号）が公布された[17]。この条例に基づいて、東京株式取引所（1878年5月15日設立。略称：東株。現在の東京証券取引所の前身）と大阪株式取引所（1878年6月17日設立。略称：大株。現在の大阪証券取引所の前身）が、それぞれ設立された。いずれも、営利目的の株式会社組織による取引所であった。しかし、株式取引所といっても、設立当初は、実質的には公債取引所であり、取引の中心は国債や金銀貨であった。株式取引は、取引所株と銀行株が細々と取引されるにすぎなかった[18]。なお、ここで、「取引所株」というものが登場しているが、株式

表4-1 明治10年代に東京株式取引所に上場された株式

銘　柄	売買開始年月日	上場株式数	備　考
東京株式取引所	1878（明治11）年9月20日	2,000株	
蛎殻町米商会所（東京）	〃	500株	1883年5月、蛎殻町米商会所が兜町米商会所を併合し、東京米商会所となる
兜町米商会所（東京）	〃	500株	
第一国立銀行	〃	15,000株	「営業満期国立銀行処分法」公布により売買廃止
第二国立銀行	1879（明治12）年2月5日	4,500株	
第六国立銀行	1879（明治12）年3月1日	2,500株	
横浜洋銀取引所	1879（明治12）年3月14日	2,000株	1879年横浜取引所。1880年横浜株式取引所
大阪株式取引所	1879（明治12）年9月24日	2,000株	
横浜正金銀行	1881（明治14）年3月23日	30,000株	
第三国立銀行	1883（明治16）年4月2日	10,000株	
第八国立銀行	〃	1,500株	
第十三国立銀行	〃	5,000株	
第十四国立銀行	〃	2,000株	
第十九国立銀行	〃	4,000株	
第二十七国立銀行	〃	3,000株	「営業満期国立銀行処分法」（1896年3月9日公布。明治29年法律第7号）により売買廃止
第三十国立銀行	〃	2,500株	
第三十二国立銀行	〃	7,200株	
第三十九国立銀行	〃	7,000株	
際四十国立銀行	〃	3,000株	
第四十五国立銀行	〃	2,000株	
第六十国立銀行	〃	5,000株	
第百国立銀行	〃	2,000株	
第百七国立銀行	〃	3,500株	
第百三十二国立銀行	〃	1,400株	
日本鉄道	1884（明治17）年4月24日	360,000株	
東京海上火災保険	〃	6,000株	
第七十四国立銀行	1886（明治19）年1月27日	8,000株	「営業満期国立銀行処分法」公布により売買廃止
日本郵船	1886（明治19）年3月8日	176,000株	
第七十七国立銀行	1886（明治19）年4月23日	5,000株	「営業満期国立銀行処分法」公布により売買廃止
第九十五国立銀行	1886（明治19）年4月28日	4,000株	
東京馬車鉄道	1886（明治19）年9月18日	9,750株	
東京瓦斯	〃	7,000株	

出典：『東京株式取引所五十年史』巻末「諸統計」の「銘柄別相場高低表（長期取引――株式）」より、筆者作成。
注：1）銘柄は上場当時のもので統一した。また、東京株式取引所での売買が開始された日付順で配列した。
　　2）新株も上場した企業もあるが、ここでは新株は除外した。

取引所自身の株式は、「当所株」と呼ばれていた。実は、株式会社組織の株式取引所は、自らの株式を自らの市場に上場し、流通させていたのである[19]。東京株式取引所の場合、その「当所株」が上場第1号の株式であると同時に、日本で最初の上場株式であった[20]。

　表4-1は、明治10年代に、東京株式取引所に上場された銘柄の一覧である。東京株式取引所は、設立が1878（明治11）年5月15日、初立会・売買開始が6月1日である。したがって、ここでの「明治10年代」は、1878年から1886（明治19）年までの間とする。

　明治10年代の東京株式取引所の上場銘柄は、32銘柄であった。その内訳は、銀行株、とくに国立銀行株が圧倒的に多く、21行もの国立銀行が上場している。なお、上記の表に頻繁に登場する「営業満期国立銀行処分法」とは、国立銀行の営業継続に関する法律である。国立銀行は、1883年に改正された「国立銀行条例」（制定は1872年）により、営業期間が開業免許日から20年間と定められ、満期後は私立銀行に移行することになっていた（第12条）[21]。「営業満期国立銀行処分法」には、その詳細が規定されており、その第1条で、「国立銀行ニシテ営業満期後国立銀行条例第十二条ニ依リ私立銀行ノ資格ヲ以テ営業ヲ継続セムトスルモノハ営業満期ノ日ヨリ三箇月以前ニ営業継続及定款改正ノ決議ヲ為シ其ノ改正定款ヲ添ヘ大蔵大臣ニ営業継続ノ許可ヲ請フヘシ」とされていた[22]。

　株式売買が取引所でさかんに行われるようになったのは、1887（明治20）年前後の企業勃興期以後のことである。東京・大阪両株式取引所設立直後の1879（明治12）～1881年頃には、両取引所合計で年間わずか2万株前後しか売買されなかった株式は、1887年には200万株前後に増え、さらに1889年には370万株を超えるまでになった。その背景には、大規模企業が登場し、新規に取引所に上場される株式が増えてきたという事情があった。東京株式取引所の上場会社数も、1882年末には銀行を中心にわずか9社にすぎなかったが（内訳は、表4-1を参照されたい）、1887年には銀行・鉄道を中心に34社、1897（明治30）年にはさらに紡績や食品も加わって、117社に増加した[23]。

　しかし、こうした動きを、株式市場が資本調達市場として急速に発展してき

たと理解することはできないといわれる[24]。売買の9割近くが実物取引ではなく投機的な定期取引（先物取引）であった。売買銘柄も、日本郵船株、鐘淵紡績株、東京株式取引所株などの一部の投機株に集中していた。取引所が高度に投機市場化された結果、株式が単に投機商品の売買形態をとらされていたという状態であった[25]。もともと公共機関としての性格を持つべきはずの株式取引所が、株式会社形態の下に営利事業として運営されること自体に問題があり、こともあろうにその取引所自体の株式（当所株）が投機的売買の対象になることは、株式市場全体の投機性をあおり、いたずらに取引所株主に不当な利益をもたらすものだという非難が起こってきたのである[26]。

② 投機抑制と「ブールス条例」

取引が投機的性格を強め、不健全な取引が横行してきたため、政府は、1887（明治20）年に「取引所条例」（いわゆる「ブールス条例」。勅令第11号。以下、1878年の「株式取引所条例」との混同を避けるため、「ブールス条例」と記す）を公布した[27]。取引所をすべて会員組織に改め、実物取引本位の売買取引制度を確立しようと試みたのである。

「ブールス条例」第1条では、「取引所ハ商業上ノ取引ヲ便利ニシ市価ヲ平準ニシ商業上公正直実ノ風ヲ養成シ商業上ノ習慣ヲ統一維持シ須要ノ報道ヲ伝播シ及取引所会員ノ間ニ生スル論争ヲ仲裁スルヲ以テ目的トシ……」とある。

ここでは、取引所の目的について、「商業上ノ取引ヲ便利ニシ」、「市価ヲ平準ニシ」、「商業上公正直実ノ風ヲ養成シ」、「商業上ノ習慣ヲ統一維持シ」、「須要ノ報道ヲ伝播シ」などと規定されている。すでに明治時代中期の時点で、取引所が商業上において重要な役割を果たすことが期待されていたと考えられる。

しかし、このような改革は、当時の実情からすればあまりにもドラスチックであり、改革の実効が挙がるかという点についても批判の声が強かったといわれる[28]。明治20年前後は、企業勃興期とも重なり、取引所にとっても、株式売買が増大していた時期であった。

3　1893（明治26）年「取引所法」の制定

① 明治20年代の株式市場

　明治20年代（1887〜1896年）の株式市場は、企業勃興を背景に展開を見せ始め、日清戦争（1894〜1895年）後のブームを経て、その規模を拡大した。しかし、株式売買の大部分は定期取引（先物取引）で、実物取引は皆無に近かった。差金決済によるキャピタルゲインねらいの投機的な取引の盛行にすぎなかった。1895（明治28）年までは、総売買高の実に99％が定期取引であり、1896年以降は、定期取引の比重は60〜90％に低下したが、これも事実上、差金決済の盛行によるものだった（表4－2）[29]。

　さらに、当時の株式取引の特徴として、少数の銘柄への取引集中があった。例えば、東京株式取引所の定期売買に占める主要銘柄の比率は、1884（明治17）〜1891年では、九州鉄道が18.8％、日本鉄道が18.1％、日本郵船が14.6％、北海道炭鉱鉄道が10.5％で、この4社だけで実に62％を占めていた。1892〜1899年では、日本郵船18.3％、北海道炭礦鉄道15.8％、九州鉄道13.4％、さらに1900〜1907年では、日本郵船16.0％、北海道炭礦鉄道11.4％などとなっていた[30]。

　こうした少数の銘柄に対する売買の集中の背景としては、当時の上場株式には、流通に適した大型株が少なかったことが挙げられる。こうした傾向は満州事変（1931年）後における統制経済下の中での財閥系企業の株式公開・上場まで続く。企業としては、こうした投機的な株式熱を利用しながら大量の公募を行っていたが、投機が取引の中心であることに、これまでとは何ら変化はなかったのである。

　会員組織の取引所と実物取引本位の売買取引制度をめざした「ブールス条例」に対しては、取引所関係者たちからの猛烈な反対が起こっていた。政府（農商務省）・取引所は、それぞれ、欧米に調査団を派遣し、欧米の諸事情を調べ

表4-2　東京株式取引所における株式売買高（1886〔明治19〕～1905年）

年	定期取引(A)(株)	実物取引(B)(株)	合計(C)(株)	構成比 A/C	構成比 B/C
1886	703,333	53	703,386	100.0%	0.0%
1887	1,278,330	249	1,278,579	100.0%	0.0%
1888	907,669	50	907,719	100.0%	0.0%
1889	2,038,542	37	2,038,579	100.0%	0.0%
1890	1,629,323	9,907	1,639,230	99.4%	0.6%
1891	1,296,410	3,879	1,300,289	99.7%	0.3%
1892	1,029,389	252	1,029,641	100.0%	0.0%
1893	2,657,146	142	2,657,288	100.0%	0.0%
1894	1,839,918	1,702	1,841,620	99.9%	0.1%
1895	2,817,766	1,894	2,819,660	99.9%	0.1%
1896	3,803,146	995,664	4,798,810	79.3%	20.7%
1897	3,571,211	1,642,987	5,214,198	68.5%	31.5%
1898	3,731,794	600,717	4,332,511	86.1%	13.9%
1899	5,399,235	1,154,594	6,553,829	82.4%	17.6%
1900	3,941,155	1,190,795	5,131,950	76.8%	23.2%
1901	2,550,285	597,413	3,147,698	81.0%	19.0%
1902	2,941,790	73,998	3,015,788	97.5%	2.5%
1903	1,934,220	1,117,751	3,051,971	63.4%	36.6%
1904	3,242,300	795,320	4,037,620	80.3%	19.7%
1905	6,658,910	1,748,300	8,407,210	79.2%	20.8%

出典：『東京証券取引所50年史』14頁。

て改良の道を探ることとしたが、それでも有効な解決策は見出せなかったのである。

② 鉄道株の取引

(1) 企業勃興と、鉄道会社の設立

　前項でも述べたように、明治20年代の株式市場は、少数の銘柄への取引集中が特徴の一つとして挙げられた。ここでは、さらに具体的に、その当時の花形株でもあった鉄道株を中心に、株式市場の状況を見てみたい。

　企業勃興は、鉄道業から始まった[31]。表4-3では、鉄道業の資本金額は突出しているのがわかる。また、紡績業、鉱山業などを中心に資本家的企業が相

表4-3 企業勃興期の業種別会社数・資本金額（1885・1889年）

部門	1885年 社数（社）	1885年 資本金（千円）	1889年 社数（社）	1889年 資本金（千円）	1889年 増加額（千円）
農業	78	1,450	430	8,119	6,669
鉱工業	496	7,771	2,250	70,199	62,428
紡績	11	905	41	12,616	11,711
製糸	136	985	711	5,438	4,453
鉱業・精錬			130	6,790	
運輸業	80	25,585	299	68,959	44,274
鉄道	3	12,630	15	44,683	32,053
水運			136	17,553	
商業	625	15,854	1,079	35,438	19,584
小計	1,279	50,660	4,067	183,615	132,955
銀行業	1,103	86,613	1,049	94,075	7,462
総計	2,382	137,273	5,116	277,690	140,417

出典：中村尚史「企業勃興期における幹線鉄道会社の設立と地域社会」『社会経済史学』第59巻第5号、1994年1月、60頁、および老川慶喜『日本史小百科——近代〈鉄道〉』（東京堂出版、1996年）63頁。

次いで勃興するに至った。1881（明治14）年11月に設立された日本鉄道会社は、華族の出資を軸に誕生した最初の私鉄にして、1906（明治39）年公布の「鉄道国有法」によって国有化されるまで最大の私鉄であった。政府は、鉄道線路建設を技術的に援助し、利益保証（8％の配当を可能にする補助金交付）を約束した。日本鉄道は、1883（明治16）年に上野〜熊谷間を開業後、良好な営業成績をあげ、翌1884年4月には、東京株式取引所に株式が上場された。日本で初めての鉄道株の上場銘柄となったのである。日本鉄道株に対する需要も高まり、資金調達も容易になった[32]。

　日本鉄道の良好な営業成績に刺激され、各地で次々と私鉄会社の設立請願が出された。1885年から1892年までに出願された私鉄は50社にも及んだが、そのうち実際に実現を見たのは、12社にすぎなかった。また、1887年から1889年までの私鉄の鉄道の計画資本総額は5,700万円にも上ったが、払込金額はわずか300万円でしかなかった。こうした状況の背景には、この時期に出願された私

鉄のなかには、収益性の見通しを持たない投機的な計画も少なくなかったことを物語っているといわれる[33]。

　日本鉄道と、山陽鉄道（1886年設立）、九州鉄道（1887年設立）、関西鉄道（1888年設立）、北海道炭礦鉄道（1889年設立）の5社は、「五大私鉄」と称された。また、両毛鉄道、水戸鉄道、甲武鉄道、参宮鉄道、大阪鉄道、讃岐鉄道、筑豊興業鉄道などの地方の鉄道会社も設立された。このように、鉄道業は、地方産業の発展を輸送の側面から促進し、企業勃興の全国的な広がりを支えたのである[34]。

(2) 鉄道株の取引

　前項でも若干ふれたように、明治20年代の株式市場における少数の銘柄への取引集中という状況のなかで、その取引の中心は、鉄道株であった。とくに、日本鉄道株が最初の私鉄株として東京・大阪両株式取引所に上場された1884（明治17）〜1885年から、主要私鉄の国有化とともにそれらの株式の上場が廃止される1906（明治39）〜1907年までの時期は、日本証券市場史のうえでの「鉄道株時代」と名づけることができるといわれる[35]。

　表4-4は、明治10年代・20年代に東京株式取引所に上場した鉄道株の銘柄とその売買開始日、および上場株式数をまとめたものである。1884（明治17）年4月、鉄道会社として初めての上場を果たした日本鉄道を皮切りに、1896（明治29）年12月上場の七尾鉄道まで、実に24もの私鉄会社が、東京株式取引所に上場している。上場ののち、他の私鉄に買収されたり、合併したりしたものも含まれているが、それらを考慮しても、鉄道株の上場が相次いでいたことは事実であり、当時の株式市場に与えた影響は大きかったであろう。

　また、鉄道株は、新規上場時の株式数が非常に多かったのが特徴であったといえる。日本鉄道の東京株式取引所上場は、1884（明治17）年4月のことであり、上場時の株式数は36万株であった。他の鉄道株と比べても、その株式数は圧倒的であるが、その前後に同取引所に上場した他業種の銘柄と比較した場合でも、その株式数の多さは突出しているといえる（表4-5）。鉄道会社の新規

表4-4 明治10年代・20年代に東京株式取引所に上場した鉄道株

会社名	売買開始年月日	上場株式数	備考
日本鉄道	1884（明治17）年4月24日	360,000株	1906年11月国有化
両毛鉄道	1887（明治20）年7月18日	30,000株	1897年1月日本鉄道に合併
水戸鉄道	1887（明治20）年10月1日	12,000株	1891年6月日本鉄道が買収
九州鉄道	1888（明治21）年4月1日	150,000株	1907年7月国有化
甲武鉄道	1888（明治21）年7月2日	18,000株	1906年10月国有化
山陽鉄道	1888（明治21）年7月20日	130,000株	1906年12月国有化
関西鉄道	1888（明治21）年12月1日	60,000株	1907年10月国有化
筑豊興業鉄道	1889（明治22）年2月2日	20,000株	1897年10月年九州鉄道が買収
北海道炭礦鉄道	1890（明治23）年1月4日	130,000株	1906年10月国有化とともに、北海道炭礦汽船に社名変更
参宮鉄道	1892（明治25）年12月20日	11,000株	1907年10月国有化
大阪鉄道	1893（明治26）年11月27日	40,000株	1900年5月関西鉄道に合併
川越鉄道	1894（明治27）年1月10日	6,000株	1920年6月武蔵水電に合併
播但鉄道	1894（明治27）年2月19日	20,000株	1903年6月山陽鉄道が買収
豊州鉄道	1894（明治27）年12月7日	40,000株	1901年6月九州鉄道に合併
総武鉄道	1895（明治28）年1月4日	24,000株	1907年9月国有化
房総鉄道	1895（明治28）年5月20日	9,200株	1907年9月国有化
成田鉄道	1896（明治29）年5月11日	15,000株	1920年9月国有化
京都鉄道	1896（明治29）年5月25日	122,000株	1907年8月国有化
西成鉄道	1896（明治29）年6月10日	22,000株	1906年12月国有化
豊川鉄道	1896（明治29）年6月15日	8,000株	1901年4月売買廃止
上野鉄道	1896（明治29）年7月1日	6,300株	1912年6月売買廃止
太田鉄道	1896（明治29）年7月9日	3,400株	1901年10月解散
北越鉄道	1896（明治29）年7月23日	74,000株	1907年8月国有化
七尾鉄道	1896（明治29）年12月1日	14,000株	1907年9月国有化

出典：『東京株式取引所五十年史』巻末「諸統計」の「銘柄別相場高低表（長期取引――株式）」より、筆者作成。鉄道国有化の年月については老川『日本史小百科』165頁を参照した。

注：1）各社名は上場当時のもので統一した。
　　2）新株も上場した企業もあるが、ここでは新株は除外した。
　　3）東京株式取引所での売買が開始された日付順で配列した。

　上場時の株式数は、表4-4に示したとおり、九州鉄道が15万株、山陽・北海道炭礦両鉄道が13万株、京都鉄道が12万2,000株であった。企業勃興の中心的な役割も担っていた鉄道会社が、企業数・上場時の株式数ともに抜きん出ていたことは、注目に値するように思われる。

　なお、鉄道関係銘柄は、表4-4のほか、東京馬車鉄道（1886〔明治19〕年9月18日売買開始、9,750株）、碓氷馬車鉄道（1889〔明治22〕年5月7日売買

表4-5　日本鉄道上場前後に、東京株式取引所に上場した銘柄

銘柄	売買開始年月日	上場株式数	備考
横浜正金銀行	1881（明治14）年3月23日	30,000株	
第三国立銀行	1883（明治16）年4月2日	10,000株	
日本鉄道	1884（明治17）年4月24日	360,000株	
東京海上火災保険	〃	6,000株	
日本郵船	1886（明治19）年3月8日	176,000株	
東京瓦斯	1886（明治19）年9月18日	7,000株	
日本麦酒醸造	1888（明治21）年11月18日	3,000株	1906年、大日本麦酒に社名変更
東京鐘ヶ淵紡績	1889（明治22）年1月4日	20,000株	1894年、鐘淵紡績に社名変更
東京電灯	1889（明治22）年1月21日	20,000株	
日本セメント	1889（明治22）年10月21日	9,000株	

出典：『東京株式取引所五十年史』巻末「諸統計」の「銘柄別相場高低表（長期取引——株式）」より、筆者作成。
注：1）銘柄は上場当時のもので統一した。
　　2）新株も上場した企業もあるが、ここでは新株は除外した。
　　3）東京株式取引所での売買が開始された日付順で配列した。

開始、4,000株）、千住馬車鉄道（1894年4月12日売買開始、8,000株）、品川馬車鉄道（1896年3月23日売買開始、2,000株）が、明治10年代・20年代に東京株式取引所への上場を果たしている[36]。

　また、1887年前後の企業勃興期における、東京株式取引所の鉄道株以外の新規上場銘柄には、次のようなものがあった[37]。さまざまな業種の株式が上場され、活発に取引されるようになってきた時期である。

　1886（明治19）年……日本郵船、東京瓦斯
　1888（明治21）年……内国通運、利根運河
　1889（明治22）年……尾張紡績、東京毛織紡織、北海道製麻、札幌製糖、
　　　　　　　　　　　日本麦酒醸造、東京電灯、鐘淵紡績、三重紡績、東京紡
　　　　　　　　　　　績、東京湾汽船、日本セメント、東京板紙、日本製鉄
　1890（明治23）年……日本運輸、日本昆布

　表4-6は、東京株式取引所の定期取引売買高の銘柄別構成であるが、これを見ると、1884年以降、鉄道株がさかんに取引されているのがわかる。前述し

表4-6 東京株式取引所定期取引の銘柄別売買高の構成

(単位:%)

年	取引所株	銀行・保険株	鉄道・軌道株	海運株	繊維工業株	食品工業株	その他
1878	92.4	7.6	―	―	―	―	―
1880	99.7	0.3	―	―	―	―	―
1882	60.6	39.4	―	―	―	―	―
1884	6.5	9.2	84.3	―	―	―	―
1886	9.4	2.7	40.0	47.1	―	―	0.8
1888	1.7	2.8	69.1	22.8	―	―	3.6
1890	0.5	1.7	82.9	1.3	5.1	4.4	4.3
1892	0.1	0.8	71.5	1.5	21.4	2.1	2.6
1894	2.1	0.7	75.8	4.7	8.4	7.4	1.0
1896	4.9	5.2	62.2	17.8	5.9	1.5	2.5
1898	4.0	2.3	68.2	24.4	1.2	―	0.0
1900	3.6	1.7	61.7	29.1	1.8	0.3	1.9
1902	7.8	1.0	53.1	30.0	4.7	0.2	3.2
1904	6.6	0.6	48.9	32.7	5.2	1.7	4.3
1906	7.7	1.9	43.0	13.3	19.4	6.1	8.6
1908	17.8	0.6	15.6	5.8	24.2	20.3	15.7
1910	29.1	0.9	11.2	5.3	17.7	9.5	26.3
1912	20.1	2.1	1.4	7.3	22.2	16.8	30.1

出典:野田正穂『日本証券市場成立史——明治期の鉄道と株式会社金融——』(有斐閣、1980年) 234頁。

たように、株式取引所は、設立後しばらくは公債取引所といった側面が強く、東京株式取引所も同様であったが、1887年前後の企業勃興期を境に、株式取引が活発に行われるようになった。公債市場から株式市場への移行・転換を主導したのは鉄道株であり、その売買高は、1906年に私鉄17社が国有化されるまで、平均して全体の過半数を占めていた[38]。日本郵船を主とする海運株の進出により、その比重はしだいに低下し[39]、また、その比重の低下の背景には繊維工業株の進出によるところもあるだろうが、鉄道株が株式市場の最大の主力株であったことは明らかであろう。

　鉄道株が株式売買の中心を占めたのは、鉄道会社に投下された資本が巨額に上り、その株式がかなり高度に分散していたことも、要因の一つといわれる[40]。鉄道国有化以前の私鉄の資本構成は、自己資本(おもに株主からの払込資本金と、過去の利益からの積立金)の比率が、他人資本(おもに社債や借入金)の

比率を大きく上回っていた[41]。このことも重要な要因であるが、鉄道株が株式市場で中心的な役割を占めたのは、当時は、鉄道株が株式市場の花形株として激しい投機の対象となっていたことにもよる[42]。事実、1890年代に売買高で1位を占めていたのは、北海道炭礦鉄道株であった。1900年代には、日本郵船株が1位に進出するが、それでもなお、日本鉄道株、関西鉄道株、山陽鉄道株、九州鉄道株とともに、売買高では最上位を維持していたのである[43]。

(3) 「取引所法」の制定

前述したように、「ブールス条例」で政府が意図した投機抑制は果たされず、株式市場は、その取引量の増大とともに、ますます投機色を強めていた。そんな中で政府は、1892（明治25）年12月、第4回帝国議会に「取引所法案」を提出する。法案は、年をまたいで審議され、翌1893年3月4日に「取引所法」として公布された（法律第5号）。この法律は、1943年に「日本証券取引所法」が公布されるまでの50年間にわたって、日本における基本的な証券法規となったものである[44]。「取引所法」は、株式・社債などを扱う「株式取引所」と、米穀などを扱う「商品取引所」の双方を規制する法律であった。

ここから、日本における投資家保護の萌芽について、考察を試みていきたい。「取引所法」では、取引所の組織形態について、「株式取引所条例」（1878年公布）と「米商会所条例」（1874年公布）で採用された株式会社組織と、「ブールス条例」（1887年公布）で採用された会員組織との、両方の形態での設立が認められ、しかも、どちらの形態を採用するかは、設立者の選択に委ねられた。「取引所法案」の帝国議会での提案理由でも、「この法案の主義たるや、従来の組織に於てもその他の売買法等に於ても、成るべく従来の商慣習を認め、そうして米商会所株式取引所条例且つ二十年に発布した所の取引所条例の取るべき所を取り、又(また)、世の商業の進歩に従って改良進歩を施すべき点に就いてはその実際の有様と議論の結果とを能く斟酌して、そうして茲(ここ)に三つの事実を皆網羅して一の法案として、……」[45]との説明がある。この法律は結局、古い慣習に重きを置く保守派と、新しい欧米方式の取引所制度を求める進歩派との妥協に

よって成立したものにほかならないといわれる[46]。

「取引所法」の条文には、法の目的は何も示されていない。第1条では、「売買取引ノ繁盛ナル地区内ノ商人ハ政府ノ免許ヲ受ケテ一種若クハ数種ノ物件ノ取引所ヲ設立スルコトヲ得」と、取引所の設立について規定されているだけであった[47]。

この当時の株式取引所をめぐる議論は、株式会社組織か会員組織かをめぐる経営形態の問題と、いかに投機を抑制するかという問題が中心であり、まだ有価証券流通の円滑化などに関する議論を見出すことはできない。強いていえば、第27条と第28条に、次のように規定された。

　　第二十七条　農商務大臣ハ取引所ノ行為法律命令ニ違反シ又ハ公益ヲ害シ若ハ公衆ノ安寧ニ妨害アリト認ムルトキハ左ノ処分ヲ為スコトヲ得
　　　一　取引所ノ解散
　　　二　取引所ノ停止
　　　三　取引所一部ノ停止若ハ禁止
　　　四　役員ノ解職
　　　五　会員又ハ仲買人ノ営業停止若ハ除名
　　第二十八条　農商務大臣ハ必要ト認ムルトキハ官吏ヲシテ取引所ノ業務、帳簿、財産其ノ他一切ノ物件及会員又ハ仲買人ノ帳簿ヲ検査セシムルコトヲ得。此ノ場合ニ於テハ取引所ノ役員会員及仲買人ハ其ノ物件ヲ提供シ質問ニ応答スヘシ[48]

これらは、いずれも「取引所ノ監督」に含まれる規定であった。第27条には「公益ヲ害シ若ハ公衆ノ安寧ニ妨害アリト認ムルトキハ」という文言が入ってはいるが、その意図するところは、取引所に対する監督・取締そのものであり、投資家を含む一般大衆の利益保護という考え方は全くといっていいほど、なかったように思われる。

明治時代から第2次大戦終戦までの時期における取引所をめぐる議論で、最

も喧騒を極めたのが、取引所組織は株式会社組織か、会員組織かという問題であったといわれる。この問題と、投機抑圧のための対策を打ち出すことが、取引所をめぐる二大論点ともいうべきものであったことがうかがえるが、政府の主眼は、あくまでも会員組織の普及・徹底に置かれていたようである[49]。

ただ、「取引所法」では、第26条に「取引所ニ於テ売買取引シタル物件ノ相場ハ公定相場トス」という規定が設けられた。「公定相場」という概念の法定である。このような規定は「ブールス条例」では規定されていたが、「株式取引所条例」および「米商会所条例」にはないものであった。ただし、公定相場の作成方法およびその公示方法等の一切は、これを取引所の定款事項とされた[50]。

「取引所法」制定後も、結果として株式会社組織から会員組織に転換した取引所はほとんどなく、株式取引所に限ってみれば、すべて株式会社組織のままであった。政府の会員組織の普及・徹底を目論んだ政策は、その後20年余りにわたって停滞期に入り、取引所政策は、主として売買取引方法の改善に向けられることとなった[51]。

4 大正期の株式取引所——大正11年の「取引所法」改正を中心に——

① 明治30年代の株式市場と鉄道国有化

明治30年代（1897～1906年）の株式市場は、日露戦争（1904～1905年）の勝利による好況によって、活況を呈した。それまでの企業勃興の柱となっていた鉄道業、繊維業に加え、水力電気、鉱業、製造業を中心に企業の新設が相次ぎ、記録的な株式ブームが到来した。しかし、このブームは、1907（明治40）年1月をピークに終焉し、以後、株式市況は低調に推移していく。

この間、1906（明治39）年3月31日には「鉄道国有法」（法律第17号）が公布され、日本全国で17の鉄道会社が国有化されることとなった。鉄道会社の払込資本金総額は、同法公布前の1905年度では、37社で2億2,234万円、公布後

表 4-7　国有化された私鉄

会社名	国有化年月	キロ数(km)	資本金(万円)	交付公債額(万円)	東京株式取引所での売買開始年月日
北海道炭礦	1906年10月	334	1,265	3,100	1890年1月4日
甲　武	1906年10月	45	267	1,460	1888年7月2日
日　本	1906年11月	1,385	5,820	14,252	1884年4月24日
岩　越	1906年11月	70	264	242	―
山　陽	1906年12月	667	3,610	7,664	1888年7月20日
西　成	1906年12月	7	165	185	1896年6月10日
九　州	1907年7月	718	5,030	11,851	1888年4月1日
北海道	1907年7月	256	634	613	1905年7月1日
京　都	1907年8月	36	342	330	1896年5月25日
阪　鶴	1907年8月	113	400	428	―
北　越	1907年8月	138	370	372	1896年7月23日
総　武	1907年9月	118	576	1,241	1895年1月4日
房　総	1907年9月	63	104	96	1895年5月22日
七　尾	1907年9月	55	110	99	1896年12月1日
徳　島	1907年9月	35	75	70	―
関　西	1907年10月	452	2,418	3,044	1888年12月1日
参　宮	1907年10月	42	310	573	1892年12月20日
合　計		4,534	21,760	45,620	

出典：老川『日本史小百科』165頁。東京株式取引所での売買開始日については、前掲『東京株式取引所五十年史』巻末の「諸統計」より、筆者が作成した。
注：東京株式取引所での売買開始年月日の「―」は、東京株式取引所に株式が上場されなかったことを示す。

の1907年度では、20社で2,434万円であった。払込資本金で実に2億円に達する膨大な鉄道株が一挙に消滅することとなったのである[52]。

国有化された私鉄17社のうち、14社が東京株式取引所に株式を上場し、また、そのうちの13社が明治10年代・20年代に上場を果たしていた銘柄であった。これらが、東京株式取引所の花形株であり、非常に活発に取引が行われていたことを考えれば、国有化による上場廃止の意味は、ますます大きかったであろうことが想像される。

鉄道国有化までは、鉄道株は収益性と安全性が高く、華族・士族、地主、商工業者など中以上の所得層にとっては、長期保有の資産株として重要な投資対象であった。それだけに、鉄道株の大部分が消滅したことは、これらの所得層にとって、途方に暮れるほどの投資難を引き起こすこととなった。鉄道株は、

それまでの投資銘柄であったと同時に、最大の投機銘柄でもあった。全国の株式取引所の売買高をみると、鉄道株は1892年で66.5％、1897年で72.9％、1902年で67.5％を占めていた[53]。鉄道国有化が、株式投機に対しても大きな影響を及ぼしたことはいうまでもない。鉄道株に代わって紡績株、続いて株式取引所自身の株式、いわゆる「当所株」が、投機対象の花形株として売買の中心をなすようになった[54]。

また、「鉄道国有法」が公布された1906年には、南満州鉄道株式会社（略称：満鉄）が設立されている（1906年11月）。満鉄の株式募集は、1906年9月に開始されたが、発行株式数の1,078倍の申し込みがあり、日露戦争後の企業熱のきっかけとなった[55]。同社の東京株式取引所への上場は1914年10月1日で、上場時の株式数は10万株であった[56]。

② 大戦ブームから戦後恐慌へ

1914（大正3）年7月の第1次世界大戦の開戦は、日本経済を全く新しい局面に導いた。とくに、開戦の翌年（1915年）からは、輸出の拡大とともに、大戦ブームが出現した[57]。輸出の拡大こそが、大戦ブームの主導力であったから、製糸業と紡績業の発展はめざましかった。重化学工業化も進み、海運業の隆盛が造船業に対する膨大な船舶発注を生み、造船業の急速な生産拡大は、鉄鋼業の発展に大きな作用を及ぼした。また、戦場となったヨーロッパからの輸入困難という事情に増幅されて、発電機・発動機、紡績機械などの国内生産も拡大した[58]。

企業の新設・拡張もかつてない巨額に上り、大戦が終わる1918（大正7）年の年間投資計画額は、開戦の1914年の10倍以上に達した。1915年から1920年にかけて、会社数も2.3倍、払込資本金でも4.1倍という急増ぶりであったといわれる[59]。

株式市場は、明治末期から大正にかけて沈滞を続けていたが、大戦ブームの中で株式発行が増加し、1914年から1920年までの株式会社払込資本金の増加は、約55億円に達した。この増加は、会社新設の場合は発起人や特定の出資者によ

る引受が大部分であり、また、増資の場合は株主割当額面発行が多かったが、市場の活況に伴って公募もしだいに活発化するようになった。公募の件数は、1919年には235件・264万株、翌1920年には121件・345万株に達した。公募された株は相次いで取引所に上場され、市場活況の一因ともなった。また、株式発行の増加に対応して、上場株式も著しく増加した。東京株式取引所の上場株式は、1914年の218銘柄から、1918年末には402銘柄とほぼ倍増し、その後も増加傾向をたどった[60]。

しかし、第1次大戦によるブームは、1920（大正9）年3月15日の東京株式市場の株価大暴落によって終焉した。これをきっかけに戦後恐慌が始まり、以後、1920年代の日本経済は、1923年9月1日の関東大震災に端を発する「震災恐慌」、1927年3月14日の衆議院予算委員会での片岡直温蔵相の失言に端を発する「金融恐慌」と、相次ぐ恐慌に見舞われることとなる。

③ 農商務省・取引所法改正調査委員会の設置

1920（大正9）年3月15日の株価大暴落は、熱狂的な投機ブームに冷や水を浴びせた。株価大暴落の直接の契機は、貿易の輸入超過拡大に伴う金融引き締めと、銀行の貸し出し態度が慎重になったことであったといわれる[61]。3月15日以降、東京株式取引所では株価暴落が相次ぎ、それによって度重なる立会停止に見舞われたが、とくに4月14日から5月14日まで、1カ月にわたって立会を停止する事態となった[62]。

当時の定期取引銘柄では、東京株式取引所の「当所株」は、恐慌直前（3月）の549円から4月14日には274円、5月15日には217円へと落ち込んだ。また、3月3日から4月14日にかけて、鐘淵紡績株は569円から358円に、日本郵船株も219円から153円へと、1カ月で3割強もの下落を見せた。定期取引の東株の「当初株」下落はさらに続き、9月には100円50銭まで下げ、ピーク時の18％の水準まで下がった[63]。

当時の井上準之助日銀総裁の言葉によれば、投機熱は、冬の枯野に火をつけた「燎原の火」のような勢いで燃え広がったといわれる。また、同じく井上

表4-8 農商務省・取引所法改正調査委員会委員名簿

	氏名および肩書き
委員長	田中隆三（農商務次官）
委　員	佐野善作（東京商科大学学長）、戸田海市（京都帝国大学教授）、河津暹（東京帝国大学教授）、井浦仙太郎（東京商科大学助教授）、毛戸勝元（法学博士）、梅津慎六（日本興業銀行参事）、佐伯貴範（日本勧業銀行調査課長）、伊藤作左衛門（日本銀行調査役）、富田勇太郎（大蔵書記官）、鶴見左吉雄（農商務省商務局長）、長満鈙司（農商務書記官）、三浦実生（農商務書記官）、伊藤文吉（農商務書記官）、立石信郎（農商務参事）

出典：『大阪時事新報』1920（大正9）年9月22日付朝刊より、筆者作成。
注：資料は、「神戸大学附属図書館デジタルアーカイブス・新聞記事文庫」に収録されているものを参照した。

によれば、景気の激変ぶりを富士登山にたとえると、1914（大正3）年に湯本から箱根を登り始め、4年後の1918年に乙女峠に達したのが、休戦の反動でいったんは御殿場まで落ちる。ところが翌1919年にはわずか10カ月間で富士山の頂上まで一気に駆け上がってしまった。このような狂気じみた空景気は外国にも例がない。そして、頂上から猛スピードで墜落し、富士山の川底どころかおそらく琵琶湖の湖底まで落ち込んだのが、1920年の恐慌であったという[64]。多少、大げさな表現であるようにも見受けられるが、当時の経済がいかに激しく揺れ動いていたかが読み取れるように思われる。

　株価暴落を契機として、投機を抑制して健全な取引所取引を振興させるべきであるという声が高まった[65]。政府は、株式市場暴落から半年後の1920年9月、農商務省内に、15名の委員から成る「取引所法改正調査委員会」を設けて、審議に着手した。田中隆三農商務次官が委員長となり、学者や銀行関係者、大蔵省や農商務省の書記官・事務官らで構成された。しかし、どのような経緯を経て委員の人選が行われたのか定かではないが、この調査委員会には、取引所関係者や証券業者は誰も入っていなかった。

　「取引所法」改正についての政府の方針は、「実物取引を助成して無謀なる投機取引を抑制し、公定相場作成機関としての取引所の機能をして完うせしめんとする」ことにあった[66]。この方針からは、「投機取引の抑制」と「公定相場の作成」に重点が置かれているように読み取れる。なお、明治時代から議論の的であった取引所の組織形態も、重要な論点として残されていた。

④ 財界関係者たちの意見

　ところで、時期は前後するが、1920年8月、『大阪朝日新聞』朝刊は、「一　今日我財界に於ける欠陥　二　右欠陥に対する匡正方策」と題する全20回にわたる連載を掲載した。連載の目的は、おおよそ次のようなものであった。「日本の財界は、第1次大戦による好景気の恵沢によって有頂天となり、有識者の鳴らす警鐘も、国民の迷夢67)を破るには至っていない。先ごろの財界反動は激烈であり、その醜態を世界にさらけ出すこととなった。今や根本的な整理の時期に入り、活力の回復は非常に難しい。財界の前途に対する見方も様々で、容易に帰一することはできない。この原因は、日本の財界が、現にどのような欠陥を持っているのかということの観察を怠り、このような欠陥への対策にも遺漏が多いことにほかならない。そこで、各方面の名士に意見を求め、日本の財界が乗り上げつつある暗礁の所在を明らかにし、これを除去するための対策に資する」ことであった68)。財界を中心に置いた連載ではあったが、単に財界のみならず、当時の日本経済そのものがどのような問題を抱えていて、どうすればその問題を克服できるかということへの提言でもあったように思われる。

　この連載には、68人もの有識者が回答を寄せているが、そのうちの大多数は企業経営者であった。注目すべきは、それらの意見の中に、「投機の取締り」や「取引所の不備」を指摘したり、批判したりするものが多く見受けられることである。そのような意見を、いくつか挙げてみたい。なお、引用中の「(一)」「(二)」はそれぞれ、この連載のタイトルである「今日我が財界に於ける欠陥」「右欠陥に対する匡正方策」に対応している。

(一)　今日我財界に於ける欠陥は、政治家の不真面目と投機心の旺盛なる事。
(二)　右に対する匡正方策は、国家本意の政治家を得ること、法律に依り投機心の除去を図る事。(岩井商店社長・岩井勝次郎)69)
(一)　取引所（商品取引所の事——引用者）制度の不備
(二)　取引所制度不備の為め無謀の取引行わる、今回財界混乱の原因もまた

ここに存す（東洋棉花専務・児玉一造）[70]
(一)　財界の欠陥は過度の企業投機（ヲバー・トレージング・エンド・スペキュレーション——原文ママ）に胚胎せるものと認む
(二)　匡正の方策は……産業上健実なる根本政策を樹立実証するより他なきものと思惟す（法学博士・添田寿一）[71]

　一方で、投機に対しては、擁護する意見も出されている。津村秀松（法学博士）は、「一体、商業から思惑とか投機とかいう分子を除けば何が残る」、「世界に跨（またが）る今日の商売に思惑なくして、何が出来よう」、「各種の商人が思惑をするので、時の差又は場所の相違から来る需要の不投合が調和されるのである」と、投機や思惑が、かえって商業には重要であると述べている[72]。また、津村は、「思惑はよいが、長期の思惑はよろしくないという議論もまた、徹底しない議論である」としている[73]。これが、当時の投機・思惑擁護論者の意見を総合したものであるように思われる。

　「投機の取締り」や「取引所の不備」以外の意見では、財界の欠陥が「各自がその営業及資産状態につき、常に虚偽の発表をなすと同時に、各方面に何等権威ある調査機関の無きこと」にあるとし、そのための方策として、「各自がその営業及資産状態につき真実を発表し、誠意を披瀝（ひれき）して銀行其の他取引先の諒解を求むるに努め、一方銀行等に於て確実なる調査機関を有する」（関西信託社長・山口謙四郎）ことを挙げる声もある[74]。「営業及資産状態につき真実を発表」することは、今日における企業会計のディスクロージャーにもつながるような考えであり、注目すべきものであるように思われる。また、銀行にも調査機関を設けるなどの提言をしている。

　また、財界の欠陥が「内外各種の経済状態に関する正確なる調査資料の備わらざることである」とし、そのための方策として、「官民合同の一大経済調査機関を設置し、内外各方面の経済状態に関する資料を蒐集（しゅうしゅう）し、事業の企画経営に対して的確なる指針を供することである」（東京商業会議所副会頭・山科礼蔵）とする意見も出されている[75]。こちらも情報の収集を充実させることを

述べ、やはり正しい情報の重要性を説いているように思われる。

⑤「取引所法」改正

　農商務省に設置された「取引所法改正調査委員会」が山本達雄農商務大臣（高橋是清内閣）に提出した答申には、その取引所の組織形態や取引方法を中心に、14項目にわたって、論点が挙げられていた[76]。その第一は、「取引所は会員組織とす」であった。そのほか、投機の抑制を図るべく、「十二、売買取引の最長期を証券にありては一ヶ月、米に在りては二ヶ月、蚕糸に在りては六ヶ月、綿花綿糸綿布に在りては十二ヶ月とし、其の他の商品は主務大臣の認可に依る」と明記された。

　答申されたこれらの諸項目を盛り込んで立案された「取引所法」の改正案は、「取引所法中改正法律案」として、1921年の第44回帝国議会に提出された。しかし、このときは審議未了に終わったため、翌1922年の第45回帝国議会に同じ内容のまま改めて提出された。

　第45回帝国議会における「取引所法中改正法律案」（以下、「改正取引所法」と記す）の提案理由では、次のように説明されている。説明者は、山本達雄農商務相である。

　　現行取引所法案は明治二十六年の制定に係って居りますが、爾来必要に応じて同法及関係法令の改正をなしまして時世の進運に伴いますようにいたしましたが、我経済界が最近非常なる発達を遂げて現行取引所制度を以てしては到底社会の事情に応じて本来の職責を全うせしむる上に於て遺憾の点が少(すくな)くないのであります、……政府は速(すみやか)に適当なる改善策を講ずるの必要を認めまして、……取引所法改正調査委員会を設けて改善に関する調査研究をさせ、その調査に基きましてこの法案を作成したる所以であります、……この法案の根本義とする所は成るべく直物取引を助成し無謀なる投機取引を抑制して取引所が当業者の団体として物資の需給を調節し公正なる相場を公定する機関たるの機能を十分に発揮したいと云う精神であります[77]。

圏点を付して示したように、「改正取引所法」の最大の目玉は、「無謀なる投機取引を抑制」し、取引所が「公正なる相場を公定する機関たるの機能を十分に発揮」できるようにすることであった。公定相場に関する規定は、明治26年の「取引所法」にも入っていたが、同法制定の提案理由には見られなかったものである。

「改正取引所法」の帝国議会での議事録には、当時の取引所が、いかに投機性が強く、また、投機が中心であったかがうかがい知れるような発言が随所に見られる。しかも、それらの発言には語調の強いものが目立つ。貴衆両院の議事録から、いくつか抜き出してみたい。

……市場へ掛ければ大体の相場は出来るけれども、……その方法をこの法律に依って御禁じになると云うようなものです、……取引所は博奕(ばくち)のようなものですから、弊もあるかも知れぬが、長所の所を減ぜられると云うことになる（貴族院。若槻礼次郎委員）[78]

有価証券が完全なる投機物件たる性質上、これを取引する市場が必然的に差金決済を伴うべきことは、これを古今東西の実例に徴するも、明(あきら)かなる事実なり、こう農商務省が御断言になって居る、この通りだと思う（貴族院。上山満之進(かみやまみつのしん)委員）[79]

……取引所と云うものは真面目に現物の売買をする所ではない、相場をする所であります、投機をやる場所である、投機をやる所にいろいろ弊害が起るのは当然である、その弊害を禁止するならば、投機を一切止めるより外に途はない、ところが投機と云うものは、私は止められないものと思う（上山委員）[80]

……勿論、この取引所の於ける取引が成るべく現物売買になるようにと云うことは、これは誰も希望する所でありますけれども、併し(しか)その希望通りに若し(も)なるものならば、取引所法と云うものは要らない、取引所法を設けた所以(ゆえん)は投機を認める、これが趣意でなければならぬ（上山委員）[81]

投機熱は斯う云う一大事変（第1次大戦——引用者）がなければ起らぬようでありますが、この一大事変は、一方には非常に企業が発展する一新紀元とも謂うべき大切な時で、一方には産業の一大革新を促す時機と思うのでありますが、それを無暗に投機抑圧、投機抑圧と云うことに傾くのは、これは考物ではないかと考えます、即ち産業の発達を阻止せぬかと云う懸念がありますが、……無謀なる投機を抑圧すると云うことは、一方に於て産業の発達を阻害するものと考えますが、……（衆議院。鈴木隆委員［立憲政友会］）[82]

　一方の政府側からも、「……我々の考では取引所と云うものは投機取引をするところでございますけれども、……実際適法なる投機と、それから不適当なる無謀なる投機と云うものが有り得るだろうと思うのでありますが、出来るだけ私共の考では適法なる投機取引と云うものが出来るように致したい」[83]（圏点は引用者）という発言が見られる。政府側でさえも、「取引所と云うものは投機取引をする」という考えを持っていたことがうかがえる。1893（明治26）年の「取引所法」の帝国議会での審議過程でも、取引所のことを「相場所」と呼んでいるものがみられるが[84]、上記に掲げたような「取引所＝投機をするところ、相場をするところ」といったような強い語調の発言は見られない。上記のような発言からは、時代を経て、株式取引が活発に行われるようになったことにつれて、株式取引所の投機色がより濃くなってきたものを裏付ける発言ととらえることができよう。

　「改正取引所法」は、1922年4月20日に公布された。おもな改正点は、まず、取引方法は、「実物取引」（従来の「現物取引」）と「清算取引」（先物取引のこと。従来の「定期取引」）とに大別し、さらに、清算取引は長期清算取引と短期清算取引に分けた。投機色の抑制を図るために、長期清算取引の限月を3カ月から2カ月に短縮した。また、それまでの「仲買人」が「取引員」に改められ、会員組織をとる取引所については、仲買人を廃止して会員のみとした。さらに、取引所に取引員による商議員会を設置し、重要事項をここに諮問することとした[85]。

⑥「改正取引所法」と有価証券の円滑な取引

ところで、この「改正取引所法」の審議では、前述したような、投機抑制は不要と取れる発言が相次いだ一方で、有価証券の流通・取引を円滑に、正確に行うことを求める発言も、委員側と政府側の双方から出されている点が興味深い。

例えば、大正11年３月23日の「衆議院取引所法中改正法律案外一件委員会」では、憲政会の武内作平(たけうちさくへい)委員が、次のような発言をしている。

> 本案の改正のこの根本義と致しまして、農商務大臣の御演説に『実物取引を助長し無謀なる投機取引を抑制し取引所が……物資の需給を調節し、公正なる相場を公定する』と斯う云う事が書いてあるのであります、……詰り有価証券の流通を正確に円満ならしむる方法と云うことがなくやなるまいと思う、……証券民衆化などと云う様な言葉が出て参りまして、これを何とかして矯正しなければならぬと云う事が一つの時代の要求であって、……矢張有価証券の現物の売買の流通を円満に正確に簡易に出来ると云うような方法を講ずると云う事も、この法案の一つでなければならぬ、又現在この取引所法を改正するならば、そう云う条項を加えんければならぬ[86)]

これに対して、鶴見左吉雄(さきちお)政府委員（農商務省商務局長）は、次のように応じている。

> この証券市場の円満なる発達を期し、……（証券の──引用者）循環よろしきを得て行くと云うことは段々経済事情の発達した今日に於ては、その必要は一層切なるものがあるだろうと信じて居るのであります、この点に付ては武内君の御述になりました点と同一に考えて居るのであります[87)]
> ……定期であろうと現物であろうと、出来るだけ公定相場の発表を致しまして、これを広く一般に知らしめて、公定相場の実を現わすようにし[88)]

ここでは、公定相場の発表にまで踏み込んで答弁している。投資家保護とまではいかないでも、まずは最低限の円滑な有価証券取引のための方策を、政府が考慮に入れていることがうかがえる。

翌日（3月24日）に開かれた「衆議院取引所法中改正法律案外一件委員会」では、「改正取引所法案」の採決が行われたが、その前に、武内が次のような意見を述べている。

　……本当な時代の要求である有価証券、現物取引証券の民衆化せる方法と云うような事に付ては、本案中に何等の規定が無い、所謂実際問題、証券政策の向上発展と云う事に付ては、……本案の中に規定が無いのでありますからして、この大問題を解決する方法として御努力になりました割合には、行届いてない案であると考うるのであります、……時代の要求或は証券政策の向上発展と云うことを十分にして戴きたいと云う多大の希望を嘱しまして、本案に賛成を致します次第であります⁸⁹⁾

議事録には、この発言に対して、他の委員から「「賛成」「賛成」ト呼ブ」声が挙がったことが記されている⁹⁰⁾。直後に行われた採決の結果、「改正取引所法案」は、全会一致で可決された。同法案は、すでに貴族院では可決されていたため、この衆議院の委員会、続く本会議での可決を経て成立し、1922年4月20日に公布されることとなる。

おわりに

本章では、おもに前半では明治・大正期の株式市場について、とくに鉄道株を中心にした株式市場の概観を、後半では日本における投資家保護思想の萌芽ともいえる議論を、取引所制度の改革をめぐる議論や、「改正取引所法」の議会での審議を中心に、述べてきた。

明治時代の株式市場は、特に鉄道株を中心にして、海運株、繊維工業株などがさかんに取引された。しかし、投機色が非常に強いもので、投機を取り締まろうとする政府と、それに反対する取引所関係者との間での激しい駆け引きがあった。

この時代には、投資家保護につながるような考え方を明確に見出すことは難しいが、1893年の「取引所法」には、公定相場の作成に関する条文が取り入れられたほか、「公益ヲ害シ若ハ公衆ノ安寧ニ妨害アリト認ムルトキ」は、政府（農商務省）が、取引所に処分を与えることを認めるなどの規定が入った。

また、大正時代に入ってからは、1920年3月の株価大暴落を契機とする戦後恐慌の時期に、取引所制度の改善を求める声が高まってきた。特に、この戦後恐慌期の議論には、一部の声ではあるものの、財界からは「真実の情報を発表すること」や「経済状態に関する正確な調査資料を集めること」という意見が出された。また、「改正取引所法案」の議会審議では、「証券民衆化」という言葉を引き合いに、「有価証券の円滑な取引」を求める意見が出されていることは注目に値する。こうした「有価証券の円滑な取引」が、日本における投資家保護思想の萌芽であったようにも思われる。このような議論は、明治時代には見られなかったものである。

「有価証券の円滑な取引」をめぐる議論は、昭和に入って、特に統制経済下で中心的な論点となる。そこでは、株式取引所をめぐる議論よりも、株式市場のあり方をめぐる議論が中心となり、大正期よりもさらに踏みこんで議論がなされる。そして、太平洋戦争開戦後の1943年に制定されることとなる「日本証券取引所法」をめぐる議論へとつなげられていくのである。

注

1) 平林喜博編著『近代会計成立史』（同文舘出版、2005年、「はしがき」）1頁。
2) 千葉準一「日本会計制度史研究の方法」（『経済志林』第76巻第2号、法政大学、2008年9月）189頁。
3) Woolf. A. H., *A Short History of Accountants and Accountancy*, London, 1912.（片岡義雄・片岡泰彦訳『ウルフ会計史』法政大学出版局、1977年、1頁）。ここで引

用した文章は、同書の「序論」の冒頭に書かれている。

　ウルフは、同じ「序論」の中で、高度に発達した文明社会においては広汎な商業が営まれるとしたうえで、「商業（commerce）は、正確な会計（accurate accounting）を行うことなしには、これを築き得ないことは明白である。それゆえに、会計は文明の進歩と手をたずさえて来たことになる」と述べている。正確な会計が行われることが、商業が営まれる前提条件であると考えられる。そして、「まことに会計は、時代の鏡であって、このなかに、われわれは、国民の商業史（a nation's commercial history）および社会状態（social conditions）に多くの反映を見る。われわれの研究過程において、会計は文明と相並んで進歩し、かつ社会によって達せられた文化と発達の程度が高いほど、その会計方法が一層精巧であることが知られて来るであろう」としている（片岡義雄・片岡泰彦訳、同上書、1頁）。ウルフは文明と会計の密接なつながりを強調している。ここからは、文明の発達の程度が会計の質を決め、また、文明の発達の程度が高いほど、会計と国民生活の関係も密接なものになるという考え方が導き出されるように思われる。なお、友岡賛『歴史にふれる会計学』（有斐閣アルマ、1996年）7～8頁も参照した。

4）　飯野利夫『財務会計論　三訂版』（同文舘出版、1993年）第1章2頁。
5）　平林編著前掲書、「はしがき」1頁。
6）　千葉前掲稿、191頁。
7）　河本一郎・関要監修『逐条解説　証券取引法　三訂版』（商事法務、2008年）2～3頁。
8）　「第九十二回帝国議会　衆議院昭和十四年法律第七十八号を改正する法律案（寺院等に無償にて貸付しある国有財産の処分に関する件）委員会議録（速記）第一回」1947（昭和22）年3月14日、2頁。北村徳太郎大蔵政務次官の説明による。帝国議会会議録検索システムHPより参照。委員会の名称に「証券取引法案」という文言は全く入っていないが、1947年の「証券取引法案」は、この委員会に付託され、審議された。なお、本稿で引用した帝国議会の議事録は、すべて帝国議会会議録検索システムHPより参照したものである。
9）　神崎克郎『ディスクロージャー』（弘文堂、1978年）70頁。
10）　河本・関監修前掲書、3頁。
11）　東京証券取引所編集・発行『知っていますか？　東京証券取引所』（一般頒布パンフレット）、2006年、10頁。
12）　同上。
13）　野田正穂『日本証券市場成立史——明治期の鉄道と株式会社金融——』（有斐閣、1980年）78頁。

14) 東京株式取引所調査課編集『東京株式取引所』（非売品、1932年）20頁（立教大学新座保存書庫収蔵）。
15) 小林和子「証券取引所——日本における制度論と歴史」（財団法人日本証券経済研究所『証券経済研究』第24号、2000年3月）3頁。
16) 財団法人日本証券経済研究所編『新版　現代証券事典』（日本経済新聞社、1992年）850頁。
17) これと前後して、1876（明治9）年には、「米商会所条例」が公布されている。
18) 財団法人日本経営史研究所編集『東京証券取引所50年史』（東京証券取引所発行、2002年）14頁。
19) 小林和子「株式取引所の歴史」（財団法人日本証券経済研究所『証券レビュー』第43巻第11号、2003年11月）74頁。
20) 小林和子「証券取引所と上場会社の歴史——証券取引所一三〇年の歴史を顧みる」（財団法人日本証券経済研究所『証券レビュー』第49巻第2号、2009年2月）60頁。
21) 「明治初期の貨幣制度〜欧州主要国が金本位制に移行するなかで〜」日本銀行金融研究所HP（http://www.imes.boj.or.jp/cm/pdffiles/02ki120naiyou.pdf）。
22) 『官報』第3805号、1896年3月9日、117頁。
23) 有沢広巳監修『証券百年史』（日本経済新聞社、1978年）6頁。
24) 同上。
25) 原亨「わが国における株式取引所の成立と株式取引構造——現代証券取引所論研究ノート(1)——」（大阪証券経済研究所『証券経済』第106号、1968年12月）60頁。
26) 前掲『証券百年史』25頁。
27) 「ブールス条例」の「ブールス」とは、「取引所」を意味するフランス語（bourse）である。しかし、同条例は、制定当時の記録では、日本の商法の草案を起草したことでも知られるドイツ人法学者のロエスレル（Roesler, Karl Friedrich Hermann）が、主としてベルリン取引所の制度をお手本として起草したものとされる。
　「ブールス条例」という、名称にフランス語が用いられていることの背景としては、当時の日本政府内には、旧民法を編纂するために司法省が招いたフランス人法学者のボアソナード（Boissonade, Gustave Emile）の影響でフランス法律学を修めた者が多かったことが挙げられるという。彼らが取引所を「ブールス」と呼んでいたといわれる。また、この条例が外国の制度に倣ったものであるため、他の取引所条例と区別して、外国型取引所条例という意味で、「ブールス」と呼ばれるようになったともいわれる（前掲『証券百年史』28頁）。

28) 前掲『証券百年史』26頁。
29) 前掲『東京証券取引所50年史』14～15頁。
30) 同上、15頁。
31) 老川慶喜・仁木良和・渡邉恵一『日本経済史——太閤検地から戦後復興まで——』（税務経理協会、2002年）94頁。
32) 老川慶喜『日本史小百科——近代〈鉄道〉』（東京堂出版、1996年）27～29頁。および三和良一『概説日本経済史　近現代［第2版］』（東京大学出版会、2002年）72頁。
33) 老川同上書、63頁。
34) 同上書、62～63頁。および老川・仁木・渡邉前掲書、94頁。
35) 野田前掲書、235頁。
36) なお、明治30年代入ってからも、東京株式取引所への鉄道株の上場は続いていた。一覧にまとめると、次のようになる。電気鉄道会社の株式上場が目立つ。

銘　柄	売買開始年月日	上場株式数	備　考
中国鉄道	1897（明治30）年1月4日	100,000株	1910年3月売買廃止
南海鉄道	1897（明治30）年2月25日	56,000株	
東武鉄道	1898（明治31）年12月20日	53,000株	
小田原電気鉄道	1899（明治32）年4月1日	1,700株	
中越鉄道	1899（明治32）年6月19日	7,000株	1910年2月売買廃止
金濃鉄道	1899（明治32）年7月1日	30,000株	1904年2月解散
阪鶴鉄道	1900（明治33）年3月7日	80,000株	1907年8月国有化
京浜電気鉄道	1902（明治35）年3月3日	17,000株	
阪神電気鉄道	1902（明治35）年3月8日	30,000株	
京釜鉄道	1903（明治36）年12月1日	435,684株	第一株式・第二株式合計
玉川電気鉄道	1903（明治36）年12月9日	8,000株	
博多湾鉄道	1906（明治39）年10月1日	41,500株	
横浜鉄道	1905（明治38）年6月26日	46,000株	1917年10月売買廃止
北海道鉄道	1905（明治38）年7月1日	26,800株	1907年7月国有化
岩越鉄道	1905（明治38）年8月24日	120,000株	1906年11月国有化

37) 前掲『証券百年史』22頁。
38) 野田前掲書、234頁。
39) 同上。
40) 同上。
41) 老川前掲書、65頁。
42) 野田前掲書、234～235頁。
43) 同上。
44) 小林前掲「証券取引所——日本における制度論と歴史」5頁。
45)「第四回帝国議会　衆議院取引所法案委員会速記録」（1892年12月24日）、2頁。齋藤修一郎政府委員（農商務省商工局長）の提案理由説明による。この当時の取

引所の主務官庁は、農商務省であった。

46) 前掲『証券百年史』27頁。
47) 「取引所法」（明治26年法律第5号）。出典は、内閣官報局編『法令全書〔第二十六巻-1〕』（原書房、1979年）6頁。
48) 同上、9～10頁。
49) 小林前掲「株式取引所の歴史」73頁。
50) 同上、81頁。および小谷勝重『日本取引所法制史論』（法経出版社、1953年）393頁。
51) 神木良三「取引所政策発達史序説（上）」（大阪証券経済研究所『証券経済』第140号、1982年6月）19頁。
52) 前掲『東京証券取引所50年史』20頁。
53) 同上、20～21頁、および前掲『証券百年史』45～46頁。
54) 「鉄道国有法」公布後、東京株式取引所に上場したおもな紡績株としては、日清紡績（1907年2月2日売買開始、上場株式数20万株）、東洋紡績（1914年10月15日売買開始、上場株式数18万5,738株）、尼崎紡績（1915年1月4日売買開始、上場株式数13万7,600株。1918年に摂津紡績と合併し、大日本紡績に社名変更）などが挙げられる。大型の新規上場が目立つ。
55) 老川前掲書、180頁。
56) 東京株式取引所編集・発行『東京株式取引所五十年史』（1928年）巻末「諸統計」の「銘柄別相場高低表（長期取引——株式）」130頁。
57) 三和前掲書、91頁。
58) 前掲『東京証券取引所50年史』26頁。
59) 同上、および三和前掲書、91～92頁。
60) 前掲『東京証券取引所50年史』26頁。
61) 前掲『証券百年史』76頁。
62) 前掲『東京株式取引所五十年史』388～400頁。
63) 前掲『東京証券取引所50年史』33頁。
64) 前掲『証券百年史』74～75頁。
65) 前掲『東京証券取引所50年史』33頁。
66) 同上、および前掲『東京株式取引所五十年史』405頁。
67) 「迷夢」とは、「夢のような愚かしい考え。心の迷い」のこと（新村出編『広辞苑　第五版』岩波書店、1999年、2615頁）。
68) 『大阪朝日新聞』（1920年8月3日付朝刊）。
69) 『大阪朝日新聞』（1920年8月4日付朝刊）。

70) 『大阪朝日新聞』(1920年8月5日付朝刊)。
71) 同上。
72) 『大阪朝日新聞』(1920年8月18日付朝刊)。
73) 同上。
74) 『大阪朝日新聞』(1920年8月21日付朝刊)。
75) 『大阪朝日新聞』(1920年8月8日付朝刊)。
76) 取引所法改正調査委員会の答申は、小谷前掲書、564～566頁に記載されている。
77) 「第四十五回帝国議会　貴族院取引所法中改正法律案特別委員会議事速記録第一号」(大正11年2月13日) 1頁。
78) 「第四十五回帝国議会　貴族院取引所法中改正法律案特別委員会議事速記録第二号」(1922年2月15日) 13頁。
79) 「第四十五回帝国議会　貴族院取引所法中改正法律案特別委員会議事速記録第五号」(1922年2月22日) 2頁。
80) 同上、2～3頁。
81) 同上、4頁。
82) 「第四十五回帝国議会　衆議院取引所法中改正法律案外一件（取引所税法中改正法律案）委員会議録（速記）第三回」(1922年3月23日) 13頁。
83) 前掲「第四十五回帝国議会　貴族院取引法中改正法律案特別委員会議事速記録第五号」3頁の鶴見左吉雄政府委員（農商務省商務局長）の発言による。鶴見は、農商務省に設置された取引所法改正調査委員会で、委員を務めた人物でもある。
84) 1893（明治26）年1月10日の「衆議院取引所法案特別委員会」で、中村彌六委員（同盟倶楽部）が「相場所」という表現を用いている（「第四回帝国議会　衆議院取引所法案委員会速記録」1893年1月10日、2頁）。
85) 前掲『東京証券取引所50年史』33頁。
86) 前掲「第四十五回帝国議会　衆議院取引所法中改正法律案外一件（取引所税法中改正法律案）委員会議録（速記）第三回」(1922年3月23日) 10頁。
87) 同上。
88) 同上、11頁。
89) 「第四十五回帝国議会　衆議院取引所法中改正法律案外一件（取引所法中改正法律案）委員会議録（速記）第四回」(1922年3月24日) 3頁。
90) 同上。

第5章　小口混載と鉄道貨物取扱業
——コストなのか、組織形態なのか——

高　宇

はじめに

　日本では、鉄道国有化後の1910年代から、鉄道貨物の運送取扱を巡る鉄道と運送業者の攻防が始まった。いわゆる「小運送問題」が発生したのである。「小運送」は、明治期から昭和初期にかけての時代用語であった。鉄道、海運等の大運送機関に対して、駅や埠頭から戸口までの運送機関を指している。陸上貨客運送業は鉄道が誕生する前から存在したもので、明治初期から通運業、明治後半から運送業とも呼ばれた。鉄道が誕生してから、路線の延長に伴い、鉄道貨物の運送取扱を専門とする業者が増える一方、従来の通運業務の中で鉄道貨物運送のシェアは増加し、鉄道との関連が強くなっていった。明治末期から、とくに鉄道国有化ののちに、大運送機関とは対照的に貨物運送取扱業のことを小運送業と位置づけ、議論されるようになった。第1次世界大戦以降の所得上昇や都市定住人口の増加に伴い、贈答品などによって生じた小口運送の需要、および大都市における加工業・製造業の発達に伴う主要都市間の小口雑貨輸送の需要が、ともに増加していった。こうした需要に対応する、戸口から戸口までの配送・集貨業務も増加し、主要都市と地域間の小口運送の重要性は増していった。一方、関東大震災ののち、道路の破壊と鉄道の停止などによって運送賃が高騰するようになり、運送業は社会一般から物価上昇の元凶と見なされ、貨物運送は社会問題にまで発展していった。

鉄道は当初から運送業と平行する運送機関であったが、鉄道の伸長に伴い、鉄道の貨物運送営業を中心とする業者が増え、独自に全国で長距離運送体系を維持してきた内国通運も、その独自運送体系を見直すようになり、鉄道の駅と水運の埠頭を中心に営業するようになった。1906年鉄道国有化が始まり、国有鉄道を運営する鉄道局とのちの鉄道省にとって、運送業との協業関係の結成は重要問題となった。国鉄は、明治初期から貨物運送業に対して自由営業を許していたが、明治中期以降には、ほかの運輸機関との競争から、取扱手数料の自由設定、特約運賃などの援助措置を実施した。鉄道国有化後の1910年代の初めから運送業に関するいろいろな調査がなされ、1919年の公認制という誘導政策の実施は運送業への本格的な介入となった。1926年の運送業大合同仲裁と指定運送人制度の実施を経て、1937年には運送業者待望の小運送業法の実施とともに、小運送業を統制する日本通運法もつくられた。1940年代初頭に日本通運が現業進出したことによって、鉄道貨物運送取扱業はすべて統合されるようになった。わずか20年間に、国鉄は運送業に対し、公認制、指定制、小運送法および日本通運法による統合、日本通運の現業化といった、4度にわたる大きな政策転換を実施したのである。こうした頻繁な政策の変化は、なぜ起きたのだろうか。その背景には、運送業の裾野の広さと業態変化の激しさ、官庁間の運送業管轄権の混乱、国鉄の業者政策転換による利益構造変化への運送業者の抵抗があった。国鉄の目標と業者の希望との不一致であった。

　1980年代までの小運送問題に関する先行研究は、主に明治前半に集中している。黒羽兵次郎の「陸運会社の設立及び解散」[1]は、明治初期の伝馬所から陸運会社に変身し、失敗で終わる経緯を取り上げている。高村象平「三井組の鉄道貨物運送取扱に就いて」[2]は明治6年9月から明治8年3月まで三井組が鉄道貨物取扱を独占的に請負う契約の経緯と取扱状況を取り上げ、明治初期国有鉄道の貨物運送取扱業者への対応と政策を明らかにした。

　松好貞夫・安藤良雄編著『日本輸送史』(日本評論社、1971年) は、先進諸国と比較して、日本の小運送が鉄道に付属されたもの、という特徴を指摘している。そして、小運送業の発展に関して以下のことを挙げている。①政府の役

割が極めて大きい、②社会資本の欠如、③軍事的性格の強さ、④満州事変後の発展が阻まれ、政府の政策によってゆがめられた、⑤元の陸運業者が鉄道に付属する「小運送業者」にさせられた、などである。また、この研究は明治から戦後までの運送業の発達について、以下のような時期区分を試みている。「第一期は、明治初年から二十六年ごろまでの、鉄道と長距離輸送の平行的発展期であり、第二期は、明治中期から太平洋戦争終結までの、鉄道と小運送の時代で、第三期は終戦後のモータリゼーションの進展と長距離道路輸送の復活・発展の時期である」[3] という。

　武知京三『明治前期輸送史の基礎的研究』（1978年）も、時期区分上、安藤と同様、明治14年頃までの通運会社の系統と経営資料を整理し、通運会社の経営を中心に解明した。

　2000年以降、小運送研究に二つの新しい方向が生まれた。一つは当時の物流データの解析を通して、運送の近代化と効率化を検証したものである。老川慶喜「第一次世界大戦後の東京貨物集散状況と小運送問題」（2000年）と「関東大震災前後の鉄道輸送と小運送」（2010年）は、第1次大戦後、東京における貨物集散状況と小運送問題を検討した研究で、小運送能力の不足と小運送賃の高騰を明らかにしようとした。

　今一つは、いわゆる「明治中期から太平洋戦争終結までの鉄道と小運送の時代」を実証的に解明する動きである。河村徳士「第一次世界大戦期の小運送問題と公認制度」（2010年）、高嶋修一「両大戦間期の小運送問題と鉄道省の政策」（2010年）がそれである。両者とも、戦前期における鉄道省の小運送政策に疑問を持った研究である。河村論文は、公認制実施前後の小運送業の内部構造に立ち入って分析し、公認制は大戦期・休戦反動期に生じた小運送問題の解消を目的とした一過性的なもので、制度として間接的な参入規制にすぎないという特徴から、小運送問題のさらなる展開につながったと指摘している。また、初期の小運送業の発展は、農村の副業として展開された特徴があるとした。高嶋論文は、両大戦期をまたがる鉄道省の小運送政策の流れを検討することによって、鉄道省の小運送政策は、一つの政策で生じた問題を次の政策で補うという

試行錯誤の繰り返しであったと指摘している。また、陸上小運送と異なるルートで、水上小運送の荷役業者の再編を研究した大島久幸の「水上小運送業界の再編過程」（2010年）もある。

　小運送問題の資料整理に関連しては、二つのシリーズがある。一つは、通運史資料で、もう一つは、鉄道省の小運送研究資料である。

　前者については、日本通運が戦後1960年代に行った通運史資料の整理がある。通運史上における重要会社と重要人物の資料および長年運送業に従事した者の回顧録などを整理し、通運会社の経営を中心にしたものである。その成果として『日本通運株式会社社史』、『通運読本・通運史料』などがある。そのほか『小運送十年史』、関東通運友の会の『関東通運史』、『貨物流通30年』といったローカル運送業の発達史、さらには通運関係者が個人で編集出版したものもある。これらの出版物は、日本通運の前身である内国通運と国際通運の時代に編集された『内国通運発達史』、『国際通運株式会社史』、および『明治運輸史』、『運輸五十年史』（運輸日報社、1921年）から資料等を継承している。

　後者の鉄道省資料については、1923年以降鉄道当局が主導した小運送問題研究を中心に整理されている。その代表的なものは、『国有鉄道の小運送問題』（1935年）、『小運送問題概観』（1942年）、および鉄道省が参画した『小運送業調査』、『鉄道省年報』等である。そのほかに、鉄道省運輸局が編集した『貨物情報』と各鉄道局を単位とした実務レベルでの小運送研究資料もある。

　こうした資料状況は、小運送業と鉄道との複雑なかかわりを反映している。国鉄が小運送問題に目を向けることになったのは、鉄道の貨物輸送と鉄道貨物運送取扱業との整合をはかるためであった。1910年代初頭に鉄道国有化が実施されたのに対して、鉄道貨物取扱業は全国1,600以上の鉄道駅に分布する数千の運送業者によって行われ、従業者数は10万人以上存在した。運送業は、明治初期から農民の副業や出稼ぎ労働者のプールという役割を果たし、従来逓信省の管轄範囲で、鉄道とは当初から貨物営業を手伝うという協力関係にあった。一方、水上運送との関係も緊密で、明確に区分するのは非常に困難であった。こうした小運送業をいかに就業プールの機能を損なわずに整合させるかは実に

複雑極まる作業で、まず状況の調査と組織の整理および行政管轄の関連づけを必要としたのである。

　以上、簡単に、小運送についての研究動向と資料状況を回顧した。特に、1893年から1945年にかけての鉄道と小運送に関して、実証研究が近年見られるようになったことは重要である。運送業には、1874年ごろ創業した通運系業者と1893年以降創業ラッシュが見られた鉄道貨物運送取扱業者の区別がある。後者の鉄道貨物運送取扱業を中心とした運送業は、日本運送・明治運送を代表とした通運系が半ば官製業者であったのに対して、民間資本から成長したものである。のちにこれらの企業は通運系企業と正面から競争し、小運送紛擾で重要な役割を果たしていくことになる。しかし、こうした企業の創業の背景、活動状況および利益構造についての研究はまだない。そのため、国有鉄道当局と運送業者との対抗の原因について、説明しきれない嫌いがある。本章においては、明治30年代以降に創業された鉄道貨物運送取扱業者の利益構造の核心であった小口混載制度を検討し、制度の変化と業者への影響を解明することによって、「小運送紛擾の原因」を明らかにしていきたい。

1　小口混載制度の発達から見る鉄道と運送取扱業者の関係

① 小口混載制度の概観

　小口混載制度は、貸切車制度と絡んで貨物運賃に重大な影響を与えてきた。また、その変化に伴って小運送業者の収益と小運送の顧客料金だけでなく、鉄道貨物運送賃金全体に大きな影響を与えていた。このような小口混載制度は、鉄道当局の運送業者への政策、また、小運送業の整理と紛擾に深くかかわっている。

　本論に入る前に、まず混載と小口混載の意味を明らかにしておく。混載は鉄道の貨物取扱方法の一つで、「二品以上を混載して貸切扱となすもの」である。これに対して、小口混載は運送店が多数の荷主から集めた、多種類の同一駅行

の小口貨物を積み合わせて鉄道に貸切扱として託送するもの[4]である。簡単にいうと、混載は一台の貨車に二品以上の貨物を積み込み、鉄道より貸切扱の料金規定を適用される貨物運送料金規定である。小口混載は、運送業者が荷主に提供するサービスの一つで、多数の荷主、多種類の貨物、同一駅行き、貸切扱で託送という条件を満たさなければならない。初期の小口混載扱には、荷主に対する料金の割引はなく、鉄道の普通扱、のちの小口扱と同じ条件で取り扱った。のちに業者間競争の進行に伴って、小口混載扱で一般小口より安い料金を設定する運送業者も出て、荷主にも利益還元するようになった。こうした小口混載制度は、鉄道、運送店、荷主の三者ともに有利な制度であった。

　戦前の小口混載は、1919年を境に小運送業者が主導する小口混載の時期と国鉄が主導した小口混載制度期の二つの時期に分けられる。さらに細分化すると、次のようになる。

（1）1873年から1884年までは、鉄道の運賃制度の創成期で、貸切車に対してほとんど制限がなかった。1873～1879年には固定駅間の貸切扱金額の規定が見られ、1884年になると運賃等級制度の改正によって混載に対して「三級以下」の貨物という制限がつけ加わった。

（2）その後1919年までは、鉄道と通運業者の小口混載契約が実施された時期である。鉄道は通運業者と特別契約を結び貨車を貸切にして、普通運賃と違う特約運賃を適用したのである。初期には少量で非連続の契約だったものが、徐々に長期、定量契約、あるいは業者貸切専用貨車の定期運転へと発展していった。

（3）1919年から、国鉄が小口混載に関して、新制度を考案・実施した。1919年以降、公認小運送人制度の実施に伴い、小口混載の主導権は鉄道に移った。国鉄は、従来の業者との契約方式から、小口混載に関する短期発令による特定運賃を実施するようになった。1925年には、遠隔地の出荷誘致の必要から、大阪発北海道行の混載制度を創設した。

（4）1927年から1933年までは、出荷誘致の混載制度の創設と合同業者を保護

する混載制度の全盛期であった。小運送大合同に向けて、合同運送人の保護の観点から、1927年に合同運送人に対して小口混載運賃割戻制度を実施し始めた。しかし、この制度によって不正扱いが多発したため、1933年に廃止した。

(5) 1929年から復活した、大都市を中心とする出荷誘致の混載制度を、半年に一度発令する方法で、1941年まで続け、同じ趣旨の「新混載制度」を実施した。

(6) 1942年以降は、車両の運送効率を向上させるための全国統一の小口混載制度が実施されたため、前項の新混載制度はなくなった。この制度の実施によって、小口混載という通運業者が発明したサービスは、完全に国鉄の運賃等級制度に吸収されることになった。

以上の各時期の中で、特に1919年までの混載制度の変遷が、小運送業の発達に大きな影響を及ぼした。本章では、1919年までの小口混載制度の変遷を整理し、運送業界への影響を分析する。

② 初期の鉄道運賃制度と取扱手数料

初期の鉄道貨物の扱いは、1車積と小口の2種類があった。当時の鉄道にとって、煩雑な小口扱手続と貨物誘致よりは、貨車を1車単位に貸し出した方が効率がよいので、貨車の卸売は初期鉄道営業の主要手段となった。また、運送取扱業者にとっても、鉄道に1車積料金を払って、荷主から小運送料金を徴収する方が採算がとれやすかった。さらに、鉄道の貨物運送規程と運送手続は一般庶民にとってかなり不便で、専門業者に頼む傾向が強かった[5]。鉄道、運送業者、小口荷主の三者の利害は一致して、鉄道貨物運送の発達が、通運業者の転向と、同一のプロセスをたどることになった。

1872年に新橋〜横浜間の鉄道が開通され、次年から貨物運送がはじめられた。その年の9月12日、太政官布告316号により「貨物運送規則」が発布され、扱い種別は、小口扱に相当するもの、1車占用の車扱にするもの、の2種類とな

った。運賃制度の特徴は「小口貨物に対し区間毎、級別毎に百斤に付何程と定め、今日の貸切扱に相当するものは、使用貨車に従って簡単に何程と定められて」いた。基本の距離単位は、駅「区間」であった。

　1876（明治9）年阪神間において、三菱会社に対し1車1円50銭、1列車30円の運賃を特約すること[6]になったが、1878年11月大阪の輸送業者から神戸鉄道局に提出した「従阪府西京行汽車荷車拝借願」[7]文書の中に「一ヶ月に荷車三十輌拝借前金百二十円上納候間云々」の記載がある。京浜間においても1879年2月「一車五円ノ貸切賃ヲ三円ニ割引スルコトヲ特約ス」[8]という記録がある。ここで3円、4円、5円という価格が提示されているが、年代と場所が違い、距離の規定も固定駅間というものであった。鉄道創業初期にそれぞれの鉄道局が当時の営業距離に合わせて運賃をばらばらに設定したことが窺える。

　正式の貨車貸切に関する規定は、1879（明治12）年運賃改正のときに創設された[9]。1879年の改定では区間運賃を改め、距離によって運賃を計算するようにして、1車1哩の運賃と1車の最低運賃が設けられた。通常扱に対しては1級から5級まで（1級最低5級最高）の規定があるが、貸切車に対しては、「損害荷主負担」以外に等級制限はなかった[10]。その後、1884年の運賃改定により、貸切扱3級品以下のものに限る、という制限を付け加えた。

　鉄道創業時代の貸切車制度には、鉄道貨物運送の貸切車の積載量、1車1哩運賃、最低運賃、貸切車の貨物損害責任などの規定があったが、貸切貨車の等級に応じた1噸1哩という基本重量単位の運賃設定はなかった。荷主が普通扱を利用するか、貨車を借りるか、二つの選択肢があった。3級品以下の場合に対し、貨車の種類（大きさ）を本位に1車1哩の運賃を規定した。こうした運賃構造は小口貨物を本位とし、貸切には等級別賃率がなく混載本位の運賃構造だと評された[11]。

　運送業者の貨物取扱手数料制度は、最初京浜鉄道で形成された。京浜鉄道の貨物運送は1873年9月から始まり、鉄道貨物取扱は当初三井組[12]が独占していた。取扱手数料の規定は「相当の額」という文言で表現され、三井組から提出された料金表を鉄道が許可した。しかし、鉄道運賃が高く、貨物運輸量が増

えなかったため、三井組は大きな欠損を出した。1874年6月に鉄道寮は鉄道運賃を大幅に引き下げると同時に、三井組に取扱手数料として運賃の5％を下付することを決めた。一方、鉄道の貨物取扱が一業者独占と批判されたこと、そして鉄道運賃を引き下げたのち貨物運輸量が増大したことを鑑み、1875年3月鉄道寮は取扱手数料を荷主から取立てることを許可し、鉄道貨物取扱人を一般公募することを決定した。4月に、京浜鉄道で貨物取扱を申請した10業者と阪神間鉄道の貨物取扱を申請した内国通運すべてを許可した[13]。さらに、1880年11月2日、三井組とその他の請願により、手数料を運賃額の7％まで増額することが許可され、1883年1月「鉄道は荷物取扱人の営業に干渉せざることとす」[14]に至った。

1883年に鉄道の営業哩数は125マイル、53駅で、公私鉄道の貨物運賃収入が36万4,000円程度であったのに対して、全国にわたる運送網を持った内国通運の貨物運賃収入は52万7,000円であった[15]。政府は、1873年に創業した内国通運に運送業の独占権を与えた[16]が、同時に運送業に従事するものすべての免許を審査、交付する権力を持った。1879年5月に太政官布告第16号をもって1873年の太政官布告第230号を廃止した。その後貨物運送業はすべて自由営業となり、各地に貨物運送会社が創設されるようになった。同時期、鉄道側は通運業者を鉄道の営業機関として誘致するため、「官設鉄道は如何なる待遇を、運送取扱業者に対して為せしや」ということが重要な問題になり、自由営業の上、料金設定体制の自由も通運業者に与えた。

対顧客取扱料率の自由設定と自由営業の創業条件は、小運送業者を群生させる環境を作り上げた。しかし、このとき鉄道の営業距離が短かったため、通運業に従事するには、輸送設備の投資と各地における継立機関が必要であった。これは、新規業者参入の制限条件となった[17]。

③ 特約運賃制度の発達

貸切混載は、山陽線で、最初に発達した。その理由は、山陽線は海運と競争する必要があるため、当初から混載運賃を導入したのである。1888年に山陽鉄

道が開業し、そのあとに制定された山陽鉄道「山陽鉄道株式会社荷物運送規則」には、次のような貸切扱運賃規定があった。

　第三十八条
　　通常貸切車ノ運賃ハ左ノ割合ヲ以テ取ルベシ
　　三級品以下　　　一品積　　　　　一噸一哩ニ付　　金一銭四厘
　　　　同　　　　　混合積　　　　　　同　　　　　金一銭五厘
　　五級品以下　　　一品又ハ混合積　　同　　　　　金二銭一厘
　　右貸切車最低賃ハ六噸車ハ一輛ニ付金一円二十銭、七噸車ハ一輛ニ付金一円二十銭、十噸車ハ一輛ニ付金一円五十銭、三十噸車ハ一輛ニ付金三円ノ事
　　但シ官線ト連帯シテ二十哩以内ノ運送ノ場合ニ於ケル最低運賃ノ計算ハ従前ノ通リノコト[18]。

　また、官線の運賃については、1889（明治22）年の運賃改正に当たって、貸切貨物の増加とともに、産業保護の見地より運賃を割引する必要があると認め、「一品積」と「三級品以下」の混載扱制度を設け、一定金額以上の貨物運賃納入者に割戻制度を開始した[19]。私有鉄道とほぼ同時期に、国有鉄道も混載貨物に関する等級規定を導入したことになり、これが出荷奨励の意味での運賃割引制度の最初とされた[20]。さらに、1896年に貨物誘致奨励策として、「各取扱業者の納金高に応じ、割戻金を付与する制を設け」[21]たとの指摘もある。

　運送業者と鉄道との貨車利用長期契約は、このころから見られた。1892年10月、内国通運は、鉄道庁と特約して、東海道線新橋～神戸間（新橋と神戸から毎日1回ずつ）および米原～金ヶ崎間（毎日2回ずつ）に専用貨車を連結した[22]。同時期、混載扱は、混淆積または混合積と称し、3品目以上の積合貨物が盛んとなり、鉄道もこれを重視し、東海道線、信越線等において、割引運賃などの方法により便宜を与えるようになった[23]。

　1897年以降、東京と大阪の間に海運が発達し、鉄道は「旅客輸送とか郵便輸送とか本位であったようで、貨物輸送は第二義的だったようである」[24]といわ

れている。運送業者が小口混載扱を創設したのは、日清戦争のときであった[25]。日清戦争によって海運が途絶していた時期に鉄道の貸切扱制度を利用して、運送業者は、新しい小口混載扱を開拓し、営業範囲を広げた。これは、鉄道貨物運送の利用を広げることにつながった。その方法はすぐ他の業者に広がり、特約運賃は一般化した。ところが、官線で貨車の着駅制限があり、表5-1で見たように運賃も高いため、小口混載はとくに運賃が安い山陽線と九州線で普及した。ただし、こうした特約運賃は、普通扱とは料金が異なり一定の割戻しの特約条件があるので、運送業者と鉄道側とも契約内容に対して秘密主義の態度をとって公表しなかった[26]。そのため、混載契約の資料はあまり残されていない。

　内国通運は、1892年東海道線との特約以外に、1897年12月日本鉄道会社と特約して、専用貨車20輌で上野～青森間を連結させた[27]。内国通運のような全国業者は、国有鉄道と東海道線新橋から神戸への専用列車の特約契約および日本鉄道株式会社との上野～青森間の専用貨車の契約によって、本州の南北を縦貫する鉄道利用体制を整えた。これは主に郵便物の配達のためと思われるが、一方、幹線の沿線駅からの貨物の集荷と配達も徐々にシェアを増していった。鉄道が運送取扱業者を保護するのは、貨物吸収のメリットがあるためであった。水運貨物の鉄道托送と大量貨物および特殊貨物にとって、運賃の割引を実施したうえ、1889年8月から、取扱業者に対して「更に其運賃納金額に応じて、一定の割戻金を交付する」奨励措置を取るようになった[28]。

　内国通運は1893年までは郵便物の集配を主要事業とし、貨物運輸は副次的なものであった。しかし、この時期から逓信省が郵便物の集配事業を公開入札によって業者選定することになり、これにより内国通運に経営危機が訪れた。これは、内国通運創業以来の経営責任者であった佐々木庄助の自殺まで引き起こすことになった[29]。1893年以降、内国通運は積極的に業務改革を行った。その基本内容は、(1) 商法一部改正に伴う、株式会社化の実施、(2) 道路輸送の継立網を廃止し、鉄道貨物取扱業務への転換、(3) 鉄道貨物取扱業務に必要な制度確立（代理店制度、交互計算制度、貨物引換証の発行と整理、貨物損害保険

表5-1 混載運賃の変化（創業時代）

年次	運賃	発着駅	単位
1873年	体積の大きい貨物だけ車扱にする　1.5〜3.5円	東京⇔横浜	1車片道
1876年	1.5円	大阪⇔神戸	1車片道
1878年11月	4円	大阪⇔神戸	1車1日
1879年2月	5円（3円）	東京⇔横浜	1車片道
1879年2月改正	0.125円（最低2.5円）	官線	4噸車1車1哩
1884年8月改正	貸切扱は3級品以下に限る　0.125円（最低2.5円）	官線	4噸車1車1哩
1889年8月	1品積0.015、その他1品積0.05、3級品以下混載0.03円[1]	官線	1噸1哩
1889・90年	1品積0.014円、3級品以下混載0.015円、5級品以下混載0.021円	山陽鉄道	1噸1哩
1889・90年	貸切6噸車1円、7噸車1.2円、10噸車1.5円、30噸車2円	山陽鉄道	1車最低運賃
1897年9月一部改正	5級品1品積および混載0.04円	官線	1噸1哩
1898年8月一部改正	3級品以下1品積0.025円	官線	1噸1哩
1901年大改正（発着手数料新設）、斤扱百斤に付0.4円、噸扱1噸に付0.3円、貸切扱1噸に付0.2円[2]	すべて1品積み、1〜3級0.025円、高級品0.04円	鉄道作業局線、日本鉄道線、関西線	1噸1哩
1901年大改正（発着手数料新設）、斤扱百斤に付0.4円、噸扱1噸に付0.3円、貸切扱1噸に付0.2円[2]	1品積は官線と同じ、3級品以下混載は0.03円	阪鶴線	1噸1哩
1901年大改正（発着手数料新設）、斤扱百斤に付0.4円、噸扱1噸に付0.3円、貸切扱1噸に付0.2円[2]	1品積1級0.012、2級0.013、3級0.014、高級0.020、3級品以下混載0.016円	山陽線	1噸1哩
1901年大改正（発着手数料新設）、斤扱百斤に付0.4円、噸扱1噸に付0.3円、貸切扱1噸に付0.2円[2]	1品積1〜高級品0.02円、3級品以下混載0.025円	九州線	1噸1哩

出典：高橋秀雄『鉄道貨物運賃制度』（鉄道教育会、1943年）、千葉五郎『東京における小口混載の発達』（関東通運協会）大阪鉄道局運輸部貨物課『小口混載の研究』（1937年）の運賃改定資料によって作成。
注：1）米穀、肥料、石炭など粗雑品。
　　2）1噸＝1,680斤、明治43年2,400ポンド1,693.44斤に改めた。

など）、であった。内国通運の業務の重点は従来の郵便物の集配から鉄道貨物取扱に変わり、時勢の変化に積極的に対応して、鉄道の開通地域では従来の通運ルートを廃止し、鉄道を利用するようになった[30]。

1890年代後半から、多くの運送業者の創業が見られ、一般の中小運送店も積極的に鉄道の奨励制度を利用して小口混載を始めた。1897年6月丸名組大阪支

表5-2 特約運賃時代の混載運賃（丸名組大阪支店と山陽鉄道の契約条件、6噸車1車当たり）

契約時間は明治30年6月～31年5月、五級品以下一品また混載責任は噸数1,500車で期間内に責任車数達成すれば、運賃総額の1.5割を報酬とする。期間内に責任車数が達成できなければ、不足車数に対して1車3円の罰金とする。（山陽鉄道）大阪⇔姫路以西	下り運賃	大阪⇔宇品間	大阪⇔三原広島間	大阪⇔三石糸崎間	大阪⇔姫路上郡間
		8.70円	8.22円	7.14円	5.46円
	上り運賃	姫路～那波⇔大阪	有年～上郡⇔大阪	三石～玉島⇔大阪	鴨方～尾道⇔大阪
		5円	6.4円	7円	7.1円
		糸崎～三原⇔大阪	本後～河内⇔大阪	五日市～広島⇔大阪	宇品⇔大阪
		8円	9円	10円	10.5円

出典：伊藤百合一・杉井熊槌著『大阪発山陽九州行貨物運賃変遷史』（1933年）13頁。

　店と山陽鉄道株式会社の混載貸切契約は、1年の契約期間中に「丸名支店ハ大阪駅発姫路以西各駅着及姫路以西各駅発大阪駅着上下荷車一千五百車ヲ使用スベシ」という契約数に到達するか超過する場合、総運賃額の1割5分を報酬として払い戻すことを約した。契約条件は、表5-2で示したように、上り運賃が下り運賃より高いことが特徴であった。この契約は国有化時代まで続き、出荷責任噸数は徐々に増大していった[31]。

　1898年の九州鉄道の貨物運送規程には「多数ニ貨物ヲ一時若ハ定期ニ運送スルニ向ヘハ運賃ヲ減額スルコトアルベシ」と規定されていて、「四十五哩ノ運賃ヲ支払ヘバ其ノ哩程内ニ於テ荷卸ヲ為スコトヲ得」とし、数駅着の混載を認めていた。さらに、「一車未満ノ貨物ニテモ其ノ品物ト場所トニ依リ普通運賃ヨリ幾何ノ割引ヲ為スコトアルベシ」と定めていた。

　国有鉄道運賃制度は、1901（明治34）年の改正おいて、官線と社線運賃の統一を図った。連帯運送の場合に、統一運賃によることを規定した。山陽線、九州線、阪鶴線は混載運賃を設定し、鉄道作業局線、日本鉄道線、関西線では一品積だけで、混載運賃の規定はなかった。国有化後も、海運と競争するために、しばらく山陽線と九州線の特殊な賃率維持がなされていた[32]。この混載の原則規定は、1917（大正6）年の改正まで存続した。1901年の改正の基本目的は、当初外国人が作った賃率等級制度の「日本化」にあった。従来の1,853品目から300品目に減少させ、等級も5等級から4等級に改め、噸扱を設けた。しかし、

具体的に賃率額まで改正しなかったので、増収の臨時措置として発着手数料制を新設するようになった。貸切扱は、1噸につき20銭であった。ただし、この手数料は、鉄道直扱の手数料で、運送店を経由する場合、もう一回発着手数料を払わなければならなかった[33]。

1901年には山陽鉄道で、貨物小運送の直営の実験も始まった。鉄道の場合、それまで小運送設備を持っていなかったので、小運送（集貨、小運送、保管、費額の規定まで）はすべて取扱業者に一任していた。しかし、取扱業者一任の営業は（1）費額が高く、（2）集貨に改善を要する点が多い、（3）にもかかわらず、鉄道は荷動きの実情を知らない、（4）そのため小運送の改善ができない、という欠点があり、「直営の実験」を試みようとしたのである。

そのため、鉄道側から、海運と競争関係のない地域で貸切混載貨物を仕立てて小運送の直営を行い、直営が届かない駅では業者（集配約束店、積卸請負人、承認運送店）の協力をあおぐことにした。また、海運と競争する駅では、業者との割引の特約を存続させた。

混載を直営するポイントとして、貸切と小口の賃率差をさらに拡大して、十分な利益保障をすることで、延滞をなくした。「従来貸切扱と小口扱との運賃の差過大にして、為めに貨物の待合せ貸切車の仕立つるの風を馴致し、依て以て小口貨物の延着せしむるの弊を生じたるに因り、今回は小口扱貨物運賃は貸切扱に比し其の差を三割乃至八割増の割合となし、斯る弊風の発生する隙あらしめざるものとす」るというものであった。目的は、混載の延滞をなくし、小口の集貨を盛んにすることにあった。

この直営は、初年度の成績が報告され、1903（明治36）年には拡張を図ったが、日露戦争と鉄道国有化によって、「まだ充分の成果を収むるに至らずして政府に引継ぎ、政府亦其の組織の大体を踏襲して数年間直営を実施したるも」、その後は続かなかったようである[34]。これは私鉄の小運送直営の実験ではあるが、鉄道の貨物輸送への関心の高まりを示している。また、貸切扱と小口扱の料率差がさらに開いたことは、小口混載扱の拡大につながった。

この時期、各鉄道会社は、出荷誘致と業者保護のため、対人的に特約運賃を

提供する以外に、産業保護の名目で、個別貨物に対し特定運賃を提供していた。国有化直前、鉄道各社の特約運賃の件数だけでも3,000以上になっていた[35]。

一方、鉄道の貨物扱はかなり混乱していた。当時（1905年）、官私鉄道線は4,778マイルあったが、「私設鉄道の数は三十八会社の多きを数へ、犬牙互に錯雑し、啻に運輸系統を混綜せしむるのみならず、大小の鉄道は恰も戦国時代の如く、群雄各区画を定めて割拠し、遠距離直通運輸の利便を妨げ、著しく運輸交通の進歩を阻止するの状態に到りたるを以て、政府は全国鉄道の管理を統一し、一層其本来の機能を発揮せしむるの必要を認め」、鉄道国有法案を提出した。

鉄道運賃の計算には、数社連帯などの方法に特約と特定運賃も加わり、荷主はもちろん、専門業者もかなり悩まされていた[36]ようである。

2　鉄道の国有化と特約運賃

① 国有化に伴う小運送政策の変化

鉄道の国有化とそれに伴う方針の転換は、鉄道と小運送業の関係に大きな影響をもたらした。両者は従来の対等関係から依存関係に変わり、運送取扱業の競争秩序が徐々に悪化したため、小運送業者は鉄道当局に競争秩序の整備と援助を要望するようになった。一方、国鉄は急激な変化を避けるため、海運と競争する山陽線と九州線では従来の運賃体制を維持した。第1次大戦の好況も加わり、国有化してから1919年まで、山陽線、九州線での特約混載貸切扱は増加し、この特約運賃が小運送業の競争秩序を維持する役割を果たすことになった。

1905年の運賃制度の改正では、国有化の準備として、「官私鉄道に於て各線区区に亘れる小荷物運賃を統一し、連帯運送の場合には同一運賃を以て通算することとし、且運賃中に配達料を包含せしめられ」た。小荷物の小運送配達運賃も、鉄道賃率規定によって決められるようになった。この規定は、国有鉄道の手小荷物を請け負う内国通運などに対して有効で、一般の小運送業者には拘束力はなかったが、鉄道との請負契約によって固定収入を得られるのは、羨望

の対象となった。こうした運賃規定は、モデル運賃の効果があったのかもしれない。

また、鉄道国有化に伴って、1908年には鉄道当局が、運送業への従来の方針を転換する動きを見せた。

(1) 1908年10月に限り、鉄道当局への納金額による割戻しを廃止した。「その代償並びに出貨勧誘及び海運対策の功労として無賃乗車証を交付され」[37]るようになった。
(2) 貨物取扱を鉄道直営にする方針を打ち出した[38]。1908年に鉄道当局が鉄道直接取扱を奨励する政策に変えたことについて、『運輸五十年史』は次のように批判した。「抑も陸運貨物取扱業者の鉄道貨物取扱の形式は、（中略）荷主に対しては運送人として貨物の輸送を引受けながら、鉄道に対しては自ら荷主として、その貨物を託送するの形を取り来りしなるものを以って、随ってその手数料の如きも（割戻の場合は別として）鉄道よりこれを受くることなく、凡て荷主よりその支給を受けしなり。これを以って鉄道側より見れば直接託送なると、運送取扱業の託送なるとに区別なく、運賃等についても何幾異なる所なし。しかも荷主より云えば、直接託送とすれば単に規定の運賃を支払へば足り、これを取扱業者に託すればその他手数料を支払ふを要するを以って、唯料金のみの点より云えば、鉄道直営の方針は、大いに荷主に歓迎せらるべきなれども、事実は全くこれに反して、荷主の大多数は、尚ほ取扱業者に託するを便宜とし、鉄道貨物取扱業者経由の、全国鉄道貨物総量中の約八割を占むるの状況にありしなり」と。明治末年になっても、荷主が直接鉄道に託送するシェアは2割ぐらいであった。その後、再び業者利用の方針に転換した。こういう方針を転々と変えることは、「同時に貨物取扱業の組織改善に就いては夫々施設するを怠らざりき」と批判された。
(3) 1912年9月5日、鉄道院は運賃等級改正を告示13号で公布した。運賃改正と同時に、全国の運賃統一に向けて、特定料金の拡大と特約料金を整

理する方針を打ち出し[39]、3,000件以上の特約運賃を790件に減少させた。特約運賃の整理によって、もっとも影響を受ける業種は運送業と石炭業であると予想された[40]が、当時は自由民権運動が最高潮で、鉄道当局も公平、公正、公開といった旗印を立て、なるべく一般荷主に差別感を抱かせないようにした。

　この運賃改正は運送業者からすると、のちに「業者乱立の発端」だと見なされることになった[41]。なぜなら、国鉄が割戻を廃止したことは、運送取扱業にとって「自由放任主義を採る」ことと受け取れたからである。1897年から、鉄道貨物取扱業を中心とする業者が増加し始めた。1908年ごろ、競争秩序を維持するため、六大都市の運送業者を中心に全国運輸連合会が結成され、交互計算事業を主として会員を増やしていった。明治末期には正会員800名、準会員500名を有する組織に発展した。鉄道の国有化と運賃制度改正に伴い、全国運輸連合会では、鉄道貨物取扱業者の信用が増し、競争秩序の整理が図られた[42]。従来の割戻制度の下、一定規模以上の業者しか利用できないということになり、運送量が多ければ多いほど利益が増すという競争構造が形成された。中小業者はそれに対抗できず、徐々に合併されるようになった。しかし割戻の廃止後、規模の大きい業者の優位性はなくなり、集貨競争の度合いが激しくなったので、従来の競争秩序が乱れることを心配して、全国運輸連合会の有力業者である日本逓業の山口武、天竜運送の竹内竜雄、三麟合資の田島達策、京三運輸の山本吉五郎、明治運送の服部邦彦の連名で、鉄道院総裁宛に意見書が提出された。その意見書では、まず鉄道貨物取扱業と鉄道貨物輸送の依存関係について触れ、貨物取扱業は鉄道運輸の補助機関だと強調した。次に運賃割戻の廃止は、運送取扱業の過度競争の原因だと指摘し、鉄道取扱業者には商法以外に行政機関の保護と援助が必要だと主張した。さらに、この保護と援助によって健全な業者を育成し、不良業者を排除することを訴えた。その目的を達成するために、以下の要望をした。

(1) 駅を6等級に分けてそれぞれ等級に応じて取扱業者の数を限定し、業者を鉄道院承諾取扱人にすること。
(2) 承諾取扱人に資本金の法的制限か、保証金によって資格を限定すること。
(3) 鉄道構内のホームや倉庫を承認取扱人に開放し、無料で業者に自由利用させること。
(4) 駅仲仕を廃し、積卸作業を承認取扱人に委託すること。
(5) 独占の弊害を避けるため手数量の最高料率を設定し、厳守させること[43]。

 全国運輸連合会の意見は、のちの公認制と似た条件を提示した。しかし、公認制の実施は第1次大戦後の1919年であった。競争秩序の乱れは、運送業者の過度な競争を引き起こすこととなった。国鉄の方針転換は、既存の運送取扱業の競争秩序を悪化させ、業者が鉄道当局に反発する種をまくことになった。

② 特約契約と特約料金の変化

 国鉄は全国の他線で特約料金を整理しながら、山陽線と九州線では、海運との競争の必要から、小口混載の特約運賃を維持した。私鉄買収の結果、運賃の急激な変動を避けるため、地方に特別な賃率を適用するための過渡期間を、1906（明治39）年12月、1907年6月の二度、設けることにした。これによって、山陽線と九州線は、ほかより安い運賃制度を維持できたし[44]、小口混載契約が存続する前提となった。

 『貨物運賃変遷資料展出品目録』には、1907（明治40）年中に、広島県己斐の田中運送店と己斐駅運輸部の契約書が6通あり、その中に2通の混載契約があった。6月の契約は、1907年7月1日～1908年6月30日における、己斐から呉までの運賃協定であった。その内容は、「高級品以下一品又ハ混載貸切扱二千噸以上一噸ニ付金二十銭也」というものであった。違約金は「不足数一噸ニ付金十七銭」であり、そのために340円の保証金を鉄道庁運輸部に預けた。

 8月の契約は、1907年9月11日～1908年9月10日までの山陽九州線の運賃協定で、期限内に「三級品以下一品又ハ混載貸切扱一千七百噸以上」を運送する

表5-3　伊藤運送店と西部鉄道管理局の契約

契約期間	明治42年12月1日～明治43年11月末日
契約者	伊藤運送店
責任噸数	高級品以下1品又は混載貸切扱責任1万2,000噸以上
担保金	1,440円
違約金1噸ニ付	0.12円
発駅　大阪	着駅　姫路下関間、各駅及宇品

運賃1噸1噸ニ付			
姫路上郡間	0.93円	田布施三田尻間着	1.92円
三石糸崎間	1.18円	大道阿知須間着	2.21円
三原海田市間	1.69円	船木厚狭間着	2.32円
広島己斐間宇品	1.61円	埴生幡生間着	2.43円
五日市柳井津間	1.86円	下関着	2.03円

出典：吉田茂編『貨物運賃変遷資料展出品目録』(1933年12月) 49～51頁。

ことを約束するものであった。発駅は広島、横川、己斐で、「運賃一噸ニ付岩国着十二銭、柳井津着三十銭、下松着四十三銭、徳山着四十七銭、三田尻着五十五銭、小郡着七十七選、門司着七十七銭、下関着混載八十八銭（広島駅発ニ限リ九十六銭）一品積八十銭、九州線各駅着（山陽線内）九十六銭」というものであった。違約金は「不足数一噸ニ付金三十銭」[45]で、担保金は210円であった。

　これらの契約はいずれも一定の出荷量に達すると、約束の賃率を適用するものであった。この二つの契約を比べて見ると、違約金と担保金の標準は一致しないことがわかる。

　1909（明治42）年に、西部鉄道管理局は大阪の伊藤運送店と大阪発山陽線行小口混載特約契約書を締結した。契約には運賃契約と賃金後払い契約を含み、料金は毎月末日までまとめて計算することとした。契約内容は、表5-3のようである。表5-4は、同じ時期に結ばれた西部鉄道管理局と丸名組の契約内容である。表5-3と表5-4を対照すると、着駅範囲以外に、契約噸数、違約金などの規定はほとんど一緒であった。1908年に鉄道庁の内部において、特約料金の整理があったことが窺える。また、それぞれの契約について1911年までの資料はないが、表5-4の後続の契約を見れば、両者ともそのまま継続した

表 5-4 丸名組と西部鉄道管理局の契約内容

高級品以下一品又ハ混載（長尺重量物及十一月一日ヨリ三月末日迄米ヲ除ク）一噸ニ付

期　間	1907年11月1日～08年11月30日	1908年12月1日～09年11月30日	1909年12月1日～10年11月30日	1910年12月1日～11年11月30日
契約者	丸名組	丸名組	丸名組	丸名組
責任噸数	12,000噸	12,000噸	12,000噸	15,000噸
担保金	1,440円	1,400円	1,440円	1,440円
違約金1噸ニ付	12銭	12銭	12銭	12銭
大阪発　姫路上郡間着	0.93円	0.93円	0.93円	0.93円
三石糸崎間着	1.18	1.18	1.18	1.18
三原梅田市間着	1.34	1.5	1.69	1.69
宇品着	1.61	1.61	1.61	1.61
広島己斐間着	—	1.61	1.61	—
広島柳津間着	1.55	—	—	—
五日市柳津間着	—	1.86	1.86	1.86
田布施三田尻間	1.6	1.92	1.92	1.92
大道阿知須間着	1.84	2.21	2.21	2.21
船木厚狭間着	1.93	2.32	2.32	2.32
埴生幡生間着	2.02	2.43	2.43	2.43
下関着	1.84	2.03	2.03	2.03
九州線着	—	下関迄 2.03	下関迄 2.03	下関迄 2.03
大阪着　姫路那波間着	0.91	—	—	—
有年上郡間着	1.07	—	—	—
三石尾道間着	1.2	—	—	—
糸崎三原間着	1.31	—	—	—
本郷河内間着	1.46	—	—	—
白布海田市間着	1.61	—	—	—

備考：一　普通運賃ガ本特約運賃ヨリ割安ノ場合ハ普通賃金ニテ取扱ヒ本特約責任数量ニ算入シ規定ニヨリ割戻ヲナスモノトス。
　　　二　発着手数料規定ノ通リ。
　　　三　九州線着ハ関門連絡取扱制限内ノモノニ限リソノ着駅ヲ博多、久留米、大牟田、熊本、行橋、直方、佐賀、福岡、矢部川、羽犬塚、八代、鹿児島トス。

出典：伊藤百合一・杉井熊槌著『大阪発山陽九州行貨物運賃変遷史』(1933年) 102～103頁。

と推測される[46]。

　表5-5は1912年からの山陽鉄道特約運賃（貸切扱）一覧表で、西部鉄道管理局と特約運賃を締結した丸名組、伊藤運送店、内国通運三者はいずれも名前が出ている。1916年から、山口運送店と是則運送店が加わった。同じメンバー

第5章 小口混載と鉄道貨物取扱業 185

表5-5 山陽鉄道特約運賃（貸切扱）一覧表

	高級品以下一品又ハ混載（但シ生糸、生繭、動物、魚介蝦〔鮮又ハ生〕鮮肉ヲ除ク）一噸ニ付						
期　間	1912年4月1日～13年3月31日	1913年4月1日～14年3月31日	1914年4月1日～15年3月31日	1915年4月1日～16年3月31日	1916年4月1日～17年3月31日	1917年4月1日～18年3月31日	1918年4月1日～19年3月31日
契約者	丸名組、伊藤、通運	同	同	同	丸名組、伊藤、通運、山口、是則	同	同
責任噸数	50,000噸	60,000噸	65,000噸	60,000噸	60,000噸	70,000噸	45,000噸
担保金	10,500円	12,600円	12,600円	13,000円	7,500円	14,000円	10,000円
違約金1噸ニ付	21銭	11銭	21銭	21銭	21銭	20銭	23銭
姫　路	0.93円	1.13円	1.13円	1.13円	1.13円	1.13円	1.94円
網　干	0.93	1.13	1.13	1.13	1.13	1.30	—
龍　野	0.93	1.13	1.13	1.13	1.13	1.30	—
西大寺	—	—	—	1.43	1.43	1.60	—
岡　山	1.18	1.38	1.43	1.43	1.43	1.60	2.10 (2.60)
倉　敷	1.18	1.38	1.43	1.43	1.43	1.60	2.20 (3.15)
玉　島	1.18	1.38	1.43	1.43	1.43	1.60	2.20 (3.15)
福　山	1.18	1.38	1.43	1.43	1.43	1.60	2.20 (3.15)
笠　岡	1.18	1.38	1.43	1.43	1.43	1.60	2.20 (3.15)
尾　道	1.18	1.38	1.38	1.38	1.38	1.60	2.10 (3.15)
茶屋町	—	—	1.43	1.43	1.43	1.60	2.10 (2.96)
三　原	1.18	1.38	1.43	1.43	1.43	—	—
広　島	1.61	1.81	1.86	1.86	1.86	2.00	3.00 (4.29)
横　川	1.61	1.81	1.86	1.86	1.86	2.00	3.00 (4.29)
己　斐	1.61	1.81	1.86	1.86	1.86	2.00	3.00 (4.29)
呉	1.76	1.96	1.96	1.96	1.96	2.00	3.00 (4.29)
吉　浦	—	1.96	1.96	1.96	1.96	2.00	—
柳井津	1.86	2.06	2.11	2.11	2.11	2.30	—
下　松	1.92	2.12	2.17	2.17	2.17	2.30	—
徳　山	1.92	2.12	2.17	2.17	2.17	2.30	—
三田尻	1.92	—	2.12	2.12	2.17	2.30	3.50 (5.00)
小　郡	2.21	2.41	2.46	2.46	2.46	2.45	3.50 (5.40)
山　口	—	2.89	2.94	2.94	2.94	2.93	—
下　関	2.03	2.23	2.23	2.23	2.23	2.45	3.50 (5.00)

備考：山陽線内其ノ他各駅規定ノ通リ、但シ特定運賃ガ低廉ナルトキハ之ガ適用ヲ妨ゲズ、発着手数料規定ノ通リ、括弧内ハ大正七年九月一日ヨリ改正ノモノ。

出典：同前、105～106頁。

の九州線特約運賃一覧表もあった。それが表5-6である。内国通運はもちろんのこと、表の中の業者はいずれも大阪の梅小路で相当規模に達した運送店である。山口運送店は全国運輸連合会長山口武の運送店で、その他の運送業者については、当時の業界人である小林長吉が、次のように回想している。

表5-6 九州線特約運賃（貸切扱）一覧表

高級品以下一品又ハ混載（但シ生糸、生繭、動物、魚介蝦〔鮮又ハ生〕鮮肉ヲ除ク）一噸ニ付

期　間	1912年4月1日～13年3月31日	1913年4月1日～14年3月31日	1914年4月1日～15年3月31日	1915年4月1日～16年3月31日	1916年4月1日～17年3月31日	1917年4月1日～18年3月31日	1918年4月1日～19年3月31日
契約者	丸名組、伊藤、通運	同	同	丸名組、伊藤、通運、山口、是則	同	同	同
責任噸数	山陽線九州線ト同文トス	30,000噸	30,000噸	30,000噸	38,000噸	41,000噸	38,000噸
担保金		2,520円	2,520円	2,520円	5,000円	10,000円	10,000円
違約金一噸ニ付		21銭	21銭	21銭	21銭	25銭	27銭
小　倉	—	2.47円	2.97円	2.97円	2.97円	3.28円	4.35 (5.80)円
戸　畑	—	—	2.97	2.97	—	3.34	4.40 (5.90)
八　幡	—	—	3.10	3.10	—	3.34	4.40 (5.90)
博　多	2.93	3.13	3.63	3.63	3.63	3.95	5.00 (6.60)
久留米	3.23	3.43	3.93	3.93	3.93	4.25	5.50 (7.10)
大牟田	—	3.78	4.28	4.28	4.28	4.60	5.80 (7.40)
上熊本	3.78	3.98	4.48	4.48	4.48	4.60	5.80 (7.40)
熊　本	3.78	3.98	4.48	4.48	4.48	4.60	5.80 (7.40)
鹿児島	—	—	—	—	4.64	4.65	5.80 (7.40)
直　方	—	2.94	3.44	3.44	3.44	3.83	5.00 (6.60)
若　松	—	—	3.10	3.10	—	3.34	—
飯　塚	—	—	3.92	3.92	3.92	4.25	5.15 (6.60)
谷　頭	—	—	6.34	—	—	—	—
佐　賀	3.23	3.43	3.93	3.93	3.93	4.25	5.50 (7.10)
牛　津	3.23	3.43	3.93	3.93	3.93	4.25	5.50 (7.10)
長　崎	—	—	—	—	—	4.35	5.50 (7.10)
佐世保	—	—	—	—	—	4.35	5.50 (7.10)
中　津	—	2.93	3.43	3.42	3.43	3.75	5.00 (6.60)
行　橋	—	—	3.29	3.29	3.29	—	—
別　府	—	—	—	3.93	3.93	—	—
大　分	—	—	—	3.43	3.43	3.75	—
西大分	—	—	—	3.43	3.43	3.75	—
白　杵	—	—	—	3.6	3.60	—	—
都　城	—	6.58	6.34	6.34	6.34	—	—
宮　崎	—	—	—	—	—	4.85	6.00 (7.60)
小林町	—	5.84	6.34	—	—	—	—

備考：九州線内其ノ他各駅規定ノ通リ、但シ特定運賃ガ低廉ナルトキハ之ガ適用ヲ妨ゲズ、発着手数料規定ノ通リ、括弧内ハ大正七年九月一日ヨリ改正ノモノ。

出典：同前、107～108頁。

　運送業者も、当時は扱い品種によって区分があったようで、原鉄と京三は東京行きを、伊藤と丸名組とは山陽行きを、是則と日進組とは繊維、とくに綿糸を、といった状態であって、業者間には、地盤的な、また品種的な協定があったようである[47]。

こうした取扱貨物の品目と地域に関する協定には、競争秩序を維持する役割があった。小林長吉も、京三運輸をやめて自立しようとしたとき、京三運輸大阪支店に「京三が専門に取り扱っておる東京混載便は絶対に取り扱いをせぬ、その代わり、他の仕事に援助をしてもらえる」といった約束ごとをしている。
　この二つの特約運賃一覧表は、第1次大戦前後を跨ったもので、鉄道運賃が大戦中に幾分か上昇したものの、基本的には安定的で、大戦が終わってからはじめて大きく引き上げられたことがわかる。
　国有鉄道の対人的特約運賃の廃止は、1918年11月であった。1919年から山陽線・九州線でも、一般公開の特定運賃に切り替えられた。それは、高級品以下混載貸切貨物運賃の払戻手続を簡易にし、所定条件を満たせば所定運賃と特定運賃の差額を払い戻すというものであった。これはもう特約運賃ではなく、一定の運送量に達した荷主に対する特定運賃になった。特定運賃の規定は1923年6月まで続き、6回発令して、3回の価格調整をした。具体的な運賃は表5-7である。特約運賃の廃止と特定運賃の実施は、従来の大きい運送業者にしか適用しない特約運賃の条件を、規模を問わず一般の運送業者にも適用することを意味した。これは、小口混載貨物争奪を白熱させた。

　当時は混載顧客運賃の制定されていない時代である。小口扱で受付けた貨物を、貸切扱で積合せとし、鉄道運賃は貸切扱賃率を適用し、しかも荷主からは小口運賃のほか取扱手数料を収受したのであるから、業者にすれば儲かって仕方がなかった。加えて、混載貨車の仕立てのない小業者は、混載仕立業者に託送するとき、実重量五百斤のものを、仕立業者には四百七十斤として委託するのであった[48]。

　第1次大戦の影響によって出貨は盛んとなり、鉄道の輸送力が不足を告げるようになると、大阪、名古屋、東京市内の各業者はこれを緩和させるため、主要都市宛の小口貨物の混載運送を図った。第1次大戦後、戦争景気に乗った軍

表5-7 一般公開の混載特定運賃

高級品以下（除生糸、動物、繭、魚及介虫〔高級〕鮮肉）混合積一噸ニ付

期間	1919年4月1日～5月31日	1919年6月1日～1921年1月10日	1921年1月11日～21年3月31日	1921年4月1日～21年9月30日	1921年10月1日～22年3月28日	1922年3月29日～23年6月30日
告示又ハ達番号	194	444	5	36	136	32
姫 路	2.10円	2.10円	3.15円	—	3.05円	3.05円
岡 山	3.10	3.10	4.65	4.85	4.85	4.85
福 山	3.50	3.50	5.25	4.85	4.85	4.85
尾 道	3.55	3.55	5.30	4.90	4.90	4.90
広 島	4.60	4.60	6.90	6.30	6.30	6.30
横 川	4.60	4.60	6.90	6.30	6.30	6.30
己 斐	4.60	4.60	6.90	6.30	6.30	6.30
博 多	7.10	7.10	10.65	10.00	10.00	10.00
久留米	7.50	7.50	11.25	10.50	10.50	10.50
熊 本	7.90	7.90	11.85	11.50	11.50	11.50
倉 敷	3.40	3.40	5.10	4.85	4.85	4.85
玉 島	3.40	3.40	5.10	—	—	—
笠 岡	3.40	3.40	5.10	4.85	4.85	4.85
三田尻	5.40	5.40	8.10	—	—	—
小 郡	5.40	5.40	8.10	—	—	—
呉	4.80	4.80	7.20	6.30	6.30	6.30
小 倉	6.75	6.75	10.10	9.20	9.20	9.20
戸 畑	6.75	6.75	—	—	—	—
八 幡	6.75	6.75	10.10	9.30	9.30	—
佐 賀	7.60	7.60	11.40	11.00	11.00	11.00
牛 津	7.60	7.60	11.40	11.00	11.00	—
直 方	7.00	7.00	10.50	10.00	10.00	10.00
飯 塚	7.00	7.00	10.50	10.00	10.00	10.00
下 関	5.90	5.90	8.85	8.15	8.15	—
大牟田	7.90	7.90	11.85	11.20	11.20	11.20
長 崎	8.20	8.20	12.30	11.60	11.600	11.60
津 山	3.50	3.50	5.25	—	—	5.00

出典：同前、109-111頁。

需品の需要は減退したが、大戦中の収入増加と生活水準の向上によって、一般民間需要の雑貨生産はかえって活発になった。こうした需要を背景に、大都市間の小口貨物輸送も活発になった。特約運賃の廃止と特定運賃の制定は、貨物運送取扱業の創業ラッシュと小口貨物輸送の集貨競争に拍車をかけた。一般業者は、特定運賃を営業ツールとして混載貸切車を仕立てて、小口混載のサービスを提供するようになった。従来の山陽線・九州線だけでなく、他の線でも小口混載扱を広げるようになった[49]。1919年から1923年にかけての小運送業者の急増と貨物取扱業界の競争秩序混乱の背景には、こうした国鉄運賃等級制度の

変化があった。これが引き金となり、鉄道輸送では妙な現象が起こった。鉄道輸送のトンキロ数が増えつつあっても、収入はかえって減少傾向になったということである。

また、この表5-7を表5-5、表5-6と比べてみると、大戦が終わってから数年の間に、山陽線と九州線の1噸の混載運賃は実に2～3倍に増えたことがわかる。

姫路：1.13→3.05　岡山：1.6→4.85　尾道：1.6→4.9　広島：2.00→6.30
下関：2.45→8.15　博多：3.34→10　熊本：4.6→11.5　長崎：4.35→11.6

こうした運賃上昇は、国鉄が大戦中海運との競争がなくなったことをきっかけに、山陽線と九州線の賃率をほかの線と一致させるように設定したことにあったのであるが、結果的には大戦後の小運送業者の「首絞め」効果をもたらした。つまり、大戦終結に伴って運送業者の競争はますますエスカレートし、鉄道への納金額が増える一方、混載で得た利益によって手数料をダンピングするという苦境に追い詰められたからである。また、運賃上昇を企業内部で消化させるため、混載便への依存度がますます高くなっていった。

「当時（大正6～7年――引用者）の業界の様相は無謀競争の極点ともいうべき段階で、運賃のごときも、何品を一品貸切扱に積んでも、鉄道納金にも足りないという次第で、混載便を取り扱って、どうやら採算が取れるぐらいのものであった。だから、混載便のない店では、貨車に過積みをして切り抜けるという状態で」[50]あった。

一般運賃を適用する場合でも、混載扱は重量品と軽量品を組み合わせて積む[51]ことによって、列車の使用効率を高めるだけでなく、大量貨物の平均運賃逓減、運送業者の貸切貨車の小口収入を最大限にする傾向がある[52]ので、運送業者はそれを競争手段として最大限に使っていた。一方、第1次大戦中における貨車払底の状況で、国有鉄道は、小口混載貸切制度が貨車の利用効率を向上させると考え、大戦中にその効果を十分発揮させたが[53]、大戦後になって

小口混載貸切制度は「その制度の利用方法の如何に拠って鉄道の運賃制度を乱し荷主をして鉄道運賃が幾何であるかを不明瞭にならしめるもの」[54]として、1923年以降には割戻などを廃止した。国鉄が混載貸切制度の意義を再認識するのは、関東大震災後の小運送調査およびトラックと競争する必要が生じたときであった。

おわりに――鉄道国有化による鉄道と運送業者の関係の変化――

鉄道国有化から1919年公認制実施までは、小運送史における重要な時代であった。ところが、3,000件にも及ぶ特約運賃契約と小口混載制度の発達および運送業者の発展などの問題に関連した統計資料と史料が少ない。こうした現状が、小口混載の実際状況に対する把握を非常に難しくしている。しかし、本章で取り上げた数件の契約を見るだけでも、特約契約が貨物数量と金額に及ぼした影響はかなり大きかったことがわかる。鉄道貨物取扱状況によれば、明治末期になっても、運送業者経由の鉄道貨物数量は8割ほどを占めていた。また、一般鉄道貨物のうち、小口貨物が占める比率はわずか1割で、すなわち「大運送」のほとんどの貨物は、「小運送」で取り扱っていたことになる。

国有化以前の鉄道業の割拠状態によって、各鉄道会社はばらばらの業者対応を取っていた。国有鉄道も終始一貫した対応をしなかった。1879年に運送業が自由営業になってから1893年ごろまでは、日本国内の道路運送が伸びていく時期で、新規加入の制限要因になったのは、運搬具への投資と継ぎ立てネットワークとの連絡であった[55]。鉄道創業以来、鉄道と業者を結ぶものは、「管轄関係」ではなく、鉄道側が業者に対し優遇策を与える代わりに、業者側には国鉄各線と社線の貨物営業の協力をしてもらうことにあった。明治維新以来、鉄道と運送業者との間には、ほとんど管轄元において、関係がなかったのである。

我ガ国有鉄道ハ最初工務省ノ鉄道寮デ管理セラレ、明治十八年同省ノ廃止ト共ニ一時内閣ノ直属トナリ、鉄道局ト称シ同二十三年内務省ノ所管トナリ、

鉄道庁ト改メ同二十五年逓信省ノ所管ト移リ、マタ鉄道局ト称シ同三十年同局ノ事務中、営業管理ノ業務ヲ分離シテ新タニ鉄道作業局ノ業務ヲ置キ、同四十年右両局ハ内閣直属トシ帝国鉄道庁ト改メ、翌四十一年鉄道院ト改称シ、大正九年5月現在ノヤウニ独立ノ一省トナッテ鉄道省ト称スルニ至ッタノデアル。

国有鉄道の管轄が転々と変わったのに対して、小運送の管轄権は当初郵便物の配達を監督する必要があった逓信省のままであった。1920（大正9）年ごろになって、「仮令同省ガ伝家ノ宝刀タル監督権ヲ振リマワシテ、運送取扱人ニ臨ンデモ運送取扱人ハ同省ニ対シテハ、何ノ利害関係モ持タナイノデアルカラコレヲ一笑ニ附シテ黙殺シテシマフニ違ヒナイノデアル」56) という状況であったので、業者側は、陸運事業の監督権を鉄道省か農商務省、あるいは内務省に監督局を新設して、十分な管轄権限を与えた方が、小運送業にとって有利だと主張した。しかし、1928年陸運の管轄権が鉄道省に帰属するまでが、実は鉄道と運送業者間の「利益関係」の時期といえた。「利益関係」を構成していたのは以下の4点である。

(1) 取扱手数料の自由設定
(2) 特約運賃
(3) 一定運送量に達した割戻
(4) 国鉄の手小荷物の請負契約

第1点目の「取扱手数料の自由設定」については、業者側はこれを強調しているが、鉄道側の相応の記録は見当たらない。また、この政策の廃止時期が不明で、鉄道の貨物運輸政策の影響で自然に廃止となった。1901年の運賃大改正で、等級表整理のほか、増収目的の貨物取扱手数料を設け、業者の鉄道への納金に増収分が含まれるようになった。ただし1908年の直扱の開始によって、業者の取扱手数料徴集額は事実上制限された。2点目の特約運賃と3点目の数量

に応じた割戻は、本章で分析したように、自由営業の運送業界で実際に競争秩序を維持する役割を果たしていた。1908年11月の割戻の廃止は、無条件の廃止ではなく、業者への無賃乗車証交付を条件に廃止した。しかし、無賃乗車証交付に関しても業者側は強調しているが、鉄道側の相応の記録は見当たらない。のちに公認返上という事態になった直接の原因は、鉄道側が一方的に無賃乗車証を廃止したことにあった。4点目の請負契約については、1875年から新橋～神戸間の手小荷物の取扱をはじめ、国有鉄道の手小荷物の取扱が内国通運に独占され、同通運が特権業者の地位を築き上げた「公的貨物運送の請負契約」のことである。大正期になってから、この契約は業者争奪の的になった。

　1897年以降、鉄道線の延長に伴い、鉄道貨物取扱業の発達が見られ、のちに「国明系」の中心になる天竜運輸（1892年）、京三運輸（1897年）、日本逓業（1899年）、明治運送（1907年）などの会社が創設された[57]。1906年の全国運送連合会の調査によると、青森～下関間の国有鉄道各駅だけで2,662店にのぼり、全国には小運送業者の数がすでに5,000店以上あった。これらの業者は内国通運と違って、鉄道貨物取扱の専門業者であった。明治30年代中ごろまで内国通運は各地で代理店制度、交互計算制度、貨物引換証の発行と整理などの制度整備[58]を進めたが、「国明系」も交互計算を中心に系統を形成し、この二大系統外の業者は各鉄道線と地域単位の交互計算組織を形成した[59]。交互計算制度の確立は、貨物運送の中で発生した債務債権関係を清算することによって、中小運送業者の開業にあたって、制度上の障害を取り除くことになった。しかも、交互計算事業は営利事業で、各計算組織と会社は、業務を拡張するため、できるだけ多くの業者の計算を取り入れていた。さらに、各鉄道会社の特約運賃の影響も受けて、運送業者が創業しやすい環境となり、中小業者の創業に拍車がかかった。

　鉄道の国有化は、従来の鉄道当局と運送業者の立場を逆転させた。とくに第1次大戦中、海運との競争がなくなり、国有鉄道の貨物運送量は飛躍的に増加することになり、鉄道貨物運送とその運賃についての知識も普及していった。こうした環境変化は、国有鉄道の貨物運送における主導的な地位を築きあげた。

運送業者団体が国鉄に競争秩序を維持するための意見書を提出したことは、その象徴であった。

国有化に伴う政策転換は、運送業者の営業に深刻な影響を及ぼした。当時の新聞は、この営業難の原因を、次の４つにあると指摘した。（1）国鉄は1908年３月から大都市で貨物案内所を設けて運賃手数料等の割引を実施し、荷主に対して直接勧誘を始めた、（2）景気の減退によって一般貨物が減少した、（3）1908年11月に従来の運賃割戻制を廃止した、（4）「従来不明若しくは不問に附せられし鉄道運賃と運送業者の利益分との割合の明白となれる事及び従来共同運輸・日本運送・明治遁業等の名義を借りし向も割戻法廃止後は其必要なきに至れる」[60]、というものであった。この４点目を新聞は「副因」としたが、実はこの名義借りは、業界秩序維持上の重要点であった。こうした点の喪失は、業界の過剰競争が始まる信号となったのである。

明治30年代以降、新規加入や競争秩序を維持する重要点は、系統会社中心の業者組織や業者間の扱い品目別、地域別、線路別の協定であったが、業者組織の権威を裏づけたのは、鉄道の貸切扱と小口混載貸切契約による運賃割戻制度であった。扱数量による割戻制度は、規模の大きい業者と中小業者との収益の差を設けて、業界競争に決定的な影響を与える重要点の一つであった。一方、業界の頂点に立った組織は内国通運であった。公的貨物運送の元請契約は、内国通運と他の業者との決定的な差をつける重要点であった。しかし、これらの業界秩序を維持する重要点は、明治末期から大正初期にかけて相次ぎ崩れ、業者団体の新規加入の制限力は徐々に低下し、新規業者が急増していった。国有化に伴う鉄道の貨物取扱の直営や運賃割戻の廃止および特約運賃の整理は、大きい業者の競争優位性をなくし、全国運輸連合会の例で見たように業界団体の自律機能を損なう結果となった。収益状況による業界の階層構造が崩れ、生存競争を強いられる状況では、業界団体と業者間の縄張りにはもはや従来の束縛がなくなり、いわゆる「小業乱立、運賃値下げ競争」が始まるようになった。創業期における鉄道が業者を利用する政策と、その政策転換による両者の「利益関係」の変化は、のちの運送業界と鉄道当局の対抗の遠因になった。

運送業界では、明治末期に、内国通運と日本運送連合会の二大勢力が形成された。内国通運にはタバコの運送、鉄道小荷物運送、郵便配達、軍需品運送等の公的運送請負契約の「特権分野」があり、運送業の変化に対し孤高の態度をとったものの、日本運送・明治運送を中心とした全国運輸連合会には協調する方向性を見せた。しかし、1914年4月に内国通運の経営権は、松谷元三郎と河村寛裕を中心とした株屋グループに乗っ取られ、約10年にわたる内国通運の内紛時代が始まった。同時期の内国通運の経営は、「無責任や放漫政策や、利権をめぐる仲間あらそい」を繰り返し、役員たちが社業に関心を抱く余地がなかったので、各地の代理店に対する統括力は弱まっていた[61]。一方、第1次大戦の勃発は、日本の商品流通の活況をもたらした。大戦中の貨物運送の活況は、運送業者の利益を増大させる結果になり、運送業界の小業乱立に拍車をかけたと同時に、集中合併の傾向もあらわれてきた。1916年11月、日本遞業は山口合名、天竜運輸の一部を買収して日本運送と改称し、明治運送は三麟合資の一部を買収した。日本運送設立によって、系統統合を完成させた「日明系」は、全面的に内国通運の「特権分野」で競争を展開し、二大系統の対抗が始まった[62]。

鉄道国有化に伴い小運送政策が変化し、運送業者内部の二大系統が対立する中で、1919年6月に貨物取扱人公認制は実施されるようになったのである。公認制によって、運送業界の競争秩序維持が期待されたが、規制と利益関係のバランス、制度自身の欠陥などによって、かえって業者内部、業者と鉄道の対立を激化させていくことになった。これについての考察は、別の機会に譲る。

注
1）　本庄栄次郎編『明治維新経済史研究』（改造社、1930年）。
2）　高村象平「三井組の鉄道貨物運送取扱に就いて」（『経済史研究』第4巻7号、1937年）93〜117頁
3）　安藤良雄　「概観」（松好貞夫・安藤良雄編著『日本輸送史』日本評論社、1971年）169頁。
4）　高橋秀雄『鉄道貨物賃率制度論』（鉄道教育会、1943年）586頁。大阪鉄道局運輸部貨物課『小口混載の研究』（1937年）2頁。
5）　「当時の鉄道運賃は、官線では明治6年9月13日太政官達第316号の貨物運送補

則と賃銭表（外国人が作製したもの）が基本となって改定をされておったが、社線では多種多様なものであり、その上、三社連帯とかいうような計算をなし、実に複雑なものだったようで、これには、帳場も庫方も、ずいぶん苦労しておったようである」（一隅社編集部『通運読本　通運史料　小林長吉懐旧談』通運業務研究会、1959年、18頁）。

　国有鉄道の直扱に対して、中野金次郎は、小運送制度調査委員会の「小運送改善に関する特別委員会」席上で提出した改善意見の中で、次のように評した。「零細煩瑣にして乱雑無秩序なる直扱の方法を撤廃し特殊以外の貨物の受託及積卸は凡て運送取扱業者の手を経る事となさば、現今に比し幾倍の手数時間及経費を節約し得べし右は鉄道営業法第六条の主旨に違背せるが如きも、鉄道貨物直扱の現法は公益保護の目的に出でて却て公益を害する傾多きを認む。故に将来是等総ての作業を統一して之を政府の直接監督の下に置き円満輸送の目的を達成すると同時に其経営上荷主をして毫も不安ならしむること」（『国有鉄道小運送問題』96頁、野田正穂・老川慶喜監修『戦間期都市交通史資料集』第八巻、丸善、2003年）。

6）　『鉄道寮事務簿』巻三十一、第二十二項「三菱会社汽船荷物運輸賃金假定ノ儀ニ付伺」。汽船貨物の転送に関連して、1877年10月に三菱会社は鉄道局と「京神間停車所内地所貸渡契約」を結んだ。この件に関しては、『工部省記録（鉄道の部）』巻六の二、第三十三項を参照のこと。

7）　吉田茂編『貨物運賃変遷資料展出品目録』（1933年12月）77〜78頁。

8）　『日本鉄道史』上巻、85頁。

9）　鉄道省運輸局『貨物情報』第十七巻八月号、28頁。

10）　前掲高橋秀雄『鉄道貨物賃率制度論』545〜547頁を参照。

11）　当時の混載運賃は、今日の小口混載とか貸切混載とかを明確に区別してできたものでなく、その両方を対象としたものであった。大阪鉄道局運輸部貨物課『小口混載の研究』1937年、6頁。

12）　三井組の貨物取扱に関して、前掲高村象平「三井組の鉄道貨物運送取扱に就いて」93〜117頁を参照のこと。

13）　『鉄道寮事務簿』巻二十四、第八項「西村勝三外一名汽車荷物取扱申付の届」、第九項の一「田島喜八右同断」、巻二十五の一、第十項「和田力蔵外九名荷物運輸取扱願許可の届」。

14）　『日本鉄道史』上巻、101頁。また、『内国通運株式会社発達史』（内国通運株式会社、1918年、64〜65頁）には、次のような記述があった。「其の開設当時に於ては、貨物取扱手数料として、貨物運賃の百分の五を交付し、明治八年四月、これを改めて荷主より直接之が支払を受けしむる事とし、更に同十三年十一月に至り、其

率を百分の七に増加し、爾後其率の変更に関しては、鉄道の許可を要する事に定められたり、超えて同十五年十二月に至り三度之れが改正を行ひ、爾後荷主と運送業者との自由約束に一任し、鉄道は之れに関与せざる事となりたり」。
15) 野口亮『小運送之発達』（洛東書房、1937年）150～151頁を参照のこと。
16) 明治6年6月の太政官布告第230号に「本年九月一日を限り、私に貨物輸送の業を営み候儀一切禁止候條、以来右営業致度者は、陸運元会社へ入社、或は合併致候が、又は其規則資本等詳細具状し、管轄庁の調査を経て、駅伝頭の免許を請ふベキ事」とあるように、「当社又は当社の同盟店にあらざれば、貨物運送の業を営むを得ざることとなりたるを以って、明治六年九月以降事実上陸上貨物輸送の業を独占するに至」った。国際運送株式会社『国際通運株式会社史』（国際通運、1938年）88～89頁、138頁。
17) 同上、139頁を参照のこと。
18) 前掲大阪鉄道局運輸部貨物課『小口混載の研究』8～9頁。
19) 「明治二十二年八月から貨車使用効率の増進と、出貨誘致の為左の如き運賃低減（特約）の方法が講ぜられ混載貸切も之に均霑した。
　　1) 四級品以上の貨物と雖もその品質区間の状況より特に三級品以下のものと同一の取扱を為し得ること
　　2) 同数なる往復貨車の貸切を望むものは区間により割引し得ること
　　3) 米穀、塩、石炭等の粗雑なる貨物は区間により運賃を減額する
　　4) 一個人又は一会社にして一ヶ月五千円以上の貨物運賃を納むる者は百分の三乃至五の割戻を行ふ」（前掲大阪鉄道局運輸部貨物課『小口混載の研究』9頁）。
20) 「鉄道網の拡大につれて鉄道の陸上運輸界における地位は漸く確立され、従来陸上運送に従事してきた運送業者は、おおむね鉄道に付随する運送取扱に転じ、貨主と鉄道の中間に介在して運送取次を業とするに至った。そこで鉄道は、これらの運送業者を保護する必要が生じ、運賃割引とともに割戻制度を開始したのである」（千葉五郎『東京における小口混載の発達』関東通運協会、1967年、8頁）。
21) 運輸日報社『運輸五十年史』（1921年）14頁。
22) 日本通運株式会社『社史』（1962年）176頁。
23) 前掲千葉五郎『東京における小口混載の発達』8頁。
24) 一隅社編集部『通運読本　通運史料　小林長吉懐旧談』通運業務研究会、1959年、12頁を参照のこと。
25) 同上、27頁。
26) 「当時に在っては鉄道営業政策上又は種々の情実上一種特約運賃を設けて或る貨

物を輸送し絶対に之を秘密に附したることなりき」(「貨物運賃の公開──木下貨物主任談」『時事新報』1913年8月4日)。
27) 前掲日本通運株式会社『社史』176頁。
28) 前掲『内国通運株式会社発達史』65頁。
29) 一隅社編集部『通運読本　佐々木庄助編』(通運業務研究会、1958年)を参照のこと。
30) 「明治十六、七年の交、国有鉄道は、東海道幹線の一部開通し、北海道の小樽、札幌間及び幌内、幾春別間の開通を見、又私設鉄道は日本鉄道会社起りて、上野、高崎を開通する等、漸く官私の鉄路は主要都市の間に敷設せらるるに至り、在来の陸路運送機関を以てしては、輸送力の多、速力の大、運送費の廉其の他に於て、到底文明の利器たる鉄道に匹敵し難きを以て、当社も時勢の推移を察し、鉄道開通の地域に対して陸路運送を廃し、汽車積運送を為すに至りたり」(前掲『国際通運株式会社史』)139～140頁。
31) 伊藤百合一・杉井熊槌編著『大阪発山陽九州行貨物運賃変遷史』(1933年)13頁。
32) 「現行賃率は国有前各会社所定の運賃率に基き一時に劇変を与うるを避け明治三十九年当時事情の許す範囲に於て地方的に之を改定し区々賃率となりたるものにして其後一般経済事情の変化は更に進んで各地運賃を整理統一し諸方面に対し成るべく平等均一なる賃金を賦課するの時期に到達せるものと信ずるを以てなり」(「運賃改正の内容　国鉄当局者の説明──国有鉄道賃率の改正(其四)」『中外商業新報』1912年9月9日)。
33) 「そのころの鉄道運賃の納金の中には、発着手数料が含まれていたらしかった。私は……先輩に聞き出したら、貸切扱一屯一〇銭、屯扱一屯一五銭、斤扱は百斤二銭である……と教えられた。……「鉄道の直扱すれば、取扱手数料を荷主から取らぬが、運送業者が扱えば、荷主から取扱手数料を別に取るので、言い換えれば、運送業者が取り扱えば、荷主は二重の手数料を支払うことになる。……」」と(前掲一隅社編集部『通運読本　通運史料　小林長吉懐旧談』24頁)。
34) 前掲『国有鉄道小運送問題』204～226頁を参照。
35) 1912年の運賃改正で「特約割引運賃に対しては此際別段整理の方法を講ぜず在来特定の運賃制定の準備若くは之に相当する場合の外出来得る限り廃止する方針にて国有当時約三千の多数に上る特約割引運賃を整理して約四分の一に減じたれば将来も此方針を持続せんと欲す」(前掲「運賃改正の内容　国鉄当局者の説明──国有鉄道賃率の改正(其四)」下線は引用者)。
36) 例えば、東京から博多までは、東京～神戸(官線)、神戸～門司(山陽鉄道)、門司～博多(九州鉄道)の三社連帯の運賃を計算しなければならなかった(前掲

『通運読本　通運史料　小林長吉懐旧談』18頁)。
37)　大鉄指定店聯合会『大阪鉄道局管内鉄道省指定店連合会十周年史』(1938年) 48頁を参照のこと。
38)　前掲運輸日報社『運輸五十年史』14、15頁。
39)　「国有以前各会社に於て多数の特約運賃を許容せる結果、各種産業に不自然なる発達をなさしめ、其弊尠からざるより、此等を整理することも慫に包含されたるを以て、其後鋭意此方針を進め、国有当時約三千口に上りし特約数を現在は七百九十口に減ぜしめ、尚今後時日の経過と共に全然皆無たらしめん企図を有せり」(「特約運賃弁明──特約運賃の不平 (其二)」『東京朝日新聞』1914年 7 月30日)。
40)　「同一種類の貨物にして数量も略同様なるに拘らず甲乙の荷主により特約低減率を異にせる由にし、此の間の消息を聞知する民間荷主側に於ては大に憤慨し、寄り寄り協議して鉄道院に交渉を開始せんとの事なるが、一方鉄道院側に於ては従来運賃政策上の見地より止むを得ざる所なりとの意見を有する者と、斯かる運賃の相違は一部の産業を圧迫するものなりとの意見を有する者とあり、当面の責任者たりし旅客貨物主任木下淑夫氏は前者の方針を執れるやに聞けば、如上民間側の誤解を招き、今回の如き不平を訴うるに至らしめたるものなるべし。因に特約運賃低減率の相違によりて最も打撃を蒙り居れるは運送業者及び石炭業等其の主なるものなりと」(「特約運賃不平──特約運賃の不平 (其一)」『大阪朝日新聞』1914年 7 月26日)。
41)　前掲『通運読本　通運史料　小林長吉懐旧談』33頁を参照のこと。
42)　野口雅雄著『日本運送史』(交通時論社、1929年) 166～172頁を参照。
43)　前掲運輸日報社『運輸五十年史』11～20頁を参照のこと。
44)　「現行の貨物賃率は明治三十九年十月に制定されたものであって当時鉄道国有の為に全国の主要幹線は皆政府の有と為ったのであるが (中略) 貨物賃金の如きも旧鉄道作業局所管線及買収十七鉄道会社線各区々の取扱方に依ることとなって居た、而して地方的に是等の賃率を分解すれば東北、北海道等は最も高率なる賃金を用い山陽、九州等は最も低廉なる賃金に依り東海道其他諸線は中間に位して居った而して高低の差は特に著しくありしも当時之を一律の新改正賃金に依て統一することは稍困難であったが故に当時の当時者は全国有線を四大別して九州、山陽、東海道及東北の諸方面に分け各々異りたる賃率を設けたのである、即ち東北地方の如きは其賃率を従来日本鉄道其他新設会社の経営して居ったものよりも遥に低減したのであったが、尚之を山陽、九州方面に比ぶれば著しく高かったのである」(「貨物運搬と賃金──木下鉄道営業課長談── (三)」『神戸新聞』1917年11月 8 日)。
45)　吉田茂編『貨物運賃変遷資料展出品目録』(1933年) 53～58頁を参照のこと。

46) 伊藤百合一・杉井熊槌編前掲書、102～103、105～108頁を参照のこと。
47) 前掲『通運読本　通運史料　小林長吉懐旧談』24頁。
48) 前掲千葉五郎『東京に於ける小口混載の発達』169～160頁を参照のこと。
49) 同上、10頁を参照のこと。
50) 一隅社『通運読本　通運史料　小林長吉懐旧談』36頁。
51) 「小口混載の内容は対抗機関のある方面と然らざる方面又は仕向地の産業状態等に依り異なるも、雑貨は容積品多き関係上鉄類、亜鉛版、鉄釘、洋紙等の如き重量品を抱合せ積載するのを普通とし（之を台積又は枕と称する）此台積となるものは大体二割内外を占めて居る様である」（前掲『小口混載の研究』15～16頁）。
52) 「小口混載は貨車の内容積と積載可能重量とを最もよく利用する点に特色があるので、その典型的なものは単位重量の比較的重い鉄板や釘類等を下積し、その上に単位重量の比較的軽い嵩張った軽量雑貨等を積合せ、軽重組合せをなすものである。この組合せが典型的に行はれればそれに比例して混載の差益が大きくなる」（前掲高橋秀雄『鉄道貨物賃率制度論』630～631頁）。
53) 「元来本扱は之が理想的に運営せらるる場合には荷主、運送店運及鉄道の三者が共通に利益するものと謂ふことが出来る。即ち荷主は小口扱よりも低廉に貨物の託送をなし得。運送店は荷主収受賃銀と貸切運賃との差額を利得し、鉄道は小口扱としての煩雑なる手数を省略し得るのみならず、貨車の積載効率昂上に拠り運送力を拡充することが出来る。（中略）混載が前述の意義に於ける小口混載として一層明瞭な形に於て表れたのは、大正七、八年即ち大戦時代の出荷旺盛を極め之が輸送に困難を来した当時である。当時輸送力増進の為、或は嘲扱の廃止、貨車使用方の改正等を行ふと共に小口混載を奨励する方針が採られた（特約に依る運賃割引も行はれた）」（「小口混載制度の梗概」鉄道省運輸局・日本通運株式会社『小口混載研究資料』所収、1939年、2～3頁）。
54) 高橋秀雄「小口混載貸切制度に就て」（前掲鉄道省運輸局・日本通運株式会社『小口混載研究資料』124頁）を参照のこと。
55) 「（明治12年以後──引用者）当社は斯くして輸送行独占の特権を失ひたれども、其の当時にありては鉄道は僅かに東京横浜間及び神戸京都間に通じたるのみにて、其の他の各地の運送は皆牛馬車又は馬脊によるの外なかりしを以て、仮令新たな競業者が起るも、完備せる輸送設備と全国的継立機関とを有すると当社に対抗し得べきものにあらざるを以て、当社は其の為左程営業を脅かさるること無く、依然盛況を持続したり」（前掲『国際通運株式会社史』139頁）。
56) 大阪府内務部工務課『大阪府下に於ける小運送』（1925年）196～198頁（野田正穂・老川慶喜監修『戦間期都市交通史資料集』第十二巻所収、丸善、2003年、共

通422～424頁)。
57) 前掲日本通運株式会社『社史』186～196頁を参照のこと。
58) 内国通運の代理店制度は明治27年ごろ、本社の交互計算制度は明治32年、貨物引換証の発行と整理は明治33年にそれぞれ整備された。また、日本運送と明治運送系統の交互計算制度の整備は明治30年代から明治末期であった。前掲『国際通運株式会社史』110～115、197～198頁、前掲運輸日報社『運輸五十年史』11～20頁を参照のこと。
59) 前掲日本通運株式会社『社史』197頁参照のこと。
60) 「運送業者の近況──三方より包囲攻撃──」(『中外商業新報』1909年1月27日)。
61) 内国通運の内紛に関して、前掲日本通運株式会社『社史』202～211頁、一隅社『通運史稿』(1956年) 28～31頁を参照のこと。また、内国通運の経営権が乗っ取られるに従って、吉村甚兵衛をはじめ、通運業に長く従事していた重役陣も入れ替えられた。通運業に理解の少ない経営陣は、二大系統の対立を激化させた要因と指摘されている。小林長吉は、以下のように述懐している。「大正5年11月5日、日本逓業株式会社や山口合名会社運輸部大阪支店や天竜運輸株式会社の京浜地域の支店が合併となって、日本運送株式会社を設立し、三鱗合資も明治運送に合併されたが、日本運送と内国通運との対立で火花を散らすので、その余波を被って、他の業者も非常に迷惑をした。それを正常化する目的もあって、十二月三一日に鉄道運送協会が発足したのであるが、そのころになって、内国通運の内部紛争がいっそう激しくなり、業界の騒乱にさらに拍車をかけたもののようである」と。
62) 全国運送連合会副会長であった山本吉五郎は、内国通運の内紛について次のように語った。

「大正初期に内国通運が内紛もなく、正常なものであったら、業者全体も健全であって、乱立もある程度までは防ぐことができたと考えるし、また日本運送ができたころに、よく協調されておれば、宮田君や大熊君という幹部級の人たちも、内国通運におったはずであり、現在のように対立を重ねるといったことはなかったと思われる」と (前掲『通運読本 通運史料 小林長吉懐旧談』37頁)。

第Ⅱ部　地　域

第6章　第2次世界大戦後における駅と商業の復興
―― 富山民衆駅を事例に ――

藤　井　英　明

はじめに

　駅は移動する人やモノの結節点であり、われわれの生活に密着した非常に重要なものである。そのため、駅前には自ずと商業が発達する。鉄道各社は駅付近に多くの商業施設を置き、駅の賑わいに花を添えているし、近年では「駅ナカ」として、改札すら出ることなく買物や飲食ができる施設が注目を集めている。また、駅は町や地域の表玄関であるがゆえに「顔」としての役割を持っている。とくに地方都市ではその性格が強いように思われる。
　第2次大戦の敗戦により、わが国主要都市の多くは焦土と化し、駅やその付近の商業施設も多大な被害を受けた。『日本国有鉄道百年史』によれば、戦後、国鉄[1]の資産は十分でなく、「限られた工事予算がもっぱら列車運転の安全確保、輸送力増強等の面に重点的に振り向けられ」た[2]。壊滅的な被害を受けた線路や車両等の修繕、新装が優先されたため、「戦災を受けた駅本屋（ほんや）の応急復旧も思うにまかせ」ず、「多くの老朽・荒廃施設、建物を抱えた国鉄にとって駅本屋の復旧には要員・資金ともに多大の困難が伴い、これに対する投資は抑制するほかはな」い状態であった[3]。1948年頃から資材が流通し始めたことにより、地方自治体によって戦災復興が順次進められ、駅の修繕や再建も望まれるようになった。だが当該期においてもなお、国鉄の資産には余裕がない状態が続いていた。終戦後まもなくは、駅の新築や改築工事費の一部を都市自治体

表6-1 民衆駅形式により建設

駅　名	建設承認年月日		開業年月	営業内容	階　数	総面積 (m²)
豊　橋	1948	7／2	1950／4	貸店舗	B1-3F	11,620
池袋（西口）		12／13	1950／12	貸店舗（百貨店）	B4-15F	37,853
秋葉原	1950	9／6	1952／2	百貨店	3F	5,622
尾張一宮		10／21	1952／1	事務室	3F	5,389
門　司	1951	3／6	1952／3	店舗（構内旅客営業）	2F	3,394
札　幌		8／19	1952／12	店舗（2-5F北海道総局）	B1-5F	24,418
西鹿児島		9／3	1952／4	店舗（構内旅客営業）	2F	897
福　井		10／16	1952／6	貸店舗、ホテル	4F	5,854
富　山		11／17	1953／11	貸店舗	3F	4,624
東京（八重洲口）	1952	9／25	1954／10	貸店舗（百貨店）、貸室	B2-12F	77,926
金　沢		9／30	1953／3	貸店舗（2-4F鉄道管理局）	B1-4F	11,552
沼　津		10／2	1953／3	貸店舗	2F	4,680
松　江		10／6	1953／3	店舗（構内旅客営業）	2F	1,760
八　幡	1954	10／28	1955／7	物産展示館、事務室	3F	2,299
水　戸	1955	9／20	1956／12	貸店舗	2F	2,209
池袋（東口）		11／4	1958／9	貸店舗	B3-9F	31,560
新　潟	1956	11／5	1958／4	店舗（2-6F鉄道管理局）	B1-6F	9,586
小　倉		11／10	1958／3	貸店舗、ホテル	B1-5F	10,025
宇都宮	1957	3／20	1958／2	貸店舗	2F	2,251
川　崎		9／27	1959／3	貸店舗、貸室	B1-6F	27,366
岐　阜	1958	5／8	1959／10	貸店舗、貸室	2F	5,799
姫　路		8／30	1959／11	貸店舗、貸室	B1-7F	15,089
盛　岡		10／29	1959／11	貸店舗（2F盛岡車掌区他）	B1-2F	6,572
四日市	1959	1／14	1960／5	事務室	2F	2,218
旭　川		6／13	1960／6	貸店舗（2F鉄道管理局）	B1-2F	5,073
天王寺	1960	2／11	1962／9	貸店舗（ホテル）、貸室	B2-10F	41,785
秋　田		6／8	1961／9	貸店舗	3F	6,587

出典：『日本国有鉄道百年史』第13巻、319〜321頁より作成。

などが寄付することもあった。中には「全工事費の2分の1〜3分の1程度の寄付」により復興費用の多くを申し出る都市もあり、これを資金に駅舎を改築する方式がとられたりした。しかし、復興の本格化によって旅客・貨物ともに利用数が増えると、寄付で賄える駅舎の規模では間に合わず、「乗降客2〜3万以上の駅では費用の点で無理が生じてきた」[4]。そこで考え出されたのが、「民衆駅」[5]形式による駅の改築[6]であった。

　老川慶喜氏によれば民衆駅とは、「部外者に駅舎の改築費用の一部を負担させ、

第6章　第2次世界大戦後における駅と商業の復興　205

された駅（1971年1月まで）

駅　名	建設承認年月日	開業年月	営業内容	階　数	総面積(m²)
錦糸町	1960	9/7	1962/4	貸店舗、貸室	B1-7F	22,642
釧　路		9/9	1961/9	貸店舗（2-4F鉄道管理局）	B1-4F	8,201
横浜（西口）	1961	5/17	1962/11	貸店舗、貸室	B2-7F	23,288
新宿（東口）		7/29	1964/5	貸店舗、貸室	B3-8F	43,046
福　島		9/13	1962/12	貸店舗、貸室	B1-2F	4,392
蒲田（東口）		10/9	1963/3	貸店舗	B1-7F	15,566
千　葉		12/26	1963/4	貸店舗、貸室	B1-8F	28,900
博　多	1962	2/21	1964/5	貸店舗（百貨店）、貸室	B1-7F	51,128
明　石		3/5	1964/11	貸店舗	2F	11,619
戸　畑	1963	3/7	1964/9	貸店舗、貸室、ホテル	B1-4F	8,124
広　島		12/16	1965/11	貸店舗（ホテル）、貸室	B1-7F	30,015
鶴見（東口）	1964	2/24	1965/7	貸店舗	B2-7F	18,182
別　府		4/14	1966/7	貸店舗	1F	15,829
帯　広	1965	6/15	1966/11	貸店舗	B1-4F	10,906
高　岡		6/23	1966/12	貸店舗	B1-3F	8,714
目　黒		10/27	1967/11	貸店舗	B2-5F	12,468
山　形	1966	3/2	1967/8	貸店舗	B1-2F	9,873
大　宮		6/20	1967/10	貸店舗	B2-6F	21,814
和歌山		9/26	1968/3	貸店舗	B2　4F	15,121
徳　山	1968	5/21	1969/10	貸店舗	B1-3F	6,783
蒲田（西口）		5/21	1970/4	貸店舗、貸室	B2-9F	30,322
吉祥寺		9/27	1969/12	貸店舗	B1-2F	29,021
小　岩	1970	12/26	1972/7	貸店舗	B1-1F	15,760
市　川		12/26	1972/9	貸店舗	B1-1F	24,940
本八幡		12/26	1972/10	貸店舗	B1-1F	11,360
船　橋		12/26	1972/11	貸店舗	B1-1F	17,980

竣工後は駅本屋の一部を商業施設などに利用させるというもの」[7)]とされている。また、前掲の『日本国有鉄道百年史』では、「国鉄・都市側ともに財政的に苦しい状況の下で、しかも急を要する駅本屋復興の手段として地区改良とともに取り上げられたのが民間資本を導入する方式「民衆駅」であった」と説明されている[8)]。民衆駅は、駅の改築とそれへの出資を希望する地元団体からの要請を、国鉄が承認するという形ですすめられた。民衆駅候補の選定において国鉄は、「①早急に改築する必要がある駅舎であること。②国鉄の経費が節約

できること。③旅客公衆の利便を増進しうるものであること。④申請者の資力・信用が十分で国鉄が指示する条件を遵守すること」の四点をその審査項目としていた[9]。

　最初に民衆駅として改築が行われたのは、1947年頃から市と商工会により申請がなされ、翌48年7月2日に国鉄により承認を受けた豊橋駅であった。これに続いて池袋や秋葉原等複数の民衆駅計画が進められ、このほかにも全国から相次いで民衆駅形式による改築の申請があった。すでに述べたとおり、民衆駅の特徴は、建築費用を外部に負担させる代わりに、駅舎の一部を使用させることにあった。具体的には商業施設が入ることが多かったようである。入居する商業施設はまちまちであったが、一部にはホテル等を入れる計画のもとにすすめられた。表6-1は1948年から1971年1月までの間に設置された民衆駅の一覧である。当該期間内に53もの民衆駅形式の駅舎改築が行われた[10]。

　このように、終戦後の混乱期において早期の内に駅の復興を実現する手段として、民衆駅は重要な役割を果たしたといえる。しかしその概要は示されつつも、これまで民衆駅形式による駅改築の過程と、特に商業との関わりについて本格的な考察を行った研究は散見の限り存在しない。そこで、以下では、1951年11月17日に国鉄の承認を受け民衆駅へと改築された富山駅を事例として、その構想から完成までを見てゆくこととしたい。

1　富山民衆駅計画の開始

　『富山県史』によれば、「戦災で焼失後、富山駅はにわか造りのバラック建築で応急的に建てられていたが、手狭で不便が多く、改築が待たれていた」[11]。また、『富山市史』によれば戦災後の富山駅は「年間の乗降客は四五九万人、貨物発着量は約三〇万トンに達し、戦前を上回るほどであった。したがって、仮駅舎では十分な業務を行うことが困難」[12]な状況にあった。地元では早期改善要望が強く、その実現のために民衆駅形式での駅本屋改築が目指された。

　富山市が保有する史料の内、富山民衆駅に関係する最も古い記録は1950年7

月12・13日に行われた、豊橋駅と尾張一宮駅に対する「民衆施設駅舎調書」である。市長の命により担当官が両駅を視察し作成した記録である。先述のとおり、豊橋駅は民衆駅形式で復興された最初の駅であり、このときにはすでに改築を終えていた。また、尾張一宮駅は同年10月の承認に向けて準備を整えている段階であった。この調査では、それぞれの駅について民衆駅計画具体化までの経緯や、民衆施設推進の主体、駅全体の建設計画とその内の民衆施設の内容、資金の調達方法、民衆施設の経営、さらにすでに完成していた豊橋駅に関しては民衆施設（寄合百貨店）の成績などについて調べている。また、テナントの募集に地元業者からの応募が殺到したことが報告されている[13]。

富山市と国鉄との直接的なやり取りが確認できるのは1950年9月末からである。ここにおいて富山民衆駅計画の概要が初めて示されている。富山市が作成した10月2日の記録によれば、9月30日に国鉄岐阜工事事務所にて行われた「富山駅改築工事に関する協議会」に市の主事が出席し、後日以下のとおり市長に報告している。すなわち、国鉄の計画では富山駅は「二階建総坪数八八八坪余りで設計……工費は五千二百万円である。内鉄道で地元の民衆施設の協力があれば二千七百万円支出する予定である。万一協力がなければ設計を変更し、二千万円程度で明年着工するやう準備を進めてゐ」る状態であった。さらに、駅計画地に隣接する「保線区関係鉄道営業所の建物は将来増築計画をしてゐる」ことや、「民衆施設の工費は一坪当六万円程度である」（付帯工事費も含む）ことなどが明らかにされ、「若し民衆施設利用者が多い場合三階建でも差支ないが鉄道の負担は変わらない」とし、さらに富山市に対し「明年着工するやう準備を進めているので協力の程度を早急決定されたい」との要望が出された。同会議で国鉄は市側に早急な意思決定を求めており、少なくとも富山民衆駅に関していえば、当時の国鉄は「民衆駅」本屋の規模や体裁、そこから生み出される商業的な利益よりも、駅復興そのものの早期実現を優先していたことがみてとれる[14]。

先に表6-1で示したとおり、富山民衆駅は1953年11月に地上3階建、総床面積4,624平方m^2、内会社（＝国鉄）専用面積2,160m^2の装いで開業するが、

これは計画当初の数値と比較すると、大きく拡張された結果であることがわかる。この時に国鉄から持ち帰られた図面によれば、当初の国鉄側の計画では総床面積は2,931.5m^{2}であった。民衆施設部は計1,110.5m^2（1階部348.5m^2、2階部720m^2、屋階《屋上》42m^2、地階《地下》0m^2）で全体の37.9％を占め、鉄道施設は計1,081.75m^2（1階部451.75m^2、2階部630m^2、屋階0m^2、地階0m^2）で同36.9％であった。この内、建物の主要部である1、2階部（それぞれ1,350m^2）のみについて両者の割合をみると、民衆施設39.6％、鉄道施設40.1％と鉄道が多く、階別でみると1階部は駅舎の主要部となるため鉄道施設が多くを占め、逆に2階部は民衆施設が多少大きな面積を得ていたといえる。

なお、建物全体の残り約25％は共用部分であり、計739.25m^2（同549.75m^2、0m^2、53.5m^2、136m^2）とされていた。富山民衆駅は幅90m、奥行15mの計画で、将来増築分として東側に幅24m、奥行15mが保線区建物用に用意することが示されている（表6-2）[15]。

国鉄からの計画の提示を受け、富山民衆駅をめぐる動きは俄かに活発になる。1950年の9月21日には富山市庁舎に於いて「富山駅改築打合会」が開かれている。国鉄側からは岐阜工事事務所、金沢管理局、施設局建築科の技術官2名が、地元側からは市長と県副知事が出席した。この席上で国鉄施設局長による同月27日の富山駅視察が明らかになり、富山駅を通過する際に市長他1名が面会し、民衆駅形式での改築を要望し陳情を行っている。30日には市側から関係課長3名が岐阜工事事務所へと打合せのために出張している。10月17日には運輸次官が富山を訪れており、2日後の19日にも衆議院運輸委員長が富山駅を通過する際に市長が陳情を行っている。翌月11月7日には陸運事務所長より電話にて、市に対し、「十日、本省停車場課〇〇次席外二名、岐阜工事事務所長若しくは次長、〇〇建築主幹外一名、鉄道管理局〇〇建築主幹外二名計九名」が「福井・金沢を経て午後四時三十分富山駅着〇〇旅館にて宿泊」し、「翌十一日富山駅、富山港……等視察し午前十一時三十一分初高山線にて帰る」ので「この機会に富山駅舎改築……について市長さんから陳情を願ひたい」との要請を受けている[16]。このように、当局側からの要請もあり、富山民衆駅計画に関する活動は

活発になっていった。

富山市内部の動きについて見てみると、1950年10月20日に県と市、商工会議所で「富山駅舎改築促進懇談」の会を催している。この場で「駅舎改築促進機関の設置」の必要性から「富山駅民衆施設建設準備委員会」の設立が検討され、「1．委員会は早急に結成すること。2．主体は富山市に置く。3．県都の駅である為め県に於いても応援すること。4．委員の選衡は県、市、会議所、県議会に一任」と決定した[17]。同席上では、先述の7月の調査をもとに「一宮駅、豊橋駅の規模等について」として、とくに尾張一宮民衆駅が3階建てであることを述べたうえで、富山民衆駅に関し「結論、将来性も十分考慮して、……前幅は一一四米。奥行を拡め、三階建とする（美観上二階、三階をすこしづつ小さくすることも必要ならん）。……貸事務所を設置せば県外へも呼かける。……県○○、○○議員にも呼びかけ運輸省方面へ強力に運動を依頼する」ことなどが決められた。「富山駅民衆施設建設準備委員会」については、10月末から11月6日の発足[18]までの間に委員の人選が行われ、会長には当時の富山市長である富川保太郎が就き、副会長として市議会議長と富山市商工会議所会頭が、顧問として富山県知事の高辻武邦のほか、県副知事、県議会議長、さらに衆議院議員6名、参議院議員4名が就いた。この他に委員34名、参事7名、幹事7名の延べ62名が任命された[19]。これは「尾張一宮駅ビル建設準備委員会」の延べ22名と比較するとかなり大きな組織であったといえる。

このようにして、徐々に富山民衆駅計画は大規模なものになっていった。地域間競争の観点から、富山市にとって豊橋、尾張一宮両駅の規模は十分に考慮する必要のあるものであったと考えられる。さらに注目しておきたいのは、先で述べた1950年9月の国鉄との「富山駅改築工事に関する協議会」の際、富山市によって金沢と福井の民衆駅計画に関する情報も持ち帰られていることであ

表6-2　昭和25年4月当時富山民衆駅計画

(単位：m²)

区分	1階部	2階部	屋階	地階	計
民衆施設	348.5	720.0	42.0	—	1,110.5
鉄道施設	451.75	630.0	—	—	1,081.75
共用施設	549.75	—	53.5	136.0	739.25
計	1,350.0	1,350.0	95.5	136.0	2931.5

出典：「富山市商工課富山駅舎改築関係綴」より作成。

表6-3　昭和25年11月当時富山民衆駅計画

(単位：m²)

区分	1階部	2階部	3階部	4階部	地階	計
民衆施設	241.0	1165.0	1165.0	33.0		2,604.0
鉄道施設	647.0	528.0	528.0	33.0	107.0	1,843.0
共用施設	805.0				223.0	1,028.0
計	1,693.0	1,693.0	1,693.0	66.0	330.0	5,475.0

出典：「富山市商工課富山駅舎改築関係綴」より作成。

る。現在に至るまで北陸3県における競争意識は強く、富山県および市は隣県石川県の金沢市に対してとくに大きな関心を持っているといえる[20]。完成時の金沢・福井両民衆駅の概要は表6-1のとおりであるが、この時点ですでに「福井、金沢両駅共四階建で民衆施設を考慮されている」と報告されている。さらに金沢民衆駅については「金沢市は業者の出資にするらしいが協力費全額は市長の名に於いて責任をもたるやに聞く」と、行政としての金沢市が民衆駅建設に向けて積極的に動き始めていることにも注意をはらっている[21]。両駅の計画が四階建ての計画であったことも、富山民衆駅計画の大規模化に大きく関係したと考えられる。一時は富山民衆駅についてもより大規模なものにする計画がたてられた。実際に、これら「ライバル」駅を意識してか、4階建ての設計図も作成されている。表6-3は同年11月ごろに立てられた計画であるが、表6-2で示した当初計画案と比べると床面積は倍に近く、4階部の設置を検討しているほか、各階についてもフロアを大規模化させようとしていたことが看て取れる。

ところで、上記の事案に関しては、11月21日の「富山駅民衆施設建設小委員会」の席上で市長が経過報告を行い、県の「副知事さんが上京中国鉄施設局長を訪問し」、民衆駅に関して質問したところ、国鉄から「駅建設に対しては未だ決定してゐない……但、福井は駅前の都市計画が完備してゐるので条件が富山よりよい。富山駅は……駅が前へ出る関係上……相当に費用が高まるので……駅建築費の責任者を早く決めてもらいたい」との要望が出されたと報告されている。先の金沢の報告にもあるとおり、「駅建築費の責任者」を確定させることも、国鉄による民衆駅計画承認に大きく関わる要件であったことが窺える。

2 改築計画段階における民衆施設

1950年の12月1日と2日、商工会議所員3名が豊橋、尾張一宮両駅を再度視察している。7月の視察と比較すると、資金調達の方法と入居する商業者についてより詳細な調査が行われている。県、市、地元商業者の割合や、入居する各店舗の面積と配置、さらに負担金の額等についても詳細に調べている。また、富山民衆駅におけるところの「物産陳列所」にあたる、豊橋駅の「物産紹介所」について調査がなされており、当初は物産紹介所の費用として県が150万円を拠出し「初め物産紹介所をおきたるも開業日成らずして採算の点から売場に一般（地元商業者を——引用者）入れ」たこと等を報告している[22]。

県、市が「物産紹介所」について関心を寄せたのには次のような理由があった。市は調査に先立つ11月中旬に「富山駅舎建築資金募集要項」を作成し入居者を募っている。しかし、当初の募集に思ったほど入居希望の応募が集まらなかった。表6-4は当時の民衆施設計画と入居応募状況であるが、表中の「面積」の表記がないものは、市側がテナントを募集したにもかかわらず、入居の応募がなかったものである。とくに民衆施設の大部分を成す「売店」にはほとんどテナントがついていなかった。この状況に対応するため、12月15日の「富山駅民衆施設（建設）小委員会」では、「今のスペースで民衆施設が充たない場合は県、市が物産陳列所を作ること。一坪当りの建築費は民衆施設の費用と同一とすること」との決定がなされた。地元側は民衆施設全体の採算性よりも、「県都の駅」たる富山民衆駅の規模と体裁を重視し、県等が直接出資するスペースによって売場面積を充たしてでも3階建を実現しようとしていたことが窺える。

このような動きとともに、計画の規模拡大を伴いながら富山民衆駅計画は徐々にすすめられていった。1951年4月5日、市は「富山駅改築に関する請願書」を国鉄総裁宛に提出した。同書面では、列車発着場としての富山駅復興により国鉄・地元双方が享受できる利点を強調するとともに、「本建築に着手せ

表6-4　富山民衆駅計画当初募集業種と応募床面積

(単位：m²)

	業種・取扱品	面積		業種・取扱品	面積
売店	雑貨化粧品	33.3	構内営業（弘済会）	売店（弘済会）	9.9
	和洋酒	33.3		靴磨き	3.3
	書籍雑誌	33.3		赤帽室	少々
	みやげ品	9.9		一時預り所	29.7
	写真材料			理髪	26.4
	医療品			食堂（すし）	33.0
	果物・菓子		構内営業	タクシー案内所	3.3
	玩具			食堂（軽飲食）	33.0
	文具			食堂（うどん）	33.0
	衣料服飾品		その他	ホテル	396.0
	陶器			遊戯場（ピンポンほか）	66.0
	漆器			パーマネント	16.5
	電気器具			プレスクリーニング	6.6
	特産品			郵便局	39.6
飲食店（一般）	大衆食堂	66.0		電通サービス・ステーション（含公衆電話）	99.0
	軽飲食	19.8		観光案内所（市）	
				物産陳列所（県）	
				写真	
				浴場	
				ニュース映画館	
				貸事務所	
				巡査詰所	
				銀行	

出典：「富山市商工課富山駅舎改築関係綴」より作成。
注：観光案内所、物産陳列所以外で応募面積が空欄のものは入居希望のなかったもの。

られるに方り富山市民衆の利便及び地方発展に益するものとして、市民をしてその一部を利用させて頂けるような構造を御計画に織り込まれるよう併せて御配慮を願い度く……、実状を具し請願申し上げる……」と、民衆駅形式にて富山駅本屋の改築を行うよう改めて求める一文がみられる[23]。

翌5月15日には国鉄総裁に宛て、「富山駅民衆施設建設目論見書」を送付している（史料1）。

同書面にあるように、入居する商業者に商業協同組合を組織させ、運営にあたらせる計画となっているが、同書添付の図によれば、この時点で2階に30店

史料1　富山市により作成された「富山駅民衆施設建設目論見書」(抜粋)

富山駅民衆施設建設目論見書
　趣旨
　　旅客の利便と明朗化に資し、併せて一般大衆の利用に供する
　事業目的
　　建設の趣旨に副い大凡次の施設を収容する
　　1、売店、食堂施設
　　2、理容、パーマ、その他サービス施設
　　3、貸事務室
　　4、その他
　建設面積
　　民衆施設該当分次の通り
　　　延面積　五〇七坪
　　　内　訳　一階六坪、二階三四八坪、三階一五三坪（ほかに物産陳列所）
　使用區分
　　一階　案内所、売店
　　二階　総合百貨店
　　三階　貸事務所（ほかに物産陳列所）
　……

民衆施設の運営方法案
　二階の部
　方針
　　1、旅行観光客に必要な施設を行いPR精神に立脚した経営を行い富山県並に富山市に対する一般概念と、認識の向上を図り、以て客に真の満足感を与え、その宣伝誘致の一端に資する
　　2、二階出店者を以て商業協同組合を組織し、本組合は構内営業人として国鉄に対する責に任ずると共に、組合員間の営業調整を行う
　　3、出店は県下代表メーカーの製品販売所、有名専門(ママ)店販売所、みやげ品販売所、その他物産宣伝紹介と販売に資する更に和洋食堂、喫茶店、娯楽室、理髪室、美容室等、旅客観光施設サービスを行い、特に公衆電話、便所、化粧室等公衆施設を行い大衆の利用に供する
　三階の部
　方針
　(甲)　貸事務室
　　(1)　県内外の代表メーカー、その他関係者等の事務所を収容す
　　(2)　三階入居者を以て協同組合を組織し二階出店者組合に含め運営する
　(乙)　富山物産陳列所
　　(1)　富山県物産の展示、即売斡旋を行い、旅行観光者、一般の観覧に供し、その宣伝普及を目的とする
　　(2)　従って同陳列所の一隅に出来得れば県、市、商工行政機関乃至商工会議所の分室を併置
　屋上の部
　方針
　　展望、遊覧並に屋上庭園を施設す
　……

出典:「富山市商工課富山駅舎改築関係綴」より作成。

もの売店と、飲食その他（理容、遊技場等）8店、3階に11の貸事務室用スペースを予定していた。しかし、売店については依然として入居業者に関する詳しい記述がなく、売場面積もまだ均一に区切られた状態であり、暫定的な計画であったといえる。書面にも「出店は県下代表メーカーの製品販売所……」等とされているのみで業種等の記載はなく、入居業者との具体的な交渉は行われていなかったと思われる。同様に、三階の貸事務室についても「県内外の代表メーカー、その他関係者等の事務所」とだけ記され、その選定は進んでいなかった[24]。

しかし、上記の「請願書」や「目論見書」の作成・提出を経て、富山民衆駅計画はより現実的なものになってくる。1951年5月16日には国鉄本庁技官、岐阜工事事務所建築主幹、金沢鉄道管理局建築主幹ら10名が「富山駅改築設計等の為め現地調査」を行っている。地元側は県、市、商工会議所の職員5名でこれに応対し、調査後に事務レベルの協議会を行っている。同月23日には岐阜工事事務所長と建築主幹が市庁舎を訪れ民衆駅本屋の形式について市長と面談している[25]。民衆施設への入居テナントが未定であったにもかかわらず、俄かに関係者の往来が繁くなったのは、翌6月に開催される国鉄理事会に合わせて富山民衆駅の申請を行うためであったと考えられる。

こうして富山市は1951年6月18日に国鉄総裁に対し「富山駅舎改築の件申請」を行った[26]。以下はその抜粋である。

しかし、入居者については、申請時においても依然として未決定であった。「申請書」にある利用計画も、民衆施設の主たる部分となる2階については未だ「売店、食堂、公衆電話その他」としてのみ申請されている。また3階部分は「物産陳列所、貸事務所」となっている。入居者が未選定であったにもかかわらず富山市が申請を急いだのは、このころに福井駅の状況が伝えられていたことに関係していたと推測できる。国鉄は「初め北陸三県の駅改築は同時に考え」ていたにもかかわらず、この頃になると、福井民衆駅に関しては「具体的計画進まざるに依り之れを切離して」計画を進める旨が伝えられた[27]。北陸地方一律の工事開始が否定されたことで、富山民衆駅計画の実現は全くもって地

史料2　富山民衆駅改築申請（抜粋）

富山駅舎改築の件申請
……
一、民衆施設の建築を希望する理由

　　富山駅舎の改築に際しては、これを民衆駅とし以て富山市の戦災復興に資すると共に旅客並に一般大衆の利便と明朗化を図り更に県市物産紹介の一助とする
二、規模並に構造
　　鉄筋コンクリート三階建
　　前幅八〇米　奥行一七米
三、利用計画
　　　一階　　売店（弘済会など）手荷物預り所、案内所その他
　　　二階　　売店、食堂、公衆電話その他
　　　三階　　物産陳列所、貸事務室
四、建築費の負担
　　駅施設　　国鉄負担
　　民衆施設　入居者負担
　　公衆、共用施設　国鉄、県市負担　……
五、負担金納入の時期
　　負担金は国鉄の御指示通り納入するも出来得れば左の通り分割納入を希望します
　　　　県、市負担金　　　　二回程度
　　　　民衆施設負担金　　　四回程度
六、建設の時期
　　昭和二十七年九月末までに竣工することを希望します
七、建設後の民衆施設の維持経営方針
　　当方の希望も申しあげ貴国鉄の御指示通りにします
八、民衆施設に関し国鉄に対する要望
　　隣接富山地方鉄道乗降客が当施設を利用し易きよう構造。
　　その他に関し特別の御配意を願いたいと共に次の通り希望する
1、一階民衆施設には弘済会売店など入居を予想せらるゝも可成り多数を入居せしめられたい（特に二階に通ずる階段に即し売場乃至飾窓は顧客を二階施設へ誘導するため是非ともその実現方を希望）
2、一部の二階乗降階段は待合室より直接又は至近の箇所に設けられたい（さらに本階段は一般に見え易い位置であること）
3、二階施設より直接プラット、フォームに乗降する階段を施設することにつき御検討相煩したい
4、駅正面入口の一部は二階までの吹抜きとせられたい（二階施設を一階で展望できるため）
　　　　　　　　　　　　　　　　　　　　　　　　　　　　　　　　　　　　　　以上

出典：「富山市商工課富山駅舎改築関係綴」より作成。

元の積極性に依存するところとなったわけである。富山市は国鉄のこの判断を知り、民衆施設部については「物産陳列所」設置案をして計画の万全を強調し、申請を急いだと思われる[28]。

ところで、「七、建設後の民衆施設の維持経営方針」において、「当方の希望も申しあげ貴国鉄の御指示通りにします」とあるとおり、民衆駅の運営主体は飽くまで国鉄であるという前提になっていた。地元側は民衆駅について希望を提示し、民衆施設部分に対して資金を用意する。国鉄が地元側の希望に即して設計・建築又は改築し、これを地元側に貸すという形式であった。「八、民衆施設に関し国鉄に対する要望」に述べられている各項目については、先に提出された「目論見書」に添付された書類においてもほぼ同じ要望が述べられている。計画の段階から地元側は建物の間取り等に希望を出すことが可能であったことがわかる。

　但し、実際の設計に関しては地元側には許されず、国鉄側が担当した。富山民衆駅に対しては、国鉄が申請直後の6月下旬に「建築学会長工学博士」を富山に派遣し、「地許市及民衆移設企画関係者と面談して構想希望などにつき打合」をしたうえで、「帰京後設計図を仕上げ……国鉄関係者揃って設計図携行来富、県、市、会議所側と最終的協議」の末、改築工事に入る手はずとなった[29]。

　国鉄との交渉が具体的なものになるに伴い、「富山駅民衆施設建設準備委員会」は8月20日をもって「富山駅舎改築促進会」（以下、促進会と記す）に改組された。会長に市長が就いたほか、副会長に商議所会頭、顧問に県知事と、主要役員は「準備委員会」のメンバーが引き継ぎ、8月30日に第1回の会合を開いた。こうして富山民衆駅は、11月17日に改築の承認を受け、富山市は11月19日付で国鉄より書面にて同承認通知を得た（史料3）[30]。これをうけ、12月より改築工事が開始された。

3　民衆駅の改築費用

　富山駅改築工事は、着工から2年後の1953年9月に完了することとなるが、総工費は1億4,400万円を要した[31]。この内、国鉄側の負担は5,493万円、地元側は8,907万円であった。地元側の負担の大きさが注目されるが、その内訳を

第6章　第2次世界大戦後における駅と商業の復興　217

史料3　富山民衆駅改築工事承認通知および付帯条件（抜粋）

施用第2177号
昭和26年11月19日

富山市長　富川保太郎　殿

日本国有鉄道総裁　長崎惣之助

　……さて本年6月18日付富商発第47号をもってお申越しのありました「富山駅改築」のことにつきましては、別紙条件により了承いたしました。
　なお、これは金沢鉄道管理局長、北陸地方営業事務所長及び岐阜工事々務所長に処理させることにいたしましたから、詳細については前三者とお打ち合せ下さい。
　……

富山駅本屋改築に伴う費用負担及び構内営業その他に関する承認条件
1．富山駅本屋の設計は、別紙図面の通りとする。
　……
3．前号の工事は国鉄が施行するから、市はその負担費用を国鉄の指示に従って予納する。
4．……市が費用を負担した施設は、しゅん功と同時に国鉄の所有とする。
5．既存の構内業者は存続させる。この場合、駅舎建設の工事費用分担は課さない。
　但し、この構内営業者が民衆施設部分に売店等を新設する場合は、その工事費を分担させる。
6．この施設内に於いてとなむ営業は、日本国有鉄道構内営業規則（昭和24年7月日本国有鉄道公示第75号）を適用する。

　　（注）営業料率の定のないものについては、構内営業規則に定める雑営業とし一般の構内営業の料金及び附近一般営業の収益を勘案して定める。

出典：「富山市商工課富山駅舎改築関係綴」より作成。

みると県2,159万円、市3,238万円、地元商業者[32] 3,510万円であった。

　冒頭で述べたとおり、国鉄が民衆駅形式をとることの利点は、逼迫していた財政に負担をかけることなく、駅舎の改築を行うことが可能であったことである。実際の改築工事の資金がどのように国鉄のもとに集められたのかという点についても見ておく必要があろう。

　1951年11月19日の富山民衆駅改築工事承認通知において、国鉄は富山市に対して予納金の支払いを要求している（史料3）。また、史料内にあるとおり、承認後の直接的なやり取りは岐阜工事事務所等と行われた。同事務所は翌20日付で富山駅本屋改築工事施工の「承認書」と「覚書」を市に送付している[33]。

　市は、12月15日に史料4内にある「請書」を岐阜工事事務所に提出し、同時

史料4　富山駅本屋改築工事施工についての覚書

富山駅本屋改築工事施工についての覚書

富山駅本屋改築工事施工についての請願事項承認書に則り国鉄と富山市（以下市という）との間に下記覚書を作成し、これを保管する。

1　市の費用を負担する工事に関しては国鉄請願工事経費規程その他国鉄の定める諸規定によってこれを処理する。
2　市負担部分の工事費は物価労銀の変動、設計変更等により増減することがある。この場合国鉄が重大と認めたときは予め市に協議するものとする。
3　工事代金支払その他のため必要ある時は国鉄及び市は相互に無利子で資金の流用をすることができる。
4　市は請書提出と同時に市負担部分の工事費を予納するものとする。一時に全額を予納することが出来ないときは下記区分により分割納付することができる。
　但しこの場合には第1回分現金に夫々の納入期日を支払期日として約束手形（銀行の証明したる）を添付するものとする。
　第2号により分担金が変更したときは別にこれを指示する。

回数	金額	納入期限
1	20,000千円	請書提出と同時
2	20,000千円	27.1.15
3	20,000千円	27.3.15
4	20,000千円	27.5.15
5	6,800千円	27.7.15
計	86,800千円	

昭和26年11月20日
　　日本国有鉄道
　　　岐阜工事事務所長　　高原　芳夫
　　　富　山　市　長　　富川　保太郎

出典：「富山市商工課富山駅舎改築関係綴」より作成。

に負担金の第1回分2,000万円を国鉄側に予納している。予納は、県と一般（＝促進会）の負担分もあわせ、市が一括して行っていた。予納金は、第3回までは概ね「請書」で定めたとおりに支払われたが[34]、第4回以降は途中の計画変更などに伴い、金額と支払期日が若干変更された。それでも1952年9月末には第5回分の予納がなされているから[35]、地元負担分の予納は改築工事竣工の1年前までには完了していたことになる。

　以上のように、国鉄側は完成に先立ち工費の大部分を調達することが可能であった。地元からの資金を得て、富山民衆駅は1953年9月末に竣工した。表6-5は竣工時の富山駅の構成である。なお、表6-1で示した総床面積との相

違は、表6-5で示した区分のいずれにも該当しない部分によるものである[36]。

以下では、地元側の予納金の内訳と、改築工事計画変更についてもう少し詳しく見てみたい。第1回の予納にあた

表6-5 竣工時富山民衆駅構成

(単位：m²)

区　分	1階部	2階部	3階部	屋階	計
民衆施設	38.3	1,085.3	945.6	70.5	2,139.7
鉄道施設	620.6	291.7	385.8	15.0	1,313.1
公衆施設	920.8	—	—	—	920.8
共用施設	91.0	—	64.8	—	155.8
計	1,670.7	1,377.0	1,396.2	85.5	4,529.4

出典：「富山市商工課富山駅舎改築関係綴」より作成。

り、「富山駅舎改築予納金而二千万円の内、県、市負担金九百三十一万八千円と之れが差引一千六十八万二千円の民衆施設負担金（内九十三万五千円納入）残金九百七十四万七千円を一時市に立替し富山駅舎改築促進会に交付」した。つまり、国鉄に予納した2,000万円の内、県・市の負担分は931万8,000円、一般負担分は1,068万2,000円であった。しかしこのとき促進会が市に納めたのは93万5,000円であり、残りの974万7,000円は市が一時立替えをしている。立替分はのちに分割にて市側に返済された。

また、促進会に対しては市側から多額の補助金が交付されている。市長は議会に対し、1951年8月7日付で促進会への補助金交付案を提出し、議会もこれを承認している。これによれば、同年度には791万5,000円が交付された[37]。ほかの4回に関しても同じように予納がなされた。

ところで、富山民衆駅の改築工事費用は幾度か変更されている。計画が本格的になり、3階建と決まった当初の費用は1億1,269万9,980円（国鉄側3,870万1,950円、地元側7,399万8,030円）とされていた。しかし工事が開始された1951年末には1億4,023万3,000円（国鉄側5,120万円、地元側8,903万3,000円）に増加していた。史料で示したとおり、同年11月の「覚書」の時点での地元側負担は8,680万円であったことをみてもかなり頻繁に計画が変更されたことがわかる。改築費用が幾度も変更されたのは、工事が開始されたのちにも、地元側の意向により、設計が何度か変更されたことによるものである。例えば、1952年4月には、岐阜工事事務所に対して市から計画変更の要請が出されている（史料5）。

史料5　富山駅本屋改築工事設計変更依頼

```
昭和二十七年四月十七日
                                        富山市長　富川　保太郎
岐阜工事事務所長〇〇殿

設計変更に関する件
　二階民衆施設に関し、左記の通り設計変更せられたく、御依頼申し上げます。なお設計変更に
伴う工事費増額分は別途負担とする。

一、食堂、便所に関し、別紙添付の通り変更されたし
二、一般商店に牛肉、生花の特殊販売部門を設けたし
三、電話は七箇としたし
四、食堂、理髪に付、ガス配管せられたし
                                                            以上
```

出典：「富山市商工課富山駅舎改築関係綴」より作成。

　このほかに大きな変更としては、1952年9月15日には、「一、柱四面全部に配線工事をすること。一、食堂電気工事一部追加変更のこと。」と申請され、さらに翌53年にも2月と7月にそれぞれ変更の希望が出されている。これらのことから、工事の開始後も柔軟に地元側の意見が取り入れられたともいえるが、史料5で示したように、着工後4カ月も経過しているにもかかわらず「ガス配管」に関する要望が出されていることなどに鑑みると、やはり富山駅に関しては事前の綿密な計画よりも「民衆駅」承認の獲得と改築工事着工が優先されたと考えた方が自然であろう。

4　民衆駅と商業

　上記のとおり、民衆駅の建設に向け富山市が主体となりさまざまな動きがみられたが、「民衆駅形式」の中核をなす商業との関わりついても見ておく必要があるだろう。先に述べたとおり、富山民衆駅全体の竣工は1953年9月であるが、民衆施設部については52年10月1日に第1期工事完了に伴い完成し、2階部に「まると百貨店」が開店した。百貨店といってもこれはいわゆる寄合百貨店であり、地元の業者が「協同組合まると百貨店」を組織しながら、それぞれの店舗を出店する形態であった。同協同組合には52名が加盟していた。表

表6-6　富山民衆駅入居商業施設一覧

2F		取扱品	面積（m²）	3F		取扱品	面積（m²）
売店		酒類	10	売店		百貨店（食料品・瓶缶詰・菓子・土産物、アクセサリー、プレイガイド、特売場、百円均一売場）	129
		医薬品	4			繊維製品・毛糸製品	14
		水産物・加工品	15			玩具・運道具	9
		タバコ・新聞	5			水産物・加工品	7
		各種靴下	7			皮革製品	27
		玩具	27			婦人小間物・ネクタイ	14
		茶・海苔	14			菓子（関東銘菓）・瓶缶詰	14
		書籍・地図・絵葉書	27			陶器・硝子器	17
		ラジオ・電気	10			金物・刃物・台所用品	10
		果物	7			漆器・和家具	7
		民芸品・観光土産品	4			プラスチック製品	7
		各種下駄・草履	7			菓子（関西銘菓）	7
		洋品・子供服	10			黒部、立山土産品	14
		石鹸・化粧品・小間物	24			菓子（飴類）	7
		精肉・コロッケ	10			菓子（洋生菓子・ケーキ）	7
		メリヤス・雑貨衣料品	27			楽器・レコード	3
		蒲鉾	27	食堂		大衆食堂	171
		はちみつ・養蜂具	7				
		県内銘菓	27				
		洋傘・和傘	7				
		医薬品・カメラ	17				
		菓子類	70				
		文房具・事務用品	24				
		菓子（江戸名物菓子）	7				
		時計・眼鏡	10				
食堂		定食、ミルク、和洋酒	68				
飲食店		すし、おでん、酒	21				
		中華料理	25				
		酒専門	7				
		料理品、飲料	25				
		喫茶	25				
その他		理容店（7台）	37				
		歯科（3台）	27				

出典：「富山市商工課富山駅舎改築関係綴」より作成。

6-6は富山民衆駅に入居した商業者一覧である[38]。表6-4と比較すると多くの商業者が入居し、その業種も増加していることがわかる。また、「富山駅民衆駅建設目論見書」の時には均一の区画であった店舗も、利用者の希望どおり

に設計し直され、それぞれに貸し出されている。

　入居者の営業については、「従来金沢鉄道管理局より構内営業の承認に付ては組合員個々に承認されてゐ」たが、54年の7月1日に「日本国有鉄道構内営業規則」が改正され、以降は市長が代表者のみを推薦し、これを国鉄が承認するよう改められた[39]。

　1953年10月30日の「まると百貨店」の完成披露祝賀会において、市長は「まると百貨店は富山市民の親切、真心を見て頂く所……富山駅は最近の昇降客は日に三万を数え、愈々発展の一途を辿っており、まると百貨店の使命も又重大であるといわねば」ならないとし、県都の駅に入居する施設として、昇降客の便益に貢献することを期待している。

　また、富山民衆駅内の商業施設は、地元地域住民の生活の面からも期待されていたといえる。

　上に揚げた資料2の「富山民衆駅改築申請」では、改築を希望する理由として、冒頭に明確に「戦災復興に資する」と書かれると同時に、(「目論見書」にも同様に見られたとおり) 駅の民衆施設については旅客だけでなく、「一般大衆の利便と明朗化を図」るためと記されている。さらに、「まると百貨店」に対する市長の祝辞では、「当市には従来大和百貨店のみで大規模な店の出現を期待しながら今日まで実現をみなかつたのでありますが、ここに市民一同の期待に応えて、まると百貨店の開店をみましたことは、市民とともに感激のほかありません」と述べられており、その存在が市民生活にとって歓迎されるべきものであったことが窺える。『富山商工会議所百年史』も、富山駅の「民衆施設は……『まると百貨店』としてデビューし、駅の乗降客や一般市民から好評をもって迎えられた」と伝えている[40]。

　富山駅と富山市の中心商店街は離れた場所に位置していたため、当時、駅前の商業施設は地元住民の生活にとっても重要なものと成りえた。とくに、市長の言葉にあるとおり、当時の富山市には中心商店街近くに立つ百貨店のほかには大規模店が存在しなかった。「駅前商業」という観点からも、富山民衆駅内の「まると百貨店」の開業は駅前地区にとっての最初の大規模店として大きな

意味をもったのである。

5　開業後の富山民衆駅

さて、以上のような過程を経て富山民衆駅は完成し、営業を開始したわけであるが、富山民衆駅の完成後も、地元側は、国鉄へ「借地料」として毎年料金を支払っている。資料によれば、開業の1953（昭和28）年11月以降、「昭和30年度まで年額売上高の10/1,000を国鉄へ借地料として納入」していたが、「昭和31年度からは地価評価額（坪14万5,000円）に一定率を乗じて算出された額……350万円納め」るよう変更された[41]。なお、納入金額の350万円については「使用面積を売上高で折半して全組合員から徴収」して捻出していた。

ところで、富山民衆駅計画の初期において、その大規模化に貢献した「富山観光物産陳列所」に関しては、1956年8月1日をもって使用権が「まると百貨店」へと譲渡された。まると側は2,566万6,197円で3階部の使用権を譲り受け、ここには主に飲食店を据え、これに伴い元々二階に出店していた飲食店を3階に集中させた。これにより商業施設としてよりまとまりのある形態となった。

おわりに

以上、富山駅を事例として、戦後の民衆駅の成り立ちを見てきた。冒頭でも述べたとおり、国鉄は「民衆駅形式」により、戦後の資本欠乏期において駅本屋の改築資金を得ることができた。また、本章を通して見てきたとおり、その資金を利用して地元商業者が望む形式で商業スペースを設計し、これを賃貸することにより継続的な利益を得ることができたといえる。

一方の地元側としても、地域を象徴するような豪奢な駅舎を希望どおりに建設できただけでなく、その中に商業者を置くことによって、地域の商業を活性化させ地域住民の生活利便を向上させることに成功した。とくに、スーパーマーケットすら一般化していなかった1950年代初頭において、大型の商業施設

を持ちえたことの意味は非常に大きかった。これらのことから「民衆駅」は、わが国の戦後の一定期間において重要な役割を果たしたといえる。本章の冒頭において、「駅前には自ずと商業が発達する」と書いた。おそらくこれは間違いではなかろう。しかし本章で示したとおり、終戦後のある一定期間においては、商業は意図的に駅に置かれたのである。

本章では、民衆駅形式での改築において、入居者未定段階での改築申請や工事開始後の設計変更など、国鉄の承認を得ることが最優先とされた実態などを明らかにすることができたが、反面で考察しきれなかった事象も多い。とくに商業に関しては、民衆駅が果たした役割がまだ十分に述べられていない。これらについてはすでに他の稿を用意しているので、改めて述べたいと思う。

注
1) 「日本国有鉄道」としての「国鉄」の発足は1949年6月1日の「日本国有鉄道法」の成立によるものであり、厳密には時代ごとに呼称の区別がなされるべきであろうが、本章では文章の平易化のために一括して「国鉄」と呼称する。
2) 日本国有鉄道『日本国有鉄道百年史　第13巻』(1974年) 314頁。
3) 日本国有鉄道『日本国有鉄道百年史　第14巻』(1973年) 137頁。
4) 前掲『日本国有鉄道百年史　第13巻』314頁。
5) 「民衆駅」の呼称についてはその由来は明確でない。本宮一男は、「民衆駅」という呼称は進駐軍が好んで使っていた「of the people, by the people, for the people」のフレーズから想起した当時の運輸官僚が用いたもの、と紹介している。本宮一男『茅ヶ崎駅の一世紀　駅と駅前から見る明治・大正・昭和』(茅ヶ崎市、2008年) 33頁。
6) 本章では、民衆駅について「改築」の表現を多用している。前掲『日本国有鉄道百年史』および、富山市保有資料内でも「建設」、「建築」の表現が併用されているが、民衆駅本来の「戦災を受けた既存駅の復興」という性格に鑑み、また富山市保有資料における申請書などの表記から、本章では「改築」としている。
7) 老川慶喜『日本史小百科　近代　鉄道』(東京堂出版、1996年) 293頁。
8) 前掲『日本国有鉄道百年史　第13巻』315頁。
9) 同上、315頁。
10) 前掲『百年史』によれば、「昭和40年代にはいると、新しい理念の下に、旅客ターミナル施設の開発を促進する必要が生じた。このよってきたるところは次の点に

あった。(1) 旅客の利便の向上に寄与すること。(2) 旅行需要を誘発すること。(3) 付帯事業収入の増大をはかり、国鉄の経営の改善に貢献すること。(4) 地域社会の発展に寄与すること」とあり、このころには「復興の手段としての民衆駅」は役割を終えていたことがわかる。1971年1月、日本国有鉄道法施行令第1条の改正により、国鉄の投資事業の範囲が拡充され、旅客ターミナル施設の建設や運営事業への投資が可能となり、以降は国鉄による積極的な駅改築が行われるようになった。「施行令改正前にあっても、国鉄は地方自治体や地方経済団体などとの協力体制によって、民衆駅……の建設を行ってきたが、それは民衆駅方式に基づく受動的姿勢の開発であった」とあり、同改正以降は民衆駅の性格が変化したと考えられることから、表6–1では改正以前のもののみについて示してある。民衆駅の建設自体はその後も続けられた。日本国有鉄道『日本国有鉄道百年史　第12巻』1973年、199頁。

11)　富山県『富山県史　通史編　Ⅶ　現代』(1983年) 449頁。
12)　富山市史編さん委員会『富山市史　通史〈下巻〉』(1987年) 1043頁。
13)　豊橋民衆駅に関しては、「地元負担一、五〇〇万円は全部施設入居者において負担」であったが、「入居者の希望者を募集したところ約倍数の申し込みがあ」り、「一階十二小間全部を地元業者及び弘済会が経営（食堂、繊維、喫茶、海苔、果物、菓子、書籍、薬品、弘済会売店、理髪、タクシー）」するなど、地元業者が民衆駅への入居を積極的に希望していたことが窺える。民衆駅の建設時期に関しては、両駅ともに「戦災焼失駅」であったにもかかわらず、豊橋駅が「地元の要望によって昭和二十三年十二月から改築案が具体化した」のに対し、尾張一宮駅は「昭和二十三年末地元側より鉄道側に対し積極的に働きかけ」たが、「昭和二十五年三月頃漸く具体化した」ことが述べられている。これは、前者が木造二階建（内、約三分の一が平屋建）、延面積2,794m^2、総工費2,395.7万円であったのに対し、後者は鉄筋コンクリート3階建、延面積4,668m^2、総工費6,000万円と巨大であったうえに、駅務施設は両駅それぞれ712m^{2}と882m^{2}とさしたる差異がないにもかかわらず、後者は全体の81.1％に当たる3,786m^{2}を民衆施設が占めていることから、国鉄以上に地元側の期待が大きく、利害調整が難航したと考えられる。富山市商工課「富山駅舎関係綴」、1950年7月「民衆施設駅舎調書」より。
14)　同上、1950年10月2日「復命書」より。
15)　表の内、「屋階」は3階または屋上部分、「地階」は地下を示している。同上「復命書」添付図面より。
16)　同上、1950年11月7日。
17)　同上、1950年10月20日「富山駅舎改築促進懇談事項」より。

18) 同上、1951年8月28日「富山駅舎改築促進会委員会開催について」より。
19) 副会長は委員を兼務している。また、委員には学識経験者等のほか、駅前から1kmほど離れた市中心商店街の会長など、地元商業者も選出されている。同上、1950年2月「富山駅民衆性説建設準備委員役職員名簿」より。
20) とくに富山県西部に関しては、もともと加賀藩に属し、廃藩置県後も暫く石川県に属していたことなどから、石川県との関わりが強い。また、県東に位置する富山市にとっても、商都金沢の消費人口吸引力は古くから脅威的な存在であった。
21) 前掲富山市商工課、1950年10月2日「復命書」より。
22) 同上、1950年12月「民衆施設視察状況」より。
23) 同上、1951年5月14日「富山駅改築に関する請願書案送付について」より。4月5日に国鉄総裁に送付した請願書を金沢鉄道管理局長、国鉄金沢営業所長に送付したものと思われる。
24) 実際に、竣工後も3階部の貸事務室は稼働した実績がない。のちに述べるとおり、3階部の多くは物産陳列所とされ、さらにのちには一般商業者に「譲渡」されて食堂などがはいることとなった。
25) 同上、1951年5月16日「富山駅改築現地調査員来富について」および、同23日事務書類史料より。
26) 同上、1951年6月18日「富山駅舎改築の件申請」より。
27) 同上、1951年6月18日事務書類史料より。
28) このような経緯にもかかわらず表6-1で示したとおり、福井駅は富山駅よりも早期に開業している。福井民衆駅の開業は1952年6月であり、同年10月の富山民衆駅の第一期工事終了よりも早い。本稿では福井民衆駅について詳しく考察する余裕がなかったが、これが正しければ、前掲『富山県史』の富山民衆駅に関する「二十七年十月末、第一期工事が完成し、直ちに駅務を開始した。これが、北陸における民衆駅の先駆けとなった」との記述には疑問が残る。前掲『富山県史 通史編 Ⅶ 現代』449頁。しかし、竣工時である1953年9月に市長により作成された竣工式への招待状の文面にも富山民衆駅について「今回愈々完成し、北陸地方最初の民衆駅として発足する運びに至りました」とある。これらについては今後再検討したい。
29) 前掲富山市商工課、1951年6月18日。
30) 同上、1951年11月19日、国鉄から市長への改築工事承認通知書面より。なお、他の書類には「富山驛本屋改築工事施工について十一月二十日付承認の旨通知に接した」ともある。同上、1951年12月10日「富山駅改築工事施行請書及覚書提出について」。

31) ここでは史料に「総工費」を記述してある。しかし、このほかにも追加工事等で諸々の追加費用が発生した。
32) 「地元商業者」とは、着工当初は「富山駅舎改築促進会」、工事半ばからは「富山駅商店街協同組合」を指している。同協同組合は、駅民衆施設に入居した商業者によって作られた団体。のちに「協同組合まると百貨店」に改組。
33) 前掲富山市商工課、「承認書案」、「承認書」、「富山駅本屋改築工事施工についての覚書」より。なお、承認書は、史料3で示した内容に加え、「施設物の使用保守管理並に構内営業等に関しては市は別に金沢鉄道管理局長並に北陸地方営業事務所長の指示を受けるものとする」の文言が追加され、項目6については削除されている。
34) 第3回の予納に関しては、3月15日の指定に対し、3月18日に予納がなされている。
35) 同上、「支出伺」および送金伝票より。
36) 「旅客便所」、「車寄」の二項目。同上、「富山駅本屋平面図」より。
37) 昭和26年富山市議会会議録より。市長は1951年8月7日に促進会への補助金交付金支出に関する案を提出し、議会は同月11日にこれを議決している。また、富山市商工課保有史料「議案第六五号　富山駅舎改築補助費継続年期及び支出方法」によれば、交付金は1951年度から55年度まで交付されており、その総額は3,814万5,000円であった。交付額はそれぞれ、52年度857万円、53年度791万円、54年度725万円、55年度650万円であった。
38) 表中に「百貨店」の表記があるが、「協同組合まると百貨店」はこの店舗だけでなく、飲食店を含め、表中の他の店と共同で運営される組織である。
39) 前掲富山市商工課「富山駅民衆施設構内営業者の推薦について」より。
40) 富山商工会議所『富山商工会議所百年史』1981年、459頁。
41) 前掲富山市商工課史料「富山駅舎建設経過」より。国鉄と地元側が共用する施設に関わる費用については国鉄と折半となっていた。

第7章　1930年代における神戸市内商店街組織と神戸商店連盟の共同事業

中村　慎一朗

はじめに

　1930年代の流通業界は金融恐慌および世界恐慌の影響を受け不況の真っただ中にあった。しかし、その影響には濃淡があった。呉服系百貨店は1920年代に大衆化路線に転換し、新規顧客層を開拓していった。また30年代に入ると、阪急百貨店などの電鉄系百貨店が大衆向け日用品を品ぞろえすることにより、駅直結という立地の好条件も相まって不況のさなかにおいても存在感を示していた。

　他方で、不況の影響を受けたのが中小商業者であった。呉服系百貨店の「大衆化」や電鉄系百貨店の進出によって、百貨店と中小商業者の顧客層が重なるようになった。互いの顧客が棲み分けされた状況から競争関係に転化し、反百貨店運動が展開された。

　また産業組合の肥料を中心とした商業部門への進出は、肥料商を刺激して、中小商業者側の言葉で商権擁護運動と呼ばれる政治運動が展開されるに至った。商権擁護運動は、本質的には商業機会の平等を訴えるものであったが、産業組合側から反産運動（反産業組合運動）であるとみなされ、政治利用され、中小商業者による運動は概して水泡に帰した[1]。

　それでは中小商業者は、ただひたすらに反対運動、政治運動に明け暮れていたのだろうか。そうとはいいきれない。政治運動的要素は帯びていたものの中

小商業者の中にも自力更生を図ろうとする意志を有した個人や団体は存在していた。

また、中小商業者によるさまざまな運動が展開される1920年代から1930年代にかけては、政府が産業合理化を提唱していた時期でもあった。政府は小売商業における配給の合理化、経営の合理化について検討した。しかし、小売商業の合理化は基本的に自助努力によることを求められ、その一助として商業組合法が施行された。しかし、同法は、業種別組合を想定しており、商店街単位で組合を設立することは困難であった。これは、政府が流通組織、当時の用語で言うと配給組織を業種別、商品別に捉えていたからであり、異業種の組合は想定外であった。業種別組合を前提とした法律では、商店街の組織化に寄与することは当初困難であった。その後、徐々に商店街商業組合の重要性が認知され、特例条項の適用によって商店街による組合の設立は増加した。これが産業合理化期における中小商業者対策の流れであった。

神戸商店連盟という商店街組織の連合体は、1935年10月に創立された中小商業者の自律的改革を指向する団体であった。こうした中小商業者団体の研究はいまだ少ない。商店街の組織化については、石原武政氏、吉田裕之氏、川野訓志氏が検討してきた。各氏とも商店街の組織化は商店街商業組合を組織し、共同事業を行うことを指している[2]。しかし、単一業種の商業組合および商店街商業組合の共同事業について、定款に沿った説明にとどまっており、共同事業の重要性について指摘しつつも、その実態については十分に明らかにしたとはいえない。

近年の研究では、現代日本の商店街の問題を念頭に置いて検討している濱満久氏の一連の研究が挙げられる[3]。濱氏は、政府の中小商業者対策の主眼が合理化にあることを指摘したうえで、商業組合設立以前にも東京府では町内会を基盤とした商店会による共同の取り組みがあったことを岩崎松義の論稿から引用している[4]。また、谷口吉彦の論稿から商店会の事業運営が順調な場合、商店街の組合化が妨げられることを紹介した[5]。さらに大阪府商店連盟の中村金治郎の諸論稿を引用して権利義務のない商店会では限界があり、商業組合を設

立することで、その限界を克服しようとしたことを述べている[6]。

他方で、戦前の諸論稿を引用して複数の都市を事例に組合設立以前から共同事業を列挙した[7]。神戸市経済局の調査書から商業組合の運営が有効に展開されていない事例もあったとした。そして、戦時体制の長期化に伴い商店街は配給機能を業種別商業組合に移されることにより形骸化したという[8]。濱氏によれば、商業組合を軸とした商店街の道程は商業機能だけでなく地域組織としての側面を備えており、それは現代の地域における商店街の役割を見直す街づくりの必要性が叫ばれるようになったことと類似した現象であるという。

濱氏は東京府や大阪市、神戸市、名古屋市などの事例を当該期の諸論稿を引用することによって、1930年代における中小商業者研究に対して包括的なフレーム・ワークを提示した。しかし、濱氏の研究の意図するところは現代のまちづくりを念頭に置いて、戦前も同様の問題が生じていたことを示すことにある。そのため、各都市が商店会の共同事業の限界を契機として、直線的に商店街商業組合を設立したような画一的なイメージを与える可能性がある。

また商業組合を設立することで商業組合の中心事業が金融事業や統制事業から、より積極的な事業である共同事業へ移行したところに商業組合の本来の理念が浸透していったことが認められると分析した。そのうえで、商店街の共同事業には商業組合未加盟者というフリーライダーの問題があり、そこに共同化の困難性があることを指摘した。しかし、共同事業の具体的内容については十分に明らかにされたとはいえない。

そこで本章では神戸市を事例として、業種かつ企業規模も異なる連合体である商店会を含む商店街組織および商店街組織を連合した神戸商店連盟の活動を検討することにより、中小商業者の抱えていた課題と組織化後の共同事業について解明することを課題としたい。また、神戸市内商店会と神戸商店連盟の自助努力による組織運営を検討することにより、政府による産業合理化の一環としての中小商業者対策研究の一助としたい。

なお、神戸商店連盟の後継団体である神戸市商店街連合会の団体史『神戸市商店街連合会30周年史』によると、「商店、商店街の全市的な組織についての

資料がない」とされている[9]。神戸商店連盟に関する記述は商業祭の趣旨説明や行事内容にとどまっており、現在に至るまで具体的な活動内容までは明らかにされていない[10]。

また『新修　神戸市史』においても神戸商店連盟について触れられているが、創立の目的と商業祭の祭事や催し物について記述があるものの、神戸商店連盟の活動内容とその意義を十分に検討していない[11]。したがって、神戸商店連盟の創立と活動内容について、でき得る限り明らかにすることは地域史研究上からも大いに意義があると考える。

主に利用した史料は、神戸商店連盟の機関誌『商店街』のほか、『神戸市公報』、新聞記事などである。そのうちの一つである『商店街』の性格についてあらかじめ説明しておきたい。神戸商店連盟創立段階から「機関誌」の発行は計画されていたが、神戸商店連盟創立1周年を記念して1937年1月から刊行された。『商店街』の発行部数は、創刊当初は約1万部であったが、1938年10月号の時点では5,000部であった。創刊号では、神戸商店連盟副会頭である生島藤蔵が「機関誌の使命は連盟の強化を眼目とする統制機関であり調査研究機関であると共に一面会員の和合協調機関として重大なる役割を負託されて居る」ものであるとして、『商店街』に対する期待を語っていた[12]。

なお、本章で活用する『商店街』は、東京大学経済学図書館および京都大学経済学研究科・経済学部図書室所蔵分によるものである。

1　神戸商店連盟創立までの神戸市小売商業

本節では、神戸市内の商店街組織と百貨店の動向を踏まえたうえで、神戸商店連盟創立に至るまでの経緯について検討する。

戦前に刊行された『神戸市史　第二輯』によれば、1928年11月、西宮内商店街、有馬道商店街、小野中道商店街の3商店連合会が共同仕入れを実施した。さらに1931年には市内全小売商人が団結し、神戸商工会議所で創立総会を開き、神戸小売商連盟が組織された[13]。そのほか神戸商店街連盟という組織も存在し

ていたとされる[14]。

　その後、神戸市内において商業組合の設立が進んだ。商業組合法施行翌年の1933年の時点では神戸肥料卸商業組合、神戸砂糖小売商業組合、神戸麺類卸商業組合、神戸酒類醬油商業組合が存在していた[15]。しかし、これらはいずれも単一業種の商業組合であり、商店街商業組合は設立されていなかった[16]。したがって、神戸小売商連盟及び商店街連盟が実質的な市内を横断する商店街組織であったといえよう。

　次に、神戸市内の百貨店進出の動向を『新修　神戸市史』によってみていきたい。神戸市で百貨店が開業したのは大正末期から昭和初期にかけてであり、六大都市の中で一番遅れていたという。ただし、明治期から大丸、そごうの前身である呉服店は神戸市内に支店を出していた[17]。

　神戸市内における百貨店設立の流れは三つあり、第一に勧商場からの転換、第二に神戸新聞社などの異業種の参入、第三に百貨店の支店開設であった[18]。第一のケースでは新開地の勧商場が1920年に増築されて博品館、そして1926年に神戸デパートに転換したことが挙げられる。第二のケースでは、1927年に神戸新聞社が新開地に店舗を構えたが翌年閉店して失敗、また1933年に開店した神港百貨店も長続きしなかったという。第三のケースでは1923年に白木屋神戸出張所が新開地に、1926年元町デパート跡に三越呉服店が大阪支店神戸分店として進出、大丸は1927年に三宮神社前に進出した。1926年から27年にかけて元町商店街の東西を大丸と三越が挟む形となったが、これは商店街にとっては元町の魅力を高める要因となった。最後に、1933年に神戸そごうが三宮阪神ビルの一部を賃貸する形で開業した[19]。以上が、1930年代までの神戸市内における百貨店の動向である。

① そごうの三宮進出と小売商の対応

　それでは、神戸小売商連盟時代の小売商業を取り巻く課題はいかなるものであったのであろうか。一つは神戸そごうの三宮進出であり、もう一つは阪神急行電鉄（以下阪急）の高架乗入問題が喫緊の課題となっていた。

前者の直接的な契機は阪神電鉄（以下阪神）の地下線による三宮乗り入れであった。1931年に阪神とそごうの間で駅に直結予定のビルディングへの入店契約の成立が公表された。その直後から小売商側による反対運動が勃発した。これに対して、そごう側は、三宮は商業地として未開発であり、出店に際して他商店を圧迫する恐れは少なく、むしろ三宮の発展に大きく寄与できるとして説得し、合意に至ったという。その結果、地上7階地下2階建の三宮阪神ビルが建設され、地下通路を通じて阪神神戸駅と直結した神戸そごうは開業した[20]。

　そごうの三宮進出問題は、表面化するまでに、かなりの時間を要していた。神戸商科大学教授であった平井泰太郎氏によれば、「十合では古い元町の店を改築するか、改造するかを考へた末、神戸が東へ発展する事を見越して、都市計画の図面と見較べて、選定したのが瀧道であった」と出店地決定の経緯を端的に述べている。さらに、「この相談を私共（平井泰太郎――引用者）の研究室まで持掛けられたのが六、七年も昔のこと」であることを明かし、そごうの三宮進出は、かなり早い時期から検討されていたことがわかる。その後、そごうは「人も造り、金繰りもし、図面を何度も引換へ、経営分析と市場調査とを行つて、漸く建築に着手しかけたのが今日此の頃」であり、すでに商工省の認可を受けていた。発表の段階になって、ようやく小売商の反対や代議士の反対演説会が開催されたが、それは「派手ではあるが実益がない」ものであった[21]。つまり、小売商側はそごうの移転情報を感知できなかった段階で対抗する手段を失っていたのである。

　また別の記事で平井は、「数が多過ぎる小売商が勝手勝手な競争をするだけでは商売にならない。百貨店に負けるのみではなく、今にお客に見離される。その時になつて代議士が飛出しても間に合はない」と忠告している。1930年代の小売業態は小売商店だけの時代ではなく、百貨店や小売市場、消費組合や連鎖店が存在した。「物価が高くなれば、公設小売市場が要求せられる。商人がボリ過ぎると考へれば、消費者さへもが自ら消費組合を造る勇気を持合せて居る。近くで高ければ、遠く足を運ぶのに電車賃僅六銭で事足りる世の中」となっていた。消費者が自由に買いまわるようになった時代に対応しうる経営の合

理化を小売商側に要求していた。小売商側が対応できなかったからこそ、「元町通りがボンヤリして居る間に、百貨店が二軒、三軒と建つて行った」というのである[22]。

　ただし、平井は単に批判するだけではなく、提言も行った。まず、「舊き小売の制度は、新しき都市生活の変遷と消費経済の欲求とに伴つて変革を受けざるを得ない」と小売商側に現実を認識させる。そして、「百貨店の成功は、組織と統制との勝利である細密なる研究に基いて、其規模を定め、商品を吟味し、顧客の欲求に適ふ「時代の戦術」を工夫したところに、其成功」があると経営の合理化の有効性を説く。そして、「同業組合が徒らなる社交会となり振商会の類が漫然たる経費増加の機関となつて居る現状は返す返すも残念である。新しく出来た商業組合の精神も取入れるべし」と主張し、以下の提言を行っている。「商工会議所の如きも亦新なる使命を感じて活動する必要があらう。工場に工場診断の制度が創設せられたるが如く、小売商にも亦、商店診断の制度が要求せられて然るべき」だとして、商店の科学的な分析を施す必要性を説き、「又、県市公共団体が、生産者と消費者と面して消費者の共同の利益の為めに其の職分を果たすべき必要もあらう。小売商の整制と、其適切なる振興助成は、時代の要求である。小売制度の再吟味の為めにあらゆる角度から、真剣なる研究と共同の努力とが払はれる事が望ましい。新しい小売の制度の為に、小売商指導の為に参謀本部の出来上がる事が望ましい」と小売商業が発展するための組織の必要性を訴えた[23]。

　つまり、平井の提言は工場だけではなく、商業の分野においても科学的経営を取り入れること、そして、産業界の代表である神戸商工会議所と兵庫県、神戸市などの行政当局が連携して小売商業振興を目的とした機関あるいは団体の設立を促すものであった。

② 阪急高架乗入問題

　もう一つの課題である阪急の三宮乗り入れが決定したのは1919年のことであった。『75年のあゆみ』によれば、阪急の神戸線は従来上筒井（春日野道付近）

止まりであった。これに対して阪急は1919年1月20日付で神戸市内延長線の敷設特許を申請、12月に神戸市内を地下式とすることを条件に特許されていた[24]。

その後、省線の高架化が決定し、その工事と神戸市の都市計画が進むにつれて状況は変化した。1927年10月に阪急は全線高架式に変更する旨の申請書を兵庫県に提出したが、県は神戸市長の答申を待たずして内務省に願書を進達してしまった。1928年1月に政府は高架許可の方針で兵庫地方委員会に諮問を発した。そのため神戸市会、神戸商工会議所が反対運動を展開した[25]。1929年2月に付帯条件として阪急側が神戸市へ100万円の報奨金を出すことを取り決めたうえで兵庫県側は承認した[26]。

ところが、高架化工事の施行認可は市の権限であったため、この問題はこう着状態に陥り、再度解決へ動き始めたのは1933年2月であった。神戸市会の「阪急高架乗入れ認可申請に関する委員会ではさきに終点を「三宮駅東側」を条件として会社側（阪急――引用者）」と折衝することを決定していた。それを受けて森垣土木部長、石田電気局長はすでに数回阪急と交渉を重ねていた[27]。

阪急の上田専務と中村技師長が8日に市役所を訪問して、次のような提案をしたことからであった。その内容は、「一、終点は諸種の事情から飽くまで三宮駅瀧道の西側にすること。一、市会が瀧道の西側を認めることを条件に金百万円也を市に寄附すること」などであった[28]。

これに対して、「昨秋来諸種の事情のため休止の状態」であった阪急高架乗入阻止委員会は阪急側の改めて寄附を申し出るという条件提案に対して、協議することとなった。中、濱野、森ら一部市会議員から内務大臣への陳情を目的とした上京案が提案された。協議の結果、委員会は絶対多数で上京することを決定した[29]。しかし、この陳情の要請に対して黒瀬神戸市長は拒否した[30]。また神戸市会の市政同盟は阪急の高架乗入を阻止する動きに対して反対を表明した。その理由として、「阪急高架乗入問題は法律上その許可を取消すの途なきこと確定しいま更これが阻止に狂奔するも寸益なきこと明白であるに拘はらずあたかも阻止の見込みあるかの如く宣伝し阻止運動を継続するは市民を欺瞞するものなるをもつて断固として反対すること」を挙げた。そして、「市民交通

表7-1　阪急電鉄側の申し出要項

1	100万円を神戸市に寄付する
2	神戸終点および付属の設備は瀧道以西生田神社東まで。東西の両側に乗り場を設ける。
3	道路幅員は、旧郡部は高架線両側に4間、終点北側に6間、三宮駅前は8間などとする。
4	神戸終点瀧道側に150坪以上、生田神社側に100坪以上の広場を設置する。
5	元関西学院敷地内に幅22m幅員道路敷および南北道路を6間に拡張するための敷地を無償提供。
6	春日野道筋に停留所を設置。
7	あらかじめ神戸市の承認を得ることがなければ、線路の延長と百貨店の経営をしない。
8	市内特別区間乗車料は他都市との関係上、保留する。
9	阪急電鉄は市の意向を尊重しているので、工事促進のための援助をお願いしたい。

出典：「市会委員会」（『神戸市公報』第443号、1933年8月5日付）4646頁より筆者作成。

の利便を計るとともに阪急の寄附を採納して意義ある公益施設を断行すること」を主張した[31]。

他方で、阪急高架乗入阻止委員会は流会を重ねて機能不全に陥っていた。28日も委員の出席定数に満たず、流会となった。そこで西田委員長は「阪急高架阻止は事実上出来ない相談である、既に時代が変わつて来ているのである」として、事実上の委員会解消を提唱するに至っていた[32]。

7月10日に阪急高架乗入諮問案小委員会が開かれた。会議では、「一、百貨店の件、二、市内乗入区間に於ける料金を市電と同額にせしむる件、三、乗入区間中間に於て停留所を設置せしむるの可否、四、道路幅員の件、五、終点位置の件、六、関西学院跡道路の件、七、報奨金の件」が協議された[33]。

さらに、同日午後には阪急高架乗入諮問案調査委員会が開会され、阪急との交渉を進めること、そして大阪京都両市郊外電鉄乗入状況等を視察して更に諸条件を審査決定することを可決した[34]。そして同月26日に同委員会が開かれ、森垣土木部長から阪急との交渉について報告がなされた。表7-1のように、規約は10日の小委員会において提案された7項目に2項目を加えた9項目にわたった。そのうち、「予メ市ノ承認ヲ経ルニ非レバ線路ノ延長並百貨店経営ヲナス」という項目が注目される[35]。その後、27日及び29日にも委員会が開かれ、その間に阪急側とも交渉を行ったものの条件は変わらず、市側の希望を主張するにとどまり、規約内容に変化はなかった。

翌8月2日の緊急市会で阪急の高架乗入条件を可決し、市会は市参事会に契約締結の権限を委任した。同月10日に緊急市参事会が開かれ原案通り可決され即日契約締結調印に至ったのである[36]。ここに長年にわたり懸案事項であった阪急高架乗入問題は一段落した。

契約書は24カ条にわたり、そのうち第15条、第21条が商業に関係するものであった。第15条では、「高架線下ノ利用ニ関シテハ会社ハ都市計画兵庫地方委員会ノ決定セル事項ニ依拠シ予メ市長ト協議ヲ遂ケ市ニ於テ公共ノ為之ヲ使用スル必要アル場合ハ無償ニテ其ノ箇所ヲ市ニ提供スル」ことを定め、阪急が高架下を利用することを認めながらも、一定の制限を加えていた[37]。次に第21条第2項では、「前項ノ外会社ハ市ノ承認ヲ経ルニアラサレハ神戸市内ニ百貨店ヲ経営スルコトヲ得ス又同一目的ヲ以テスル者ニ対シ出資ヲ為スヲ得サルモノトス」とされ、事実上の阪急による百貨店、マーケットの進出規制条項であった。

これらの条項は、阪急百貨店が成立した経緯に基づいて設定された可能性がある。阪急百貨店の開業以前、阪急本社ビルには1階に白木屋梅田出張所が入店し、2階に阪急電鉄直営の梅田阪急食堂が入っていた。小林一三は1階の白木屋の営業に注目しており、ターミナルビルにおける百貨店経営の可能性を模索していたという。1925年4月30日に白木屋梅田出張所の賃貸契約期限が満了すると1階を乗客待合所、2階および3階を阪急マーケット、4階および5階を阪急食堂とする改装工事を進めた。阪急マーケットの成功により、小林一三はターミナルにおける百貨店経営に自信を深め、阪急百貨店第1期ビルディングを建設した。その後、1936年3月の第4期増築東館新装開店に至るまで拡張を繰り返していた[38]。マーケット形式の白木屋から阪急百貨店の開設と拡張は、大阪梅田の中小商業者との軋轢を生じさせていた[39]。こうした経緯は神戸市当局の他、神戸市内の小売商業者も見聞しているはずであり、契約書第15条及び21条は、阪急の商業開発に対する神戸市側の大きな懸念を反映したものと思われる。

③ 神戸商店連盟の創立

次に、神戸商店連盟の創立された1935年前後の神戸市小売商業の状況を見てみよう。「人口九十万中、小売に従事するもの二十万と推算され（『神戸市商業調査書』によるもの——引用者）、これが死活問題は市民の死活問題とまで切実化」していた。1935年当時、「小売商と小売商の競争も亦考慮に入れねばならぬが昔の如く独特の商品を商ふ店が数少なくなつた」現状では、「一個の商店同志の争ひは転じて一商店街間の競争と化した」という。神戸市では、「商店会は全市に百十六を算され、商店街を形成する全戸数五千五百五十五に上つて居」り、「全市内に於ける小売を営むもの一万二千八百九戸中約半数が商店街を形成して」いた[40]。

神戸市内には小売業者団体が２団体存在していたが、これまでみてきたように、必ずしも統制がとれていたとはいえなかった。そこで、1935年の夏以降、神戸市では「市内全小売商の統一団体たるべき神戸商店連盟会の創立準備」を進めていた。

８月から協議が進められていたが、より具体化したのは９月で「五日午後一時から市庁で発起人代表者協議会を開き新団体の事業計画、会費の徴収方法（定例会費及臨時会費）諸特典事項等に就て協議する」こととなった[41]。

そして、５日に「発起人代表菅、柚久保、吉川、近藤、栗林の諸氏のほか市側は西商工課長及び稲垣書記、三輪電気局営業主任に須藤高商教授も出席し」事業計画案を協議し、まとめた。そして、「各商店街基準に神戸小売商連盟及び神戸商店街連盟の既存二団体加盟店以外の諸商店をも全部網羅すべく新団体加入同意者の募集に着手」することとなった[42]。

さらに７日、発起人協議会を開き、連盟規約要項および事業計画概要を内定した。連盟規約要項は表７-２のとおりである。連盟の目的は、市内小売商の経営改善並に繁栄を計るに必要なる方策の研究およびその実行とし、その組織の範囲は、神戸市内における小売商店会と定めた。会費は商店会の規模の大小によって異なり、その負担を軽減させた。代わりに常任理事の選出に制約を設

表7-2 連盟規約要項

目的		市内小売商の経営改善並びに繁栄を計るに必要なる方策の研究およびその実行。	
組織	範囲	神戸市内における小売商店会を以て組織する。	
	職制	庶務、計画、事業、宣伝、調査、編集、相談、保健、青年の9部。部長には常任理事から嘱託。	
事務所		神戸市役所産業課内に設置。	
役員	会頭 副会頭 会計総務 会計次長		1名 3名 1名 2名
	常任理事	加盟会員数	
		50人未満	2名
		75人未満	3名
		100人未満	4名
		100人以上	会頭が適宜決定
会費／月	30人未満の商店会		2円50銭
	50人未満		4円
	75人未満		6円
	100人未満		8円
	100人以上		会頭適宜決定の割合

出典:「神戸商店連盟規約」(『商店街』第1巻第1号、1937年1月) 30〜31頁。

け、公平性を維持することに努めた[43]。そして、10月に入ると「加盟申込商店街は現在までで既に五十以上に達し全市商店街の過半数」を超えていた[44]。

創立総会は10月25日、神戸商工会議所で開かれた。「当日参加出席の商店街は八十二、理事百六十六名で西商工課長議長席につき規約を審議した結果満場一致で可決」した。商店会の数が116であるから、約7割が参加したことになる。そして、役員選挙を実施した結果、会頭は当時神戸商工会議所副会頭でのちに会頭となる榎並充造、副会頭は菅藤太郎、生島藤蔵、吉河圓之助であった。顧問には湯澤兵庫県知事、勝田神戸市長、古宇田高等工業学校校長、伊藤神戸高等商業学校校長を顧問に迎えた。さらに相談役には須藤高等商業学校教授、平井神戸商業大学教授や神戸市土木課長、観光課長、消防課長、保安課長、交通課長、各警察署長などの名が挙げられた[45]。役員や相談役の顔触れは小売商業当事者のみならず、行政、財界、学術関係者が連携する団体であることを印象づける。なお、1937年1月現在の役員およびその所属商店会は、表7-3のよ

表7-3　神戸商店連盟役員（1937年1月現在）

役職	氏名	所属商店会	役職	氏名	所属商店会
会頭	榎並充造	湊川誠交会	調査部部長	下村虎一郎	春日野道正春会
副会頭	菅藤太郎 生島藤蔵 吉河圓之助	茶商「菅園」 元町一二会 塚本共栄会	調査部副部長	倉林新作 引田□之助 黒田槙十	灘八幡商店街連合会 春日野道春栄会 不明
会計総務	栗林政吉	塚本共栄会	編集部部長	神山一巳	三宮三二会
会計次長	木下卯之松 藤井市郎	小野中道筋連合会 不明	編集部副部長	潮田富二郎 伊藤芳光	宇治川共栄会 不明
庶務部部長	美田作兵衛	不明	相談部部長	五百住由次郎	不明
庶務副部長	野村孫三郎 浅野政治 川喜多耕太郎	灘水道筋連合会 春日野道春日会 元六商栄会	相談部副部長	國弘金輔 増井茂男	御崎新地会 小野中道筋連合会
計画部部長	横尾發太郎	不明	保健部部長	森信一	灘水道筋連合会
計画部副部長	井本貞一郎 西光和一郎	八雲共栄会 若宮会（須磨区）	保健部副部長	永田八重雄 小原伊三	不明 不明
事業部部長	柚久保安太郎	湊川誠交会	青年部部長	菊水吉之助	商和会（湊東区）
事業部副部長	森田升二 廣瀬貞光 生駒勝次郎	於多福会（湊東区） 湊川東百貨店 商愛会（林田区）	青年部副部長	西尾嘉介 松井英太郎	不明 不明
宣伝部部長	山崎傳次良	西宮内連合会	常務相談役	西作市	神戸市産業課長
宣伝部副部長	内田恒三 増井勇一 上南留三郎	三宮生田会 有馬道連合会 不明			

出典：『商店街』第1巻第1号（1937年1月）29頁より筆者作成。

うになっていた。

　事業計画の概要は表7-4のとおりであった。大売出しの際の共同ポスターの掲示、商業祭の執行、機関誌の発行、講演会や座談会、商業組合の設立促進、優良店員の表彰や飾窓競技会の開催のほか、金融機関の設置、商店会青年団の組織化、連盟倶楽部の建設などがあった[46]。なお、後述するように金融機関の設置、商店会青年団の組織化、連盟倶楽部の建設以外の計画の多くは実現した。

図7-1　神戸商店連盟加入商店会所在略図

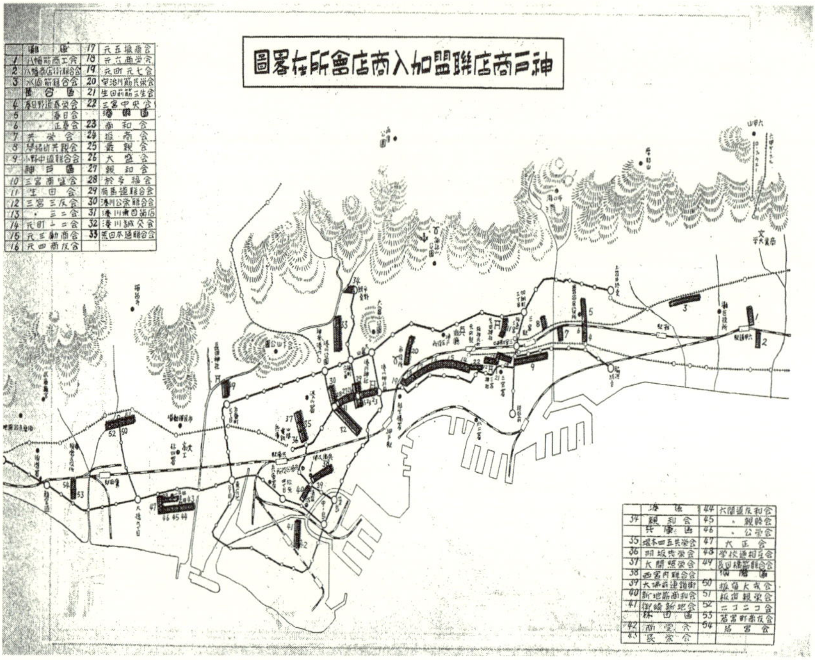

出典：『商店街』第2巻第1号（1938年1月）。

表7-4　神戸商店連盟事業計画概要

大売出しの際の共同ポスターの掲示
商業祭の執行
機関誌の発行、各種刊行物の頒布
商業組合設立の誘導
講演会、講習会および座談会の開催
各種調査研究および実地視察
連盟標識の実費配布
優良店員の表彰、飾窓競技会等の開催
金融機関の設置
相談所の設置
商店会青年団の組織および指導
連盟倶楽部の建設

出典：「神戸商店連盟　規約案内定」（『神戸新聞』1935年9月10日付）。

2　神戸市における商店街の共同事業

① 商店街の共同事業

　商店街の共同事業は、商店街商業組合によるさまざまな共同事業が想起される。しかし、商店街商業組合だけでなく、商店会などでも共同事業は行われていた。神戸商工会議所によって1935年12月に調査された『神戸市商店街調査』や神戸商店連盟の『商店街』の記事などにより、一部の商店街あるいは商店会の共同事業について明らかになる。

　表7-5の1935年末の調査で明らかになることは、商店街において共同事業がなされていたことである。事業内容は、共同売出し、共同照明や日覆、砂ぼこりの飛散防止を目的とした路上の撒水や撒油などであった。特徴的な事例としては、灘八幡商店街では春と秋に旅行を催したり、水道筋では店舗装飾照明競技会、小野中道では半額デーや観劇販売福引、西宮内町では福引景品売出しのほか、六間道では町内の稲荷神社で催される祭礼に合わせて初午売出しを行っていたりした[47]。

　しかし、共同照明や撒水、福引や売出しなどの共同事業を遂行するには、商店会を組織する各商店が費用を負担しなければならない。その経費を負担した方法の一例を『商店街』の記事から知ることができる。まず、灘八幡の事例をみてみよう。灘八幡は、正式には灘八幡商店街連合会といい、67の商店によって組織されていた。前身は1931年頃に創立された八幡境筋連合会で約30商店であったが、1934年に現在の連合会に改称した。先に挙げた共同事業を遂行するために、1店舗当たり月4円50銭を徴収していた。さらに、連合会員の電灯料金の委託金によって得られる手数料収入を経費に充当していた[48]。

　次に、灘水道筋の事例をみたい。灘水道筋は正式には灘水道筋商工連合会といい、7商店会、会員数144名で組織されていた。創立は1923年頃であるが、1931年頃に新田林蔵が積極的に運営し現在に至ったという。灘水道筋の共同事

表7-5　主要商店街の共同事業

	共同売出	共同照明	共同日覆	共同撒水（油含む）	共同催事
灘八幡	○	○	○	×	○
水道筋	○	○	○	×	○
春日野道	○	○	○	×	×
小野中道	○	○	×	○	○
元町通	○	○	×	○	×
多聞通	○	○	△	△	×
御旅筋	○	△	○	×	×
西宮内町	○	○	○	○	○
大佛筋	○	○	○	○	×
大正筋	○	○	×	×	×
六間道	○	○	○	○	○

出典：神戸商工会議所調査課『神戸市商店街調査』（1935年）22頁。
注：△は一部の商店会で実施されていたもの。

業も、灘八幡と同様の共同事業を行っていた。そのうちの一つである電灯料金集金委託事業は、1935年5月から行われており、手数料収入は年間約1,000円に達し、この収入を連合会の運営費に充当した。また連合会を形成する昭二会、桃睦会といった一部の商店会では1927年頃から家賃の集金を商店会が行い、その手数料収入を商店会の経費に充てていた[49]。

春日野道商店街は春日会、正春会、春日野会、春日会という4つの商店会からなる商店街であった。いずれの商店会も会費を徴収し、街路照明や天幕の設置および維持管理といった共同事業などに使用していた[50]。同様に、小野中道筋連合会や三宮生田会などでも会費を徴収して共同事業を行っていた[51]。また、「商店街を訪ねて」という連載記事中には、頼母子講によるものとする事例も複数見受けられたが、その仕組みについての詳細は不明である[52]。

以上のように、商店街商業組合の設立以前にも商店会の共同事業は、売出しや街灯や天幕の設置などだけではなく、そうした事業を遂行するための事業収入を得ていたことが明らかになった。これは商店会あるいは商店街における事業運営が軌道に乗っていたことになるが、さらに、別の商店街では、都市改良事業も実施していた。

表7-6　湊川新開地における業種別店舗数

1920年頃		1938年					
飲食店	30	飲食店	20	履物屋	7	写真屋	8
雑貨小間物	30	甘栗商	7	靴屋	1	デパート	2
果物・菓子	25	菓子商	10	洋品店	13	割引切符商	6
飲料水	3	果物商	4	洋服商	8	書籍商	3
競売	15	喫茶店	5	帽子店	8	洋傘店	2
時計	8	飲料商	2	古着商	1	蓄音器店	4
煙草	5	カフェー	3	財布屋	3		
写真	5	小間物店	3	和服商	1		
履物	5	雑貨店	3	理髪店	6		
玩具	5	競売	3	酒場	5		
理髪	4	眼鏡商	5	洋酒屋	1		
古着	3	煙草商	3	家具屋	1		
薬	3	薬	1	玩具商	3		

出典：小寺一郎・竹馬英明「湊川新開地の発達」（安達義夫編『商業経営事情　第二輯』1938年）252～254頁。

② 湊川新開地の商店街改良事業

　湊川新開地の商店街改良事業は、小売商業者のみならず、興行者や家主のほか、産官学も協同したことが注目される。

　事業について検討する前に、湊川新開地の概要について説明する。湊川新開地は、明治末期の旧湊川の付替事業ののちに大正期から発展してきた街であった。多聞通り神戸方面に湊川神社、隣接して福原遊郭があった[53]。

　表7-6は、新開地商店街の業種別店舗数である。1921年頃には、飲食店や雑貨小間物、果物・菓子商、競売などが多かった。それに比して、1938年現在では、飲食店が変わらず多いものの、ほかに洋品店、洋服商、帽子店などが店舗を構えるようになっていた[54]。

　そして新開地はなにより、興行街であった。1921年頃に神戸市内の観覧場と総称される娯楽機関は38が存在し、そのうちの半数が新開地にあり、入館者数は年間400万人を超えていたという。1938年の時点では、映画館13館、劇場5館が立地し、映画館及び劇場の入館者数は1938年1月から8月の期間中で617万人を超えていた[55]。以上が湊川新開地の概要である。

商店街改良事業を実施したのは、湊川新開地の南側であった。南側は、興行常設館や各商店など約100戸から商店街を形成し、湊川誠交会を組織していた。この誠交会は、より近代的な商店街にするべく商店街の店頭をネオンサインに改め、さらに商店街で統一させることを計画していた。そのため同会は「新開地大通をネオン化するため市電気局と折衝を続け一方各店舗もネオン照明灯建設と同時に改築も行ふべくこれまた家主側とも交渉していたが、何れも円満に成立すること」となった。その計画は「改築予算約十万円、ネオン照明灯、建設費約二万五千円を投じて」商店街を一新させるものであった[56]。

誠交会は商店街の改築を成功させるために視察団を組織した。それは「市電気局の得田技師、市商工課菅井主事、須藤神戸高商教授それに誠交会長柚久保安太郎氏、鹽崎、志賀副会長、河村幹事、福森、前田興行組合代表家主側代表神田有氏らに工事の専門家を合する」ものであった。視察団は1935年8月6日から10日までの日程で東京、大阪、京都、名古屋、横浜の五大都市における電飾施設を視察のためそれぞれ手分けして出発」した。新開地の商店街組織の一つである誠交会は、産官学とスクラムを組んで、商店街の振興を目指したのであった[57]。

視察団は上記の人物のほか、総勢40人以上で組織された。以下、須藤の連載記事から、視察内容を見ていきたい。京都では、「（商店街の——引用者）裏通も横町も明るく綺麗にせねば本通りも繁盛せぬことが京極などの発展に徴して明らかになった」ことを一行は確認した。それは「裏通りや横町もまた商店街の延長であるから」であった。東京では、電気普及館で講習を受けたのち、「上野の電気サイン展覧会場は勿論本郷、神田、銀座、浅草、新宿など」を精力的に見学した。横浜では伊勢佐木町商店街を訪問した。「デパートも附近に数店あり競争も相当激しいやうであるが個人商店の商品の充実、陳列の巧妙さ、店舗の構造様式も新らしく装飾も美しい、接客用語並に態度もよろしいので顧客も相当多い」と評した。そして、商店街の共同施設も「テントの設備に工夫が届いているため炎天下にも商店街には人足が繁し」かった。これは、広い歩道を覆う天幕があったからだった。そして、「日中は勿論、配備よろしきネオン

で夜間の買物客、観映者で賑わつて」いた。また「個人商店主も店員も大変な意気込みで経営に当たつている、熱心な態度は確かに模範とするに足る」と高く評価していた。ほかにも、神戸市は国際都市としての一面とともに、観光都市としての一面も有することから熱海の温泉地を視察している。熱海では、「町役場の観光課で、旅館の改善や土産物店の整備に骨を折つて」おり、「温泉地などの商店やタクシーや旅館などの一致共鳴が必要」であることを強調した。それは神戸市にも当てはまり、商人だけでなく市民一般にも心してもらうことを訴えた[58]。

名古屋では「電気の家」で簡易冷房装置や最新式冷蔵庫などを見学したのち、大須観音商店街を訪問し、大型提灯ネオンサインや大須観音境内にある大あんどんの明かり、そして商店街の要求により実現した福寿生命ビルからの投光照明を視察した[59]。商店街とビル所有者との協調により大須観音商店街の照明設置が実現した理由に、名古屋市全域における小売商の連盟が商工会議所に本部を置いて完全に統制されていたことを須藤氏は挙げている。「小売の中心が東南に移りつつある名古屋に於て商店街の連繋と商店経営の指導がよく行はれて」いた。また「広告協会との連携も巧みに行はれウインドウや街の照明問題を解決していた」という[60]。

視察を終えた一行が神戸に戻ったのち、「電気局ではネオン設計に、誠交会側では家屋改築設計にそれぞれ他都市の長所を採り作成」した。17日頃に各々設計を持ち寄って最終決定すると記事にあり、おそらくあらかじめ設計したものを各都市の視察の成果を反映させたのであろう。ところで、商店街を改装する範囲と費用負担は以下のように決定していた。まず「改装工事の施される範囲は聚楽館南側電車道に面した湊川百貨店の北側全部、西は伊藤靴店迄の一角、本通りは瓦斯会社、電気局を含む両側全部で改築される家屋は全部で約百軒」であった。改装の主要目的の一つである「ネオン灯は各商店の隣接箇所に施され一箇の建設費二百五十円、全部で百三十五ヶ所建設される」ことになった。もう一つの店舗改築については、「家屋の様式はタイル張りの清朗な近代的洋風三階建で一階は飾窓、二階は大きな硝子張り窓、三階は鉄骨硝子張りの広告、

図7-2　改装された湊川新開地商店街の様子

出典：「明粧・新開地の出現」(『神戸又新日報』1935年11月14日付)。

看板壁となる」予定であった[61]。その費用の分担は、「家屋改築費は家主の負担、ネオン灯は営業者の負担となって」いた。

　新開地商店街南半分の改装事業は、図7-2のように11月に完了した。その外観は、「クリーム色の建築を並べ、従来のやうに不揃ひの看板はやめて明朗な子に各々意匠を凝した装飾をしてあり夜は昼を欺くネオン七彩の明粧」であった[62]。なお、北半分の「新開地本道は大楠公六百年祭までに明粧を施しネオン街を完成」させていたので、新開地商店街のすべての通りで改装が完了し、神戸有数の繁華街として、古い街並みを一新させた。新開地本通の改装の詳細は不明だが、少なくとも南半分の改装事業は、小売商業者のみならず、興行者や家主のほか、産官学も協同した共同事業であった。

③ 神戸大水害における復旧支援

　1938年7月5日、神戸市は大水害に見舞われた。特に大きな被害を受けたのが宇治川、荒田筋、元町本通り等に位置する商店街であった。神戸区の宇治川筋共栄会は、全市を通じて最も被害の大きい商店街であった。その被害は、「浸

水量約五尺五寸、土砂浸入約三尺流出木材並に土砂の為め店舗の破損商品の流出激甚にして復活見込不明」とみられた。また同区の元町商店街も被害が大きく、特に元七会のある元町七丁目では、「浸水四尺、土砂一尺二三寸、流出材木並に土砂の堆積甚大にして復旧の見込不明店舗の破損並みに商品の流出」もあった。湊東区の荒田通連合会のある荒田筋では「浸水六尺、土砂の浸入三四寸、店舗破損、商品流失約三十戸、復活見込不明」とされ、個人では手に負えない被害の大きさであった[63]。

　神戸商店連盟は「岡部、菊水両副会頭らの幹部らは自己の被害を顧る遑もなく、加盟商店街の被害情況視察や慰問等に駆け廻はつて」いた。15日に市役所で緊急役員会議を開催し、復旧対策に関する協議を行った。協議の結果、被害の少ない商店街から動員して勤労奉仕隊を編成し、17日から3日間にわたって特に大きな被害を受けた宇治川、荒田筋、元町本通り等の清掃奉仕にあたらせることとなった。初日は林田支部の六間道友和会および六間道親睦会の24名が元町通りを、兵庫支部の御崎商愛会43名が宇治川共栄会の地区を清掃した。2日目は林田支部の親和会（親睦会の誤りか）16名、公栄会23名、兵庫支部の大仏前連鎖街23名、清盛筋昭和会37名の計99名が荒田本通連合会の地区を清掃した。3日目は林田支部の大正会50名、学校通相互会5名の計55名が元町通りの清掃を行った。また兵庫支部の御崎新地40名、湊川公栄連合会10名、六盛会3名の計53名が荒田筋を清掃した。そして葺合支部の共栄会55名が宇治川共栄会の地区の清掃作業を奉仕している。この清掃奉仕は、スコップで水害によってたまった土砂を取り除き、がれきを片付ける作業に従事するもので、商店街の復旧に寄与した[64]。これは、神戸商店連盟の指揮により、商店会の相互扶助機能を全市的に昇華させた事例であった。

3　統一された販売政策と商業祭の開催

　前節までに、神戸市内には単一業種の商業組合と業種を横断した神戸小売商連盟が存在したものの、百貨店の進出などの大きな問題に対処できない側面に

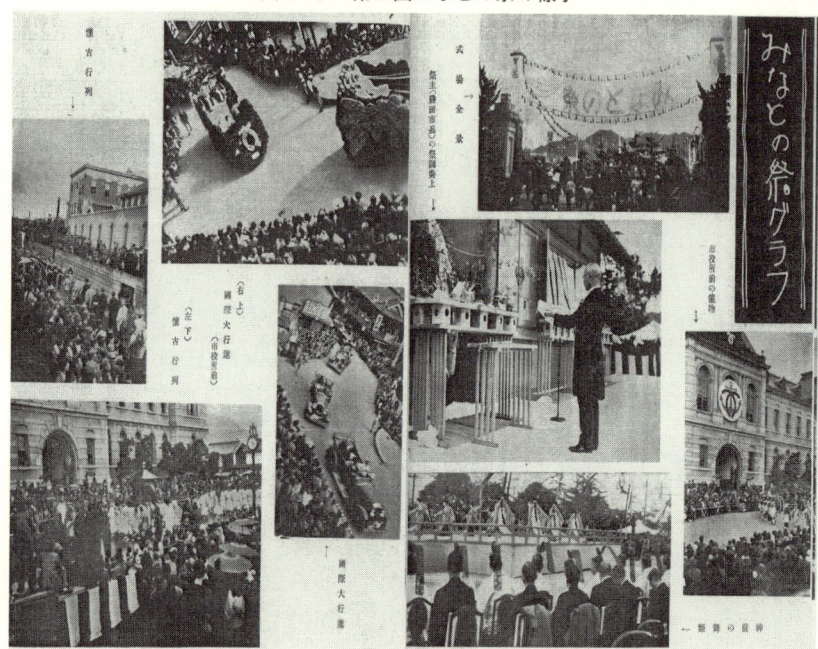

図7-3 第2回みなとの祭の様子

出典:『神戸市公報』第488号（1934年11月15日付）5206～5207頁。

ついて明らかにした。異業種からなり利害関係も異なる小売商団体を連合する状況では当然であったといえる。それが産官学の連携によって創立された神戸商店連盟において、改善がなされた。本節では、神戸商店連盟が行った統一した販売政策について検討していく。ここでいう販売政策は、みなとの祭に合わせた売出しや商店連盟による商業祭などの各種売出しに限定する。

① みなとの祭の開催と期日変更

まず、みなとの祭の開催経緯と、その位置づけをふまえておきたい。神戸市は1933年11月に第1回市民祭の一環として「みなとの祭」を開催した。『神戸市公報』によれば、当初は10月中旬の開催予定であったが11月にずれ込み、以降、1936年の第4回まで11月開催が続いた。この祭の具体的な方針は観光調査

委員会幹事会によって決定された。

　準備機関として市民祭協会を設立し、協会の役職は「会長を市長とし他に、参与、副会長、理事、幹事等の役員は広く官民有力者より選ぶこと」とされた。そして、みなとの祭の目的は「山海両祖神の神徳を宣揚市敬神尊祖の美風を涵養し併せて神戸市の繁栄を祈念する機会たらしむること」と決定された[65]。

　また産業界は、みなとの祭を国際港湾都市としての神戸市の重要性を市民に再認識してもらう機会として捉えていた。当時、欧州からの船舶が大阪港に寄港するようになったため、神戸市及び産業界は港湾都市としての地位の低下に危機感を抱いていたからである。神戸商工会議所の岡崎忠雄会頭は「神戸市の本質を認識せねばならぬ、そこにこのみなとの祭の重要さが活て来る」と考えていた[66]。

　他方で、祭の方針が観光調査委員会幹事会によって決定されたことからもわかるように、「みなとの祭」は、一大観光イベントとしての側面もあった。

　祭の宣伝については、準備機関である市民祭協会が担った。宣伝地域は「東は名古屋から西は下関まで、北は金沢より松江、南は四国一円。（中略）その他東京、長崎、福岡、横浜、静岡の全国主要都市」という非常に広範囲であった。また宣伝方法は、ポスター、電車内中吊り、大阪、京都の市内電車の電車乗換券裏面広告、絵ハガキ、英文リーフレットの配布のほか、京都駅から大阪、神戸、岡山の駅間に1カ所ずつ鉄道沿線広告の掲示、広告塔や新聞やラジオ放送宣伝など多岐にわたった。これらのうち、ポスターは省線の京都駅から岡山駅の各駅、阪神や阪急、京阪などの郊外電車停留所、汽船発着場や温泉宿、郵便局、百貨店、動物園などであった。電車内の中吊りは大阪、京都の市電のほか、阪神、阪急、京阪、南海などであった。ポスター、中吊り広告のいずれも、人が多く集まる場所に掲示する規模の大きなイベントであったことがわかる[67]。

　祭は11月7日と8日の2日間行われた。第一日は神事祭典に始まり、祭の女王の戴冠式、国際大行進という生花自動車数百台のパレード、花火大会や海上提灯行列の神戸ナイト、小学校児童体操大会、旗行列等を行った。第二日は、源平時代と楠公時代、兵庫の海港とに分けた懐古行列を大開通から市役所前、

元町通り、トアロードを経て大倉山に至る行程で行った。また、野外劇や、スポーツ大会、イルミネーション、菊花展覧会、港湾巡覧等を催した[68]。

次に、神戸市内では「官公衙、銀行、学校等の公休について二日説と一日説と出たが結局十一月七日だけ休むと云ふ一日説が適当といふ」ことになった。「市役所、区役所、電気局は率先して休むことに決定、小、中学校も同様休校することに目下手続き中である。従つて、銀行、工場、会社、商店等も同日休業することになる」ことが計画された[69]。「みなとの祭」を目的に県外から多数観光客が訪れ、また1日だけとはいえ、官公庁、学校、銀行、工場、企業の多くが休業あるいは休校となれば、小売商業者の立場からも集客と売上が期待される一大イベントであり、いわば「書き入れ時」と目されたであろう。

しかし、神戸市内の商店街では11月に誓文払という大規模な販売イベントがあり、「みなとの祭」と重なってしまう問題があった。そこで、神戸小売商連盟は市当局に開催時期に関して陳情を行っていたが、その陳情が受け入れられることはなかった。神戸小売商連盟は、9月8日に会談を開き、「元町を除く一般小売業者は十一月一日から八日まで「みなとの祭」大売出しを行ひ、誓文払は十一月中旬以後改めて開催と決定、元町だけは誓文払を予定通り行ふが祭り当日はうんと力を入れて、大装飾を施すこと」を決定した[70]。

したがって、元町通の各商店会とそれ以外の神戸市内商店会あるいは商店街の誓文払のイベントは同じ市内でありながら開催時期が分かれることとなった。1933年はそごうの三宮進出、阪急高架乗入問題だけではなく、「みなとの祭」の開催時期をめぐっても小売商業者の団結の脆弱性を浮き彫りにした。

祭自体は成功裡に終わり、神戸市近郊だけでなく、大阪、京都、岡山などの各府県から多くの観光客が訪れた。「電車で調べて見ると阪神電車ではザット三十万のといつているのを筆頭に阪急では約十万、山陽電鉄が十五万、神有電鉄が一万五千といつて」おり、50万人以上の乗客が神戸を訪れ、また省線やバスなどを含めれば、それ以上の人出でにぎわった[71]。

祭のにぎわいもあり、商店街や百貨店の客足も上々であった。商店街では、「元町、新開地、春日野道、小野中道、兵庫宮内、西新開地、水道筋その他ど

こもかしこも「みなとの祭」と誓文払ひの大るつぼだ、紅白のまん幕と吊提灯の下を流れ動く音頭踊りの大群！人波に押されはみ出され俄然各百貨店大商店は足羽連の避難所の形！「みなと」に因んだオモチャ、手拭、ケーキなど見る見る飛ぶやうに売れて扇港の繁栄はけふを一つのエポックに永遠につづくと思はせる」盛況ぶりであった。大丸ではみなとの祭ケーキを販売したり、そごうでは焼物にみなとの祭の模様を入れて売り出したり、福引の副景品として提灯を贈呈したりしていた[72]。

元町商店街単独で催された誓文払は、具体的な売上などの数値は不明であるが、新聞記事によって、客足や各商店街の販売促進に関しては垣間見ることができる。「各商店街は軒並に赤白の幟幕を張巡らし夫々凝つたデコレーションを競ひ、あらんかぎりのストックをブチまけて廉価特売のビッグパレード」であり、大きな売出しを行ったことがわかる。そして、元町通6丁目では「購買欲満々たる女性軍のオンパレード、特に港祭りの前奏曲を奏でる「みなと音頭」のメロデーが更に濃厚な色彩を加へ巷々の誓文払気分は白熱の最高度に達し正に爆発的な人気である」ことを伝えている[73]。「みなとの祭」開催前の誓文払は一定程度相乗効果を発揮したとみられる。

1935年に設立した神戸商店連盟は、引き続きみなとの祭の開催時期に対して是正を求めていた。1937年1月23日の常務理事会においてみなとの祭の期日変更について横尾發太郎から「市民祭"みなとの祭"は十月の中旬頃に繰上げて貰ふことに奔走是非実現を期したい」という動議があり、協議が行われた[74]。まず、菅藤太郎常務理事会議長から陳情の経過報告がなされたのち、生島副会頭は「陳情ノ結果ヲ想到スルニ目下ノ形勢デハ変更ノ気運ガ看取出来ナイコノ儘放擲スルトキハ我等ノ要望陳情ノ実現ハ到底至難ト思フ」と述べたうえで、積極的な対策運動の是非を問うた。その結果、「実行運動スルコトニ決シ其ノ方法ハ常務理事ニ一任シ具体案ニ関シテハ菅副会頭ニ一任スルコトニ決定」した[75]。

これを受けて、神戸商店連盟は「四月中旬、菅生島、吉河三副会頭、柚久保事業部長、神山編集部長ら一行は市役所に勝田市長及土師観光課長を訪れ左記

陳情書を提出」し、「神戸みなとの祭施行期日を十月中旬（十月十七日、十八日）に変更」を陳情した。その理由として「過去四年間に於けるみなとの祭の足跡を顧み我等小売業者の立場に立脚して営業上の実績に鑑るとき轉た秋風落莫の感を嘆ぜざるを得ず」と営業成績がみなとの祭開催時期に落ち込んだことを挙げている[76]。

商店連盟側が誓文払の期日を変更するということは、「誓文払の行事たるや我等小売業者としては永年の伝統的商習慣と販売政策を慎重に加味しそれに基き期日を十一月初旬と決定し現在に及ぶものにして一朝一夕に之が期日の更改は到底不可能」とする見解を示した。そして、「更改実施することによつて市勢の消長に不可分の関係をもつ我等商店街小売業者の興望に副ふ所以であると共に他面大阪市の誓文払への買出しを抑制するのみならず十月十七日は神嘗祭の祝日に相当するが為に地方観光客の誘致策から見るも相当の効果は期待され畢竟この期日を更改することによつて一石二鳥の効能」を得られると主張した[77]。この時点で、商店連盟側が大阪市の誓文払に消費者が流れることを懸念していたことは注目される。

しかし、その陳情の成果は芳しくなかった。7月12日に陳情委員である生島藤蔵をはじめ6名により市民祭協会主管である守屋神戸市助役をはじめ八木助役、観光課長などに面会の上陳情を行ったが明確な回答が得られなかった。19日に陳情対策委員会が開かれ、経過報告と今後の対策について協議された。「市民祭協会委員の意思如何に拘はつているので、右陳情の趣旨を徹底せしめる為、各委員に対し別項陳情書をそれぞれ郵送することに決し、即時その方法を執る」ことを決めたほか、「各区の選出委員（市民祭協会員）に対し積極的に陳情することを決定」した。また神戸商工会議所副会頭でもある榎並充造商店連盟会頭からは神戸商工会議所では「可及的商店連盟の要望に副ふやう善処したい」という意見が出された[78]。

こうした活動が功を奏し、8月14日に開かれた市民祭協会理事会において、みなとの祭の期日変更が決定した。神戸商店連盟が主張していた17日からではなく、20日から3日間となったが、神戸商店連盟による活動が、みなとの祭の

期日を動かした[79]。みなとの祭と誓文払という二つの行事を分離することにより商業機会を増やすことに成功したのである。

しかし、そのみなとの祭も1938年になると、「非常時局下而も未曾有の水禍に襲はれ敢然として進む復興の秋に迎へた第六回みなとの祭は豪華絢爛を誇る諸行事は一切中止され時局を思はせる質朴さ」となった[80]。これにともなって神戸商店連盟におけるみなとの祭の売出しも「時局柄本件売出しに就いては各商店会ごとに自由とし、連盟として統制せる売出しは中止す、従つて宣伝も取止めとす」ることを10月の定例役員会で決定され、神戸市の観光イベントであり、商店連盟の販売イベントでもあったみなとの祭は形式的なものへと変容した。結局、みなとの祭と誓文払という二つを分離した販売イベントが可能だったのは1年限りであった[81]。

② 神戸市内における商店街と百貨店の共同売出し

みなとの祭と誓文払が重複していた1935年には、商店連盟と百貨店の共同売出しも試みられていた。誓文払の売出しは10月26日からとなった。これは、「各デパートが二十六日から誓文払ひに入る関係上例年と異りこれをリードする意味からして二十六日より来月五日までの十一日間全市商店全一斉に開催する事」を創立前の神戸商店連盟理事会において決定した。商店街と百貨店の誓文払が同日程での開催となったのである。そして、全市統制のとれた誓文払の売出しを神戸市民に認知させ、遂行するため、宣伝に力を入れた。「宣伝方法としてポスター作製を神戸高商瀧川教授に委嘱し、市電、市バス、神明バス、各郊外電車等」さまざまな公共交通機関に広告を出稿、掲示した[82]。

初日は天候が曇りのち雨で客足が伸びなかったが、二日目は「絶好の行楽日和」となり、「元町、新開地、有馬道の誓文払ひも午後もなつてドツとくり出した人の波に漸く蘇へつてどの店も赤鉢巻や赤だすきの店員の」声で活気があふれていた[83]。

また「中心地よりも端々の方が却て賑つているの情景」も見受けられた。「従来はデパートが先であつた為この方で重なる買物をし、残つたものだけを商店

街の誓文払」で購入する傾向だったが「今年から一斉となつたので地区的に便利な方面へと出かける関係上中心街を比較的離れた東部或は西部方面の殷盛を」もたらしたのであった[84]。

そして「今季は各百貨店商店街が歩調を揃へこれに市商工課の応援などを得て例年に見ない大賑はひを呈したが一方お客の購買力も昨年とはお話にならないほど旺盛で各店では昨年度よりも約三割方の売上増収の好景気」となったのである[85]。ただし、すべて統一されていたわけではなかった。西新開地、西宮内の商店街が趣向を凝らした一方で、新開地では商店街の南半分が改装中であったこと、そしてみなとの祭の菊花展が商店街北側に隣接する湊川公園で開催されるため誓文払よりもみなとの祭を重視した[86]。

年末の売出しである「歳の市」は神戸商店連盟においては12月5日から31日まで行われた。この売出しは誓文払よりも一段と統制がとれたものとなった。「神戸商店連盟が総指揮官となり東部、中部、西部各商店街とも戦線を見事に統一、それに七日から十五日までのデパート歳暮大売出しの先手を打つているので鼻息は頗る荒い」ものであった[87]。

しかし、1937年の歳の市では、百貨店と商店街は協調しなかった。「各デパート、商店街の年の市、既に瀧道そごうが準備歳末売出しのトップを切つて愈々本日から開幕、大丸、三越の両百貨店でも明一日を期し歳末売出しのスタート」した。各百貨店まちまちの歳の市であった[88]。

これは、第一次百貨店法に定められた夜間営業制限の影響もあった。百貨店法は「夜間営業の禁止的条項の猶予期間も切れてけふ一日から愈々本格的に実施される」こととなっていた。「百貨店の夜間営業は法の規定によつて一箇年間五十日だけしか営業出来なく」なったのである。12月から本格的に法律が運用されるため、夜間営業を適用すればよいのだが、法手続き上困難な状況にあった。例えば、三越神戸支店は1日から百貨店法の下で夜間営業を開始できたが、十合神戸支店、大丸は商工省から認可指令が通知されておらず、それぞれ4日、7日からの夜間営業を目指していた[89]。

神戸商店連盟の下で統一された商店街の販売政策も、日支事変の勃発によっ

て制限されていった。1937年12月時点ではまだ自粛という段階であり、街は松飾りやクリスマスツリーに彩られていたが、「時局に鑑みて本年はクリスマス或ひは歳末の享楽的催し物は一般に差控へよと県警察部が厳命」する時代に入っていった[90]。1938年の歳の市では「各商店街の『実入り』は相当ズッシリとあつた」ようだが、「どの商店街でもはやし鳴物入りに変装奇装の店員諸君が、手ぶり身ぶりおかしく華客によびかけるあおのユーモアとお祭り騒ぎをチヤンポンにした店頭風景は」なくなっていた。また「一ばん著しい変りやうはあの大福引、福運当てにお客の購買心と射幸心を併せそそる制度の根本的な撤廃」であり、「時局色マザマザしい商店街風景」に変わったのである[91]。

③ 神戸商店連盟による統一売出し「商業祭」

1935年10月に神戸商店連盟が創立された際に、「商業祭」の開催が計画されていた[92]。第1回の商業祭に関しては、機関誌『商店街』は創刊されておらず、ほかに史料が確認されていないため、新聞史料により検討する。

第1回の商業祭は1936年5月1日から5日までの開催期間で、神戸市全域の加盟商店約3,200店が参加した[93]。この商業祭開催にあたり、商店連盟副会頭である生島藤蔵は、「利害共通する連盟加盟会員が真に協力一致し、神戸市中小商業の繁栄を祈願し以て自力更生の一端と為す」ものだと商業祭に関して抱負を語った。そして「決してデパートに対抗挑戦するなどの気分は毫末も織込まれていない」と否定したうえで、「寧ろデパートと相連携し其長所を取り入れ、以て小売商のもつ特異性を発揮しその真価を洽く社会に認識して貰ふことが時流に順応した適切な措置である」と考えていた[94]。デパートとの競争ではなく、神戸市商業者が連携して発展を目指すという趣旨の発言は、前年の誓文払の共同売出しが成功した証左であろう。

さらに、商店連盟会頭で商工会議所副会頭でもあった榎並充造は、「（神戸商店連盟の結成と商業祭の開催などの――引用者）各商店街の蹶起は飽くまで公正な利便を安易快適に提供することの技術的協調が基調」であることを述べた。そのうえで、「かくの如きは社会大衆に呼びかける小売商の切実なる団体運動

258

図7-4 第1回商業祭の様子

出典：『神戸又新日報』（1936年5月5日付）。

でありまして、小売商の自覚であり、大いなる進歩」があると神戸市民に商店連盟および商業祭の意義を訴えたと同時に、従来の反百貨店運動や商権擁護運動とは異なるものであることを明らかにした[95]。

商業祭の行事は、加盟商店会の大売出しと福引、祭典、本祭、写真撮影大会、加盟優良店員表彰、記念大講演会、仮装行列などが執り行われた。さらに打上花火で祭を演出したほか、加盟商店の商店街全体の装飾、商店のショーウィンドーの審査大会などが開催された[96]。大売出し及び福引は初日から購入金額50銭に付き景品券1枚で松竹劇場に3,500人を招待し、同じく購入金額1円に付き景品券1枚で500名を別府温泉旅行に招待するものであった。祭典は初日に神戸市内44の神社で商業祭奉告祭を挙行、二日目に本祭では湊川公園で商売繁盛の祈願目的に挙行し、同日加盟商店の優良店員の表彰を催した。写真撮影大会は、商業祭の記念写真撮影会で、展覧会を後日開催し、記念講演会は最終日5日に行った。

最後の仮装行列は神戸市内の各商店会が中心となって行った仮装行列イベントであった。2,000人の商業者、80団体を動員して、25の仮装行列が催された。大佛筋商店街が地域のシンボルであった大仏を活用した行列で一等を受賞した[97]。同商店街は、仮装行列で一等に入賞した記念として「大佛前連鎖街大売出し」を催した[98]。

④ 第2回以降の商業祭

第2回の商業祭は1937年5月1日から7日までの一週間に拡大された。加盟商店街装飾競技会では、「画期的装飾競技を伝へ聞いた大阪、京都の各商店連盟役員達もこの日わざわざ見学に来たもの多く」見受けられたほどであった[99]。

商業祭は、商店連盟が創立した当初から計画されていた一大販売イベントであったが、第1回で不明であった行事分担が第2回では把握できるため、触れておきたい。

行事分担は総務部を統括組織として設置し、その下部組織として祭典部、行列部、宣伝部、事業部を置いた。総務部は榎並会頭と副会頭である菅、生島、

表7-7 福引景品および土産品
寄贈企業一覧

企業名
株式会社トウランプ神戸配給所
中山太陽堂
株式会社平尾賛平商店大阪支店
株式会社小林商店大阪支店
株式会社塩野義商店
日本油脂株式会社尼崎工場
松下無線株式会社
台湾製糖株式会社神戸製糖所
長岡駆虫剤製造株式会社
株式会社濱口俊介商店
日本楽器製造株式会社神戸出張所
高島平介商店
浅田飴本舗堀内伊太郎商店
株式会社藤沢友吉商店

出典:『商店街』第1巻第6号(1937年6月)35頁。

吉河の3名、部員に栗林会計総務と次長の木下、藤井の両名、美田庶務部長と副部長である野村、浅野、川喜多の総員10名で構成された。職務内容は庶務、会計、経理、遊覧観劇抽籤券発行などであった[100]。

祭典部は菅副会頭の下で商店連盟の調査部、計画部員が担当し、祭典場所、設営、祭典の執行を司った。行列部および宣伝部は生島副会頭が指揮を執り、行列部は商店連盟青年部、保健部員が担当し、装飾自動車行列に関する仕事を請け負った。宣伝部は商店連盟宣伝部、編集部員が担当し、記念煙草の発売、ポスター、立看板、電車車内広告、商業祭提灯、アドバルーンなど広報業務に従事した。最後に事業部は吉河副会頭の下で事業、相談部員が担当し、優良店員の表彰、飾窓及び店内陳列競技会、商店街装飾競技会、商業祭記念講演会、写真撮影競技会、打上花火、遊覧招待、観劇招待など多岐にわたる業務を担当した[101]。

第2回の装飾自動車行列は、須磨区離宮道を起点に桜口国道まで4時間半をかけてパレードを行い、60台以上が参加した[102]。商店街装飾競技会では西宮内商店街[103]、店内陳列競技会では元町の洋品雑貨店であるフナキヤが最優秀賞の商工大臣杯を獲得した[104]。福引抽選は、購入金額1円ごとに別府遊覧300名以上、松竹劇場1,500名の招待付抽選券を1枚配布し、同じく50銭ごとに琵琶湖遊覧300名以上、松竹観劇3,500名の招待付抽選券を1枚配布した[105]。抽選券は空くじなしであり、別途粗品が用意されていた。粗品は、表7-7にあるメーカーから寄贈されたものであり、石鹸や砂糖などの日用品が多かった[106]。

しかし、1938年になると、商業祭も変容した。第3回商業祭は、前年同様5月1日から7日まで開催されたが「本年は我が国未曾有の今次事変(日華事変

――引用者）を顧慮に容れて前年催した、装飾自動車行列や商店街装飾競技会、店頭装飾競技会、写真撮影競技会等華やかな謂ゆるお祭的行事を取止め各商店街は簡素なアーチ各商店は黄色に青地の事変色提灯といふ地味な装飾に」変化した。また前年までの豪華な福引抽選も「御買上金五十銭毎に松竹観劇（四千名）、西宮聖戦博電車券付入場券（三千名）等招待抽籤券付大売出し」と簡素なものとなった[107]。そのほか、抽選に外れたものを対象として「湊川温泉招待、湊川温泉入場券、原価五銭程度の日用品」の粗品を提供するようになった[108]。

　確かに、福引の景品や催事は簡素なものに変化したが、神戸商店連盟は可能な限り華やかな催しにすることに努めていた[109]。5月13、14日に催された松竹観劇では「主催者側（神戸商店連盟――引用者）から贈つたサンドウキツチ其他の御土産並に福引であつた、特別景品のソース其の他の大当りに、場内休憩所では清飲料「レツキス」の無料サービス等で大賑ひ」であった。

　しかし、1939年の第4回商業祭では、より時局への意識が徹底されて、従来の福引などの催しは一切中止となった。ここに至り、商業祭は、販売イベントではなく、戦時統制下の神事・祭事へと転化したのである。

4　神戸市内商店街と阪急三宮楽天地構想

　神戸商店連盟創立以前、中小商業者は、そごうの三宮進出や阪急の高架乗入問題に対応できなかったことを明らかにした。阪急は高架化の認可とともに省線三宮駅高架下の営業権も獲得し、三宮の開発計画を進めていた。小林一三は阪急旧神戸線開設時である1920年には設計図を完成させていたという[110]。

　阪急三宮駅に阪急会館が建設され、神戸阪急直営マーケットは1936年に出店し、開業する。1938年1月に同マーケットは売場を縮小したが、これまで、このマーケットが縮小した理由は、戦時統制の影響によるものとされてきた。しかし、水面下では神戸商店連盟、神戸市当局、阪急で折衝が行われていた。

　本節では、阪急による三宮楽天地開発について概観したのち、その開発事業と神戸阪急直営マーケットの百貨店化をめぐる商店連盟と市当局の抵抗を検討

する。

　阪急資本による三宮開発は、湊川新開地などの既存の興行街にとって脅威であった。1935年には「大阪系大資本の進出阻止、既得権擁護其他に関し猛運動を起している神戸市内の各興行組合では過般来連合会組織の機運が醸成されて」神戸市興行組合連合会として結実され、反対の姿勢を示していた[111]。

　神戸市当局も同様の見解だったと思われる。西作市産業課長は商店連盟第4回定時総会において「神戸市の小売商人として慎重に考へなければならないことは輓近交通機関の発達によつて神戸大阪間が時間的に非常に短縮されその結果漸次顧客が大阪に進出しつつあることで、これが対策に就いては熱心に研究する必要がある」と述べたうえで「小売商人としては兎もすれば市内のデパートを敵対視するが如き観あるも、私は此際寧ろ神戸市内に於ける同一立場にある小売配給機関であるといふ大乗的見地から、相互の協調に努め益々緊密なる共同戦線のもとに大阪への顧客の進出を防遏するの要ある」とあいさつしている[112]。これは、神戸市中小商業者のみならず、市当局も30分弱で結ばれている大阪市との都市間競争に懸念を抱いていたことがわかる。

　しかし、1936年に阪急会館、三宮映画館が開館し、月に20万人の観客を吸収していた。さらに1937年5月には三宮楽天地プランが具体化した。その内容は「阪急会館東駅から西駅に並行する省線高架を包んで一丸とする約二千余坪の一大歓楽街化」するというものであった。その開発計画は非常に充実しており、「ニュース館を中心に東西五〇〇尺の間に粋な食堂街を建設し、中央には幅一〇尺余の味覚の横丁を設け、隣接する省線高架に総ガラス張りの二階建、スマートな食物店を並べ」ただけでなく、「坪数二百坪、定員七百五十人を収容する二階建小劇場を新設し東宝ブロックの吉本興業の万歳、喜劇、バラエテイーを上演し、笑ひの殿堂化で、東神戸つ子を大につらう」としていた。それは「随所に小林イズムをもつた資本金百万円の三宮楽天地こそ、新開地を完全にシヤツトアウトしてミナト神戸のサカリ場にエポツクをつくるもの」でもあった[113]。

　12月には新開地に松竹座を構えていた松竹が新たに三宮に進出する動きを見

せた。松竹にとって、「近年飛躍的な三宮文化街へ積極的進出は日ごろの念願」であったという。計画では、「新開地を二番物上映館にして、ここに（元町一丁目──引用者）SY封切館を」建設する予定だったという。この計画が実現すれば、「元町三丁目ガード下に開館の本社（神戸又新日報──引用者）経営のニユース館と阪神ニユース館、阪急会館、三宮映画館を繞つて物凄い映画争覇戦の舞台は元町三宮に完全に移る」だけでなかった。さらに、「大食堂あり、日用百貨食料品の売場あり、都会人の生活とは切つても切れぬ娯楽場でもあり、慰安の殿堂」と化していた[114]。

この「日用百貨食料品の売場」は神戸阪急直営マーケットと呼ばれたものであった。このマーケットは、1936年4月10日に営業を開始した。営業時間は午前9時から午後9時までで年中無休であった[115]。さらに、1937年10月12日には阪急会館2階にマーケット課管理の化粧品、文房具、玩具売場が設置された。ターミナルストアでもあったことから地元神戸だけでなく、阪急、省線、阪神電車の乗降客が詰めかけ、順調な営業成績であったという[116]。

「日用百貨食料品の売場」は神戸商店連盟でも大きな問題となった。1937年11月25日の役員会議で「阪急神戸終点に百貨店閉鎖陳情」に関する議題が緊急動議として、商店連盟常務相談役であり、市産業課長でもある西作市から提出された。その主旨は「阪急神戸終点地階に食料品販売の外最近二階に化粧品、玩具、文房具等の販売をなせるは阪急高架来（ママ）入の当時即ち昭和八年八月十日神戸市と阪急との契約書事項中第二十一条第二項」に違反しているというものであった。協議の結果、「市当局への陳情は参与を含み副部長以上之に当ることに満場一致可決確定」した[117]。

陳情委員として指名された岡部、菊水両商店連盟副会頭以下6名が、12月7日に神戸市役所を訪れ、上八木助役のほか、西産業課長及び山田土木庶務課長にそれぞれ陳情書を提出した[118]。

陳情書の内容はまず、「報償契約書中第二十一条第二項ニ「前項ノ外会社ハ市ノ承認ヲ経ルニアラサレハ神戸市内ニ百貨店ヲ経営スルコトヲ得ス又同一目的ヲ以テスル者ニ対シ出資ヲ為スヲ得サルモノトス」ト明記サシ居ルハ周知ノ

事実ニ御座候」と述べ神戸市と阪急が交わした報償契約書について言及した。そして「同社ニ於テハ乗入後間モナク地階ニ食料品、菓子、果実、台所用品、一階ニ薬局、書籍、煙草等ヲ販売シ、更ニ最近ニ至ツテハ二階ヲ改造シテ化粧品、玩具、文房具等ヲ販売シ斯クテ百貨店ノ形態ヲ整備シソノ効果ヲ挙ゲツツアルノ実情」となっていることを挙げ、実際は百貨店に類似する売場構成になっていることを指摘している[119]。

商店連盟側は、「百貨店法第一条ノ百貨店業者ノ定義ニツキ同法施行規則第一条及商工省告示第九十七号ニヨリ神戸市ニ於テハ其ノ売場面積三千平方米以上ト規定サレソノ条件ヲ欠グ為百貨店業者ト称シ得ルニ足ラズト仮定セルモノトスル」という条項があり、神戸阪急直営マーケットは、百貨店法の下では売場面積から百貨店の基準に満たしていないことを承知していた[120]。

しかし、あわせて「同一店舗内ニ於テ前記多種類ノ商品ノ小売業ヲ営メルハ法律ヲ以テ百貨店業者ノ定義ヲ制定セラレザリシ該報償契約書締結当時ノ百貨店ヲ指スニ何等疑義ノ余地ナキ所ニテ従テ同社ガ該契約ノ義務履行違背ハ明白」であると述べ、1933年に結ばれた報償契約が効力を有していることと、現状の売場構成が契約に反していることを主張した[121]。

その後、商店連盟、市当局、そして阪急との交渉経過についてはいずれの側からの史料からも明らかではない。しかし、結論としては、「(神戸市当局による――引用者) 熱意ある戒告方交渉の結果、阪急側もこれを容れ昨年十二月末日限り二階の売場を断然閉鎖しここに本連盟の陳情に凱歌があがつた」のである[122]。

しかし、三宮楽天地計画は着々と進行し、「阪急会館、三宮映画館に次ぐ近代的小劇場として同館西側に竣工を急いでいた」三宮劇場が1938年1月に開館した。さらに、「興行街を包む食堂街も着々実現」しており、テナントとして「『ポテトパラー』『お好みグリル』などがトップを切つて店開きするのをはじめ大阪末廣、青葉、天寅、森永キヤンデなど一流料理屋など」が入居することが決定していた[123]。阪急電車の一面広告では「西駅」に、地階には阪急直営洋食堂、1階には駅乗り場と時尚堂という貴金属・時計・眼鏡店、2階には阪

急理髪室と歯科医院が入店していた。「東駅」に、地階に直営の阪急マーケット、1階は駅乗り場と健康相談所、売店、薬局、2階は集会場、3階に阪急直営洋食堂、4階に東宝直営の阪急映画場、5階に時雨茶屋が入店していた[124]。三宮の神戸駅（現阪急三宮駅）を中心とした界隈は、複合的なショッピングモールを形成するようになっていたのである。

　神戸市当局と阪急電鉄との交渉経過については、『商店街』、『神戸市公報』、新聞報道のいずれからも明らかではない。しかし、阪急電鉄側が妥協し、2階の化粧品、玩具、文房具の売場を撤去し集会場に改めたことが事実であり、マーケットの百貨店化への既成事実化を阻止した。商店連盟が阪急に事実上譲歩させたのは、組織が機能したこと、そして単なる共同事業を遂行するだけでなく、中小商業者、市内商店街の力を結集した団体でもあったことを示す。ただし、その背景には市当局、商工会議所との協力体制があったからであったことは否定できない。

　湊川新開地商店街にとっては、興行客の流れが元町や三宮に移動すれば、商店街の通行客が減少し、売上の減少にもつながる可能性が高かった[125]。ひいては神戸市内における消費者の流れまでも急激に変化する恐れもあったが、神戸市内における小売商業の秩序は保たれた。その意味では、市産業課長でもある西が緊急動議を提案し、商店連盟が迅速に陳情し、市当局が神戸阪急直営マーケットの百貨店化に規制をかけることで混乱を未然に防いだことは意義があったと思われる。

　実際に、三宮楽天地は、「神戸東部歓楽地帯を出現した感があり、一時は其の業者間に一大恐慌を来さしめた」。しかし、「新開地歓楽地帯は不相変其の繁栄を持続して居り、一時は阪急のそれに対する影響を極度に警戒したが、結局杞憂に終わつた」という評価がなされていた[126]。その背景には、商店法における特殊地域、営業時間の一時間延長が認可された地域が湊川新開地のみであったことも大きい。1930年代末の三宮開発に規制がかけられたのは、神戸市商業界にとって未曾有の変化に晒されることに一定の歯止めがかかったといえよう。

おわりに

　本章では、神戸商店連盟の活動を検討することにより中小商業者の抱えていた課題と組織化後の共同事業について明らかにした。以下、本章で確認しえたことをまとめてむすびとしたい。

　第一に、神戸商店連盟設立以前に生じたそごうの三宮進出及び阪急の三宮高架乗入問題に対して、神戸市内の商店会およびその組織は対応できなかった。これは、小売商団体の課題を浮き彫りにし、産官学が連携した商店街の組織である神戸商店連盟設立の動きへとつながった。

　第二に、商店街の共同事業は、商店街商業組合が設立される以前の商店会という組織の段階から行われ、実際に運営されていたことが確認された。それは、共同照明や共同売出し、撒水といった日々の商店街運営にとどまらず、湊川新開地のような商店主、地主、興行業者なども含んだ商店街の改良事業まで行っていたのである。

　第三に、神戸商店連盟は、商業祭、みなとの祭、誓文払や歳の市といった全市商店街の売出し統一のほか、百貨店とも連携するなど、大きな取り組みを試みていた。そうした一連の共同事業の背景には、神戸市と大阪市における都市間競争の勃発に対する懸念があった。

　第四に、阪急電鉄による三宮楽天地開発への対応であった。法律上許可されていた興行関係や食堂街は、受け入れたものの、神戸市と阪急電鉄の間で交わされた報償契約を盾に、三宮会館に入店していた神戸阪急直営マーケットの百貨店化を阻止することに成功した。

　以上のことから、次のことが明らかとなった。商店街の組織化についての研究は、商店街商業組合の共同事業の分析にとどまり、共同事業の具体的内容については十分明らかになっていなかったのであるが、本章は商店街商業組合が未組織の状態であった商店会の段階でも共同事業を成立させる事例が存在したことを示した。また、産官学が連携して設立された商店街の連合組織である神

第7章　1930年代における神戸市内商店街組織と神戸商店連盟の共同事業　267

戸商店連盟は、共同事業の限界によって設立したというよりはむしろ、商店街、商店会の声を代弁する産業団体の側面があった。他方で、商店連盟加盟商店街による一商店街単位の枠を越えた大規模な販売政策を展開しただけでなく、神戸市内の百貨店とも連携する販売イベントを行った。

　ところで、政府の産業合理化政策の一環としての中小商業者対策は、基本的に自助努力を基本とし、業種別組合による組織化を企図するものであった。神戸市では、商店連盟の規約に商店街商業組合設立促進が明文化されているように、設立当初に商店街商業組合は存在しなかった。それは、商店会の共同事業の採算が取れていたことを示唆する。しかし、より大きな共同事業については神戸商店連盟が請け負って統制し、市当局と商工会議所が商店連盟を支えていた。これは政府のいう自助努力を体現化したともいえるものではなかったか。もちろん1937年に神戸市内でも商店街商業組合が設立され、翌年には商店街商業組合に商品券の発行が認められたことから、商店街商業組合は増加していった。しかし、『商業組合は何処に向かひつつあるか』によれば、1942年当時、14組合にとどまり、ほんの一部にすぎなかった。

　最後に、その後の神戸市の小売商業について概観したい。神戸市産業課長であった西作市は大阪市との都市間競争に備え、神戸市内のデパートと競争するのではなく、協調することの重要性を指摘した。そして同時に「本連盟に対し役所の立場としては相談に応じ助力をするといふのが本意」であると述べたうえで、「将来は可及的自治的にやつて貰ひたい。即ち自分達でやつてゆくそこには進歩があり熱心が伴ふのであります」と述べ、神戸商店連盟ひいては神戸市内小売商業者のさらなる自立を求めた[127]。

　その後、経済統制下に入った神戸市は空襲を受け、多大な被害を被った。しかし、戦後まもなく闇市が登場した[128]。1946年に神戸商店街復興同盟が組織され、さらに発展した形で1951年9月に神戸市商店街連合会が発足した。同連合会は阪神大震災を乗り越え、現在に至っている。

　今後は、戦前期商店街と商業組合法、商店法との関係、戦後の商店街の共同事業についても検討していきたい。

注

1）　公開経営指導協会編『日本小売業運動史　戦前編』（公開経営指導協会、1983年）。他に、北野裕子「昭和恐慌救済政策の一断面――全日本商権擁護連盟の設立過程――」（『歴史研究』第32巻、1995年3月、23～58頁）および「一九三〇年代前半期の商権擁護運動――全日本商権擁護連盟の組織解明を中心に――」（『歴史研究』第33巻、1996年2月、337～357頁）が挙げられる。同時代の論文としては、平井泰太郎「商権擁護運動批判」（『国民経済雑誌』第56巻第2号、1934年2月）223～248頁、がある。

2）　石原武政「商店街の組織化――戦前の商店街商業組合を中心として　上」（『経営研究』第35巻第6号、1985年3月）1～20頁、吉田裕之「同業組合の形骸化と商店街組織の確立――昭和初期における中小小売商問題と内国商業政策」（『社会科学』第35号、1985年2月）205～235頁、川野訓志「戦前期商店街政策の展開――商店街商業組合の形成過程についての一考察」（『経済と貿易』第161号、1992年11月）123～140頁。

3）　濱満久「戦前――戦中期における商店街の組織活動」（『経営研究』第56巻第2号、2005年7月）125～144頁、濱満久「戦前期における商業組合の浸透過程」（『名古屋学院大学論集』第43巻第4号、2007年3月）193～209頁。

4）　岩崎松義「商業組合の型」（『商業組合』第3巻第7号）39～50頁。

5）　谷口吉彦「商店街商業組合の発展性」（『商業組合』第3巻第2号）1～22頁、谷口吉彦『商店街小売店の振興策』（神戸市産業課、1937年）。

6）　中村金治郎「商店街商業組合と諸問題」（『商業組合』第2巻第1号、1936年）50～61頁、中村金治郎「商店街商業組合と其の運営」（『商業組合』第3巻第3号、1937年）55～78頁、中村金治郎「商店街商業組合の経営構造に就て」（『商業組合』第4巻第5号、1938年）72～84頁、中村金治郎「商店街商業組合連合会の経営及事業の限界に就て」（『商業組合』第5巻第6号、1939年）32～42頁。

7）　松浦誠之『商業組合の経営』（1936年）、愛知県商工館『商店経営展覧会』（1938年）、稲川宮雄「商店街商業組合に関する調査（一）」（『商業組合』第2巻第1号、1936年）33～49頁、稲川宮雄「商店街商業組合に関する調査（二）」（『商業組合』第2巻第2号、1936年）74～91頁、商工組合中央金庫調査課『商工組合経営事例輯　第一輯』（1940年）。

8）　神戸市経済局経済調査室『商業組合は何処に向ひつつあるか』（1942年）。

9）　ほかに、神戸市内の商店街における消費者の移動調査及び聞き取り調査から購買層を検討した赤坂氏の研究がある（赤坂義浩「近代神戸市における都市化と交通・小売商業」『近代日本の交通と流通・市場』清文堂、2011年、43～73頁）。

10) 神戸市商店街連合会『神戸市商店街連合会30周年史』(神戸市商店街連合会、1981年) 34頁。
11) 新修神戸市史編集委員会『新修　神戸市史　産業経済編Ⅲ　第三次産業』(神戸市、2003年) 390～391頁。
12) 「機関紙の活用を望む」(『商店街』第1巻第1号、1937年1月、神戸商店連盟) 21頁。
13) 神戸市役所『神戸市史　第二輯　本編　総説　各説』(神戸市役所、1937年) 805頁。
14) 「新商店団名と標語懸賞募集」(『神戸新聞』1935年8月8日付)。
15) 前掲『神戸市史』785～786頁。
16) 「横のデパート　中小商業振興に組合設立を勧奨」(『神戸又新日報』1935年10月2日付)。
17) 前掲『新修　神戸市史』414頁。
18) 一般的には勧工場という名称であるが、西日本の一部、特に民営では「勧商場」という名称であった(田中政治『明治のショッピングセンター　勧工場』田中経営研究所、2009年、15～17頁、253～255頁)。
19) 前掲『新修　神戸市史』、416～419頁。
20) 同上、419頁。
21) 平井泰太郎「小売制度は移る(1)　立遅れた相撲――余りにも無計画――」(『神戸新聞』1933年2月13日付)。
22) 平井泰太郎「小売制度は移る(2)　時代の波は激す――要求さる経営合理化――」(『神戸新聞』1933年2月14日付)。
23) 平井泰太郎「小売制度は移る(3)　小売商更生の道――指導機関の必要――」(『神戸新聞』1933年2月15日付)。
24) 阪急電鉄株式会社『75年のあゆみ≪記述編≫』(阪急電鉄株式会社、1982年) 21頁。
25) 「阪急地下線が高架になるまで」(『大阪朝日新聞』1929年6月22日付)。
26) 「阪急高架乗入れ妥協案を可決」(『大阪朝日新聞』1929年2月9日付)。
27) 「三宮駅西側を条件に百万円を市に寄附」(『大阪朝日新聞神戸版』1933年2月9日付)。
28) 同上。
29) 「阪急高架阻止のため近く上京して陳情」(『大阪朝日新聞神戸版』1933年2月18日付)。
30) 「議長を中心に見解の喰違ひ」(『大阪朝日新聞神戸版』1933年2月21日付)。
31) 「阪急高架乗入の阻止運動に反対」(『大阪朝日新聞神戸版』1933年2月27日付)。

32)「阪急高架乗入阻止の委員会解消を提唱」(『大阪朝日新聞神戸版』1933年2月29日付)。
33)「市会委員会」(『神戸市公報』第441号、1933年7月15日付)4621頁。
34) 同上、4621～4622頁。
35)「市会委員会」(『神戸市公報』第443号、1933年8月5日付)4645～4646頁。
36)「阪急高架乗入れ問題全く解決す　契約書の調印終る」(『神戸市公報』第444号、1933年8月15日付)4658～4660頁。
37) 同上。
38) 50年史編集委員会『株式会社阪急百貨店50年史』(株式会社阪急百貨店、1998年)22～32、44～45頁。
39) 谷内正往「昭和初期・阪急百貨店と小売商」(『梅信』第466号、2002年10月)41～47頁。
40)「市内小売商店一大団結成る」(『神戸又新日報』1935年10月24日付)。
41)「期待される!!神戸商店連盟会」(『神戸新聞』1935年9月5日付)。
42)「神戸商店連盟の事業計画成る」(『神戸新聞』1935年9月8日付)。
43)「神戸商店連盟規約案内定」(『神戸新聞』1935年9月10日付)。
44)「神戸商店連盟創立進捗す」(『神戸又新日報』1935年10月10日付)。
45)「商連の陣容確立　会頭は榎並氏」(『神戸又新日報』1935年10月25日付)。
46)「神戸商店連盟　規約案内定」(『神戸新聞』1935年9月10日付)。
47) 神戸商工会議所調査課「神戸市商店街調査──昭和十年十二月──」(神戸商工会議所、1936年)。
48)「商店街を訪ねて1」(『商店街』第1巻第3号、1937年3月)22～23頁。
49) 同上、20～21頁。
50)「商店街を訪ねて2」(『商店街』第1巻第4号、1937年4月)15～17頁。
51)「商店街を訪ねて3」(『商店街』第1巻第7号、1937年7月)21～22頁。
52)「商店街を訪ねて4」(『商店街』第1巻第10号、1937年10月)20～22頁。
53) 小寺一郎・竹馬英明「湊川新開地の発達」(安達義夫編『商業経営事情　第二輯』1938年、241～260頁)。
54) 同上。
55) 同上。
56)「新開地の南半もネオンで明飾」(『神戸新聞』1935年8月6日付)。なお、北半分は既に改築が施されていたと見られる。「生れ出る"街の水晶宮"」(『神戸新聞』1935年8月17日付)。
57) 同上。

58)「裏街も横町も明るくせねば　本通りも繁盛せぬと知れ　湊川新開地誠交会一行　須藤教授から」(『神戸新聞』1935年8月12日付)。
59)「直径六尺に亙るネオンの大提灯　湊川新開地誠交会一行　須藤教授便り」(『神戸新聞』1935年8月15日付)。
60) 同上。
61)「生れ出る"街の水晶宮"」(『神戸新聞』1935年8月17日付)。
62)「改称問題で縺れるさ中　明粧・新開地の出現」(『神戸又新日報』1935年11月14日付)。
63)「勤労奉仕隊を編成し復興への汗の勤行！」(『商店街』第2巻第8号、1938年8月)28頁。
64)「商店街の復興へ　隣保共助の精華！」(『商店街』第2巻第8号)25〜26頁。
65)「十月中旬開催の市民祭第一回幹事会」(『神戸市公報』第436号、1933年5月25日付)4566頁。
66) 岡崎忠雄「「みなとの祭」に際して(上)」(『神戸又新日報』1933年10月31日付)。
67)「海港の絵巻　華やかに展くみなとの祭」(『神戸市公報』第447号、1933年9月15日付)4692〜4693頁。
68)「神戸みなとの祭」(『神戸市公報』第446号、1933年9月5日付)4681〜4683頁、「神戸みなとの祭」(『神戸市公報』第453号、1933年11月15日付)4766〜4770頁。
69) 同上。
70) 同上。
71)「祭は招く百万の人」(『神戸又新日報』1933年11月8日付)。
72)「扇港の繁栄はけふから永遠だ」(『神戸又新日報』1933年11月8日付)。
73)「誓文払ひ景気」(『神戸又新日報』1933年11月2日付)。
74)「常務理事会＝一月二十三日」(『商店街』第1巻第2号、1937年2月)25頁。
75)「常務理事会決議録」(『商店街』第1巻第8号、1937年8月)26頁。
76)「神戸みなとの祭を十月十七十八両日に変更されたし‼」(『商店街』第1巻第5号、1937年5月)30〜31頁。
77) 前掲『商店街』(第1巻第5号、1937年5月)30〜31頁。
78)「『みなとの祭』期日変更方陳情対策委員会」(『商店街』第1巻第8号、1937年8月)27頁。なお、1937年3月の神戸商工会議所議員改選で神戸商店連盟から榎並充造、菅藤太郎、吉河圓之助、柚久保安太郎など6名が当選していた(「商議に当選」『商店街』第1巻第3号、1937年3月、17頁)。
79)「神戸商店連盟の要望容れられ『みなとの祭』期日変更決定」(『商店街』第1巻第8号、1937年8月)21〜22頁。

80)「第六回 ‘神戸みなとの祭’」(『神戸市公報』第625号、1938年10月25日付) 411頁。
81)「拾月定例役員会議事録」(『商店街』第2巻第10号、1938年10月) 8頁。
82)「神戸商店連盟　愈よ発会へ」(『神戸又新日報』1935年10月19日付)。
83)「誓文払は大盛況!」(『神戸又新日報』1935年10月28日付)。
84)「軍需景気に乗つて　押寄せる人津波」(『神戸又新日報』1935年11月2日付)。
85)「壮烈の誓文払戦線　けふ最後の五分間」(『神戸又新日報』1935年11月6日付)。
86)「いよいよ歳の市から　物凄い意気込」(『神戸又新日報』1937年11月3日付)。
87)「艶麗餅花の飾り」(『神戸又新日報』1935年12月3日付)。
88)「年の瀬の装ひ凝らし」(『神戸又新日報』1937年12月1日付)。また、「本年は在庫品も中々に豊富」とあり、まだ事変の影響は大きくなかった。
89)「"法"に縛らる百貨店」(『神戸又新日報』1937年12月2日付)。
90)「浮かれ催し厳禁」(『神戸新聞』1937年12月16日付)。
91)「整然たる統制の下　自粛自戒の年の市大売出し」(『商店街』第3巻第1号、1939年1月) 57頁。
92)「来る五月に神戸商業祭を執行各行事の計画成る」(『神戸市公報』第534号、1936年3月15日付) 5858頁。
93)「愈よ今日から"商業祭"の幕開く」(『神戸又新日報』1936年5月1日)。
94) 生島藤蔵「わが神戸市の興隆発展に」(『神戸又新日報』1936年5月1日付)。
95) 榎並充造「祝辞及び所感」(『神戸又新日報』1936年5月1日付)。
96) 前掲『神戸又新日報』(1936年5月1日付)。
97)「商店街の意気昇天　全港都を掩ふお祭色」(『神戸又新日報』1936年5月5日付)。
98)「大佛前連鎖街大売出し」(『神戸又新日報』1936年5月9日付)。団体数に関しては、70団体と主催者である神戸商店連盟の大行列総指揮者菊水吉之助の言があり、こちらが正しいと思われる(「神戸始つて以来絢爛豪華なものに」『神戸又新日報』1936年5月1日付)。
99)「絢爛の装飾絵巻」(『神戸又新日報』1937年5月5日付)。
100)「第二回神戸商業祭」(『商店街』第1巻第4号、1937年4月) 6頁。
101) 同上。
102)「装飾自動車行列」(『商店街』第1巻第6号、1937年6月) 9頁。
103)「西宮内連合会が「一等入選」」(『商店街』第1巻第6号) 10頁。
104)「人気沸騰の飾窓と店内陳列競技会」(『商店街』第1巻第6号) 12頁。
105)「幸運者を決定!」(『商店街』第1巻第6号) 16頁。
106)「深謝」(『商店街』第1巻第6号) 35頁。
107)「第三回商業祭典」(『商店街』第2巻第5号、1938年6月) 4頁。

108）「戦時体制下の商業祭」（『商店街』第2巻第5号）44頁。
109）「立錐の余地なき超満員の盛況」（『商店街』第2巻第5号、1938年6月）11頁。
110）株式会社阪急百貨店社史編集委員会『株式会社阪急百貨店二十五年史』（阪急百貨店、1976年）168頁。
111）「神戸市興行組合連合会の結成」（『神戸又新日報』1935年12月12日付）。
112）「時流の把握と自治的統制を強調」（『商店街』第1巻第10号、1937年10月）4頁。
113）「港都の醜面を塗りつぶし」（『神戸又新日報』1937年5月5日付）。
114）「神戸の新名所＝"阪急時雨茶屋"」（『神戸新聞』1937年12月13日付）。なお、松竹の三宮進出は社史である『松竹七十年史』（松竹、1964年）に記述はなく、進出はなかったとみられる。
115）前掲『株式会社阪急百貨店50年史』（株式会社阪急百貨店、1998年）48～49頁。なお、同書では2階の化粧品、文房具、玩具売場が1937年10月12日に開設されたものの、戦時体制への突入の影響で客数はしだいに減少し1年半で閉鎖したとある。
116）前掲『株式会社阪急百貨店二十五年史』166～170頁。
117）「阪急神戸終点の百貨店閉鎖方陳情や」（『商店街』第1巻第12号、1937年12月）27～28頁。
118）「愈々本性を露はした「阪急電鉄」百貨店の経営は報償契約に違背」（『商店街』第1巻第12号、1937年12月）18頁。
119）同上、19頁。
120）同上。
121）同上。
122）「阪急三宮百貨店二階売場昨年末限閉鎖す」（『商店街』第2巻第2号、1938年2月）16頁。
123）「"三劇"十三日開場」（『神戸新聞』1938年1月8日付）。
124）「阪急神戸駅終点　三宮楽天地」（『神戸新聞』1938年1月13日付）。なお、2階集会場は、1939年10月20日時点で第一楼という広東料理店が入店していた（前掲『株式会社阪急百貨店二十五年史』170頁）。
125）「三宮を狙ふ松竹」（『神戸又新日報』1937年12月2日付）。
126）前掲『商業経営事情――第二輯――』258～259頁。
127）前掲『商店街』（第1巻第10号、1937年10月）4頁。
128）闇市の形成と変容については、村上氏の研究を参照されたい（村上しほり「神戸市の戦災復興過程における都市環境の変容に関する研究――ヤミ市の形成と変容に着目して――」神戸大学大学院修士論文、2011年）。

〔付記〕
　本章の執筆に当たり、神戸市文書館、神戸市中央図書館、神戸大学社会科学系図書館、明石工業高等専門学校図書館、東京大学経済学部図書館、京都大学経済学研究科・経済学部図書室には多大なるご助力をいただいた。ここに謝辞を申し上げたい。なお、本章は2010年度立教大学学術推進特別重点資金（立教SFR）の成果の一部である。

第8章　東京新市域における町内会結成以前の住民組織と選挙
―― 1910年代から1930年代の王子町を例として ――

黒川　徳男

はじめに

　1932（昭和7）年10月、東京市は、隣接する5つの郡を市域に編入した。これによって、東京市の区の数は、15から35へ増加した。それまであった15区は旧市域と呼ばれ、新たに増えた20区は新市域と呼ばれた。
　戦前の東京旧市域における選挙のあり方については、櫻井良樹氏などにより、公民団体、予選、町内会などとの関連を明らかにする研究が進められてきた[1]。一方、東京新市域については、選挙のあり方や町内会の政治的機能についての研究は少ない。それでも、例えば、新市域の豊島区については、波田永実氏と伊藤暢直氏による研究がある[2]。波田論文「東京市における町内会と政党――選挙粛正運動から翼賛体制へ・豊島区を例にして」は、普通選挙実施以降、町内会は、政党の集票マシーンの末端に位置づいたとし、選挙粛正運動を経て、翼賛選挙に至ってもなお、旧政党勢力の集票マシーンとしての機能を維持し続けていたことを明らかにした。すなわち、旧政党人たる衆議院議員・府会議員・市会議員・区会議員、そして町内会長というピラミッド型のヒエラルキーが、政党解散後も温存され、そのルートによって翼賛選挙における選挙活動が行われたとしている。一方、伊藤論文「巣鴨二丁目町会第三部第一部隣組に関する若干の考察」は、地域の町内会および隣組関係の史料を紹介し、戦時下の行政・経済・思想動員などに町内会―隣組が果たした「上意下達」という役割

について強調した。

これらの研究により、豊島区における町内会と選挙の関わりや、戦時下の町内会の行政補助的な性格は明らかになった。だが、町内会結成以前の住民組織が、選挙や行政にどのように関係したかについては、残された課題であった。

東京新市域には、明治期に近代的工場などが進出し、とくに関東大震災後に、急激な人口増加が進み、農村から市街地へ変化した。急激な人口増加は、地域における住民組織や選挙のあり方に少なからず影響を与えたはずである。しかし、そのことは、あまり明らかになっていない。町内会結成以前の住民組織としては、大字や村組の集まり、各種の講などが想定し得る。そして、これら住民組織が、選挙と全く無関係であったとは考え難い。それらの古い住民組織は、選挙との関わりという面で、町内会とどう連続し、変化しているのだろうか。

本章では、東京新市域の例として、1910年代から30年代における東京府北豊島郡王子町（のちに東京市王子区、現在の東京都北区）の住民組織と各種の選挙の関係について明らかにしたい。資料としては、王子町役場吏員であった高木助一郎の日記（以降、高木日記と略記）[3]を主に用いる。高木自身が、選挙事務に関わったので、日記には、各種選挙の結果を掲載した印刷物が添付されていたり、得票数などの詳細な記述があるためである。ただし、日記には、誤記や主観的評価といった危険が伴う。それを承知しつつも、新市域の地方選挙については、大新聞の記事が少なく、地域新聞の残存もわずかである以上、役場吏員の日記は重要な資料と言える。

この地域の住民組織の変化について、かつて、私は、研究の一端を明らかにした[4]。ゆえに、本章を記すにあたっては、住民組織の変化についての説明は最小限にとどめ、各時期の住民組織が選挙や行政にどのように関わっていたかについて紙幅を割くことにする。

本章で扱う時期の大半は、東京市拡張よりも前にあたる。ゆえに、この時期の叙述に東京新市域という言葉を用いるのは不適切かもしれない。しかし、東京新市域は、東京市に隣接していた5郡についての最もわかりやすい呼称である。しかも、市域編入後の町内会を含む集票マシーンについて、その形成過程

を明らかにするという目的から、あえて1932年以前の記述においても、東京新市域という言葉を用いる。

なお、王子製紙で知られた王子町（村）は、印刷局抄紙部、東京砲兵工廠などさまざまな工場の進出により、明治時代に急速に工場街へ変化した。王子町（1908年に町制施行、それ以前は王子村）の人口は、1892（明治25）年には約8,000人に過ぎなかったが、15年後の1907年には約2万3,000人を超えた[5]。その後、関東大震災後の人口急増により1924（大正13）年には6万1,000人を超えた。

また、1928（昭和3）年に、田端駅～赤羽駅間の電化および線路増設により、それまでの京浜線蒲田駅～田端駅間の電車運転が、赤羽駅まで延びた。これに前後して、路面電車の発達もあり、都心への通勤が容易になって、王子町ではサラリーマンが増加していった。王子町の人口は、1930年には8万9,000人に達している[6]。東京新市域は、明治以降の工場進出、そして、関東大震災後の急激な人口増加という特徴を持つが、王子町は、その典型とも言うべき歴史を歩んだ。

1　村組から町内会へ

① 村組と町総代

関東地方の一般的な農村と同様に、かつて、王子町の各大字（近世村）内部にも、複数の村組があった。この地域では、村組をズシ（厨子や辻子と表記）と呼んでいた。例えば、日記の著者、高木助一郎が住んでいた大字下十条を例にすれば、中才・宿・下・南・七軒町・原・谷津などの村組があった[7]。

明治期の「高木日記」によれば、神社の祭礼や、念仏講などの各種の講は、この村組を単位として行われていた。そして、行政への協力として、道普請のような簡単な土木作業も、村組が担っていた[8]。

村組の代表者は「町総代」と呼ばれた。町総代が、いつごろから置かれてい

たかは不詳である。「高木日記」での初出は、1916（大正5）年であるから、それ以前からあったものと考えられる[9]。町総代の役割を日記中から摘記すれば、次のようになる。

①消火設備に関する協議会への出席[10]
②軍隊宿泊時における動員（若衆頭や在郷軍人とともに）[11]
③種痘に関する書類の配布（警官や町役場吏員とともに）[12]
④米騒動時の貧窮者調査[13]
⑤町長就任挨拶への招待[14]
⑥イギリス皇太子来日歓迎行事について話し合うための王子町町総代会への出席[15]

1918年に刊行された『東京府北豊島郡誌』では、王子町大字王子の「総代」について「町治万般」にわたって、町役場を補助し公共の事務を処理する制度としている[16]。このように、町総代は行政補助機関的な性格を有していたのであった。

では、町総代はどのように選出されていたのであろうか。1920年の「高木日記」によれば、高木が住む「南組」（南町・南ズシとも呼ばれた）では、御嶽講の場で、町総代の選出がなされていた[17]。元来、村組と講は不可分のものであった。このように、1920年くらいまでは、村組および町総代という、農村における住民組織の原初的な形態が存続していたのであった。

② 町内有志団体への再編成

村組は、新住民の増加により、新住民の一部を取り込み町内有志団体へ変化していった。町内会についての先行研究によれば、町内有志団体とは、主に、旧来からの住民と、一部の有力な新住民などで結成される住民組織であり、町内会のような全員参加の原理をもたない。村組から町内会への変化の過程で過渡的にあらわれるとされる[18]。1922（大正11）年以降、「高木日記」には、町

表8-1　王子町下十条における町内会およびその前身、村組

1917年の村組名	町内有志団体名（創立）	町内会名	創立年	会員数	備　考
原	原町交友会（1919年）	原町会	1926年	1,100	
中才	仲町共和会（1925年）	仲町会	1927年	500	
宿	不　　詳	宿町会	1928年	360	
南	南町友和会（1922年）	南町会	1926年	500	
七軒町	七軒親和会（1923年）	七軒町会	1927年	230	
谷津	谷津親交会（1919年）	谷津町会	1931年	220	
―	―	宮江町会	1924年	1,200	明治期に民家なし
―	―	田町々会	1930年	420	宮江町会から独立
下	不　　詳	根岸町会	1925年	800	

出典：『王子区年鑑』1936年、陸地測量部地形図「王子」1917年、「高木日記」参照。会員数は『王子区年鑑』による。

内有志団体に関する記述があらわれる。

「高木日記」における、最初の町内有志団体の記述は、1922（大正11）年の「原町交友会」である[19]。「原町」とは、王子町大字下十条の村組の一つである。そして、同年、高木が住む村組「南組」でも、町内有志団体が結成された。会名は南町友和会である[20]。南町友和会には、幹事会が置かれたが、その幹事会は、庚申講を兼ねていた[21]。幹事会参加者は、庚申講の参加者でもある。つまり、幹事会は、原則的に旧来からの住民で構成されていたのである。そして、新しい住民が、幹事会に参加できたとしても、それは、講に参加するほど地域にとけこんでいた者のみであったと考えられる。なお、この幹事会では、集落神社たる王子神社の「宮総代」の選出も行っていた[22]。

③ 町内会への再編成

1936（昭和11）年の『王子区年鑑』は、各町内会の結成年を掲載している。しかし、町内会によっては、町内有志団体などの結成年を町内会結成の年としている場合もあり、基準は一定でない。そこで、各町内会の沿革についての記述から、有志団体の結成年と、町内会の結成年を分けて読み取ったものが表8-1である。同表にあるように、高木が住む王子町大字下十条において、多くの町内有志団体が町内会へ改編されたのは、1920年代後半であった[23]。関東

大震災後の人口急増の時期にあたる。「高木日記」によれば、高木が属していた南町友和会も、1926（大正15）年1月、南町会という町内会へ再編成している[24]。このように、王子町大字下十条の町内会の多くは、村組から変化した町内有志団体を前身としていることが明らかである。これは、王子町のほかの大字でも同様である。

そして、新住民の急増は、住民組織の秩序に変化をもたらした。1927年3月、南町会では、副会長を1名から2名へ増やしたが、新たに選出された副会長は、新住民である。つまり、町内会への再編後1年を経て、初めて新住民が副会長に就任したのであった[25]。

そして、これ以降、町内会の行事と講が同時に行われることはなくなった。各種の「講」は、旧来の住民により引き続き行われていた。しかし、町内有志団体の時期のように、幹事会を兼ねて講が開かれることはなくなった。つまり、旧来からの住民だけ（旧村組）の組織たる講と、新住民を含む町内会とは、別の組織になったのであった。

一方、集落神社（王子神社）の氏子組織としての機能は、村組や町内有志団体から、町内会へ引き継がれた[26]。そして、当然ながら、町内会は、行政補助的機能も引き継ぎ、国勢調査などにも関わるようになった[27]。さらに、満州事変勃発後、軍事援護にも関与し始めた。王子町には従来から、軍事援護団体として武徳奨励会が組織されていた。だが、1931（昭和6）年1月、各町内会で兵士の送迎等していることを理由に、武徳奨励会は不要とされ解散している[28]。

以上、述べてきたように、王子町における住民組織は、村組→町内有志団体→町内会と変化した。増加する新住民を取り込んでいくために、組織を再編成していったのである。このように、住民組織を再編成する中で「講」という民俗的信仰に関わる部分は分離された。そして、町内会は、住民による自治、行政への補助、集落神社の氏子組織という、少なくとも3つの機能を、村組や町内有志団体から引き継いだのであった。

2　町会議員選挙における1級選挙の予選と2級選挙の大字推薦

　1889（明治22）年施行の町村制では、企業などの法人が、町村会議員の選挙権を有する場合があった。町村制第12条では、直接町村税の納税額において、上位各3名までの「町村公民」よりも多くの額を納める「法人」があれば、選挙権を与えるとしている[29]。

　また、納税額により、1票の重みには格差がつけられた。町村制第13条において、町村会議員選挙の選挙権は、1級と2級の2つに区別されたのである。これは、選挙人のうち、直接町村税の納税額の多い順から金額を合わせていき、その町村における直接町村税の総額の2分の1に達した者までを一級選挙人とするものであった。そして、その他は2級選挙人とした。議員数は、1級2級ともに同数であるのに対し、1級選挙人の数は、2級と比べて少数となるから、1級選挙人の1票の重みは、2級を常に上回るものになった[30]。

　『北区議会史　前編』によれば、王子町には、王子製紙、東京製絨、関東酸曹（のちの大日本人造肥料、日産化学）という三つの大企業があり、この3社で王子町全納税額の半分以上を負担していたという。そのため、原則的に、1級の選挙人は、この3社のみになってしまう。このような場合には、1級選挙人の数が、1級の議席数と同じになるよう、2級選挙人の納税額上位の者を1級へ繰り上げた。そして、1級選挙の投票は、連記式で行われたのであった[31]。つまり、当時の王子町では、企業を含む15名の一級選挙人が、15名の一級議員を選挙していたのであった。

　1900（明治33）年、東京府による「北豊島郡各町村巡視」の「復命書」においては、王子村の村会議員選挙について「一級選挙人ハ王子製紙株式会社及東京製絨株式会社ノ二社ニ係ル」[32]との記述がある。関東酸曹が、1級選挙人になったのは、これよりのちのことであろう。

　では、ここで、王子町の町会議員選挙における1級選挙のあり方について「高木日記」の記述から検討する。高木は、1920（大正9）年3月に行われた

表8-2　王子町1級町議選の結果

日付	有権者数	投票者数	候補者数	当選者数	備考
1913年5月31日	12	10	18	12	
1917年5月31日	15	13	17	15	
1919年7月29日	15	12	9	9	補欠選
1920年3月28日	15	13	21	15	

出典；「高木日記」参照。

表8-3　1級町議選候補者別得票数

1913年5月31日			1917年5月31日			1919年7月29日補欠			1920年3月28日		
順位	票数	氏名	順位	票数	氏名	順位	票数	氏名	順位	票数	氏名
1	10	堀江巷四郎	1	13	鈴木巳之助	1	12	石井惣吉	1	13	小野　薫
1	10	大郷弥太郎	1	13	石井孫治郎	1	12	鈴木巳之助	1	13	江口義一
1	10	石井孫治郎	1	13	高木静馬	1	12	武田　寿	1	13	堀江松五郎
1	10	江口義一	1	13	江口義一	1	12	小池清作	1	13	武田　寿
1	10	高木静馬	5	12	石井国次郎	1	12	直江富五郎	1	13	直江富五郎
1	10	真壁金一郎	5	12	織田伝次	1	12	中村　邦	1	13	石神万次郎
1	10	直江為五郎	5	12	堀江巷四郎	1	12	高橋一三	1	13	木村春三
8	8	斉藤弥一郎	5	12	石川光孝	1	12	西　済	8	12	甲藤楠弥太
9	7	石神万次郎	5	12	石神万次郎	9	11	斉藤弥四郎	8	12	駒崎義三
9	7	榎本政太郎	5	12	鈴木金十				8	12	堀江巷四郎
11	6	鈴木民蔵	5	12	小野　薫				11	11	高木要太郎
12	5	石井惣吉	5	12	斉藤　斉				11	11	小池清作
次	4	臼倉平十郎	5	12	足立　正				11	11	鈴木巳之助
次	3	熊谷伝一郎	5	12	斉藤弥四郎				14	10	石井孫治郎
次	3	内海益三	15	11	塙寅三郎				15	8	斉藤弥四郎
次	3	斉藤　斉	次	1	石井惣吉				次	5	石井帯二郎
次	2	高木兵助	次	1	高木兵助				次	5	鈴木政太郎
									次	3	島村武兵衛
									次	1	真壁重一郎
									次	1	織田伝次
									次	1	黒沢源七

出典；「高木日記」参照。

　町会議員選挙の際「一級に於ては、各選挙人、去る十九日午後一時より石井孫治郎宅に集合、予選の結果、鈴木巳之助、鈴木政太郎、江口義一、石井帯市、小池清作、甲藤楠弥太、石川光孝、直江富五郎、高木要太郎、及び各会社に於て一人宛の配当に相成たる」と日記に書いている。選挙を前にして、1級選挙

人による予選が行われていたのである。1級選挙人は、15名であったから、予選を行うことは容易だったのであろう。そして「各会社に於いて一人宛」とあるように、前述の王子製紙など、2社もしくは3社の関係

表8-4　2級町議選の結果

	候補者数	当選者数	備考
1913年5月30日	16	12	
1917年5月30日	19	15	
1919年7月28日	9	8	補欠選
1920年3月27日	18	15	

出典:「高木日記」参照。

者には、いわゆる指定席のように議席が割り振られていたのである。なお、このときの予選結果については参加者から異論が出たため、再度集まり、ある者を当選させないことを決して、投票は「自由行動」とするとの結論が出された[33]。予選は、まとまらなかったものの、当選させないと名指しされた者へ投票した選挙人はいなかった。誰を落とすかという、逆の意味での予選が成立していたのである。

　では、ここで、日記に記載のある1913（大正2）年から20年までの一級選挙の結果について見ることとする。表8-2にあるように、1919年の補欠選挙では定員と候補者数が同数であった。1917年の選挙でも、候補者は定員を2名上回っただけである。

　そして、表8-3にあるように1917年の選挙で言えることは、落選候補の得票が僅かなことである。1917年と1919年の1級選挙においては、予選が行われその結果がある程度有効に作用していたと見ることができる。

　次に、2級選挙について検討する。「高木日記」によれば、2級選挙にあたっては、事前に大字による推薦が行われていた。大字の推薦候補は、町総代たちによる選考によって決定した。例えば、1920年の2級選挙を前にして、大字下十条の各村組から町総代が集合し、候補者を選び、3名を大字の推薦とした。このような方法で、ほかの大字も、各々候補者を推薦した。定員15名のところ、各大字から合計19名が推薦を受けたのである[34]。

　このように、町議選の2級選挙では、町内会が結成される以前から、町総代たちによる候補者選考と、大字による推薦が行われていたのであった。そのため、表8-4に示したように、当時の2級選挙において、候補者の乱立はあり

得ず、その数は一定に保たれていたのであった。

　以上のように、町会議員の等級選挙においては、1級では選挙人による予選が行われ、2級では、町総代らによる候補者選考および大字推薦が行われていたのであった。町総代は、村組の代表者であるから、村組および大字が2級選挙の候補者の地盤だったと言えよう。

3　町内有志団体と等級廃止後の町議選

　すでに述べたように、王子町では、関東大震災以前に、多くの町内有志団体が結成されていた。1923（大正12）年の関東大震災に際して、それらは、町役場によって本格的に動員された。食糧配給や罹災者調査が、町内有志団体の役員を通じて行われ、そして、自警団も、町内有志団体により組織されたのであった[35]。

　1920年代は、選挙制度が変化した時期でもあった。1921年、町村制の改正により等級選挙が廃止された。そして、町村に直接税を納入していることが、町村会議員選挙の選挙人資格の条件になった。特権的な1級選挙が消滅すると同時に、選挙人の数は急増したのである。新制度下で行われた1924年3月の王子町会議員選挙では、選挙人は2,679名、投票者は2,302名を数えた[36]。これは、前回、1920年の約4倍に相当する。なお、新制度下の議席数は、以前の1級2級の合計数と同じく、30名であった。

　この王子町会議員選挙における候補者数は、定員を4名上回る34名であった。候補者の選考は、各地区の町内有志団体においてなされた。「高木日記」には、例えば、高木の地元について「南町にては高木要太郎氏を推す事となる」[37]とある。高木助一郎が住む地域では、南町友和会という町内有志団体が、候補者の選出母体になっていた。そして、これまでのような総代間の話し合いや、大字推薦の記述は全くない。のちに述べるが、町内会推薦の時期においても大字推薦の記述はない。大字推薦の記述が消滅したのは、この1924年の選挙からである。等級選挙が廃止され、各候補者は、一度の選挙で30議席を争うようにな

った。そのため、大字推薦の意義は薄れ、町内有志団体という比較的小さな選挙地盤でも当選が見込めるようになったものと考えられる。

　この選挙では、他地域の候補者からの戸別訪問を示す記述もある[38]。また、日記には「選挙会場附近ハ各候補者の立看板林立、事務所連続非常の雑倒し、本町選挙界未曾有の盛観を呈したり」[39]という選挙風景が記されている。各候補者は、町内有志団体を地盤としつつも、その範囲を越えた集票も目指していたのである。新住民急増および選挙人資格の拡充により、浮動票が見込めるようになったのであった。

　翌年には、東京市に隣接する5郡の多くの町村で、町村会議員選挙が行われた。新聞は、この選挙の様子について「投票日近づいて郊外大混戦、到る町村で土着住民と移住連との競争」と報じた[40]。新住民からも多くの候補者が出馬したのである。

　以上のように、等級廃止後の町議選においては、町内有志団体が候補者の選考および推薦を行っていた。町内会は、まだ結成されていなかったが、町内有志団体が選挙において重要な役割を果たしていた。また、同時に、選挙人の激増と新住民増加により、浮動票を意識せざるを得ない状況でもあった。1920年代後半に、町内有志団体が全戸参加型の町内会に変化したことは、新住民の票を浮動票から固定票へ変化させることに、ある程度の効果があったものと考えられる。

4　町議選の男子普通選挙化と町内会

　1925（大正14）年、衆議院議員選挙に男子普通選挙制が採用され、翌26年に、府県制・市制・町村制の改正により、地方選挙も男子普通選挙となった。それらの影響によるものと考えられるが、昭和に入ると間もなく、二大政党が支部的団体を王子町に組織化した。

　民政党系の王子民政倶楽部は、1927（昭和2）年12月に発会式を挙行した。会場は「名主の滝」という王子駅近くの行楽地で、煙火を打ち上げるなど華々

しいものであった[41]。また、政友会系の王子政友倶楽部も、1928年に発足した[42]。

このような、政党の支部的組織の結成のすぐ後、1928年3月、初の男子普通選挙制による王子町会議員選挙が執行された。これは、東京府下の他の町村に先駆けて行われたものであった（府下70町村は翌年5月に選挙）。それまでの町議選との最大の違いは、選挙人の数である。前回、1924年の王子町議選では、2,679名が投票したが、今回の投票者数は8,786名と激増した（なお選挙人の数は1万6,148名）[43]。また、候補者数の増加も、顕著な特徴であった。前回の選挙では、定員を4名上回る候補者数があり、それ以前の選挙でも定員を数名上回る程度であった。ところが、今回は、定員30名に対し49名が候補者となり、定員を19名も上回った。

この第1回男子普選制町議選の時期、王子町ではすでに町内会が結成され、それらが候補者推薦の場となった。例えば、大字下十条で最初に立候補を宣言した丸山七蔵という候補者は、宮江町会の公認を標榜した[44]。宮江町会は、明治期には民家が皆無であった地域の町内会で、大正期以後に形成された住宅地にあった。そのような新興住宅地の町内会でも、候補者の推薦がなされたのである。高木助一郎が属した南町会でも「町会議員候補者推薦会」が開かれ候補者の推薦を行った[45]。

このように町内会を基礎票としつつ、一方、選挙運動は、不特定多数に向けて行われるようになった。誇大なスローガンによる演説会が頻繁に開かれ、多数のポスターが掲示されたのである。それについて、助一郎は「演説会、各劇場其の他にて毎夜あり、政見とか抱負とか聞くも物凄きばかりなり」[46]、「愈、町議選も逼迫せし為め運動、益激烈、ポスターハ大小色取り取り各所の塀と云ひ立木と云ひ或ひハ人家の羽目と云ひ、凡そ人の目に立つ処ニハ少きも十枚、多きは数百枚に達する程貼附せられ美しくも亦醜し」[47]と表現している。この選挙では、王子町において、初めて無産政党からの当選者が出た。選挙において、旧来の地縁的要素だけでなく、党派的要素や階級的要素が濃くなりつつあった。この背景には、新住民の選挙人が増加したことが考えられる。翌年5月

には、府下70町村において、町村会議員選挙が行われたが、新聞は、その結果を「政友派遙かに民政を凌いだ」[48]と報じた。それまで、府下の町村議選挙について、政友会対民政党という座標軸で報道されることは、ほぼなかった。町村会議員は、以前よりも政党色を強めたのである。

「高木日記」によれば、1931（昭和6）年10月、王子町では、町長辞職による後任人事をめぐって、町議たちの意見が2つに分かれた。1つは、名誉助役の町長昇格を目指す意見で「石山源助氏外六名の民政脱退組」と「竜門木村氏等の政友会系」から支持されていた。もう1つの意見は「石川光孝氏を町長に推し中村邦氏を助役に推薦」するというもので「政友の首領石井武一郎氏及其の一派並民政系の残留組」が支持していた[49]。民政系・政友系ともに、分裂および派閥的活動をとる形にはなっているものの、政党による議員の色分けがなされている。

つまり、男子普選への対応として、二大政党が、王子政友倶楽部・王子民政倶楽部を設立し、同時に町議の組織化を図ったものと考えられる。これにより、町議の政党色が以前よりも明確になった。

そして、町議たちが、明確に政党色を示したのが議長選挙であった[50]。1932年の第2回王子町普通選挙後の議長選挙において、投票は民政党系の11票と、政友会系と中立の18票に分かれ、政友会系が当選した[51]。

政党色は救護委員にも及んだ。「高木日記」によれば、1932（昭和7）年2月の王子町会において「議事中、石井武一郎氏は、救護委員選定問題に付、町長が民政党員のみを之に充て党勢拡張を計る云々の失言あり、町長の答弁及議員石井幸一郎氏の反駁あり一時議場緊張せしも議長の休憩宣言により鎮静す」[52]という一幕もあった。

このように、町会議員などの政党色が強まると同時に、それらは衆議院議員選挙などの集票マシーンを構成するようになった。例えば、1932年2月の衆議院議員選挙に際して、王子町に隣接する滝野川町では、選挙違反のため複数の町会議員が逮捕されている[53]。そして、町会議員の政党色が強まることにより、その議員の地盤となっていた各町内会も政党色を持つようになっていったと考

えられる。

5 郡会議員・府会議員と地域

時期的に、さかのぼることになるが、ここで、のちの集票マシーンのヒエラルキーにおいて、中間に位置することになる府会議員の選挙や、大正期に廃止される郡会議員選挙について検討する。

① 北豊島郡会議員選挙

1922（大正11）年の郡制廃止により、郡会は消滅する。だが、のちの集票マシーンのピラミッド型ヒエラルキー形成についての参考ため、王子町の郡会議員選挙のあり方について確認する。ここで扱うのは1911（明治44）年以降であるが、この時期における北豊島郡会議員選挙では、王子町が1選挙区となっていた。1911年の郡会議員選挙において、王子町では、12名の有力者による予選会が小学校を会場に開かれた。そこでは、2人の候補者が選ばれた[54]。そして、選挙においては、候補者4名が3議席を争ったが、1位と2位は予選で決められた候補者であった（1位は146票、2位は105票、3位は71票、4位は17票）。選挙結果は、予選の結果を反映するものになったのである[55]。

では、郡会議員選挙は、大字などの地域と無関係に行われたのだろうか。そうではなく、やはり大字が基礎票と考えられていた。1913年に行われた郡会議員補欠選挙（定員1）においては、熊谷伝一郎と石井鎌三郎という2名の候補者が出馬した。新聞は、この選挙情勢について「同町の有権者は六百三十一人にして、熊谷氏は上下十条合せて百八十二票、石井氏は、豊島村、堀内村合せて百四十票の地盤を有し、残る三百九票の奪ひ合を初め居れり」[56]と報じた。つまり、上十条・下十条・豊島・堀ノ内という各大字は、各候補者の基礎票と見られていたのであった。

1915年の郡会議員選挙でも、再び有力者による予選会が行われた。そこでは、大字王子から1名、大字豊島から1名、大字上十条から1名というように地域

的な均衡が考慮された[57]。この郡議選では、もう1名が独自に立候補したものの、予選どおりの3名が当選した[58]。

以上のように、郡議選にあたっては、少数の有力者による予選が行われ、予選結果は選挙に反映されていたのであった。また、大字が基礎票と考えられ、予選に当たっては大字間の地域的均衡が考慮されたのである。

② 東京府会議員選挙

次に、東京府会議員選挙について検討する。府会議員の選挙区の範囲は、北豊島郡全体で1選挙区であった。

制限選挙の時期、府会議員選挙に際しては、北豊島郡内の町村長や郡会議員による予選が行われていた。例えば、1919（大正8）年の府選に際して行われた予選について、新聞には「今回の府会議員選挙に際し、北豊島郡にては、二三日前同郡役所に於て町村長、郡会議員等協議の結果、何名の立候補あるも憲政側にて浅香庄兵衛、保阪寿太郎、富山佐次郎の三名、又、政友側より花井源兵衛、大木新兵衛、吉田次郎八、三名を推薦する事に決し公表したるに、多数の村民は、吾々に謀らず僅少の人々にて勝手に決議するは六千余名の有権者を無視したる行為なりと憤慨し、更に優良なる人物を選挙すべしとのことにて、二十箇町の有志者等は二十六日午後五時より板橋高砂座に於て郡民大会を開き、市会議員佐久間耕進氏他十数名の演説ありたり」[59]とある。このように、町村長および郡会議員による予選がなされ、それへの反対運動も行われた。

「高木日記」において、府会議員選挙の詳細な記述があるのは、1920（大正9）年6月の府議補欠選挙である。これについては、他町村との候補者調整ついての記述がある。この選挙は、滝野川町の府会議員が辞任したことによる欠員を補うために行われた。「高木日記」には「滝野川町ほか各町村」の関係者が、王子町からの立候補を勧めたとある。それを受けて、王子町「有志」による選考の結果、石川光孝という人物を候補者に推薦したのであった[60]。以前から府議選の前に、6名の町長が集まって会合を持つことが「高木日記」に記述されているが、これが、既述の「滝野川町ほか他町村」にあたるものと考えられ

る[61]。この時期に王子町長だった石井孫治郎の日記の記述から推定すれば、6名の町長とは、王子町・滝野川町・巣鴨町・西巣鴨町・南千住町・日暮里町の町長である[62]。

しかし、予選された石川光孝のほかに、板橋町と尾久町から各々候補者が出た。そして、王子町の有権者へも浸透を図った。助一郎の家にも、板橋町の候補者の運動員が来ている[63]。その結果、当選は板橋町の上杉章雄で2,403票であった。王子町の石川光孝は次点で、1,294票と伸びなかった。3位は尾久町の鈴木重三郎で234票であった。なお、王子町の有権者数は535名であるのに、投票者は391名に過ぎなかった[64]。王子町長の石井孫治郎は、この結果について「意外ナル且ツ遺憾ナル哉、左ノ結果ヲ見タリ（中略）東部ニ於テハ勝ナレドモ、西部ニ至リ投票者多数ノ為メ斯ノ如シ、熟考スル、開始八時ヨリ三時迄トノ時間ニテ、東部ノ務人ハ投票ノ間ニ合ハズ棄権者多数ノ為メナリ」[65]と日記に書いている。王子町や滝野川町などの北豊島郡東部の有権者には、サラリーマンが多く、平日の投票に行けなかったことを敗因と考えている。王子町・滝野川町など6名の町長の間で合意がなされていても、他の町村から有力候補が出馬すれば、落選の憂き目を見ることになるのであった。このように、うまく機能しないことがあったものの、町村のグループの中で候補者選定が行われていたことは確認できる。

これより前、1911（明治44）年の府議選では、北豊島郡全体で定員3名のところ立候補者4名[66]、同様に1915（大正4）年9月では、定員4名のところ立候補者5名[67]、1919年でも定員6名のところ8名が立候補[68]するなど、定員数の変動にもかかわらず、つねに候補者数はそれを1～2名超過する程度となっていた。これは、新聞や日記にあるように、北豊島郡全体もしくは、一部の町村のグループにおいて候補者の事前調整が行われていたためと考えられる。

1923年の府議選においては、財産制限の緩和と人口増加により有権者数が増えた。そして、北豊島郡では、府議の定員が6名から8名に増加した。この時の選挙では、王子町の各町総代が、集合し候補者の予選を行った。予選により、第1・第2・第3までの候補を選び[69]、その上で、候補者を1名に決し、町総

代ならびに町会議員による推薦の会合を開いた[70]。

　この選挙では、北豊島郡への議席割り当ての増加により、王子町を地盤として1名の当選が見込まれた。そのため、他町村との調整の必要はなくなったのである。そして、王子町としての候補者の一本化が、町総代や町議らの予選によって行われたのであった。

　さらに、男子普通選挙が実施されると、府議選も変化した。最初の普通選挙による1928（昭和3）年6月の府議選は、それまでと異なる様相を示したのである。この選挙では、郡部の人口急増によって、郡部の議員定数が、市部を上回った[71]。そして、郡部市部とも立候補者が乱立し、北豊島郡では、定員13名のところ39名が出馬した。王子町からは民政党系の石川光孝と政友会系の石井武一郎が立候補し、ともに当選を果たした[72]。2人とも大字王子に居住している。予選において、これまでのように、候補者を1名に絞るのではなく、政友会、民政党各1名の党派的均衡をとった選考がなされたものと見られる。2名とも大字王子から出ているということは、地域的均衡よりも党派的均衡が意識されたと考えてよいだろう。

　東京市域編入を前にした1932年6月の普選制第2回府議選も、北豊島郡の定員16名のところ35名が乱立した。この選挙では王子町から3名が立候補して、3名とも当選している。それは、政友会2名と、民政党1名であった[73]。王子町会においては、政友会が民政党より優勢であったから、それを反映した立候補者数と見ることができる。

　以上、述べてきたように、北豊島郡への議席割り当て数の増加により、当選の可能性は、複数の町村で1名→王子町から1名→王子町から複数、と変化していった。選挙区の範囲は変わらなくても、定員増加により、候補者調整の範囲は、郡全体や町村間の調整から、王子町内での調整へと、狭くなっていったのであった。そして、王子町から1名が立候補した1923年の府議選まで、王子町にとって、府議は、地域代表的性格が強かったものと考えられる。しかし、1928年の男子普通選挙実施以降、王子町を地盤に、政友会・民政党の両方から当選するようになった。このような、王子町における政友会・民政党両党の府

議の存在は、党派対立を強めたと同時に、両党によるピラミッド型の集票マシーンの形成の前提になっていったものと考えられる。

おわりに

既述のように、等級選挙で行われていた町会議員選挙において、2級選挙の候補者は、町総代（村組の代表者）らによる選考を経て、大字の推薦を受けた。次に、等級廃止後の町議選においては、町内有志団体が候補者を推薦した。そして、男子普通選挙による町議選では、町内会が候補者を推薦した。ほぼ同時に、政党の支部的組織が置かれ、町会議員の党派色が強まった。

一方、1920年代の府会議員選挙では、郡部への議員定数の割り当てが少なかったため、郡全域の町村長や郡会議員、もしくは一部の町村長らによる予選がなされていた。その後、北豊島郡の定員は急増し、男子普通選挙による府議選では、王子町を地盤に、複数候補が当選できるようになった。これにより、王子町では、政友会・民政党の両党から府議を出すこととなった。

これら、町会議員と町内会の政党化、政民両党からの府会議員の当選などが、政党によるピラミット型の集票マシーン創出の前提となったのである。

1932（昭和7）年10月の東京市域編入により、王子町は、岩淵町とともに、東京市王子区となった。王子区会議員選挙でも、町内会による候補者の推薦は続いた[74]。さらに、新市域でも、東京市会議員選挙が実施されるようになった。1933年、高木助一郎が住む王子区下十条においては、地主層に属する高木惣市が東京市会議員へ立候補した。高木惣市は、町内会長や町会議員を歴任した名望家であった。その選挙にあたっては、地元町内会が推薦会を開いた[75]。高木惣市の当選後、1936年11月の王子区会議員選挙に、日記の著者たる高木助一郎自身が、高木惣市の勧めで立候補し当選を果たした[76]。高木惣市は民政党系市議であり、高木助一郎もまた民政党系区議として活動したほか、助一郎は町内会長にも就任した。王子区において、区議が町内会長を兼務することは珍しくなかった[77]。そして、府議選や衆議院選挙において、市議―区議―町内会とい

うルートでの選挙運動が行われたのであった。

注
1) 櫻井良樹『帝都東京の近代政治史』（日本経済評論社、2003年）。
2) 『生活と文化』（〈豊島区郷土資料館研究紀要10〉、1996年）。
3) 「高木助一郎日記」（東京都北区立中央図書館「北区の部屋」所蔵）。高木助一郎は、1892（明治25）年東京府北豊島郡王子村大字下十条の農家（地主）に生まれた。1911年に王子町役場に入庁。東京市編入前日にあたる1932年9月30日、土木課長として退職した。その後、王子区青年団副団長、南町会長、王子区会議員などに就任した。
4) 黒川徳男「東京府北豊島郡王子町における町内会の結成と再編成」（大西比呂志・梅田定宏編『「大東京」空間の政治史』日本経済評論社、2002年）。
5) 『王子町誌』（王子町、1928年）66頁。
6) 『北区史』通史編近現代（北区史編纂調査会編、1996年）222頁。交通の発達との関連については、同書404〜405頁。
7) 地形図『王子』（陸地測量部、1917年発行）。陸地測量部の地形図には、王子町の村組の名称が記されている。
8) 「高木日記」（1916年5月6日）。
9) 「高木日記」（1916年2月2日）。
10) 「高木日記」（1916年9月25日）。
11) 「高木日記」（1916年11月7日）。
12) 「高木日記」（1918年3月19日）。
13) 「高木日記」（1918年8月23日）。
14) 「高木日記」（1920年7月10日）。
15) 「高木日記」（1922年4月11日）。
16) 『東京府北豊島郡誌』（北豊島郡農会、1918年）338頁。
17) 「高木日記」（1920年4月28日）。
18) 町内有志団体については、田中重好「町内会の歴史と分析視角」（倉沢進・秋元律郎編『町内会と地域集団』ミネルヴァ書房、1990年）参照。
19) 「高木日記」（1922年8月13日）。
20) 「高木日記」（1922年9月11日）。
21) 「高木日記」（1922年9月25日）。
22) 「高木日記」（1922年10月9日）。
23) 『王子区年鑑』（大正毎日新聞社、1936年）。

24)「高木日記」(1926年1月10日)。
25)「高木日記」(1927年3月20日)。
26)「高木日記」(1928年8月12日)。
27)「高木日記」(1930年10月1日)。
28)「高木日記」(1931年1月15日)。
29)清水澄ほか『市制町村制正義』(明治大学出版部、1914年)245頁。
30)同上、249〜254頁。
31)『北区議会史　前編』(東京都北区、1958年)142〜143頁。
32)東京都公文書館所蔵「東京府文書」625-A5-24。
33)「高木日記」(1920年3月22日)。
34)「高木日記」(1920年3月27日)。
35)「高木日記」(1923年9月1〜30日)。
36)「高木日記」(1924年3月27日)。
37)「高木日記」(1924年2月16日)。
38)「高木日記」(1924年3月19日)。
39)「高木日記」(1924年3月27日)。
40)『東京朝日新聞』(1925年5月24日)。
41)「高木日記」(1927年12月18日)。
42)『北豊島郡総覧』(北豊島郡総覧社、1932年)人物編「臼倉平十郎」の項。
43)「高木日記」(1924年3月27日、1928年3月28日)。
44)「高木日記」(1928年2月29日)。
45)「高木日記」(1928年3月1日)。
46)「高木日記」(1928年3月11日)。
47)「高木日記」(1928年3月25日)。
48)『東京朝日新聞』(1929年6月1日)。
49)「高木日記」(1931年10月20日)。
50)「高木日記」(1931年11月13日)。
51)「高木日記」(1932年4月6日)。
52)「高木日記」(1932年2月29日)。
53)『東京朝日新聞』(1932年2月24・27日、3月4・7・11日)。
54)「高木日記」(1911年9月27日)。
55)「高木日記」(1911年9月30日)。
56)『東京朝日新聞』(1913年8月23日)。
57)「高木日記」(1915年9月27日)。

58）「高木日記」（1915年9月30日）。
59）『東京日日新聞』（1919年8月27日）。
60）「高木日記」（1920年6月8日）。
61）「高木日記」（1914年10月29日）
62）「王子町長役場日誌」（『北区史』資料編現代1、東京都北区、1995年）55頁。
63）「高木日記」（1920年6月10日）。
64）「高木日記」（1920年6月18日）。
65）前掲「王子町長役場日誌」55頁。
66）「高木日記」（1911年9月26日）。
67）「高木日記」（1915年9月26日）。
68）「高木日記」（1919年9月27日）。
69）「高木日記」（1923年4月27日）。
70）「高木日記」（1923年6月22日）。
71）『東京朝日新聞』（1928年5月9日）。
72）「高木日記」（1928年6月7日）。
73）「高木日記」（1932年6月11日）
74）「高木日記」（1932年11月10・21日）。
75）「高木日記」（1933年2月22日）。
76）「高木日記」（1936年11月28日）。
77）前掲『王子区年鑑』の「第十三章町内会」と「人物名鑑」。

第Ⅲ部　そして、人間

第9章　北越製紙の企業成長と田村文四郎・覚張治平

松本 和明

はじめに

　北越製紙株式会社は、地域で豊富かつ廉価で調達できる稲藁を原料に板紙を製造することを目的として、紙卸商の田村文四郎と書籍商の覚張治平を中心に、長岡地域の企業家が連携・協力し、1907（明治40）年4月に長岡市で設立された。新潟県内では長岡と新潟市に工場を有し、設立以来100年以上にわたって、長岡地域はもとより新潟県の産業およびビジネスの発展において主導的な役割を果たし続けてきた企業の一つである（2009年10月より北越紀州製紙株式会社と社名変更）。

　筆者は、北越製紙の産業史ないし経営史的研究の重要性および有用性を認識し、主に長岡市が市史編纂事業で収集・調査した北越製紙長岡工場の有する資料（長岡工場文書、長岡市立中央図書館文書資料室所蔵）を活用して、2001年に「田村文四郎の企業者活動と北越製紙の設立」[1]、2002年に「資料紹介：創業期と大正期における北越製紙に関する資料」[2] を発表することができた。

　その後縁あって、北越製紙による百年史編纂事業へ執筆者の一員として参画を許された。社内外で多種多様な資料を収集して、これに吟味・検討を加えて執筆を行い、2007年4月に『北越製紙百年史』（北越製紙株式会社北越製紙百年史編纂委員会編集、同社発行）として刊行されることとなった。

　筆者は、同書刊行後も関連資料の調査を継続しており、これまで収集した資

料も含めて、これらを分析して、紙幅の都合と筆者の能力から同書では叙述しきれなかった北越製紙の経営戦略と企業成長のプロセスおよび田村文四郎と覚張治平の企業者活動をより立ち入って明らかにしていくことを課題として設定する。

とくに本章では、会社設立の1907年から1917年までの10年間について取り上げる。当該期は長岡工場の建設と板紙の製造、販売体制の構築と変容、新潟への進出と洋紙の製造への着手など、北越製紙の経営の基盤が確立されていく時期である。当該期の経営の実態、とりわけ諸課題に対する経営判断および意思決定過程を、製紙業界の動向とともに解明していきたい。

ところで、これまでの研究史を振り返ると、四宮俊之氏が戦前期の最有力企業であった王子製紙・富士製紙・樺太工業の経営史および製紙業界史について[3]、前田和利氏が製紙流通史について詳細に分析され[4]、いずれも有益な研究である。しかしながら、四宮氏の分析の対象は上記3社が中心であり、一方で独自のポジションを確立していった北越製紙に関しては部分的に取り上げられているにすぎない。また、前田氏の分析対象は主に洋紙の流通であり、北越製紙がいわば「戦略商品」とした板紙の流通については必ずしも踏み込まれていない。北越製紙の設立と事業展開や田村・覚張の活動、および板紙流通の動向を跡づけ、戦前期における製紙業の実態解明に資することを目指したい。

なお、本章では資料として、主に北越製紙の『役員会議事録』を活用する。史実については、とくに断らない限りこれに依拠している。前述の長岡工場文書によると、1907年5月から1912年12月までが「第壱号」、1913年1月から20年1月までが「第弐号」として綴られていることを付記しておく。

1 田村文四郎・覚張治平の足跡と北越製紙の設立過程

まず、田村文四郎および覚張治平の足跡および活動と北越製紙の設立過程についてひととおり振り返っておきたい[5]。

田村文四郎は、1854（安政元）年5月25日に、長岡千手町村の酒井治平（近

江屋治左衛門)の三男として生まれ、幼名は寅松と称した[6]。酒井家は、代々油類や蝋燭を商い、長岡藩の蝋燭御用達も務めていた。

寅松は、幼少のころから聡明かつバイタリティー旺盛であった。この性格が見込まれ、1871(明治4)年の18歳のときに、1753年から長岡城下で「田村屋」として紙卸商を営んでいた5代目田村文四郎家に婿養子に入ることとなった。当時の田村家は家産が傾きつつあり、寅松は田村家の再興という重大な役割を期待されての入婿であった。寅松は、新潟県内はもとより、長野県飯山町など和紙の主要産地などへも率先垂範して訪問し、直取引を拡大した。田村家は県内全域に商圏を広げ、営業基盤がより強固なものとなった。

寅松が30歳を迎えた1883(明治16)年に養父の文四郎が死去し、直ちに家督を相続し6代目を襲名した。80年代に入ると、田村は岐阜県・愛知県・静岡県・山梨県内の産地に自ら歩みを進めて、直取引先を着々と開拓していった。80年代後半以降は、西日本の和紙の集散地となっていた大阪を毎年訪れ、取引の拡大に尽力した。

1890年代に入ると、洋半紙を嚆矢として洋紙が新潟県内に流通し始めた。北越鉄道(現・JR信越本線)開通前は、長岡・新潟間の物流は信濃川舟運に依存していたため不便であり、流通量の伸びは緩いテンポにとどまっていた。1899(明治32)年に沼垂〜直江津間が全通して、新潟〜長岡〜直江津間と官鉄信越線および日本鉄道とで東京と直結し、県内外の物流がスムーズになるとともに洋紙の用途が新聞・雑誌用紙や教科書・書籍用紙、マッチ・煙草の包み紙などに広がったため、県内にも急速に普及し、需要は急増していった。文四郎は、中井商店・服部紙店・柏原洋紙店・大倉洋紙店および博進社などの有力洋紙商と取引関係を構築した。当時の長岡では、洋紙の取り扱いは田村と柳本角衛のみであった。

こうしたなかで、新潟市の小村紙店が業績不振のため撤退し、営業の継承を要請してきた。田村はこれを直ちに受託して、1901(明治34)年に新潟市本町八番町に分店を設置し、義弟の文次郎を責任者として新潟に派遣することとした。この分店は、新潟市域および下越地方での重要な営業拠点となった。

田村の豊かな商才と旺盛な活動により、田村家の再建を果たすばかりでなく、新潟県随一の紙商として、「長岡市内は勿論、近県洋紙取引の殆ど翁の一手に帰し、他の追従を許さざるものにあるに至」[7]り、顕著な発展を遂げたのである。

ところで、1890年代後半から1900年代半ばにかけてのおよそ10年間は、和紙・洋紙の需給および業界の構造が大きく変化を遂げる時期となった。

生産額でみると、1896年から1906年の10年間で、和紙の1.5倍に対して洋紙は5.2倍に拡大した[8]。当時の製紙業界をリードしていた富士製紙および王子製紙が洋紙の大量生産体制を一定程度固めつつあった。一方、新聞・雑誌および一般書籍の発行の増加や1903（明治36）年5月の文部省告示により国定教科書用紙を和紙から洋紙への転換が決定したことなどが、洋紙需要の拡大の追い風となった。

これに対して、和紙は手漉きから機械漉きへの転換が各産地で広がっていたものの、国定教科書用紙に使用されなくなったことや和紙を模した安価な模造紙・ロール紙が大量に輸入され始めたこと、従来の毛筆からペン・鉛筆の使用が広がり、各種の書類・記録類も印刷が施されるようになったことなどにより、需要が低迷していた。江戸時代から活況を呈していた新潟県内の和紙産地については、「概ね従来農家の副業として世襲し来れるに過きすして改善進歩の方法を講する事な」く、「多くは問屋より原料を仰き其製産数量に依り指し値を以て価格を支払はる、ものなるか故に製造家は僅に工賃を得る位に過きすして一層其発展を見る能はさる」[9]と報告されているように、衰退が顕著なものとなっていた。

流通体制に関しては、関西方面との結びつきが強まっていた[10]。1902（明治35）年に合名会社化した中井商店は大阪と東京を拠点として、王子製紙気田工場の製品の専売契約を締結し、中部工場の新聞巻取紙を取り扱うとともに各地域の需要特性に応じて取扱製品の多品種化を推進した。さらに、阿部製紙所（工場は大阪府西成郡川北村）や四日市製紙などと一手販売を特約した。他方、関西に営業基盤をもつ山田洋紙店（のちの富士洋紙店）は富士製紙、大森洋紙

店は三菱製紙所の一手販売の特約店となっていた。和紙は、高知・山口・島根県内の産地から大阪の紙商へとその多くが集荷されていた。

こうした状況のなかで、田村は、「上方から和紙、洋紙とも入つて来始め、どつちかといふと越後の紙界は少々衰微に傾きかけた。上方紙の侵入から痛烈な刺撃を受けた私どもはどうしても機械の力を藉りてドン〳〵製造して対抗するにあらざれば、越後の紙屋は亡びてしまうばかりでなく時代の要求に応ずる事が出来ない」[11]と相当の危機感を抱き、製紙業の起業の必要性を強く認識していったのである。

田村は、起業に向けての調査・研究を精力的にすすめていった。1905（明治38）年5月には、同地へ新たに工場を建設し、4ないし5名の職人を雇い入れて和紙の機械生産を試験的に開始した。これに続いて、東京板紙の千住工場から岡本技師を招聘して、洋紙機械の研究にも着手した。

これらとともに、田村は、本業の傍ら各地の製紙会社・工場を訪問し、生産や原材料調達・動力源などの実態について見聞を重ねていた。田村の起業構想の策定に決定的な契機となったのが、合資会社三菱製紙所の高砂工場の見学である。田村は、1906（明治39）年6月に同工場を訪れた。高砂工場は、前身のKobe Paper Mill時代から藁パルプを購入して、Straw Paper（藁紙）を生産していた[12]。このような状況をみて、田村は次のような構想をもった[13]。

> 板紙の原料は藁である。そして播州地方にては藁の値段が一反歩で三円乃至四円もしてをるのに、越後では当時一円内外に過ぎなかつた。その頃越後人は藁の利用についての知識が乏しく、多くは焚くかまたは馬糧にしたものである。殊に越後は米産の国で藁は豊富だ。その上値段は低廉である。板紙の工場としては持つて来いの場所だと知つたのが、そも〳〵板紙の製造を思い立つた動機である。

田村は、洋紙の製造から稲藁を原料とした板紙の製造へと計画を転換した。新潟県が日本一の米産県で稲藁の確保に有利であることとともに、板紙の抄造

技術・設備は洋紙よりも比較的容易なものであること、王子製紙や富士製紙が大量生産体制を確立しつつあるという供給状況も踏まえて、田村は的確な判断を下したのである。

田村は、ともに長岡銀行の監査役を務めるなど入魂の間柄であった覚張治平に対して、1906年7月に起業計画をもちかけたところ、覚張は直ちに賛意を表した。覚張治平は7代目にあたり、1862（文久2）年10月22日に6代目治平の次男として生まれ、幼名は儀七と称した[14]。覚張家は1727年に「上田屋」と称して骨董商を開業し、明治維新後に書籍商も兼業し始めた。1889（明治22）年7月に6代目治平が死去し、儀七が直ちに家督を相続して、治平を襲名した。治平は、書籍や雑誌が急速に普及していくなかで、初代以来の骨董商を廃業し、書籍商専業となった。

覚張が事業のさらなる拡大に向けて着目したのが、文部省により国定教科書共同販売所（社長・大橋新太郎）のもとに1県に1カ所割り当てられることとなった小学校の国定教科書の特約販売である。各道府県単位の特約販売所から取次販売所（書店）に学校を指定して教科書を販売させるシステムであった。覚張は、大橋と意見交換を重ねたうえで、特約販売権を独占することなく、1905（明治38）年8月に、長岡の目黒十郎と北蒲原郡水原町（現・阿賀野市）の書籍・小間物・茶商の西村六平とともに、北越書館を資本金2万円の合資会社として設立し、覚張が代表社員となった。

起業計画を固めた田村は、覚張の協力を受けて、渡辺藤吉・渋谷善作・山口達太郎・山田又七・山口政治・山口万吉・渡辺六松および大橋新太郎や1897年7月に洋紙卸商の合資会社博進社を資本金3万円で立ち上げるとともに博文館の支配人も兼務していた山本留次などに対して発起人への就任を要請し、35名が発起人に名を連ねた。北越製紙の立ち上げは、いわば長岡の産業界による共同事業との様相を呈していた。田村や覚張の地域の各界各層における信用・信頼の厚さはもとより、企業間ないし企業家間の競争や派閥間の対立・対抗関係を超えて、いわば産業界が総力を結集して、東山油田の活況に沸く石油業に続く長岡地域のリーディングインダストリーの確立を企図したといえる。

かくして、1907（明治40）年4月27日に長岡商業会議所で創立総会が開催され、北越製紙株式会社として資本金75万円で設立することが正式に決定された。選任された取締役・監査役および相談役は表9-1のとおりである。総会後の取締役間の互選で、専務取締役に田村、常務取締役に覚張が選任された。

会社設立後、直ちに工場建設の準備が本格的にすすめられた。用地は、原材料の搬入や製品の搬出における舟運の利用や用水の確保にとって利便性が高い信濃川沿いの長岡市蔵王地内とすることが、1907（明治40）年5月2日の取締役会で決定した。抄紙機については、国産機か輸入機のいずれかを選択するかの意思決定は容易ではなかった。田村と覚張および山本留次が各社と交渉を重ねた結果、高田商会を通じてアメリカのブラッククローソン社製の84インチ・円網機を導入することとした。諸機械および資材類についてはランカシャー型汽罐は日本石油附属新潟鉄工所長岡分工場、その他は大阪市内および長岡市内の鉄工所へ発注することを決めた。工場の動力源として電動機を採用することを1907年7月11日の取締役会で決定し、田村が東京および大阪に出張して関係各方面と交渉を行い、同月18日にドイツの最有力の電機メーカーであるジーメンス・シュッケルトベルケ社と契約を締結した。当時、国内の製紙会社では動力には蒸気を用いるのが一般的であったのに対し、アメリカでは電気の使用が広く普及していた。電動機の本格的な採用に踏み切ったのは業界にとっても画期的であったのである。

1908年10月25日に、長岡工場で開業式が挙行された。田村の式辞において注目すべきは、「北越ニ於ケル年産三億万貫ノ藁、重油、瓦斯及石灰等ノ無尽蔵ニシテ廉価ナルハ、是本社創立ノ動機ナリ」と「本社ノ産額ハ、一日板紙十五噸ニシテ、此レヲ価ノ上ヨリ見レハ、本邦ニ於ケル洋紙産額ノ僅ニ七十分ノ一ニ過ギズト雖モ、抑テ先ツ小規模ヲ以テ其基礎ヲ鞏ムルニ在リ」[15]の2点である。前者は、起業動機として原料および動力源として長岡地域で生成ないし産出される稲藁および電力・石油に着目し、地域産業ないし社会との連携を重視していたことにほかならない。後者は、事業の方向性ないしビジョンとしての堅実経営志向を明確に主張したのである。

表 9-1　1907年から1917年にかけての北越製紙のトップ・ミドルマネジメント

氏　名	住　所	役　職	持株数	主な役職・経歴
田村文四郎	長岡市神田一ノ町	専務取締役：1907.4～	1,000	紙卸商・長岡銀行(監)・長岡商業会議所(常)
覚張治平	長岡市表二ノ町	常務取締役：1907.4～	1,000	書籍商・長岡銀行(監)・合資北越書館(代社)・長岡商業会議所(常)
大橋新太郎	東京市日本橋区本町三丁目	取締役：1907.4～	500	博文館主・国定教科書共同販売所(社)・東京商業会議所(副会)
渡辺藤吉	長岡市観光院町	取締役：1907.4～	500	宝田石油(専)・国油共同販売所(取)・長岡商業会議所(副会)・長岡商業会議所会頭
渋谷善作	長岡市坂之上町	取締役：1907.4～	300	長岡銀行(頭)・長岡商業会議所(副会)・長岡市会議長
小川清松	長岡市表二ノ町	取締役：1907.4～14.3	500	洋反物商・長岡商業会議所(議)
山口政治	長岡市玉蔵院町	取締役：1907.4～	200	北越水力電気(専)・日本石油監事
山口又七	長岡市長町	監査役：1907.4～17.12	500	宝田石油(取)・国油共同販売所(取)・長岡商業会議所(議)
山口万吉	長岡市表二ノ町	監査役：1907.4～09.12	500	西洋小間物商・長岡商業会議所(常)
山本留次	東京市神田区美土代町	監査役：1907.4～	100	博進社(専理)・博文館(支)
山口達太郎	刈羽郡横沢村	相談役：1907.4～	500	長岡銀行(頭)・日本石油・柏崎銀行(取)
渡辺六松	長岡市表三ノ町	相談役：1907.4～	500	製糸業・長岡商業会議所(議)
山口誠太郎	刈羽郡横沢村	監査役：1910.1～	500	達太郎の長男・ハーバード大学卒・長岡銀行(頭)・日本石油(取)
田村文次郎	新潟市木町通八番町	取締役：1917.2～15.7	200	紙卸商・洋酒および麦酒卸商・新潟商業会議所(常)
春日馬之助	長岡市	技師長：1907.4～15.7	0	西成製紙技師
渋谷謙三郎	南蒲原郡葛巻村	支配人：1909.1～15.4	0	京都帝国大学卒
田村文吉	長岡市長町	支配人：1915.9～	0	東京高等商業学校卒

出典：『北越製紙百年史』63頁の付表に筆者が加筆・修正して作成。
注：1）持株数は、就任時点でのものである。
　　2）役職・経歴欄の略号……(出)＝社長、(副)＝頭取、(代社)＝代表社員、(専)＝専務理事、(専理)＝専務取締役、(取)＝取締役、(監)＝監査役、(支)＝支配人、(副会)＝副会頭、(常)＝常議員、(議)＝議員

2 長岡工場の操業動向

開業式の翌日の10月26日から長岡工場の本格的な操業が開始された。1908年12月末までの生産量は377トン37束で、1日平均では6.24トンとなった。1908年下期の『第四回報告書』では、「県下嚆矢ノ事業タル機械ノ複雑ニシテ且多数」にわたり、「如何セン当期ハ所謂試験時代ニシテ万端ノ設備未ダ完全スルニ至ラ」ず、「従テ予定ノ産額ヲ見ル能ハザリシハ数ノ免カレサル所」と操業が不十分であったことを率直に指摘した。一方で、製造に関しては「精覈事実ヲ味フルニ於テハ比較的短期ノ成功」で、日産6トン以上となったことは予想以上と述べるとともに、品質については「開業日尚ホ浅ク同業者ノ充分ナル批判ヲ聞ナリシト雖モ製品ニ一種ノ特質ヲ存シ日ニ月ニ其販路ヲ拡大シツヽアルハ自ラ信シテ疑ハサル所ナリ」と自信を示し、「期改マルト共ニ各版ノ設備全クナリ生産力ノ増加品質ノ改良ヲ致シ以テ事業ノ発展活動ヲ期スル」と今後を展望している。販売量は315トン31束であった[16]。

1909年1月6日に、精選場から出火して蒸解場まで延焼した。幸いにも、原料を調製する紙料場および製品を生産する抄紙場への延焼は免れた。同日中に長岡在住の役員を緊急に招集して取締役会を開催し、復旧計画を策定した。そして直ちに復旧工事に入り、3月10日には操業を再開した。工費は、大倉組保険部を通じて海外の保険会社から受け取った1万4,250円の保険金で賄うことができた。復旧するにあたり、蒸解場とストローカッター（原料である稲藁を切る機械）を新設するとともに、防火のための非常用ポンプと鉄管および信濃川の渇水期の用水不足を解消するための煉瓦井戸2個を設置するなど、設備の増強が図られた。同年上期の『第五回報告書』は、「工場ノ建設機械ノ配置修繕等之ヲ復旧以前ニ比スルニ毫モ遜色ナク災害ノ損失ハ単ニ間接費ニ止マルニ至シハ実ニ本社ノ為メ一大慶事」[17] と振り返っている。

1909年4月25日の取締役会で多管式ボイラー2機の増設を決定した。従来のランカシャーボイラー1機では抄紙機の動力として不可欠である蒸気を賄うこ

とができず、燃料である重油も予想以上に必要となっていた。これに併せて、汽罐場も拡張させた。

　長岡工場で使用されていた原料の一つである消石灰は、原石の質が悪く、溶解量が少ないために残滓量が多く、他社の約2倍の使用を余儀なくされており、コストアップの要因となっていた。これに対して、石灰焼釜を増設して品質向上を図った。

　同年には、ギロチンカッターとキャレンダーを新設した。これらは厚物生産に適しており、乾燥室の新設および荷造機の設置とともに、需要が拡大していた3オンス以上の製品の増産に対応できた。また、工場の東側に藁置小屋を4棟増設した。稲藁は工場構内に山積みされていたが、風雨・風雪に晒されると湿ってしまい、切断に多量の動力を必要とし、蒸解に不同を生じやすく、発火を起こすこともあるという問題点の解消を目的としていた。

　このように、長岡工場の諸設備は、概ね1909年までに新増設が完了し、その後は逐次改良が施されていった。翌10年上期の『第七回報告書』は、「機械ノ運転極メテ好調ニ職工ノ作業漸ク円熟シ製品ノ改良ヲ促シ産額ノ増加ヲナセリ」[18]と生産が軌道に乗っている状況が報告されている。1910年11月5日および翌11年4月5日の取締役会で3機目となる蒸解釜および石灰溶解タンクの増設が決定され、杉浦鉄工所および新潟鉄工所長岡分工場への発注により、同年10月に完成している。

　生産量は、表9-2によると、1911年上期から12年上期にかけて10%ほど減少したのを除いて、ほぼ順調に拡大した。効果的な設備の新増設や従業員のスキルアップにより能率が向上したことが奏功したといえる。

　ところで、長岡工場は、1910年8月に信濃川の出水により構内東側に浸水して稲藁が水に浸かり、翌11年8月にも出水により藁置倉庫が浸水した。これに対して、工場の周囲に石垣の土堤を築いた。さらに12年9月には台風による暴風で藁置倉庫4棟と修繕場が倒壊するなどたびたび災害に見舞われたものの、そのたびに施設・設備の見直しおよび改善が図られ、より堅牢なものが設えられていったことも付記しておきたい。

表9-2　1908年下期から1917年下期にかけての業績の推移

	生産量	販売量	売上高	利益金	利益率	配当率
1908年下	375	313	22,601	1,192	0.9	0
1909年上	1,018	850	60,133	9,654	7.4	3.0強
1909年下	1,774	1,268	99,936	11,921	8.2	6.0
1910年上	1,748	1,515	86,720	6,290	4.2	4.0
1910年下	2,049	1,843	112,145	20,607	13.7	8.0
1911年上	1,830	1,853	108,757	14,133	9.4	8.0
1911年下	1,864	2,171	111,095	14,990	10.0	8.0
1912年上	1,895	1,919	106,382	13,155	8.8	8.0
1912年下	2,122	2,118	124,841	15,300	10.2	8.0
1913年上	2,331	2,204	129,571	18,834	11.6	9.0強
1913年下	2,477	2,355	119,224	19,313	10.5	9.0強
1914年上	2,442	2,517	121,736	20,698	11.3	9.0
1914年下	2,410	2,252	115,518	21,567	10.3	9.0
1915年上	2,557	2,189	99,162	7,207	3.4	5.0
1915年下	2,557	2,514	108,705	393	0.2	0
1916年上	2,484	3,423	142,220	22,710	9.8	8.0弱
1916年下	2,758	3,291	161,099	33,026	14.2	10.0
1917年上	2,643	2,739	458,533	72,711	24.2	15.0
1917年下	3,050	3,045	595,577	143,817	47.9	20.0

出典：各期『報告書』ないし『営業報告書』（北越紀州製紙株式会社所蔵）、「社史資料」（長岡市立中央図書館文書資料室所蔵・北越製紙株式会社長岡工場文書）、『北越製紙株式会社弐拾五年史』、『北越製紙70年史』などより作成。

注：1）上期は1月1日～6月30日、下期は7月1日～12月31日。
　　2）生産量・販売量はともに板紙で単位はトン、売上高・利益金は円（円未満は切り捨て）。
　　3）利益率は、各期の利益金を2倍して払込資本金額で除した払込資本金利益率、単位は％。
　　4）配当率の単位は％。

　この間において、生産性および品質の向上に大きく寄与したのが堀越寿助の存在である。堀越は1869年に長野県で生まれ、東京職工学校化学工芸部（のちの東京高等工業学校窯業科、現・東京工業大学）を卒業し、さらに東京帝国大学でも学んだ。王子製紙に入社して王子工場工務係長などを務めたのちに上海にわたり、同近郊の竜華地区で立ち上げられた奏弁竜章造紙公司の工場の建設と操業に携わり、1907年7月にアメリカのベロイト社製の薄紙用100インチ長網抄紙機2台を以って生産を開始した。翌08年11月には帰国した。堀越は、監査役の山本留次の斡旋で、09年4月に北越製紙へ臨時技師として招聘され、火災からの復旧後の長岡工場各部門の調査に着手した。そして、10年1月10日の

取締役会で顧問技師として正式に採用された。

　この時期に問題となっていたのが、専売局への板紙納入である。1911年4月に専売局と契約を締結したものの（田村文四郎と覚張治平が保証人およびその他全役員も連帯責任を負荷）、検査で不適格と判定され、納入が差し止められた。堀越が原因の究明と対策に取り組み、水分と強度の改良でクリアできることを突き止めた。これを受けて品質の改善をすすめた結果、正式な納入が実現されたのである。

　堀越は、1915年に支配人に就任した田村文吉に進言して、同年から翌16年にかけてソーダ灰を活用しての藁パルプの試作や白板紙（ボール紙）の抄造、さらに画学紙や地券紙の製造にも成功した。また、17年には白洋紙の原料となる砕木パルプ（GP）の製造整備の新設を推進したが、具体的には後述する。これらは、のちの洋紙への進出や板紙のバリエーションの増加、つまり多品種化の技術的な基盤となったといえる。

　堀越は、王子製紙の専務取締役として旺盛にリーダーシップを発揮し、同年生まれかつ同郷であった藤原銀次郎に請われて1919年に同社に転じ、取締役に選任されて大阪工場長（25年に都島工場と改称）に就任した。その後、王子・十條・亀戸工場長も歴任して各工場の近代化を推進した。日本金網および旭鉄工所社長、有恒社専務取締役なども務めた。それまで業界のリーダーである王子製紙と設立間もない地方企業である北越製紙とはこれといった接点がなかったが、堀越が両社を結ぶ「架橋」となったといえ、注目するに値しよう[19]。

　その後、長岡工場の抄紙機は操業10年を経て老朽化が進んだ。そこで、1917年11月に機械各部および紙料部門の修繕を行うとともに、杉浦鉄工所製の乾燥筒を14本増設して合計が35本となった。この結果、生産効率が向上し、月産が450トンから650トン、さらに用水の改良などにより800トンまで増大することができた。

　原料の稲藁の調達ないし集荷については、その状況が1909年下期の『第六回報告書』に詳述されている。購入は春と秋の2期で、春物は前年の古藁で乾燥が十分で貫量の減少が少なく、原料として適していた。同期の購入量は100万

貫（約3,750トン）で、長岡市および周辺部からは荷車、蒲原各郡および三島郡域からは川舟で搬送され、「陸続相次キ藁受取ノタメ頗ル繁忙ヲ極メ」ていた。一方で品質に関しては、「地質ノ相違ハ品質ノ同一ヲ期スルヘカラス」、「特ニ早刈ノ稲ニシテ稍青色ヲ帯ブルモノハ其質硬固ニシテ石灰及蒸気ノ使用量増加シ其歩止リモ良好ナラス」、「買入ニ関シ品質ノ選択ニ付キ特ニ注意ヲ要スル」[20]と品質により石灰や蒸気の使用量が増加し、歩留まりも悪く、その選択には注意を要することが強調されている。つまり、稲藁の品質如何がコストの変動要因となり、より厳密な業務遂行および管理が必要としていたことが示唆される。

　稲藁の買付方法は、創業当初は各地に請負人を配置して数量・単価を提示して集荷させていた。しかし、悪質な請負人の不正行為が横行したため、1911年11月10日の取締役会で直営への転換を決定した。具体的には委託買付方式であり、買い付けを委託する仲買人に口銭を支払う方法で、手数料・下仲買手数料・出料を明示した調書に基づき支払うというものであった。これにより、稲藁を検収してその単価を算出・把握することができ、また、農家等売人の売却価格と仲買人の申出価格とを照合することで不正を防止でき、原価管理上有用となった[21]。

　長岡工場への搬入においては、木造の川舟（当時は「長船」ないし「小廻輪船」などと称され、長さが20mから22m）を建造して、信濃川流域の舟運業者に貸与し、貸料を船運賃のなかから徴収する方式をとった。例えば、1911年3月4日の取締役会では、川舟5艘を1,600円で購入することを決定している。業者は、信濃川沿いの長岡組・与板組および刈谷田川下流の関根組の3組に組織化された。信濃川の河川舟運は、ながらく長岡・新潟間の物資および旅客輸送の中核を担い、川蒸気船（川汽船）とともに活況を呈していた。しかし、1899（明治32）年9月に北越鉄道の直江津～沼垂間が全通すると（1904年に沼垂から新潟まで延伸）、一気に衰退へと向かった。こうしたなかで、舟運業者の活用は、輸送の円滑化を実現するとともに、地域に存立する業者に新たな事業機会を提供するものでもあり、北越製紙および舟運業者双方をおおいに裨益

するところとなり、注目すべきである。

　続いて、製品の輸送についてみていきたい。1907年8月に北越鉄道が国有化されて信越線となったが、同線を管轄していた中部鉄道管理局営業課が行った「駅勢調査」の1909年における長岡駅のデータによると、長岡工場が生産する板紙は、「長岡駅発送重要貨物ノ一」と位置づけられ、長岡駅から信越線を経由し東京および大阪へと仕向けられた。工場から長岡駅までは荷車で輸送され、陸送費は1トン当たり40銭と記録されている[22]。なお、長岡駅までの輸送は、山三運送店に請け負わせていた。

　輸送の円滑化とコストダウンに向けては、1911年2月5日の取締役会で長岡工場から長岡駅まで鉄道を建設することが提起された。この時点では調査を継続することとなった。

　この一方で、工場に隣接する新町地区の山田竹蔵を中心に新駅設置運動が展開され、田村が積極的に協力した。1913年8月10日および12月13日の取締役会で寄付金として1,000円を支出することを決定した。そして、1915年11月1日に城岡駅として開設された（1951年7月に北長岡駅と改称）。翌16年6月10日の取締役会で工場・城岡駅間1.3kmに軽便鉄道（軌間762mm）の敷設を決定し、同年末に完成した。17年には、5月に城岡駅での発送貨物運賃の後払いが認可され、8月に駅構内の使用が許可された。

　この路線をベースとして、時期は下るが、1924年5月に信越線と軌間を合わせ（1,067mm）専用側線を改めて敷設し、同年12月にはドイツ製のガソリン機関車を1台購入して工場内での貨車の出入作業を開始した。この結果、原料の搬入や製品の搬出に伴う運賃コストが半減するに至った。なお、この専用側線は、長岡工場の北側に位置する北越水力電気蔵王工場（1921年操業開始、現・北越メタル）をはじめ、1930年代半ば以降立地された日本繊維工業（のちの呉羽紡績）や津上製作所（現・ツガミ）なども活用し、蔵王・城岡一帯の工場地帯の発展に寄与するところとなったことを付言しておく。

3 販売体制の確立

 長岡工場での製造は、火災や風水害にたびたび見舞われたものの被害は軽微にとどまり、機に乗じての増設および改良・改善が功を奏して、概ね順調に展開されたといえる。この一方で、大きな経営課題となったのが販売体制の確立である。当時の板紙市場は、先発企業の東京板紙と富士製紙が主導し、両社を中心に共同販売組織として日本洋紙合資会社を立ち上げて一手販売を行っていた[23]。北越製紙は、大消費地である東京・大阪などから遠く離れた長岡工場の立地と輸送料過多によるコストアップという不利な環境ないし条件、さらには後発参入としては避け難い低い存在感の払拭と影響力の向上などの諸問題を克服しなければならなかったのである。

 北越製紙の設立そして長岡工場の建設がすすむなかで、日本洋紙合資会社の経営を主導していた岡田来吉から販売の申し出でを受けた。ここで、当時の板紙の販売状況や同社および岡田の活動についてひととおり説明しておきたい[24]。

 日本における板紙メーカーの嚆矢は、1887年に設立された東京板紙である。同社は秀英舎(現・大日本印刷)の創業者である佐久間貞一を中心に沼間守一や島田三郎および田口卯吉が協力して1886年に資本金1万円をもって立ち上げられた片山板紙製造所をルーツとし、同所が用水の問題で操業できなかったため、翌年に改めて資本金17万円で創設されることとなった。東京板紙は千住工場を建設してイギリスから日産8トン・85インチの長網抄紙機を輸入し、稲藁を原料として製造に着手した。当時の用途は、書籍の表紙をはじめ小学校用革嚢の板蓋、紙箱容器、切符用紙などであった。製造は順調に推移し、90年代に入ると輸入紙に代替するとともにインド等へ輸出が開始されるに至った。

 一方、東京板紙と同年の87年に設立された富士製紙が、静岡県富士郡鷹岡村に建設した入山瀬工場において90年から72インチの円網抄紙機で板紙の製造をスタートさせた。富士製紙の生産が軌道に乗ると両社の競争が激化した。こうしたなかで、競争の緩和を目指して、東京十五区紙商組合長を務めていた岡田

が共同販売機関の立ち上げを企図し、東京板紙の中井商店および島田洋紙店、富士製紙の服部紙店の各販売代理店（特約店）の参画を得て、1895年3月に日本板紙販売合資会社を設立した。同社が両社の一手販売を特約した。日清戦争による需要の増加を受けて、同社の業績は好調であった。

　1897年に入ると、西成・美作および広島製紙等が立ち上げられ、再び競争が激化していった。これに対して、岡田が調整に乗り出し、日本板紙販売を一端解散して改めて代理店の出資を得て、99年4月に日本洋紙合資会社を資本金20万円で設立し、東京・富士・西成・美作・広島5社製品の一手販売を行うこととなった。90年代後半以降は板紙の輸入も増加したものの、いちおう市況は落ち着くに至った。1905年の日露戦争終結直後には板紙の全国生産は月産1,200～1,300トンとなり需給関係は均衡し、日本洋紙の業績は向上して、20％の配当を維持していた。

　ここで、岡田来吉の足跡と活動について振り返っておきたい[25]。

　岡田は、1852（嘉永5）年に現在の島根県大田市で生まれ、その後広島に移住して、広島藩主である浅野家で従事した。明治維新後に東京に移り、1874年には浅野家当主の長勲が士族授産を目的に72年に創設した製紙工場である有恒社にコミットした。岡田は同社製品の販売に商才とチャレンジ精神を発揮して頭角を現し、東京を代表する洋紙商の一人となった。岡田は、一貫して洋紙商間の協調関係の確立に尽力し、1887年1月には東京十五区洋紙商組合を立ち上げて組長に就任した。同組合は、1907年8月に重要物産同業組合法に基づき東京洋紙商組合となり、19年5月には和紙商の加入を認めて、東京紙商同業組合となった。岡田は22年1月に死去するまで組合長を務めた。

　この間、新聞用紙の市場において、王子製紙と富士製紙および四日市製紙による新聞社への売込競争が激化したために新聞社の優位となり、この結果3社の経営が大きく圧迫された。岡田はこうした事態の収束を目指し、1901年に3社を仲介して共同洋紙合資会社を資本金15万円で設立し、自ら業務執行無限責任社員に就任した。同社は、新聞用紙の共販機関として、3社から一手に買い取り、全国各地の15の特約店に売り捌いていった。

このように、岡田は洋紙、板紙を問わず、乱売を回避して市況の安定を推進すべく、販売業者間および製造業者との間の「オーガナイザー」[26]として旺盛にリーダーシップを発揮したのである。

　ところで、時期は特定できないものの、岡田から北越製紙に対して、日本洋紙会社での製品の委託販売の要請があったようである。1908年10月25日の長岡工場の開業式に岡田は来賓の一人として招待されており、すでに両者の関係が構築されていることが窺える。

　というのも、北越製紙が設立された1907年には、2月に岡山製紙が岡山県御津郡福浜村大字浜野で資本金50万円、5月に金沢製紙が金沢市長土塀通で資本金10万円（現在の加賀製紙のルーツ）、翌08年5月には山陽板紙が岡山県上道郡西大寺町で立ち上げられている。また、同年4月には富士製紙が加島工場（のちに富士第三工場）を開設して、アメリカのブラッククローソン社製の円網抄紙機1台を設えた[27]。これらの新増設により、生産が過剰となり、市況が軟化することは想定されたに相違あるまい。岡田が市況および各社の業績悪化の可能性に危機感を抱いて、北越製紙を含む各社にアプローチをかけたと考えられる。なお、岡山製紙は、1908年11月から日本洋紙会社への販売委託を開始している[28]。

　1908年12月3日の取締役会で販売契約について検討され、同月5日から14日まで田村文四郎が上京して、日本洋紙会社と契約の交渉を行った。その後の経緯は明らかではないが、ひとまず契約は締結されたようである。しかし、翌09年5月1日の取締役会では、「日本洋紙会社トノ製品販売協定ヲ中止シ自今本社単独ノ販路ヲ開拓シ東京ニ於テ販売部ヲ設立スベキヤ否ヤ」の件が上程された。その審議の経過は次のとおりである（引用資料には適宜読点を付した）。

　　日本洋紙会社ハ目下一二ノ板紙会社ヲ除キ他ハ悉ク其製品ヲ引キ受ケ、形
　　式上トラストノ如キ観アリト雖ドモ、其内実ハ資本金拾万円ノ小資本ニシテ、
　　停滞売残製品ハ各会社殆ド八千噸ニ達シ、基礎甚ダ不確実ニシテ信用置キ難
　　シ、加之製品代金ハ三ヶ月以后ニアラズンバ回収スルヲ得ズ、一朝事アラン

カ本社ノ損失推シテ知ルベク、且ツ今后板紙ノ製産額全国各社ヲ通ジテ漸次
増加スルトキハ日本洋紙ニ於ケル停滞品ハ益々過剰ヲ来シ結果、各社ニ於ケ
ル製産額ノ制限実行ノ場合ハ本社ノ不利益ヲ来タスコト夥大ナリ、故ニ此際
一大競争ヲナスノ覚悟ヲ以テ自ラ販売ヲ開展シ、断然日本洋紙会社ノ手ヲ脱
スルコトニ決定ス　但東京ニ於テ販売所ヲ設置シ、如何ナル方法ニ依リ営業
ヲ開始スベキカ、其他ノ細目ハ追テ協議決定スルコトトシ、主トシテ先ズ山
本留次氏ニ販売上一切ノコトヲ依頼シ、同氏ノ尽力ヲ待ツコトニ確定セリ

　ここにおける「トラスト」とは、日本洋紙会社の経営機能である共同販売組織、つまりは「カルテル」のことを意味しているものと推察される。
　同業各社が新増設を推進するなかで、製品の供給が過剰に陥って8,000トンほどの滞貨つまり在庫が生じていたことから、日本洋紙会社は北越製紙の製品の販売をすすめず代金の支払いも3カ月以降と遅らせるなど不誠実な態度をとった。これに対して、日本洋紙会社との契約を破棄して独自で販路を開拓していくことを決定した。今後の販売については、その一切を監査役で東京の有力な紙卸商の一人として博進社専務理事などを務めていた山本留次に依頼することとした。
　これを受けて、5月4日に覚張治平および支配人心得として09年1月に入社し販売の実務を担当していた渋谷謙三郎が上京して、日本洋紙会社に契約の解除を申し入れた。渋谷は、1882（明治15）年1月に新潟県南蒲原郡の有力者の小林家に生まれ、乞われて渋谷善作家に入婿した[29]。併せて、山本と販売組織の立ち上げに向けての交渉も行った。これに対し、日本洋紙側は同意しなかったため、「幾多紛擾ノ結果」、同月19日に田村が上京して日本洋紙会社に以下のような条件を提示した。

一　日本洋紙会社ハ極力トラストノ統一ヲ謀ルコト
一　トラスト加入ハ来ル八月迄トスルコト、期限ニ際シ万一分離ノ暁ハ無条
　　件ニテ日本洋紙ハ残品ヲ引取ルコト

一　加入后日本洋紙ニ於テ引取高ニ制限ヲ加フル場合ハ公平ニスルコト
一　従来大阪ニ於ケル日本洋紙ト津山トノ競争損金ハ今日マデノ分ハ当社ニ於テ負担セザルコト
一　月末ニ一屯ニ付キ三十五円代金ヲ現金ニテ支払フコト

　北越製紙は、共同販売機能の統一そして強化をはかるとともに、契約は8月迄を期限とし、契約を解除する場合は日本洋紙会社が無条件で残品を引き取ること、生産調整は各社平等とすること、月末に1トンにつき35円を現金で支払うことなどを強く主張した。これらは日本洋紙側にとってはシビアなものであった。日本洋紙会社は、契約の期限を設けないことおよび現金支払についての付帯契約を締結しないことを条件に、日本洋紙が他社と結んだのと同一内容の契約を締結すれば、北越製紙側の要求をすべて受託すると回答した。これに対して、北越製紙は翌6月5日の取締役会で日本洋紙会社との契約を継続することを決めた。具体的な条件は、①製品は全部日本洋紙会社が引き受ける、②日本洋紙会社の在庫が著しく増加した場合は北越製紙、日本洋紙会社両社でその処分を協議する、③輸出損金は国内価格と輸出価格の差に荷造費と輸出港までの運賃を加えた金額とし、その半額を日本洋紙会社が負担するなどであった[30]。
　ところで、1908年12月15日に、日本洋紙会社に販売を委託している東京板紙・富士製紙・西成製紙・美作製紙・岡山製紙が集結して「大日本板紙連合会」が立ち上げられている。翌09年5月には東京で会合がもたれ、渋谷謙三郎が参加した。その席上で、美作製紙（1897年10月設立）の総資産を16万円で買収することが仮決議された。北越製紙は、同年6月5日の取締役会で、美作製紙の買収には賛成する一方で、同会への加盟については、今後生産制限を行う場合に各社の生産能力ではなく実際の生産高を基準とすることを条件に承諾した。北越製紙が生産制限の可能性に対してかなり神経質となっていたことが窺える。ともあれ、板紙業界の業界団体としては、1918年1月創設の日本板紙連合会、その後25年10月に再結成された日本板紙同業会の存在が製紙業界史上では知られていたが[31]、これよりかなり早い時期に、北越製紙も含めた関係各社

による協調の動きと組織化がみられたことに注目する必要がある。

　日本洋紙会社との販売契約は継続したものの、早くも1909年7月から9月までの日本洋紙会社に出荷した600トンの売れ行きが不景気の影響および新設会社ゆえの販売基盤とブランド力の欠如のために不振に陥り滞貨となり、その結果代金支払いが遅延した。田村と覚張が上京して日本洋紙会社に早期支払を強く要求したのに対し、日本洋紙側は9月から11月にかけて月200トンまでの代金決済を約束する一方で、それまでの製品受入を拒絶するとした。これによると、約1,000トンの在庫を抱える事態となった。

　これを受けて、10月11日の取締役会で、不景気の中で契約の解除は得策ではないものの、山本留次とも協議して、東京に出張員を配置しさらには出張所を設置する方針を固めた。これまでの販売方法から軌道修正がなされることとなったのである。1909年下期の『第六回報告書』には、この間の販売状況が次のように報告されている[32]。

　　板紙ノ需用ヲ増加シ販路ノ拡張ヲ謀ルハ独リ本社ノミナラズ、普ク同業者ノ苦心経営スル所ニシテ、数年以来其需用激増セルコトハ之ノ昔日ニ比シ実ニ霄壌ノ差アリトス、然レトモ其生産額ノ増加モ亦急速ノ進歩ヲナシ、需用ハ到底之ニ伴フ能ハズ、茲ニ於テカ生産ノ過剰トナリ製品ノ停滞トナリ一般同業者ノ困苦ノ原因トナレリ、由来板紙ノ販売ニ就テハ一種ノ「トラスト」成立シ、内地販売ハ勿論海外輸出ニ至ル迄一ニ其経営スル所ニシテ、之ニ由ツテ競争乱売ノ幣ヲ救済セリ、然ルニ旧設会社ノ商品ハ世上ニ知ラル、因襲ノ久シキ売行好況ニシテ、設立以来日尚浅キ本社ノ製品ハ仮令品質ニ於テ優劣ナシトスルモ、勢ヒ販売ノ遅緩ニシテ動モスレバ旧来ノ商品ニ圧倒セラル、ノ傾向アリテ頗ル不利ノ地位ニ立テリ、茲ニ於テカ一面販売ノ拡張ヲ謀ルト同時ニ、一面ニ於テハ当社製品ヲ普ク江湖ニ紹介スルハ極メテ其当ヲ得タルモノナルヘシ、故ニ今期ニ於テハ或ハ見本ヲ配布シテ需用ノ道ヲ講スル等極力製品ヲ世上ニ流布スルノ策ヲ講ジ良好ナル結果ヲ得タリ、之ヲ要スルニ、本期ニ於ケル販売ノ結果ハ極メテ平静ニシテ、印度行輸出ヲ開始セルノ

外ハ前期ニ比シ優劣ナシト云フベシ

　日本洋紙会社の機能により、乱売ないし値崩れにはいちおうの歯止めがかかったものの、先発会社に対して後発の北越製紙は劣位に立たされた。これを克服すべく、製品のPRを推進して、販路の拡大および顧客への認知度の向上に積極的に取り組んだことに注目すべきである。これとともに、インド向けを嚆矢として海外への輸出が開始されたことも見逃せない。

　しかし、その後も事態が一向に好転しなかったため、北越製紙は日本洋紙会社との契約の破棄に踏み切ることとなった。翌1910年1月10日の取締役会で、日本洋紙会社との一手販売契約を解除して直接販売を行うこと、在庫を1,000トン以下に抑えて場合によっては臨時休業や夜間操業を停止すること、渋谷を支配人心得から支配人に昇任させて販売担当とすることを決定した。そして、翌2月13日に、東京市神田区表神保町10番地（現・千代田区神田神保町）に東京出張所を開設した。この時期の販売動向に関しては、1910年上期の『第七回報告書』に以下のように詳細に説明されている[33]。

　抑モ販売「トラスト」ノ結合タルヤ是ガ加盟者ノ道義的観念及違反者ニ対スル制裁ノ有無ニ由リ其強弱ノ程度ヲ異ニス、従来板紙「トラスト」ニ於テハ違反者ニ対シ何等ノ制裁ナシ、加之今ヤ生産過剰ノ結果其引取噸数ニ制限ヲ附スルニ至リ、各社各利害ヲ異ニシテ相降ラズ「トラスト」ノ基礎漸ク薄弱ナルニ至レリ、由テ前期ノ終末ヨリ在品ノ多キニ苦ムモノハ名ヲ輸出ニ仮リテ漸次密売ノ端緒ヲ開キ「トラスト」瓦解ノ機運ニ際会セリ、是ヨリ先キ「トラスト」販売ハ本社ニ対シ何等ノ理由ナクシテ製品引取ヲ拒絶セルヲ以テ、壱月廿日公然「トラスト」脱退ノ議ヲ発表シ同月卅日書面ヲ以テ分離ノ通牒ヲナセリ、茲ニ於テカ「トラスト」ハ全ク潰崩ニ帰シ、一大競争ノ開始トナレリ、越ヘテ弐月十日本洋紙会社ハ噸ニ拾円ノ値下ゲヲ断行シ直ニ五拾円ノ売価ヲ発表セルモ、本社ハ敢ヘテ争ハズ、従来日本洋紙会社ヘ送付セル経験時代ノ製品ト四拾参年抄造ノ製品トヲ区別スルタメ、今期ノ製品ニハ悉ク

改良「ペーパー」ヲ附シ以テ品質ノ善良ナルヲ示シ只管価格ノ維持ヲ保テリ、拾参日東京ニ出張所ヲ設立シ以テ事変ニ応ジ商機ヲ逸セザルノ策ヲ講ゼリ、三月初旬某会社ガ其製品ヲ東京ニ輸送シ噸四拾参円ノ売価ヲ発表スルニ及ビ東京市場ハ局面展開シ価格ニ大変動ヲ生ゼリ、本社モ勢ヒ価格ヲ低下セザルベカラザルニ至レリ、始メ競争開始ノ当時壱ヶ月間ニ於ケル本社ノ販売予想ハ関西方面凡ソ百五拾噸、関東約二百噸、地方六拾噸ナリシガ、参月末ノ売上調査ニ拠レバ関東ニ於テ凡ソ七百噸、関西地方ニ於テ約五百噸ヲ売尽シ、従来ノ在品ヲ一掃シテ猶且ツ足ラザルノ奇観ヲ呈シ引続キ注文ニ対シテ一々拒絶スルノ極メテ困難ナルヲ感ゼリ、由テ五拾四円ノ高値ヲ発表シ以テ競争ノ態度ヲ中止セリ

　日本洋紙会社による共同販売は、違反者に対する制裁がなく、各社の生産過剰に対して引き取り数量の制限を行ったため、1909年末以降には在庫を抱えた加入者が「輸出」として同社を通さずに販売するなど、その機能が脆弱なものとなっていった。北越製紙が製品引き取りおよび代金決済に対する不満から契約を破棄して直接販売を開始すると、日本洋紙会社による「カルテル」としての機能は不全に陥り、日本洋紙側が対抗措置として大幅な値下げを断行するなど、まさに「支離滅裂」[34]な状況となった。これに対して、北越製紙は敢えて値下げをせず、品質向上のアピールを強化していった。

　1910年3月に入ると他社がさらに値下げを行ったことで、東京の市場が混乱を来したため、北越製紙側も方針を転換して値下げに踏み切らざるを得なくなった。こうしたなかで、低価格化はもとより、それまでの旺盛な販路開拓や製品のPRが奏功し、販売状況は予想を大きく上回るところとなり、注文に生産が追いつかないため、価格をむしろ引き上げて、過当競争から短期間で退出したのである。

　北越製紙が共販体制から離脱して拡販を強力に推進することで市況が大幅に軟化し、日本洋紙会社および関係各社の経営が甚だしく圧迫され、「各社自滅の外なきに至」[35]っていた。こうした事態を収束させるべく、関係者間であら

ためて協調して新会社を立ち上げようとする気運が高まった。これに対して、北越製紙は3月29日の取締役会で取引高を1月当たり280トン以上とすること、清算は各月引き取られる製品に対して月々の打切勘定として委託販売は行わないことを条件に賛成する方針を固め、5月23日の取締役会では新会社への参画と東京出張所の閉鎖を正式に決定した。

そして、同年6月4日には日本洋紙会社が仲介して業者間の協定が成立した。1911年4月までに板紙共同販売所を株式会社として新設し、それまでの暫定措置として、1カ月当たりの国内販売量を岡山製紙が590トン、富士製紙が441トン、東京板紙が385トン、美作製紙が365トン、西成製紙が360トンおよび北越製紙が330トンとして価格を1トン当たり64円80銭で日本洋紙会社に売り渡すこととした[36]。北越製紙の販売量は最少であったものの、日本洋紙とは単独で契約を締結し、代金のほとんどは現金または販売先の手形に日本洋紙会社が裏書して決済すると決まり、日本洋紙に対して一定の影響力を確保できたことに留意する必要がある。

北越製紙は、日本洋紙会社に対して厳しい条件を提示して交渉を仕掛け、これが受け入れられないと共販機能から躊躇せずに退出するなど強気のスタンスを堅持し、後発企業ながらも自社の優位性の確保および主体性の発揮に力を注いだ。1910年上期の『第七回報告書』には、「幾多ノ波瀾ヲ演出セシモ畢竟在品全部ヲ一掃セルト本社ノ製品ヲ普ク世上ニ紹介シ以テ其真価ヲ知ラシメタルハ多大ノ利益ナリ」[37]とその成果が強調されている。結果として同期の販売量は増加した。しかし、売上高および利益は前期から減少に転じ、市場の混乱が収益を圧迫していたことも指摘しておく。

こうして市況はいちおう安定局面に入ったものの、日本洋紙会社の損失金の処理方法などを巡って調整がつかず、当初予定の1911年4月に至っても新会社設立の見込みが立たなかった。これに対し、北越製紙は同月5日の取締役会で、業者間の足並みが揃わなかった場合は、従来の契約の継続ないし単独販売に踏み切るとの方針を固めた。その後、先行きを懸念して市況が軟化しはじめたため、同月19日に業者間で調整を図った結果、ひとまず契約を続行し、11年10月

末までに新会社を立ち上げることを決めた。さらに、8月9日から13日にかけて、業者間で新会社の具体策とともに日本洋紙会社の整理方法についても協議され、16日には在庫品の買受割合や欠損金15万円の負担などについて原案を決定した。これに対して、北越製紙は同月26日に取締役会を開催して、3,250円を負担する一方で在庫品買受の免除や博進社および島田洋紙店の日本洋紙会社に対する販売保証金を日本洋紙解散に際しては返却、新会社が解散した場合は各社からの日本洋紙の欠損金および立替金の償却の免除などを受託の条件とすることを決めた。そして、翌9月1日に田村および覚張が上京して各社と折衝を行った結果、条件はほぼ受け入れられたため、同月10日の取締役会で、整理案に賛成し決議書に調印することを正式に決定した。

かくして、9月27日に富士製紙・東京板紙・西成製紙・美作製紙・岡山製紙および北越製紙6社の共同出資により、日本洋紙会社の事業を継承して、株式会社日本板紙共同販売所が資本金15万円であらためて設立された。田村と覚張、山本留次が各40株を出資し、北越製紙を代表して田村が取締役、山本が監査役に就任した。大阪市北区堂島船大工町に設置された大阪支店の次席には田村の指名で田辺喜平が就いた。設立当初の日本板紙共同販売所の販売権利数量は1カ月当たり2,321トンで、各社の割り当ては富士製紙が441トン、東京板紙が385トン、西成製紙が380トン、美作製紙が365トン、岡山製紙が590トン、北越製紙は330トンであった。これに対して、日本板紙共同販売所はこれらを一手に買い取り、50日の手形で代金を支払うとともに、輸出奨励金を各社国内売上高の3％と設定した（1トン当たり、台湾・朝鮮半島向けが2円50銭、清国向けが6円50銭、インド・オーストラリア向けが8円、アメリカ向けが10円)[38]。

日本板紙共同販売所の立ち上げにより、板紙の需給関係および市況は漸く安定するところとなった。この過程において、北越製紙は後発参入にもかかわらず、先発各社や日本洋紙会社に対して怯むことなく独自の姿勢を貫き、より優位な条件を引き出し、確固たるポジションを獲得することができたのである。これに関して、『北越製紙弐拾五年史』には「此間の当局者の苦心は並々ならぬものがあつた（中略）唯見れば何の苦もなき水鳥の足にひまなき創業者の苦

心、後人顧みてよく戒むる処なければならぬ」[39]と興味深い叙述がなされていることを付記しておきたい。

4 洋紙生産および新潟への進出計画と北越板紙の設立および新潟工場への転換

　田村文四郎が北越製紙の起業を構想するなかで、洋紙（白洋紙）の生産を目指して、東京から技師を招聘するとともに抄紙機を購入して抄造技術の研究を行ったことは前述のとおりである。実際の事業は稲藁を原料とする板紙（黄板紙）の製造としたものの、1908年10月の長岡工場の開業式において田村が「更ニ普通白紙抄機械一台ヲ増設スルハ是本社ノ近キ将来ニ於ケル希望ナリ」[40]と洋紙生産への方向性を明言するとともに、長岡工場での板紙製造および販売体制の構築の途上でも片艶ロール紙の生産計画をあたため続けていたこと、さらに田村は新潟への進出について「新潟は燃料としての石炭が長岡よりは得るに易い、動力としての電力も乏しくない、原料となる藁を収集する上からいつても茫漠たる下越の平野を控へてゐる、何れの点から見ても新潟は工場用地としては最良絶好の候補地」[41]と抄紙における新潟の優位性を早くから認識していたことに留意する必要がある。

　その後、長岡工場の生産および原料調達が軌道にのり、日本板紙共同販売所の創設により販売状況がいちおう落ち着いたなかで、1911（明治44）年11月10日の取締役会において、田村は抄紙機を1台増設して洋紙の生産に着手したいとの構想を明らかにした。翌12年5月8日の取締役会では、1カ月当たり3,000ポンド程度を製造できる洋紙抄紙機を販売費用も含めて予算約10万円で増設することが提案された。これに対して、洋紙の抄造は異議なく可決され、具体的な予算や設備について調査していくことを決定した。翌6月5日の取締役会では、原料の選定や水路・貯水池の建設についても調査していくこととなった。

　続いて、同年7月10日の取締役会ではより踏み込んだ議論が展開された。「本社ノ自衛上」、新潟もしくはその周辺に日産5トンの新版1枚取の板紙会社を

新設して、北越製紙と新会社とは独立した関係を有しつつも、原料調達や販売に関しては両社の利害が共通するように新会社に対する権利を北越製紙が掌握することにより、「新潟付近ニ於テ設立セントスル者ヲ防止シ、新潟県ニ於ケル板紙製造業ヲ独占的タラシメントノ目的ヲ達セントス其可否奈何」との問題が提起された。これに対して、事業拡張の必要上分工場として設立すべきか、他社が新潟あるいはその周辺部で立ち上げられた場合、北越製紙にとっては明らかに不利となり、防遏ないし対抗するために新会社として設立すべきかの2点に意見が集約され、「何レヲ取ルベキカ頗ル利害関係重大」なため、ひとまず結論をださず、具体案を作成してから再度協議することとした。

ここで、板紙製造の新会社ないし分工場の立ち上げの計画が浮上した主たる要因としては、日本板紙共同販売所による共販体制が当初の計画どおり機能しなくなりつつあり、これに対して業界内で確固たる地位をいち早く築こうとしたことがあげられる。

2カ月後の9月21日の取締役会では、共販体制から脱却せずに、新潟付近に「別ニ小ナル製造所ヲ設ケ」て、「実質上北越ノ分身タラシメ、形式上ハ全ク独立ノ体面ヲ有」する別会社の形態をとり、「北越ノ余剰生産物ヲ新工場ヨリ販売」させることを決定した。「板紙界ノ将来並ニ新潟県下ニ於テ将来新設サルベキ板紙株式会社ノ消滅ヲ計ル」と、その意図として業界への影響力の確保と新潟での他社の立ち上げの抑止が明確に示されている。

その2日後の23日に田村と覺張治平および取締役の山口政治・渋谷善作が新潟に赴き、田村文次郎および田村文吉の案内で、信越線の沼垂駅周辺や通船川流域および白山浦一帯を調査した。田村文次郎は文四郎の義弟で、1901年から新潟市本町八番町にて田村分店として紙卸売業を営業していた。田村文吉は文四郎の三男で、東京高等商業学校専攻科を卒業後の1910年8月に越後鉄道に入社し、翌11年9月から経理課長を務めていた[42]。この調査により、田村と覺張は新潟への進出の必要性および有用性を改めて認識し、翌10月11日の取締役会で田村は「是非今日断行しておかぬと、他日悔を貽す事があらうも知れぬ」[43]と新潟進出を強く主張した。当日の議事録には、「当局重役ノ意見ニ従フヨリ

道ナキコトナレバ、具体的成案ヲ提出シ決定スベキコトニ決ス」と記録されている。この時点で、新潟への進出はほぼ決定したといってよい。

　1913（大正2）年2月22日の取締役会では、分工場にすべきか新会社を立ち上げるべきか再び議論された。出席した山口政治は、分工場は設立が容易で利害が共通することで紛議が生じない一方で、新会社は北越製紙が株式を所有する必要があり、独立した2社の利害関係で法律上の紛議が生じる可能性があることを指摘し、最終的には継続審議となった。翌3月5日の取締役会では、日本板紙共同販売所の状況をみて着手を判断するとした。

　その後、日本板紙共同販売所による共販体制の機能劣化が進展するなかで、同年8月10日の取締役会で、田村がこれまでの経過を改めて説明し、収支および設計予算書や今後の板紙の需給見通し、新潟付近の水質検査結果などの具体的なデータを示したうえで、新潟に新会社を設立し、北越製紙との関係は「必ズシモ二会社ノ利益共通ヲ目的トセズ、只北越製紙ニ於テ新会社ノ権利ヲ掌握シ、他日分工場ニスルニモ差支ナキ」ものとすることを提起した。これに対して議論が展開された結果、最終的には、①新潟付近に工場を新設、②資本金を15万円（1株50円で3,000株）として北越製紙が全株を引き受け、③名称は別なものとし、当分のあいだ株式会社形態をとり、株主および役員の選定は便宜取り扱う、④新会社の専務取締役の人選は田村および覚張に一任の4点を決定した。ここに、新潟において新会社を創設することとその骨格が確定したのである。

　同月25日に、中蒲原郡沼垂町字龍ヶ島の沼垂駅裏にある日本安全石油所有の6,000坪を石油タンクやレール・煙突等とともに2万7,000円で買収する契約を締結し、北越製紙名義とした。11月21日の取締役会で、機械および設計等の総予算が13万2,662円95銭と報告された。翌12月26日の取締役会では、新会社について正式に決定された。概要は次のとおりである。

・新会社の名称は北越板紙株式会社で、資本金は25万円
・株数は5,000株で、4,000株を北越製紙が引き受け、1,000株は臨時株主総

会を開催して希望者に割り当てることとし、希望者がない場合は北越製紙の役員が引き受け
・新会社の役員は北越製紙の現任役員と同様、人数は1名増員、役員は当分の間無報酬
・北越製紙は1株当たり8円、新会社は1株（50円）当たり30円を徴収
・工場の敷地は北越製紙名義のものを新会社へ貸与
・工場の設計をはじめとする準備を着々と進捗

　1914（大正3）年1月9日の取締役会で田村および技師長の春日馬之助が建設計画を説明した。翌2月7日の取締役会では、35条からなる北越板紙株式会社の定款が決定された。このうち第2条には「当会社ハ板紙並ニ紙ノ製造販売ヲ以テ目的トス」と事業目的が規定され、白洋紙の生産が想定されていたのには注目しなければならない。また、全役員が発起人として30株を引き受けるとともに北越製紙持株20株につき北越板紙1株を割り当てることとなった。

　同年7月30日に北越板紙の創立総会が長岡商業会議所で開催された。社長に覚張、常務取締役に田村文次郎、取締役に田村のほか大橋新太郎・渡辺藤吉・渋谷善作・山口政治・小川清之輔、監査役に山田又七・山本留次・山口誠太郎が選任され、北越製紙の役員がそのまま就任することとなった。景気回復の遅れや共販体制の無機能化など厳しい経営環境のもとでの立ち上げとなったのである。

　北越板紙の設立直後に、小林宗作が北越製紙から技師として派遣され、工場の設計および監督を統括した。小林宗作は、1885（明治18）年10月25日に、新潟県北魚沼郡川口村（現・長岡市）の中林茂吉の次男として生まれた（1907年11月に古志郡東山村木沢の小林清家の養子となった）。小林は新潟県立長岡中学校（現・長岡高等学校）に入学し、田村文吉が同期生であった。1904年3月に同校を卒業後、東京高等工業学校機械科に入学した。同じく上京して山本留次邸の2階に下宿していた文吉とは頻繁に行き来していたという。卒業にあたって小林は製糖会社への就職を志望し、同校は新潟鉄工所への就職を薦めたも

のの、田村文四郎や覚張、同校の先輩にあたる王子製紙技師の高田直屹の強い勧めを受けて、1907年6月に設立直後の北越製紙に入社した。同校での卒業研究は製紙会社のプラントについてであった。入社後は、技師長の春日馬之助をサポートして、長岡工場の機械の据え付けおよび組み立てや抄紙の実務を担った[44]。土地買収などの実務は、沼垂町助役を務めた大野友吉を事務主任として登用しこれを担わせ、周辺の土地を買い進めた結果、工場用地は1万6,000坪となった。

抄紙機は、設立以前から国産か外国産いずれを選択するか検討をすすめており、1914年5月10日の取締役会で国産を採用すること、続いて6月6日の取締役会では当時業界で信頼を集めていた杉浦鉄工所と5万9,000円で請負契約を締結することを決めた。杉浦鉄工所からは長網67インチで新版2枚取りを購入した。同機は長網機であるため、洋紙の場合は菊版（A版）と四六版（B版）の縦の取り合わせが可能な構造となっていた。万一、板紙市場の共販体制が崩れて自由競争となり採算が悪化した場合には直ちに洋紙に転換できるもので、「和戦両様の準備」[45]を施した経営判断は特筆するに値する。

据付には、杉浦鉄工所のリーダーの杉浦正房と同所から派遣された松尾岩太があたった。松尾はのちに北越製紙に移籍し、工事監督として小林をサポートした。蒸解釜2個は新潟鉄工所、叩解機3機は南千住製作所へ発注し、海外からの輸入はボイラーとキャレンダーロールのみであった。長岡工場以上に、国産機の導入に積極的となったのである。工場建物は、長岡工場での火災や風水害の経験から、鉄骨・煉瓦造りとした。

工場の設計や機械の据付・試運転などに、小林はまさに不眠不休で取り組んだ。工場用地はもとが沼地のために蚊が多く、小林はマラリアを発症し数年間苦しんだという。なお、小林は、1915年9月10日の取締役会で北越製紙の技師長心得を兼務することとなった。

1915年11月に工場建物の建設および諸機械の設置が完了し、北越板紙は板紙の生産を開始した。製品は10オンス以下の薄物が中心で、当初から品質は良好であった。

こうしたなかで、板紙メーカー各社の生産能力が増大する一方で需要は伸びず市況も軟化が続いたため、北越製紙は長岡工場と秋葉原駅の倉庫に約2,000トンの滞貨を抱えた。これに対して、洋紙は、第1次大戦によりヨーロッパ諸国からの輸入が途絶したため価格が高騰し始めていた。そこで、北越板紙でパルプと白洋紙（中質印刷紙）の生産に着手する意向を固めた。これに関して、田村はのちに次のように振り返っている[46]。

　私どもの宿論として、白紙を抄製するにしても、板紙を製造するにしてもなるべく県下の材料を使用して一方、越後の富を増殖せしめつゝ一方、私ども、商利を博して行きたいといふのが願望であるので、県下の藁をもつてしては板紙、県下の檻褸をもつてしては白洋紙を抄製するとの方針をとつた。

　1915年11月11日の取締役会で、翌12月の1カ月間に長岡工場で藁パルプの試験抄造を行うことを決定し、12月4日から着手された。そして、翌16年1月には画用紙・地券紙の生産を開始した。これが、北越製紙としての洋紙製造の嚆矢である。併せて、白板紙の生産も行われたものの、同月限りで中止された。1月の洋紙の生産高は19万1,479.25ポンド、販売高は15万5,481.14ポンドであった。洋紙の商標には、「オカメ」・「萬代」が使われた。洋紙の品質は、原料が稲藁のため全体として堅く、一面に不溶解性の斑点が残るなど必ずしも十分なものとはいえなかったが、概して販売は順調に推移していった。その後、生産高は16年上期の127万ポンドが下期には約1.3倍の160万5,000ポンド、販売高は上期の101万5,000ポンドが下期には約1.8倍の178万4,000ポンドとなった。

　洋紙の生産が軌道に乗るとともに、1916年5月25日に日本板紙共同販売所の解散が決議されて自由販売となるなかで、北越板紙を別会社として存立させる必要性が低下していき、北越製紙に買収ないし合併させるべきとの気運が高まった。1917（大正6）年1月10日の取締役会で、資本金25万円のところ31万500円をもって買収することを決定した。北越製紙は翌2月10日に臨時株主総会を開催し、北越板紙の買収および取締役の1名増員と田村文次郎の就任が可

決された。これを受けて、北越製紙新潟工場と改称し、文次郎が取締役として常勤し、小林が工場主任、大野が事務主任として引き続き実務を統括することとなった。北越板紙の清算の結果、6,784円71銭が北越製紙の資産に繰り入れられた。

新潟工場としての最初の設備増強は、砕木パルプ（GP）設備の導入である。北越板紙における洋紙の生産能力の拡大に伴い、藁ないし襤褸パルプのみでは不十分であり、品質も必ずしも満足できるものではなかった。こうしたなかで、技術顧問の堀越寿助が、1915年9月に支配人に就任していた田村文吉に対して、新潟は北海道から原木の搬入が容易であること、砕木機の国産が開始されていたことから砕木機の新設を提案した。これを受けて、文吉は田村文四郎および覚張の諒解をとりつけ、15年秋から準備に入った。砕木機は約7,000円で杉浦鉄工所から、400馬力の電動機は奥村電機商会から購入した。原木のトドマツは、北海道の西南海岸部から新潟港や阿賀野川河口の松ケ崎浜村（現・新潟市）を経て帆船で持ち込まれた。動力は、飯豊川水力発電所を新設した直後の中野平弥・四郎太（のちに新潟交通社長などを歴任）が率いる新潟水電から1銭1厘/kwhの廉価で供給を受けることとなった。これらの調達は、文次郎の尽力により実現できた。

建設工事は1916年4月27日に完成して翌5月から稼動を始めた。同年上期の『第弐拾壱回営業報告書』は、「工者ノ熟練ト共ニ来期以降低廉ナル砕木紙料ヲ供給シ得ル見込ニシテ、今日ノ時局ニ際シ聊カ意ヲ強クスルニ足ルト言フベシ」[47]とその将来性を強調している。当初から品質は良好であり、生産量は16年上期の42トンから同年下期に447トン、3年後の19年上期には718トンまで拡大した[48]。木質パルプの自製は、王子製紙系企業以外では業界初であり、北越製紙の経営発展における一大画期となったのである。

5　販売体制の混乱とその対応

日本板紙共同販売所は設立されたものの、非加盟会社が存在するとともに加

盟各社も増産を加速したため、規定した引取量・販売量を履行できず、共同販売の機能は十分に発揮されなかった。1912年11月の調査によると、加入各社の月産能力は、東京板紙が900トン（製造許可数量の2倍）、富士製紙が900トン（2倍）、岡山製紙が900トン（1.5倍）、美作製紙が270トン（5トン増）、新規加入の広島製紙が150トン、および北越製紙は1.4倍の450トンとなっていた。一方、非加入会社は、山陽製紙が200トン、金沢製紙と別府板紙が各100トン、さらに13年操業開始予定としては、妹尾製紙と大阪板紙が各250トン、博多板紙・関西製紙・加古川製紙が各100トン、および樺太で創設予定会社が450トンとなっていた。各社の月産能力は4,670トン、実際の生産数量は加盟・非加盟会社合計で約3,000トンに達し、さらに増加傾向にあった。これに対して、この当時の需要は月間2,000ないし2,500トン程度にとどまっており、明らかに供給過多となっていた。さらに、日本洋紙合資会社から継承せざるを得なかった5,000トンの処理も重なり、共同販売の効果が剥落していった[49]。

　1913（大正2）年1月20日に加盟・非加盟各社が大阪で会合を開き、新規加盟および生産制限・共同販売について協議したものの、非加盟社の反対で成果はなかった。同年中にはかねてから計画されていた妹尾製紙・大阪板紙・博多板紙が抄造を開始したため需給関係および市況がさらに軟化した。これに対して、10月に各社が集結して、非加盟社の参加をあらためて求めるいわゆる「協和会案」を作成・検討したものの、加盟・非加盟社双方の折り合いがつかずに不調に終わった。そこで、加盟各社は11月以降生産制限を撤廃して自由販売に転換し、日本板紙共同販売所は無手数料で取り扱い、価格は製造業者と販売業者とで個別で交渉することとなった。これにより、共販体制は事実上崩壊したのであり、競争の激化と価格の下落に拍車がかかり、共販開始時の1911年に1トン当たり60円内外が13年には40円台まで低下した。

　この間、北越製紙の製品は品質の高さから市場で好評を博していたものの、共同販売所の引取量以上に販売された代金の決済が滞り、「営業状態常ニ沈滞不賑ヲ極メ特筆スベキモノナシ」[50]（1913年上期）、「共同販売所ノ方針ハ各社ノ製品ヲ均分統一シテ販売セントスルモノナルガ故ニ按分率ニ左右セラレ不利

不便ヲ生ズルニ至」[51]（1913年下期）っていた。

　1912（大正元）年9月21日の取締役会で、共同販売所からの離脱も含めて販売方法の再検討が着手された。同年11月5日の取締役会では、ある程度まで共同販売所の解散論を主張して、アウトサイダーを牽制し、その処分が適切に実行されなければ離脱を表明することを決定した。これを田村文四郎と覚張が共同販売所の取締役会で主張したものの受け入れられなかったために、12月6日の取締役会で共同販売所からの離脱と博進社との販売契約の締結を決めた。

　翌13年に入り離脱の方針を一時凍結したが、共同販売所は、北越製紙に対して違反販売があったとして、北越製紙を除く加盟各社で違約金を請求することを決定した。これに対して、田村および覚張が上京して共販体制の不備も含めて反論したものの受け入れられず、岡田来吉による仲裁で3月から9月までの売上600トンに対する規定の口銭を支払うことで漸く妥結した。こうした事態を受けて、8月10日の取締役会では、「従来ヨリ共同販売所ノ北越ニ対スル態度常ニ排外的、誠意ノ念ナク、今回モ穏カニ解決スル挙ニ出デズ法律問題ヲ云々スルニ至ルガ如キ心外ノ至リナリ、従テ後来永ク締契ノ望ミナシ」として共同販売所からの離脱をあらためて決定した。11月1日に共同販売所に対して脱退届を提出し、3日には田村および覚張が上京して共同販売所の解散と自由販売を強く主張した。最終的に、同月に生産制限の撤廃と自由販売となったのは前述のとおりである。翌12月13日の取締役会では、販売体制を強化するために、共同販売所大阪支店次席を務めていた田辺喜平を販売主任として採用することを決めた。田辺は「販売戦の陣頭に立ち、善戦よく敵胆を寒からしむるものがあつた」[52]という。

　1914年に入ると、1月に関係会社間での価格交渉を行ったものの纏まらず、自由販売が継続した。その後、「専ラ品質ノ精選ト共ニ極力販売ニ尽力」することで「製品ハ市場ノ歓迎ヲ得」ていたものの、同年7月の第1次大戦の勃発により、「市場一般不景気ヲ呈シ経済界ノ不振トナリ板紙界モ其撰ニ洩レズ」、「工場用舶来品ノ如キモ価格非常ニ暴騰シ需用供給ノ関係上反比例ノ有様」[53]と経営環境は厳しさを増していったのである。

6　業績の推移および田村文吉の支配人就任と経営再建

　1908年以降の北越製紙の業績を表9-2より振り返ってみたい。生産量は、1911年上期から12年上期にかけて減少がみられるものの、全体としては増加が続いている。当該期の減少の理由は明らかではないが、日本洋紙会社ないし日本板紙共同販売所による共同販売体制が混乱をきたし、あるいは再編成が行われる事態や市況の軟化をふまえて、在庫を増やさないように一定程度の調整を図ったものと考えられる。販売量は、共販体制や市況が不安定であったなかでも、顧客への品質向上のPRや新規開拓を推進するとともに1909年下期からアメリカおよびインド、中国方面へ各期200～300トンの輸出を行うことなどにより、拡大がほぼ持続した。売上高および利益金も、同様のトレンドをみせている。払込資本金利益率は、払込金の徴収が5回行われ、設立当初の18万7,500円から46万5,000円に拡大したために各期で上下がみられたものの、概ね8～11％で推移していた。

　配当は、1909年上期に設立以来初の3.0％強を行い、下期に6.0％となった。10年上期には4.0％に減配したものの、下期には2倍の8.0％として12年下期まで続き、さらに13年上期には9.0％に増配し、14年下期まで継続した。配当の増加は、株主への配慮にほかならないが、増配は一定程度で止め、後期繰越金を積み増して内部留保をすすめた。利益処分ないし利益還元のスタンスは堅実なものといえる。

　1915（大正4）年は、北越製紙の設立と操業開始以来、最も厳しい経営環境に直面した時期であった。生産は順調に推移していたものの、前年の14年に勃発した第1次大戦の混乱のなかで景気が低迷するとともに共販体制が事実上崩壊したことで、同業他社が設備の新増設する一方で製品在庫が拡大したため、乱売競争が急速に加速した。同年2月に関係会社間での価格交渉が決裂し、夏ごろには価格が1トン当たり33円から38円まで下落した。同年上期の『第拾七回営業報告書』に「未曾有ノ安直ニ暴落」[54]と示されるような容易ならざる事

態で、前年同期と比べると、売上高は18.5％も減少し、利益金は約3分の1となった。利益金だけでは配当の原資を捻出できず、前期繰越金と合わせて漸く5％を配当した。その結果、繰越金は9,007円から4,715円と大幅に減少した。

同年11月には関係会社が再び大阪に集結して生産制限・共同販売の再編成を目指して協議したものの、纏まるには至らなかった。同年下期の『第拾八回営業報告書』には、「奈何セン板紙ノ市況引続キ沈滞ヲ加フルニ各社ノ自由競争愈激烈ナリシガ為メ市価ハ遂ニ空前ノ安直ヲ生ズルニ至」り、「期末ニ近ヅキ聊カ市況回復ノ徴ヲ呈シタリシト雖モ未ダ先ノ不況ヲ補フニ暇アラズ」[55]と極めて困難な経営状況を指摘している。

この間、さらに深刻だったのは、田村文四郎と覚張治平をサポートして実務を統括してきた支配人の渋谷謙三郎が前年から眼病を患い、治療の効果がみられないため、治療のため4月17日をもって退任し、加えて、7月には技師長の春日馬之助が業績不振の責任をとって辞任を余儀なくされたことである。業績不振を打開すべく、ミドルマネージャーの選任が急務となった。

こうしたなかで、8月10日の取締役会で、田村文吉を支配人に選任することを決定し、翌9月12日に正式に就任した。

文吉は、東京高等商業学校の在学中および越後鉄道に在職中から、北越製紙の設立前後の諸業務に携わるという経験を有していた。具体的には、父である文四郎とともに全国の製紙会社・工場を見学・調査し、当社の起業構想を練った。設立後の電動機の買い付けにあたり、通訳としてジーメンス・シュッケルトベルケ社と交渉した。長岡工場の操業開始後には、諸帳簿の整理（工場勘定を製造・貸借・損得に3分類）や固定資産台帳の作成を担った。また、1909年1月における長岡工場の火災後の保険の取り扱いにあたって、海外の保険会社との契約であったため、保険約款の翻訳を行った。

文吉は、入社直後から詳細に社内調査を行い、まず、社内の諸規約・規定の改正・増補に着手した。10月13日の取締役会で決定され、翌14日から施行された。また、残業居残り制度を廃止し、冗員を整理するとともに優秀な社員・職工には増給を行った。加えて、生産能率の向上に取り組み、月産は350トンか

ら500トンに拡大するとともに工場渡しの原価は1トン当たり32〜33円に低減できた。この一方で、競争の激化により価格下落は歯止めがかかっておらず、田辺喜平のアドバイスを受けて、横浜渡しの新判を運賃諸経費を取らずに1トン33円で50トンを売り切った。

　文吉は、会計システムの確立にも力を注いだ。具体的には、工場の製造勘定を直接・間接費に区分し、直接費のなかで原木・薬品・燃料・用水・動力費を重要品と規定して自ら裁定した単価を用いて、実際の購入価格との差は購買損益として、また、製品は裁定価格で本社へ売り上げて、本社費（一般管理費）も裁定の工場賦課額を原価に計上し、実際経費との差額は仮受金で処理した。文吉が構築した原価管理・予算管理のシステムはその後長らく北越製紙の会計制度の基盤となった。また、予備費を認めなかったのも特徴的といえよう[56]。

　1915年の下期の決算は、販売量および売上高は上昇に転じたものの、原料費や製品運賃・倉庫料・販売費が高騰して同年上期の4,826円から1万2,998円に急増したため、利益金は393円にとどまり、配当原資を確保する余裕はなかった。文吉は、無配が不可避であると判断し、文四郎と覚張から了承を取り付けた。翌16年1月10日の取締役会で決定し、同月17日の定時株主総会で可決された。文吉はのちに「簡単に無配と口には言うけれども、特に地方会社の株主は皆、相当のお義理で株をもたされており、売買も自由ではない、全くの資産株としてその配当金を生活の資としている向きも少なくないので、専務も常務も全く辛い思いをされた」[57]と述懐しているように、文吉はもとよりトップマネジメントにおいては苦渋の決断を余儀なくされた。株主総会には、これまで参加したことがなかった取締役の大橋新太郎がとくに出席し、株主を慰撫した。

　1916年上期は、第1次大戦がもたらした好況のなかで、「白紙類市価ノ狂騰」およびインド・オーストラリア・中国・ロシア方面への「海外輸出注文空前ノ輻輳」により「一時ハ全力ヲ挙ゲテ注文ニ応ズルヲ得ザルノ盛況」[58]となり、利益金は日本板紙共同販売所の立替金償却の3,932円を差し引いて2万2,710円に達し、8％弱の復配を実現した。

　16年下期も引き続き好況が持続して、板紙の需要は「海外輸出引続キ好況ナ

ルト共ニ内国用俄然昇進シ殊ニ近来玩具品其他雑貨ノ輸出旺盛ナルニ随ヒテ之ニ要スル包装容器用トシテ」、「増進ハ驚クベキモノ」となっており、「今日其全能力ヲ挙ゲテ需用ニ応ズル能ハザルニ至」り「永年倉庫裡ニ堆積セラレタル各社旧品モ茲ニ殆ンド一掃」される事態となっていた。市価は「九月以降逐次昇騰シ期末ニ入リテハ殆ンド先年ノ最高値ヲ凌駕」[59]するに至り、利益金は同期から開始した機械等償却の1万円を引いて3万3,026円と同年上期の1.5倍となり、この結果10％への増配を果たし、後期繰越金も8,095円となった。

1917年に入っても業績は好調で、上期は配当が15％となり、後期繰越金は設立以来最高の1万2,557円を記録した。下期も、「需要ハ月ト共ニ増大シ海外ノ市場亦頗ル来シタルヲ以テ市価ハ常ニ確実ナル歩調ヲ以テ昂上シ幸ニ市価ノ昂騰ハ生産費ノ増加ヲ償フテ余リアリ予定ノ好成績ヲ収ムルヲ得タルハ欣幸トスル処ナリ」（板紙）、「市況活発市価亦空前ノ高値ヲ現出（中略）同業者相警メテ値崩ヲ避ケタル結果市況幸ニ平静ニ復シ高値持合ノ侭次期ヲ迎フルニ至レリ」（洋紙）と良好な成果が報告されている[60]。この結果、配当率は10％に加えて特別配当10％の合計20％へと増加された。

この間、1916年上期から、営業報告書における損益計算書の損失の部を、工場費・事務所費・販売費に区分した[61]。機械等償却の計上とともに、財務の健全化とコストの明確化および株主への情報開示を積極的に推進するという文吉のスタンスは注目すべきである。

おわりに

田村文四郎は、「百の慈善事業よりは一の工業を成功せしむる事がよい人助けであり、社会的にも有意義であるといふ信念」[62]に基づき、家産を蓄積していた紙卸売業にとどまらず、地域で獲得できる稲藁および動力源としての電力や石油をもってニュービジネスとしての製紙業を構想した。盟友の覚張治平をはじめ地域の産業界ないし企業家の積極的な関与をベースとして、特に地域からの広い出資（詳述できなかったものの、新潟県外の株主は大橋新太郎と山本

留次のみである)、さらに技術や販売における有益な情報など、地域とともに東京ないし大阪等の県外関係者からも広範にいわゆる「経営資源」を結集して北越製紙を立ち上げることが可能となったのである。

生産面における設備の新増設や効率化、新潟への進出および洋紙製造の着手など、その意思決定や行動は時宜を得ており、その展開は堅実ながらも積極かつ果敢なものであった。

販売面については、後発参入の不利さを払拭すべく、共同販売組織への強気な姿勢の堅持と拡販に向けての自主的な努力が図られたものの、景気悪化による市況の軟化や共販組織自体の脆弱さに振り回され、業績の悪化を余儀なくされた。これに対して、支配人に就任した田村文吉が主導した経営再建策が功を奏し、大戦景気の好影響を追い風として、業績の回復に加えて企業成長の軌道に乗ることができたのである。

1920年以降の不況の長期化に際して、文吉が事実上のリーダーとして市川工場の新設（1920年）や長岡・新潟工場の拡充、多品種化や品質の向上、生産のさらなる効率化、販路の整備等に取り組んでいくこととなるが、その実態についての分析は別稿に改めたい。

注

1) 長岡短期大学生涯学習センター『生涯学習センター研究実践報告』第4号、29～53頁。
2) 長岡大学地域研究センター『地域研究』第2号〈通巻12号〉、77～82頁。
3) 『近代日本製紙業の競争と協調——王子製紙、富士製紙、樺太工業の成長とカルテル活動の変遷——』（日本経済評論社、1997年）、また、製紙業の技術動向に関しては、「紙・パルプ工業における技術革新——選択・応用の国際性、機敏性——」（由井常彦・橋本寿朗編『革新の経営史』有斐閣、1995年）があげられる。
4) 「洋紙流通機構の形成過程」駒沢大学経営研究所『駒大経営研究』第11巻第2・3号、1980年、「明治後期～大正期における洋紙流通機構」（『駒澤大学経営学部紀要』第16号、1986年）。
5) 詳細については、注1) 所収の「田村文四郎の企業者活動と北越製紙の設立」および『北越製紙百年史』を参照されたい。

第9章　北越製紙の企業成長と田村文四郎・覚張治平　337

6）　田村文四郎および田村家の出自・経歴および言動については、関魚川編『田村文四郎翁』（岩瀬直蔵、1932年）に拠っている。
7）　同上、7頁。
8）　鈴木尚夫編『現代日本産業発達史12　紙・パルプ』（現代日本産業発達史研究会、1967年）統計表18、20頁。
9）　新潟県『新潟県産業調査書　下巻』（1915年）604〜605頁。和紙の衰退過程については、東京都紙商組合組合史編纂委員会編『東京における紙商百年の歩み』（東京都紙商組合、1971年）117〜119頁に詳しい。
10）　前掲「洋紙流通機構の形成過程」174〜177頁。
11）　前掲『田村文四郎翁』60頁。
12）　日本経営史研究所編『三菱製紙百年史』（三菱製紙株式会社、1999年）22、67、69〜70、101〜103頁。
13）　前掲『田村文四郎翁』61頁。
14）　覚張治平および覚張家の出自・経歴および言動については、関魚川編『追憶覚張治平翁』（岩瀬直蔵、1933年）に拠っている。
15）　北越製紙株式会社発行『北越製紙70年史』10頁。
16）　北越製紙株式会社『第四回報告書』1908年下期、1〜4頁。『報告書』ないし『営業報告書』は北越紀州製紙株式会社所蔵である。
17）　同『第五回報告書』1909年上期、3頁。
18）　同『第七回報告書』1910年上期、3頁。
19）　堀越については、王子製紙株式会社販売部編纂・発行『昭和十二年版　日本紙業総覧』（1937年）、657、660、663、683、702頁、成田潔英『王子製紙社史　第三巻』（王子製紙社史編纂所、1958年）3、89、93、100、235、369頁、中島慶次追悼録刊行会発行『中島慶次氏を偲ぶ』（1976年）154、156〜162、172、277頁、および由井常彦「戦間期日本の大工業企業の経営組織──鐘淵紡績・東洋紡績・大日本麦酒および王子製紙の事例研究──」（中川敬一郎編『企業経営の歴史的研究』岩波書店、1990年）89〜90、96〜99頁を参照。
20）　北越製紙株式会社『第六回報告書』1909年下期、4頁。
21）　田村文吉「思いいづるま〻（27）」北越製紙社内報『北越ニュース』第28号（1957年7月15日、北越紀州製紙株式会社所蔵）。
22）　中部鉄道管理局営業課編纂『中部鉄道管理局　駅勢調査各論（貨物之部）』（1911年）892〜893頁。
23）　前掲『東京における紙商百年の歩み』83〜84頁。
24）　前掲『現代日本産業発達史12　紙・パルプ』87〜88、224〜226頁。

25) 成田潔英『洋紙業を築いた人々』(財団法人製紙記念館、1952年) 354〜365頁。
26) 前掲『近代日本製紙業の競争と協調』224〜225頁。
27) 前掲『昭和十二年版　日本紙業総覧』659〜662頁。なお、金沢製紙(のちの加賀製紙)については、拙稿「中島徳太郎の企業者活動(I)」(長岡大学『研究論叢』第10号、2012年) も併せて参照されたい。
28) 岡山製紙株式会社編輯・発行『岡山製紙株式会社三十年史』(1936年) 75頁。
29) 前掲『北越製紙百年史』67頁。
30) 前掲『北越製紙70年史』13頁。
31) 前掲『昭和十二年版　日本紙業総覧』97〜100、692頁。
32) 前掲『第六回報告書』3〜4頁。
33) 前掲『第七回報告書』3〜5頁。
34) 北越製紙株式会社編輯・発行『北越製紙株式会社弐拾五年史』(1932年) 13頁。
35) 同上。
36) 同上、13〜14頁。
37) 前掲『第七回報告書』5頁。
38) 前掲『北越製紙弐拾五年史』14〜16頁。
39) 同上、16〜17頁。
40) 前掲『北越製紙70年史』10頁。
41) 前掲『田村文四郎翁』68頁。
42) 前掲『北越製紙百年史』72頁。
43) 前掲『田村文四郎翁』68頁。
44) 『北越ニュース』〈臨時号〉、1963年8月1日、20〜21頁。
45) 前掲『北越製紙株式会社弐拾五年史』18頁。
46) 前掲『田村文四郎翁』70頁。
47) 北越製紙株式会社『第弐拾壱回営業報告書』1917年上期、4頁。
48) 前掲『北越製紙株式会社弐拾五年史』72頁。
49) 同上、20〜22頁。
50) 北越製紙株式会社『第拾参回報告書』1913年上期、4頁。
51) 同『第拾四回報告書』1913年下期、4頁。
52) 前掲『北越製紙株式会社弐拾五年史』25〜26頁。
53) 北越製紙株式会社『第拾六回営業報告書』1914年下期、4頁。
54) 同『第拾七回営業報告書』1915年上期、4頁。
55) 同『第拾八回営業報告書』1915年下期、3頁。
56) 前掲『北越ニュース』〈臨時号〉、25〜26頁。

57)　田村文吉「思いいゝづるまゝ（13）」『北越ニュース』第14号、1956年4月15日。
58)　北越製紙株式会社『第拾九回営業報告書』1916年上期、4頁。
59)　同『第弐拾回営業報告書』1916年下期、3頁。
60)　同『第弐拾弐回営業報告書』1917年下期、3頁。
61)　前掲『第拾九回営業報告書』8～9頁。
62)　前掲『田村文四郎翁』10頁。

〔謝辞〕
　本研究等に長きにわたり御指導・御協力いただいている北越紀州製紙株式会社元常勤監査役の小林多加志氏、同社総務部長の金川貴宣氏、および同社の関係者の方々、さらに田村家をはじめ製紙業・紙卸売業の歴史と現状について御教示いただいている株式会社田村商店代表取締役会長で文四郎の曾孫にあたる田村巌氏に謹んで感謝申し上げる次第である。

　本稿は、2009・10・11年度の「長岡大学個人研究費B」による成果の一部である。

第10章 「鉄道員(ぽっぽや)」の思想

篠崎 尚夫

はじめに

浅田次郎の短編小説「鉄道員(ぽっぽや)」について、三浦哲郎は次のように評している[1]。

　小説家のなかには、その名を耳にしただけで、代表作の中身はもとより初めてそれに接したときの感動までもがまざまざと思い出される一群の人々がいる。(中略)浅田次郎は、いまやそんな一握りの小説家たちの一人だと言っていいだろう。彼の名を耳にするとき、大方の人々はすぐさま「鉄道員(ぽっぽや)」という彼の作品を思い浮かべるにちがいない。周知のように、「鉄道員(ぽっぽや)」は第百十七回の直木賞受賞作であり、その後、映画にもなって好評を博した。それ以来まだ数年にしかならないのだが、もはや浅田次郎と「鉄道員(ぽっぽや)」は固く結ばれ合っていて切り離すことができない。おそらく、この先も、好むと好まざるとにかかわらず持ちつ持たれつの二人三脚の旅を長くつづけることになるだろう。(中略)「鉄道員(ぽっぽや)」は、浅田次郎の代表作であると同時に彼の文学世界への案内人でもあって、私の周囲にも、初め「鉄道員(ぽっぽや)」を読んで、病みつきになったという人が多い。実は、私自身もそのうちの一人だから、あの作品を抜きにして浅田次郎を語るわけにはいかない。(中略)いまここで「鉄道員(ぽっぽや)」の梗概を私の口から述べることもなかろうが、一口に言って、

これは雪深い北海道のちいさな単線の駅に四十五年も勤続している老駅長の生涯最後の一日と、その夜彼を訪れる一つの哀切な奇蹟を描いた作品である。

浅田次郎の「鉄道員(ぽっぽや)」が登場したのは、『小説スバル』1995年11月号であった。上記のごとく、「鉄道員(ぽっぽや)」は、直木賞を受賞し、映画化もされた(降旗康男監督、高倉健主演、第16回日本アカデミー賞最優秀作品賞、同最優秀主演男優賞等受賞)[2]。

この小説の主人公佐藤乙松(おとまつ)は、JR北海道の小さな駅「幌舞」(架空の駅名)の定年を間近にひかえた駅長ということであるから、1995年現在の設定だとすれば、1935年生まれということになる。

小説の中で、「あったりめえだ。勤続四十五年の駅長が死んだだぞ。そこらの偉いもんの葬式とはわけがちがうべ」[3]と、「乙松の死」について、一つ年下の相棒、仙次が若い機関士に教え諭す場面がある。おそらく乙松は1950年ごろ、15歳で鉄道員になったことになろう。

筆者は、「鉄道員(ぽっぽや)」を読んで、直ちにNHK朝の連続テレビ小説『旅路』(1967年放送)を、それからイタリア映画『鉄道員』(1958年日本公開)を想い出すに至った。そして、これら3作品が、筆者の頭の中で、「鉄道員(ぽっぽや)」を核に渦巻き、絡み合いながら、やがて、「国鉄職人(じん)」という言葉に収斂していった。

「国鉄職人(じん)」とは、「国民・国家が調和・発展して往くために、金を失う道(鉄道)を天道と解し、その道で職(使命)を以って仁を為し、人(じん)となる」[4]から来ている。

以下で、「鉄道員(ぽっぽや)」・『旅路』・『鉄道員』の3作品が「「国鉄職人(じん)」という言葉に収斂していった」過程を、その意味するところを、想ったままに記していく。

1　国鉄職員と制服・制帽、試験

①「鉄道員(ぽっぽや)」

「鉄道員(ぽっぽや)」で最も印象に残るのが、旧国鉄時代の制服・制帽についての描写である。

　老いた幌舞駅長は、粉雪の降りしきる終着駅のホームに、カンテラを提げて立っていた。／「乙松さん、五分遅れだのに、ずっとあしして立ってるんです。外は零下二十度の下だべ」／厚ぼったい国鉄外套(がいとう)の肩に雪を積もらせ、濃紺の制帽の顎紐をかけて、乙松はホームの先端に立ちつくしている。いちど凛と背を伸ばし、軍手を嵌(は)いた指先を進入線に向けてきっかりと振り示す。／「かっこいいよねえ、乙松さん。ほんと絵に成るべさ」／「やい、若い者がなれなれしく乙松さんなどと呼ぶでない。駅長って呼ばんか。／しっかり見とけ、あれがほんとのポッポヤだべや。制服ぬいでターミナルビルの役員に収まるような、はんかくさいJRの駅長とは格がちがうべ」／「はあ……なんか俺、見てて泣かさるもね……」5)

　乙松は帽子を脱いで、ストーブの火にかざした。くすんだ赤帯が巻かれ、動輪の徽章(きしょう)のついた濃紺の国鉄帽だ。仙次は自分の青い帽子を、少し恥じた6)。

　事務室の奥が、六畳二間に台所のついた乙松の住いだった。小さな仏壇には制服姿の父親の写真と、ずいぶん若い時分の女房の写真が並んでいる7)。

　乙松は、JRになっても、相変わらず「厚ぼったい国鉄外套(がいとう)」、「濃紺の国鉄帽」を着用し続けた。とくに、乙松の「濃紺の国鉄帽」と仙次の「青い帽子」（つ

まりJR帽子）の並列が興味深い。「濃紺の国鉄帽」には、ポッポヤの象徴ともいえる「動輪の徽章(きしょう)」が堂々据わっているのである。

小さな仏壇に置かれた「制服姿の父親の写真」、親子二代の国鉄職員であったことがわかる。この（制服姿の）遺影に、気持のよい誇らしさが感じられる。

②『鉄道員立身案内』

ちょうど（国鉄職員の子として）乙松が生れた1935（昭和10）年、東京予備学校が『鉄道員立身案内』といった124頁にわたる冊子を発行していた。そこには、まず次のような情報（まさに案内）が本文ページの欄外に載っている[8]。

　鉄道教習所の総解剖と入学手引／小学校のみや中等学校を出てゐるだけで鉄道に於て将来相当の地位まで達しようとするにはどうしてもこの鉄道教習所に学ぶことが必要である。目下鉄道教習所は全国に六箇所ある／一、その所在地／東京鉄道局教習所（東京市外池袋）名古屋鉄道局教習所（名古屋市東区千種町）大阪鉄道局教習所（神戸市若松町五丁目）門司鉄道局教習所（門司市大里町）仙台鉄道局教習所（仙台市東八番町）札幌鉄道局教習所（札幌市苗穂）鉄道教習所は普通部、専修部、専門部の三部に分かれてゐるがその中専門部は東京鉄道局教習所のみ。以下、各部に分つて述べん。／二、普通部の内容（但之は目下の処中止）入学資格は左の通り／（一）　年齢十四歳以上十七歳（聴員に限り二十五歳以下）／（二）職員又は職員の子弟若くは職員たりし者。／（三）品行方正身元確実にして入学試験で合格したること。／而して入学試験は身体検査、学業試験とに分たれ学業試験は国語（講読、作文）算術（整数、小数、分数、比例、歩合算）に就き就業年限二年の高等小学校卒業程度で行はれるのである。修業期間は三ヶ年で業務科、機械科、土木科、電気科の各科に分れてゐる。／入学後は雇員として日給六十銭を給せられ全部寄宿舎に収容され制服制帽及学用品を貸与される。（食費一日四十銭の外舎費を要せず）卒業後は六年間鉄道部内に奉職するの義務がある。

第10章 「鉄道員（ぽっぽや）」の思想　345

　この『鉄道員立身案内』の構成は、大きくわけて「第一編　国有鉄道の組織」、「第二編　鉄道就職と立身の道」、「第三編　従事員の養成」、「第四編　従事員の待遇」からなっている。
　そして、第一編は「第一章　概説」、「第二章　鉄道省」、「第三章　鉄道局」、「第四章　事務所及工場」、「第五章　現場機関」といった内容である。
　以下、第二編は「第一章　鉄道従事員の種類　第一節身分上の区別、第二節職務上の区別　第一運輸運転従事者　第二保線従事者　第三電気従事員　第四船舶従事員　第五工場従事員」、「第二章　従事員の採用資格　第一節身分上の区別　第一傭人の採用資格　第二雇員の採用資格　第三鉄道手の採用資格　第四判任官の任用資格　第五高等官の任用資格、第二節職務上の区別」、「第三章　立身の方法　第一節先づ傭人となれ、第二節傭人の職名、第三節傭人の採用手続、第四節傭人から雇員へ、第五節雇員から判任官へ、第六節最後に高等官へ」。
　第三編は「第一章　在外研究員」、「第二章　給費生」、「第三章　教習所」、「第四章　講習会其の他」。
　第四編は「第一章　給料及諸給　第一節俸給と給料、第二節勅任給と最高給、第三節特別手当、第四節年功加俸、第五節賞与金其の他」、「第二章　無賃乗車証」、「第三章　共済組合」、「第四章　治療設備」、「第五章　被服及官舎」、「第六章　修養及慰安」といった具合である。
　奥付の裏頁には、「受験と就職・マジメな良書」といったタイトルの下に、例えば『小学卒業立身案内』、『無電技師立身案内』、『陸軍現役志願案内』、『陸軍幼年学校問題答案集』、『陸軍工科学校問題答案集』、『海軍志願問題答案集』、『巡査試験問題答案集』、『専検・実検受験案内』、『最新東京苦学案内』といった東京予備学校出版物の広告が載っている。そして、「右どれでも各一冊金五十銭（外に送料四銭）　二冊なら九十銭　三冊なら一円二十銭」とも記されている。
　それらの中には、『鉄道員立身案内』に関連して、『鉄道傭人問題答案集』も混じっている。その説明書きには「毎年全国施行の傭人試験に合格すれば誰で

も一躍鉄道員になれる　本書は之が受験手続法を始め最近施行の全国傭人試験問題及び模範解答を集む」とある。

　この『鉄道傭人問題答案集』は手に入らなかったが、東亜鉄道倶楽部編の『昭和十三年度版　全国国有鉄道新規採用試験問題集』というものを見つけることができた。これを紹介する。

　一頁目の冒頭には、「昭和十一年度　鉄道省　東京鉄道局　各種傭人採用試験問題解答」と題され、最初に「鉄道省　給仕採用試験問題（昭和十一年四月十日施行）＝高等小学校卒業者＝」が記されている（問題は、国語、算術、地理歴史に分かれている）[9]。

　国　語
　一、左ノ文ノ片仮名を漢字ニ直シ又□ノ中ニハ適当ノ漢字ヲハメヨ。（但しツーロンは地名につき漢字を書くに及ばず）
　　暴政にゲキしツーロン市にヨリて兵を起したるに、レン合軍又之をタスけ、苦戦□トウ　遂にオトシイる。
　二、左ノ漢字ニ読仮名ヲ付ケ、ワケヲ下ヘカンタンニ書ケ。
　　嫡流　典籍　釁隙　不日　擬態
　三、左ノ文ノワケヲ次ヘカンタンニ書ケ
　　いづくんぞ知らん、萬里連雲の勢
　　及ばず、堯階三尺の高きに。
　　　　（中略）
　算術（尋卒ハ四問選択）
　1．次ノ計算ヲセヨ．
$$\left(2\frac{1}{6}+\frac{2}{5}-1.6\right)\div 6 \div \left(5\frac{1}{6}-4\frac{5}{9}\right)\times 3\frac{23}{29}$$
　2．稲ニ水ヲ満タスニ大管4本ヲ用ヒテモ小管5本ヲ用ヒテモ3分カカル．大管小管1本ヅツ一緒ニ用ヒルト幾ラカカルカ．
　3．牛ト羊ト合セテ240頭アル、其ノ中牛ノ1／4ヲ売リ、羊82頭ヲ買ヒ足

スト牛ト羊トノ頭数ガ等シクナルト云フ．初メノ牛トハ各幾頭カ．
4．円形ノ運動場ガアリ其ノ周囲ニ3m毎ニ桜ノ木ガ植付ケラレテアル．其ノ木ノ数ヲ数ヘテ見タラ157本アツタ此ノ運動場ノ面積ハ幾ラカ．
5．幾人カノ生徒ヲ縦横ノ人数ガ等シイ方陣ニ並ベルト11人余ル．又縦横ヲコレヨリモ1人ヅツ増シタ方陣ニ並ベルト4人ダケ足ラヌ．生徒ノ人数ハ何程デアルカ．

　　（中略）

地理、歴史
一、世界で次の品を一番多く産する国名を挙げなさい。
　　綿　大豆　コーヒー　金　羊毛
二、左の土地は何処の領地か。
　　香港　ジャワ　サイゴン　ラングーン　アルゼリア
三、左に就て略述しなさい。
　　オツタワ　ベナレス　ピルゼン　サンチヤゴ　トムスク
四、左の（　）の中に関係ある人名を書きなさい。
　　楠正成の碑を湊川に建てた人（　　）
　　最初の韓国統監になつた人（　　）
　　徳川幕府の将軍の中で鎖国の命令を出した人（　　）
　　藤島神社に祭られてある人（　　）
　　法隆寺を建てた人（　　）
五、次の＿＿＿の所に適当な名、年、事柄を入れなさい。
　　最澄は＿＿＿宗をひらいた
　　建久三年＿＿＿は征夷大将軍となる
　　明治＿＿＿年二月十一日皇室典範及＿＿＿発布せられる

　以上のような調子で、続けて尋常小学校卒業者の「国語」と「地理、歴史」の試験問題、そして解答が記されている（「算術」は、上記引用で見たごとく、高等小学校卒業者の五問から四問選択であった）[10]。

内容的に見て、この「給仕採用試験問題」は、旧制中学の入試問題と同レベルであることがわかる[11]。当時、経済的理由で中学進学は望めないが、学業優秀で、「立身出世」を夢みる、有為な少年達が「給仕採用試験」に臨んだものと考えられる。

　前述の『鉄道員立身案内』には、「去る（一九三五年――引用者）四月三日の東鉄管内の採用試験には、受験者数約六千名といふ盛況であった。其の内の何名が合格したかはよく調べてもみないが、今後引きつゞき全国的に此の種の目論見は行はれることだらう」、「現に駅手や小使、給仕等の傭人から勉強して給費生となり、帝国大学、各商科大学、高等工業学校、外国語学校等に在学してゐるものもあり、既に卒業して立派に成功してゐる人もある」[12]等と書かれている。

③『旅路』

　これら、『鉄道員立身案内』、『全国国有鉄道新規採用試験問題集』から連想されるのは、1967年にNHKで放送された、朝の連続テレビ小説（番組）『旅路』（脚本：平岩弓枝）である。

　『旅路』の舞台は、北海道小樽市郊外の塩谷からはじまる。一方の主人公（『旅路』の主人公は「国鉄一家」を成すことになる男女2人のキャスティングであった）室伏雄一郎の父は漁師であったが、1915（大正4）年の早春に海難で死に、母も病気がちであった（やがて死ぬ運命）。姉や妹と逞しく生きていく雄一郎。その彼を、「貧乏人でも勉強しだいで偉くなれるのが鉄道だ」と、励ましてくれたのが塩谷駅長、南部斉五郎であった。雄一郎は、高等小学校を卒業すると、塩谷駅に無給の「見習い」として入り、「駅手試験」を目指していくことになる……云々[13]。

　実際、『旅路』では、「試験」に関わる場面が要所で出てくる。「試験」というものが重要な役割を果たしていた。

　平岩の小説（本）『旅路――第一部――』に、元東京駅長加藤源蔵が、次のような「まえがき」を寄せている（また、本書により、雄一郎が1905〔明治

38〕年生まれであることがわかった、乙松と30歳違い、ちょうど国鉄職員であった亡父の世代に当たる)[14]。

　私が椿山荘に居た頃からの知合である平岩弓枝君が、突然ホテルに現れた。／そうして、今度、NHKの、「おはなはん」の番組のあとを一年間、鉄道の駅長物語を書くよう頼まれた、というお話である。／「おはなはん」が人気番組であっただけに、これは容易なことでない、大変なことだと思った。(中略)弓枝君の話では、北海道の貧しい少年が、小学校しか出ない学歴で、鉄道に就職したくて、どうにか駅手になって、お便所の掃除をしたり、改札係をしたり、出札係、小荷物係をしたりし乍ら、だんだん立身出世をしてゆく姿を書きたいと思って、北海道まで行って、良い人に逢って、その時代の話を聞いた上で何とか書き上げ度い、と思ったが、適当な人に逢えなくて、良い材料が得られなかったので私のホテルへ現れたという。(中略)昭和四年のその頃には、方々に立派な駅長さんや、助役さんが沢山居られた。そういう人達から、朝夕薫陶を受けたということは、どんなに幸だったことかと思う。(中略)だから私は弓枝君に、そういう職場を書いて貰い度いと思った。果せるかな弓枝君の、南部駅長にはその頃の駅長のイメージが充分現れているので嬉しい。／欲をいうなら国鉄従業員が、背のびをした感じが全くない、平凡な尊さ、というものを身につけて呉れるような職員にして頂き度いと思う。

　「北海道の貧しい少年が、小学校しか出ない学歴で、鉄道に就職したくて、どうにか駅手になって、お便所の掃除をしたり、改札係をしたり、出札係、小荷物係をしたりし乍ら、だんだん立身出世をしてゆく姿」には、「立派な駅長さん」らに「朝夕薫陶を受け」ながら、来る昇進のための「試験」に備える生活態度が窺われる。ここでいう「立身出世」や「立派」とは、まさに「平凡な尊さ、というものを身につけ」た内面的生活態度に起因する結果である。

2 国鉄労組と生産性向上運動

① イタリア映画『鉄道員』

『旅路』が放映される10年ほど前、乙松が23歳であった1958（昭和33）年に、ピエトロ・ジェルミ監督主演のイタリア映画『鉄道員』（原題 IL FERROVIERE）が日本で公開された（製作は1956年）。

以下に、若き国鉄職員佐藤乙松にとって、最も衝撃的であったであろう場面を紹介する[15]。また、『旅路』の雄一郎は、このとき53歳となるはずである。間もなく来る定年（当時55歳）を、意識していたに違いない。

　　国鉄労組の会議場／集会が行われている。アンドレアとリヴェラーニの顔も見える。
　　壇上に並ぶ役員たち。／役員「……ところで諸君、事ここにいたって我々は何をなすべきか……三つのシンジケートによって作られた委員会は、直接大臣のところに送られる……そしてもしもこの最後の試みが何も得るところなく終った場合……その時は……ストライキの手段に訴えることも考えなくてはなりません……」／聴衆の一人が質問する。窓口の出札係の男。／主札係「我々事務職員の者の問題も取り上げてもらいたい……夜勤手当がまだ百二十リラだなんて、信じられんくらいだ……」／役員たち、額を集めて相談する。その時アンドレアが立って／アンドレア「ちょっと……ちょっと待ってください」／みんなアンドレアを注視する。／アンドレア「……例えば私ですが……私はアンドレア・マルコッチです。以前は機関士でした……たぶん皆さんはボローニャ広場の入口で私に起った、例の災難については御存知と思いますが……」／書記が迷惑そうに、アンドレアの話を制して／書記「ああ、マルコッチさん……知ってますよ……しかし、あなたのことはこの場では無関係ですから……」／アンドレア「とんでもない、関係大ありですよ。あの

事故はおそらく疲労が災いして起ったものです……また別に、その前にもう一つ事件があったのです。そうです、結局……私は人を一人轢いてしまいました……自殺でしたが……。こんなことは我々の仕事では珍しいことではありません……しかし必ず何か影響するものです……たぶん、そのために私は少し異常だったのに違いありません。だが、こんなことは何の関係もありません。要するにその時私がすでに七時間近くも運転しつづけていたということなのです。あれは立派な機関車ですよ。玩具とは違います」／書記（迷惑そうに）「ああ、そうですか、しかし、おわかりでしょうが……マルケッチさん……」／アンドレア「マルコッチです」／書記「失礼、マルコッチさん……ところであなたにはおわかりでしょうが……それはこの場でいうことではありませんね……」／そういいながら立上り、他の役員たちとともに退場して行く。アンドレア、憤まんやる方ない面持ちで見送る（F・O）

　この場面は、ピエトロ・ジェルミ演じるところのアンドレア・マルコッチ（主人公）が、自分の起こした列車事故の原因について、国鉄で働く仲間の集まりと信じ、国鉄労組の集会で話を聞いてもらおうとした場面である。「あの事故はおそらく疲労が災いして起ったものです」「要するにその時私がすでに七時間近くも運転しつづけていたということなのです」といった、いわゆる「合理化」から生ずるところの労働強化による肉体的、精神的疲労について、アンドレアが触れようとしても、国鉄労組の書記・役員たちは迷惑がり、拒絶する。彼らが関心をもつのは、「手当」、そしてそのための「ストライキ」という、「合理化」→労働強化に関わる金銭的（表面的）妥結策（「取引・駆け引き」）のみであった。ここで描かれている（イタリアの）国鉄労組は、労働強化に関わる内面的・構造的問題（原因）については、本当のところ無関心であったことになる。

　翻って日本でも、この映画が上映された1958年4月8日、当時の行政管理庁から国鉄に対して「合理化勧告」が出されていた。その一方で、翌年4月には「東海道新幹線」の起工式、61年4月には「国鉄第2次5カ年計画」発足、

翌5月には世銀からの「新幹線建設費8000万ドル借款」調印、といったスケジュールが待っていた。まさに、込み入った国鉄財政の「過密ダイヤ」が、そこには見える。

この「過密ダイヤ」の進行とともに、前述の「北海道の貧しい少年が、小学校しか出ない学歴で、鉄道に就職したくて、どうにか駅手になって、お便所の掃除をしたり、改札係をしたり、出札係、小荷物係をしたりしながら、だんだん立身出世をしてゆく姿」が、つまり「『旅路』の雄一郎」的鉄道員の姿が、国鉄の世界から消えて行こうとしていた。

② 国鉄マル生運動

国鉄財政の「過密ダイヤ」は続く。東京オリンピック開催の直前、1964年10月1日東海道新幹線（東京～新大阪間）が何とか開通するや、翌年4月1日には「国鉄第三次長期計画」が発足し……。1962年5月の三河島事故（死者160人）、翌年11月の鶴見事故（死者161人）の大惨事が起こり、まさに本来の意味の過密ダイヤが問題となり、線路の増設（とくに首都圏に関わる東海道線・中央線・東北線・常磐線・総武線の複々線化）といった多大なコストを要する国鉄第三次（大惨事）の長期計画が練られたのである。葛西敬之によれば、「この第三次長期計画は、当時の国鉄財政の規模からすれば膨大な資金を必要とするため、独立採算制の枠組みのなかで対応することは不可能であり、インフラ投資に対する政府の出資、あるいは無利子の資金の供給が必要不可欠になってきた。そこで第1次・第2次長期計画は国鉄独自の計画であったのに対し、第3次長期計画は閣議決定を行なうことにより国の計画の色彩を強め、無利子資金の投入が必要であることを改めて強く求めることになった。／国鉄としては、国の資金を受け入れて公共的使命を果たしていこうということで着手したが、実際には国の資金は出ず、すべて借金で賄う形になった。借入金も財政投融資だけでは間に合わず、昭和四〇年度には特別債という民間借入金がはじめて予算に計上された。（中略）結果的には、政府の無利子資金に代わってこの種のものが投入され借金経営の端緒となった」[16)]とされる。

第10章 「鉄道員(ぽっぽや)」の思想　353

　こういった財政の「過密ダイヤ」の下で、大きく浮かび上がって来るのは、換言すれば（組合側からすれば）「単なる経営者」（決して「企業者」ではない）が直ぐ思いつくであろうことは、人件費カットを目的とした労務に関わる（単なる「人件費カット」を「労務」という言葉でラッピングした）問題の提起である。これを、「労務―人件費問題」とする。
　1969年5月27日、この「労務―人件費問題」解決を期待された、国鉄新総裁、磯崎叡が登場することになる。以下、『鉄道公報』号外に掲載された磯崎新総裁就任の弁を記すことにする[17]。因みに、乙松は、このとき34歳となる。当然、雄一郎（64歳）は国鉄を去っている。

　　私は、前総裁の石田さんのご推挽によりまして、きょう、国鉄総裁第六代目の重責を汚すことになりました。（中略）私は、まず第一に、国鉄の進むべき道は何かということが、問題点だと思います。これについては、石田総裁のご在任中に国鉄財政再建推進会議におきまして種々論議されました結果、堂々たる一〇箇年間のレールを敷いていただいたわけでございます。（中略）一昨年、テレビで放送された「旅路」の中に出てまいりましたあの保線魂、あるいはあの機関士の根性、あるいは動力の革新への技術陣の苦心、そういった個々の問題と、それらを全部渾然一体としたような人間性と申しますか、国鉄人の人間性というもの、これは私は、決して神話でもなければ寓話でもないと思います。／あの作者は、多数の国鉄職員に直接接触し、あるいは国鉄を卒業した多数の人々に接触した結果、作者自身が肌で感じた感覚を、あの保線魂、あるいは機関士魂にあらわしたものと思います。／したがって、私はここで、やはりお互いに鉄道魂と申しますか、精神と申しますか、お互いの人間性の回復、それを第一に心がけなければならないと思うし、あらゆる事故の原因あるいはあらゆるサービスの発端、これらはすべてお互いの人間性にあるものだと思います。したがって、どうかお互いの人間性の回復ということについて、全力をあげてやってまいりたいと思います。（中略）今後できるだけ現場に出て、第一線の管理者諸君との話合いの機会をもちたい

と心がけております。

　磯崎新総裁は、就任後、直ちに国電通勤し（荻窪〜東京駅間）、途中下車しながら各駅の清掃等を確認したり、また全国の管理局や支社を訪れ、3,000人以上の現場長との懇談（「二万キロ行脚」）を実践した。国鉄総裁として前例のない行動であったという[18]。
　右の「今後できるだけ現場に出て、第一線の管理者諸君との話合いの機会をもちたい」という磯崎の就任の弁は確かに守られたといえる。
　但し、「現場に出て」、「管理者諸君との話し合い」というところが気にかかる。
　実際、「二万キロ行脚」の一方、国鉄における生産性向上運動、いわゆる「国鉄マル生運動」というものが始まったのも、この「磯崎新総裁登場」と一致するからである。
　1970年3月、国鉄の職員局に「能力開発課」という部署が設置された[19]。年間120億円というコストをかけて、「マル生教育」（国鉄職員への生産性向上教育）が行われもした。当然ながら、日本生産性本部の協力（講師の派遣、テキストの提供等）を得てのものであった。「マル生教育」を受けた（あるいは、受けさせられた）国鉄職員は、年間30万人（当時の国鉄職員総数の65％）にも及んだとされる。
　国鉄財政の「過密ダイヤ」から生じたといえる「労務―人件費問題」、その解決を期待された（磯崎新総裁登場と一致する）「マル生運動」。この「マル生運動」は自ずと→「組合対策」→「組合封じ込め」となったという。
　もちろん、これを、磯崎個人の資質に帰するものではない。当時直近でみても、1967〜68年にかけ、「五万人合理化計画」に対する年間10波を超える「ストライキ」と30回におよぶ「遵法闘争」といったものを、国労（国鉄労働組合）・動労（動力車労働組合）といった「組合」が行っていた、という事情があるからである。このような当時の「国鉄事情」（国鉄財政の「過密ダイヤ」を端緒とする）を背景とした「マル生運動」であったが、その幕切れは意外とあっけなかった。

第10章　「鉄道員(ぽっぽや)」の思想　355

　1971年8月24〜28日の5日間、北海道（函館市市民会館）で、「国鉄労働組合第三二回定期全国大会」が開催された。国労による「マル生運動」への「本格的反撃」の出発点とされる大会である。まず運動方針案の中に、「交渉を通じてマル生教育をやめさせる」等の提起がなされた。が、「この程度の反撃では手ぬるい」とし、「座して攻撃にさらされるより、立って反撃を」[20]といった中川新一執行委員長の決意表明によって、函館大会は「マル生反撃大会」と化した。

　翌9月には早くも、札幌地裁による、「マル生運動」に関わる「不利益待遇差止め」の仮処分命令が出され、続いて10月8日には公労委が「マル生運動」に関わる組合側からの提訴16件152例のうち、2例について「不当労働行為」の判定を下し、「陳謝命令」を国鉄当局に出すことになった。これによって、マスコミによる国鉄当局批判が一斉に展開され、10月11日の衆議院社会労働委員会において、磯崎総裁は「マル生運動」に関し「不当労働行為」のあったことを認めざるを得なくなった（「マル生遺憾表明」）。結果、同月23日には、眞鍋洋職員局長の更迭と静岡など地方管理局責任者の処分が発令され、「生産性向上教育」は中止となり、「国鉄マル生運動」は幕を下ろすことになる。

　衆議院社会労働委員会における、磯崎の「マル生遺憾表明」部分を記しておく[21]。

　最近私のほうの労使問題につきまして、いろいろ世間に御迷惑、御心配をかけていることを責任者としてたいへんおわび申し上げます。（中略）去る十月八日に公労委から発せられました命令につきまして、その後慎重に考慮いたしまして、私はいま国鉄の当面している事態を次のように考えております。／国鉄は百年という歳月を迎えまして前途に輝かしい未来がありながらも、現実は御承知のとおり有史以来の難局に直面いたしております。私はその経営の責任者といたしまして、従来とも微力を尽くしてまいりましたが、最近の状況にかんがみまして、あらためて国鉄法第一条並びに公労法第一条、すなわち、企業を健全に発展させ、もって公共の福祉を増進、擁護するとい

う原点に立ち返りまして職員各自の信念と自覚を喚起して、ここに国鉄再建をはかる所存を新たにいたしました次第でございます。／そういう立場に立ちまして、けさ午前九時半、去る八日の公労委から発せられました命令を受諾いたしました。かつ、これを実行することといたしました。今後の問題につきましては、私どもといたしましては、いわゆる不当労働行為というものが純粋な生産性運動を歪曲して伝えられているということに対しては非常に遺憾に思っており、まして生産性運動に名をかりて不当労働行為を行なうということは許されないことであるというふうに考えます。

磯崎の「マル生遺憾表明」における「不当労働行為」とは、一体どんなものであったのか。『毎日新聞』（1971年10月7日）の「私は証言する——「昇職試験合格エサに国労脱退説得された」」という記事を見てみよう[22]。

　不当労働行為をめぐって国鉄の"マル生労使紛争"が続いているおり、国鉄・池袋駅員が「私は証言する」と昇職試験をエサにした不当労働行為のナマナマしい経験を訴え出た。（中略）「私は証言する」と名乗り出たのは池袋駅構内作業掛の小川幸男さん（三〇）。証言内容はきわめて具体的、かつ迫真的だ。／「私は三十八年に国鉄に就職し、いまは構内作業掛。"一般二級職"で基本給は四万一千三百円。これでは妻と子供一人の生活が苦しく、操車掛になれば"一般五級職"として、月給も二千円上がるので、昇給試験を受けることにした」（中略）年に一度の操車掛試験は六月から八月にかけて行なわれた。（中略）六月二十三日に行なわれた第一次試験（常識、運転、技術などの筆記試験）には小川さんと、もう一人が合格した。合格が決まった七月六日、構内総括の成島助役から「"国労脱退、鉄労加入"の件は大丈夫だな」と念を押された。／さらに七月三十日になって総括室に再び呼ばれ、第二次試験（面接）の受験要領を教えられた。

　「こういう質問にはこう答えろ」などというコツの伝授だ。その際、同助役から「承知していると思うが国労にいる限り、二次試験を受けてもムダだ」

といわれ、国労脱退届にサインした。(中略)二次試験は八月五日に行なわれた。試験官からは「"五・二〇スト"をどう思うか」と、予想どおりの質問が出た。面接は印象第一。ウソも方便。「まずいです」と答えた。八月二十四日、また総括室に呼ばれ、成島助役から「小川、試験は通してやる」といわれ、国労脱退の再確認を迫られ。「ハイ」と返事したら「友だちを二人つれてこい」といわれた。これには「ハイ」というわけにもいかず「○○は国労(労金)から金を借りているからムリかもしれない」と逃げると「金なら用意する」といわれた。

前述の『旅路』の中で描かれていたような「試験」の姿とは程遠いことが、このとき起っていたのである。上のような、国労脱退を引換え条件とした、試験という名の「踏絵」は、生産性向上(＝さらなる「近代化」)と本来相容れないものである。
　こういった「不当労働行為」、すなわち「組合封じ込め」策となってしまっている「マル生運動」に対して、磯崎総裁は「遺憾表明」せざるを得なかったのである[23]。
　一方、この「マル生遺憾表明」がなされた同年(1971年)1月には、鉄道建設審議会が「東北・上越・成田新幹線」の建設を答申してもいた(前年の「全国新幹線鉄道整備法」公布に沿うものであった)。

3　国鉄からJRへ

①「マル生遺憾表明」から10年後

　磯崎総裁の「マル生遺憾表明」から10年が経った(乙松が46歳になった)、1981年に、第2次臨時行政調査会(土光敏夫会長)が発足した。翌年7月には、国鉄「分割・民営化」提言を含んだ、(行革についての)基本答申が政府に提出された。

他方で、10年前に建設の答申を受けていた「東北・上越・成田新幹線」のうち、東北新幹線（大宮～盛岡間）が1981年6月、上越新幹線（大宮～新潟間）が同年11月、実際に開業された。
　1983年5月20日には「日本国有鉄道の経営する事業の再建の推進に関する臨時措置法」が公布され、6月10日に国鉄再建監理委員会が正式に発足された。と、同時に、同年10月23日に白糠線（白糠～北進間）廃止（第1次特定地方交通線の「バス転換」第一号）や翌年4月1日の三陸鉄道（盛岡～釜石間、宮古～久慈間）開業（第1次特定地方交通線の「第三セクター鉄道転換」第一号）、6月22日の運輸大臣による「国鉄の第二次特定地方交通線二七線」承認といったこと（すなわち、「国鉄のスリム化」）が次々と実行されていった。1985年7月26日になると、国鉄再建監理委員会『国鉄改革に関する意見――鉄道の未来を拓くために――』（以後、『意見』と略す）が政府に提出された（一方で、同年3月14日には巨費を投じての東北・上越新幹線の上野～大宮間が開通していた――首都への直通）。
　『意見』の「はじめに」には、『意見』の概要を6つのポイントに分けて書いてある。そのうち、3つ目が『意見』の中核といえる[24]。

　3．このような審議を重ねた結果、国鉄の経営が悪化した最大の原因は、公社という自主性の欠如した制度の下で全国一元化の巨大組織として運営されている現行経営形態そのものに内在するという認識に到達した。過去の数次にわたる再建策がいずれも失敗に帰したのはこの問題にメスが入れられなかったことに由来するものである。／現行制度を前提とする過去の延長線上の対症療法により国鉄事業の再生を図ることはもはや不可能である。全国一元の巨大組織としての公社という経営形態そのものを抜本的に改革することによってはじめて国鉄事業の再生が可能となると考える。

　『意見』の最後には、付論「技術上の具体的問題についての考え方」があり、国鉄「分割・民営化」によって①「利用者の利便が損なわれることはない」こ

とと②「業務能率が低下することはない」ことを、質問・回答の形式で、説明している[25]。

そして、1987年2月、国労を脱退した「分割・民営化」推進派が鉄産総連を結成するに至り、3月には国鉄再建監理委員会も解散となり、4月1日をもって、国鉄はJRとなった。乙松、このとき52歳であった。

その後、1990年10月にJR東日本は21世紀に向けた経営構想「FUTURE21」を発表し、93年10月には株式上場を果たした。

1995年の正月、還暦(定年)を迎えようとしていた「鉄道員(ぽっぽや)」の乙吉、一つ違いの後輩仙次、彼らの間で次のような会話がなされた[26]。

「ところでよ、乙さん。俺、来年の春に駅ビルに横すべりできることになって」／「そうかい。そりゃ良かった」／「そんで、あんたも美寄に出てこんかと思ってね。十二階建てでよ、ガラスのエレベーターが付いてんのさ。東京のデパートとJRの共同出資だもんで、俺も多少の無理は言えるんだわ」／「はあ、無理なら言わんでいいよ」／言い方が悪かったかと、仙次は口をつぐんだ。

② スト権スト

前述のごとく、1971年の磯崎総裁による「マル生遺憾表明」の10年後、1981年以降、国鉄はいわばJR(分割・民営化)への道をまっしぐらに突き進んだ形になる。「マル生遺憾表明」後、すなわち「国鉄マル生運動の挫折」後10年の間に、何があったのであろうか。

「JR(分割・民営化)への道」に向かって重要な役割を果たしたとされる三塚博によると、以下のようになる[27]。

　国鉄当局が陳謝した生産性運動を中止するにともない、全国各地では組合の主張による運動推進責任者の処分、左遷などの人事面への介入が行なわれた。運動に協力した一般職員に対してもイヤガラセ、村八分、暴行などが相

次いだ。／組合からの"リンチまがいの巻き返し"の嵐の中で、本社・管理局の生産性運動の指導者は、当局の指示に協力した（現場）管理者、職員に対してまったく支援の手を差しのべなかった。したがって敗北の責任は、現場管理者（駅長・助役等）や職員だけがかぶり、いわゆる本社採用の学士たちは口を拭って転進した、という印象を強く職員に与え、経営幹部に対する現場管理者達の根深い不信感がここに生まれた。／一方、組合は人事権に容喙し始め、次第に幹部人事にまで介入し、「組合に嫌われると損をする、あるいはトバされる」という臆病ムードが、管理者全体のなかに定着した。まさに経営幹部自身が組合に屈服してしまったのである。このため、違法ストや、秩序紊乱に対する処分は、大幅に後退した。／組合が処分撤回のためのストライキを行なうことを極端に恐れたのがその原因ではないかと思われるが、結果としては、すべての基本にあるべき遵法精神が全職員の心から色あせてゆき、幹部職員ですら、労使問題処理という名のもとに労使の関係は「超法規的扱い」が当然であると考えるようになっていた。

「国鉄マル生運動の挫折」ののち、前述した国鉄財政の「過密ダイヤ」→「労務―人件費問題」→「マル生運動」→「組合対策」→「組合封じ込め」の流れは、「組合対策」→「組合封じ込め」ではなく、「組合対策」→「組合の様子を窺がう」→「組合の機嫌を損なわない」→「組合との妥協（「暗黙の了解」や「裏取引」等を含むもの）」へと反転していった、ということになる。

そして、この状況（流れ）が、1975年11月26日から12月3日まで、8日間にわたる史上空前の、スト権獲得（ないし奪還）のためのスト、いわゆる「スト権スト」を組合に引き起こさせることになった[28]。

このように国労など組合側の支配力が著しく強化される反面、逆に国鉄当局の管理権が後退するなかで、組合は次第に自らの力を過信するに至った。その慢心が具体的な形になって現われたのが、スト権ストである。／昭和五〇年一一月から一二月初めの八日間にわたって実施されたスト権ストは、ま

さに反体制労働組合の本質を露呈したストである。口では民主主義を唱え、民主主義国家の中における法の保護を最大限に享受する一方で、いったん自らの要求が通らないとなると、国民を犠牲にしてでも平然と法を踏みにじり、実力で要求を押し通そうとする行為は、多くの国民の怒りを買った。／国鉄当局の規程やルールにかかわりない度を越えた譲歩が、組合に、国の法律といえども同じ手段で突破できるかのような幻想を与えた結果、起きたストであった。

「マル生挫折」に成功した組合（国労・動労）による、本来非日常であるはずの「ストライキの日常化」、この結末が「スト権スト」であったといえる。

公共企業体等労働関係法（公労法）において、団結権・団体交渉権は認められているが団体行動権（スト権）は認められていない。公労法にはスト参加者を解雇することが定められている。だが、実際には、公労法による解雇はほとんどあり得なかった。日本国有鉄道法による、軽微な懲戒処分程度が常態となっていたからである。ストが繰り返されるうちに、スト不参加者が「後ろめたさ」を感じる程の状況にさえ陥っていたとされる。

こうして、国鉄当局の、スト（非日常的であるはずのストライキの日常化）回避の焦りは、「スト権スト」に際し、（組合に）スト権を条件付きで与え事態を収拾する、という妥協案を浮上させることになった。この「スト権の条件付き付与論」には、言わば、実効性のない「スト禁止」という「建前」を取り払うだけのこと、という意味合いがあった。このような考え方が、国鉄当局・組合双方に、強まっていったのである。当時の三木武夫首相も「組合問題」について宥和的傾向が強いと目されていた。

しかし、自民党内には、「事態収拾」のために（条件付きであろうと）「スト権」を与える、ということに反発があった。さらに、「スト権スト」が長引くにつれ、「スト権の条件付き付与論」云々というより、国民に対し、一方で（当局が）「運賃倍額値上げ」や「債務（２兆5,000億円）棚上げ」といった要求をしておきながら、他方で（組合が）「スト権スト」によって多大な迷惑をかけ

ている、といった点に批判が集中されるようになっていった。結局、「スト権スト」は、マル生以降勝ちに驕った国労・動労の我儘暴走、といった認識で（マスコミを通じ）国民の多くが一致する（「一般化」がなされる）ようになったのである。

加えて、8日間国鉄全線が麻痺したにもかかわらず、危惧されたほどの「経済的混乱」は生じなかった。トラック・バス等の代替輸送機関の活躍によって、それが可能となったことが注目された。国鉄が止まれば日本経済も止まるのではないか、それほどに国民の多くは畏れていた。ところが、このような「国鉄神話」が幻想となってしまったのである。それゆえ、国鉄、とりわけ国労・動労といった「組合」に対する国民の（大衆の）「怒りの感情」は、誰憚ることなく燃え上がり拡がっていった[29]。

Mass（大衆）は、「怒りの感情」のMass（大塊）と化したのである。この「怒りの感情」が、1976年2月に国鉄当局が法務課長を代理人として起こした訴訟、「スト権スト」に対する損害賠償請求「202億円の勘定」を後押しするようになった。この「202億円の勘定（感情）」は、国鉄「分割・民営化」の構想、その進展、そして実施に際し、組合側にとって、まさに「孫悟空の頭の金環のごときもの」[30]として機能するようになったのである。

おわりに

佐久間一郎が、映画評「ピエトロ・ジェルミと『鉄道員』」の中で興味深いことを書いている[31]。

　　しかし、例えば労組の問題はどうだろう。これは何でもないことではない。組合の幹部はアンドレアの問題を取り上げてやらなかつた。"それは"今の賃上げの交渉とは別問題です"——一つの公式主義。アンドレアはゼネスト中に自分から列車を運転する。組合への意趣返しという単純な動機からではない。彼は自分の能力を示したかつた。正しいことと信じていた。（現実に

ありうることである)しかし仲間の白眼視をうけて彼は動揺する。あやまちだったと気づく。酔いにまぎらせ、そして最後は、彼を責めずに暖かく迎えてくれる仲間のもとに帰つてゆく。(これも現実にありうることかもしれない。だがきわめて例外的だ)／<u>組合の公式主義、それにたいする古い職人気質の反撥</u>、こうした典型的な現代の課題を提示しながらジェルミは残念ながらその追求をそらしてしまつた。けつして戦列に復帰させよ、アンドレアの意識を目覚めさせよと言うのではない。彼の行動を途中で挫折させずにさらに発展させて描いてほしいのである。(中略)アンドレアは列車を運転する――仲間は離れてゆく――しかし彼は挫けない――組合との対立、<u>結果はどうなるかわからない</u>。しかしそうなればテーマは、<u>現在のもつとも中心的な課題</u>に深く喰いこんでいつたろう。結末をどう結んだらよいか、そんなことは問題にする必要はない。(中略)アンドレアも古い意識をたち切れないかもしれない。しかし<u>彼が行動を貫くこと</u>で新しい対立が生れ、葛藤が発展してゆくのではないか。

1935(昭和10)年に鉄道省直轄(国営)の国鉄(国有鉄道)職員の子として生れた乙松が、やがて1950年、15歳で、(国所有であるが国営ではない)公共企業体となった国鉄(日本国有鉄道)で働くことになり、それから45年の年月が過ぎていく。その間に、国鉄は「マル生運動」や「スト権スト」等を繰り広げ、やがて「分割・民営化」され、JRとなっていく。

だが、乙松は、「平凡な尊さ、というものを身につけ」、そういった内面的生活態度のまま、相変わらず国鉄の制服・制帽姿の「鉄道員(ぽっぽや)」として、「鉄道で職(使命)を以て仁を為し(行動を貫き)」続け、最期を迎える(使命を果たす、まさに命を使い果たす)ことになる。「国鉄職人(じん)」たり得たのである。

「しかしまあ乙松さん、じゃなかった幌舞の駅長、いい顔してたなあ。俺もあやかりてえなあ。ほれ、そこの端の雪だまりにね、しっかり手旗にぎって倒れてたですよ。口にゃ警笛くわえて」／「もういい。もうその話はすん

な」／仙次は運転台に乗りこむ前に、ホームの先端に立って雪を踏んだ。乙松がここに倒れていたのは、淋しい正月をともに過ごして帰った、その翌朝のことだった。始発のラッセルが、前のめりに俯した遺体を見つけたのだった32)。

　仙次は四方を囲むような幌舞の山を見渡した。雪あがりの空は絵具をまいたような青さで、朱い国鉄色のキハが良く似合った。／「大往生だべさあ。雪のホームで始発を待って、脳溢血でポックリなんて——おい、運転かわれ。俺が乙さんを送ってやるべ」（中略）制服の駅員たちで埋まった客席の通路には、錦のかかった乙松の棺桶が乗っていた。（中略）古い革の車掌鞄を開け、仙次は乙松の形見を取り出した。軍手を嵌め、庇のゆがんだ濃紺の国鉄帽を冠り、しっかりと顎紐をかける。油にまみれた男の匂いが、仙次を奮い立たせた。／「出発、進行ォー」（中略）世の中がどう変わったって、俺たちはポッポヤだ33)。

　1976年2月の『中央公論』には、「スト権ストと労働運動の転機」という特集が組まれている。富永健一「公共性と自律性のディレンマ」、伊達秋雄「スト権ストが違法でない根拠」、芦村庸介「ミニ国家"官公労"の人脈と系譜」、寺井澄「トラック野郎の生活と意見」の4編である。

　この中で、筆者が一番興味を覚えたのは、寺井のものであった。肩書きは、「昭和五十年度中央公論新人賞佳作・ダンプ運転手」となっている。少々くだけ過ぎた（偽悪的）言い回しの多い文章ではあるが、終わりの方で、本心を覗かせている。それは、乙松や雄一郎と、そして先の佐久間一郎が望んだところのアンドレアと、「鉄道員」と「トラック野郎」の違いはあっても、本質的に相通じるものを感じさせる。「スト権スト」に際し、「国鉄が止まれば日本経済も止まるのではないか、それほどに国民の多くは畏れた。ところが、このような『国鉄神話』が幻想となってしまったのである」に、寺井は一役買った立場にある34)。

トラック野郎は、何も考えずにただいちずに車を走らせる。それは空ッ腹をかかえ眼を輝かせて食いものを捜しに大地を駆け抜ける痩せ犬と変らない。愉しい道中なのか、なにかにふと歓びの深まるときを味わうようなことがたまにあるか、と訊くほうが無理というものよ。もともと体を張って、銭をとる仕事に、暢気な道理があるわけがない。
　仕事を終えて車を車庫におさめて鍵をかける。そして、ああ今日も無事におわったなと、二、三歩家の方へ歩きはじめてから、女房子供の顔を思い出すという順序になる。

　本章「はじめに」の冒頭で紹介した、三浦哲郎による「鉄道員」評は、同じ浅田次郎作品ではあるが、実は『月のしずく』（文春文庫）所収の「解説」であった。ほとんど「鉄道員」について語った末に、次のように続けるものであった[35]。

　私は「鉄道員」について語りすぎただろうか。けれども、この作品について語ることは浅田次郎を語ることであり、同時に、この作品を案内者として彼の文学世界に散在している小説家としての特質をつぶさに辿ることなのである。（中略）あの老駅長の乙松がそうだったように、真摯で、淳朴で、頑固一徹で、心優しくて、涙もろい人間への、作者の憧れにも似た深い共感なども、他の作品に底流となって息づいていることが、たとえばこの作品集「月のしづく」を読んでみるとよくわかる。（中略）どの作品にも乙松の匂いを発散する人物が出てきて、興味深い。一人だけ例を挙げれば、「月のしずく」の佐藤辰夫。彼は、港のコンビナートで長年〈蟻ン子〉と呼ばれる荷役をしている一人暮らしの労働者だが、ある満月の晩、工場からの帰りに、ふとしたことから男と悶着を起こして傷ついたリエという女を背負って塒へ帰ることになる。その後、二人は何日か奇妙な共同生活をするのだが、彼はリエへの無償の奉仕に不思議な歓びをおぼえ、深い愛にのめり込んでリエが

身籠っている愛人の子を自分の手で産ませたいと願うに至る。(中略)こういう男を語るときの、作者の吐息の熱さが行間から伝わってくる。

「鉄道員(ぽっぽや)」の特質は、体裁や場所柄を転ずれども、(変貌すれども)変質せずして、これからも、世代を超えて、何処かへ繋がっていくのである。そして、浅田の「文学世界」(「小説家としての特質」)、すなわち「『鉄道員(ぽっぽや)』の思想」がそうであるように、筆者らのそれもそうありたいと思う(願う)。一途に、線路(天路、天道)は続くよ、何処までも。

注
1) 三浦哲郎「解説」、浅田次郎『月のしずく』(文春文庫、2000年) 354～356頁。
2) 「鉄道員(ぽっぽや)」メイキング編集部編『映画「鉄道員(ぽっぽや)」高倉健とすばらしき男の世界』(ホーム社、1999年) 参照。
3) 浅田次郎『鉄道員(ぽっぽや)』(集英社、1997年) 43頁。映画の「鉄道員(ぽっぽや)」においても、いかに制服・制帽が重視されているかは、前掲『映画「鉄道員(ぽっぽや)」高倉健とすばらしき男の世界』130～35頁の写真群をみれば、よくわかる。
4) 「人(じん)」は「仁(じん)」に通ずる。「仁」には、「天道が発現して仁となり、これを実践すると、人事・万物すべて調和・発展する」(新村出編『広辞苑』第二版補訂版 岩波書店、1976年、1140頁) という意味がある。「鉄道」は、書いて字の如く、確かに目先の勘定(感情)では、単に「金を失う道」に映るかもしれない。「国鉄」も「国が金を失う」となる。しかし、「人事・万物(国民・国家全体——社会)が調和・発展する」ために、いわば「社会的投資」ひいては「社会的イノベーション」遂行のため、道具としての「お金」を目先失う(費やす)ことは「天道の発現」であり、基本的に問題はない。このことに関連して、篠崎尚夫「石橋湛山——『花見酒の経済』政策思想——」(大森郁夫責任編集『日本の経済思想1』日本経済評論社、2006年所収) を是非参照して頂きたい。そして、本章注16)の「鉄道網の近代化・設備増強といったインフラ投資は、利用者に直接帰属する便益ばかりでなく、国民経済・地域経済に帰属する便益も大きい。すなわち公共的な利益に大きく貢献する。逆にいえば、利用者に帰属する便益は投資がもたらすトータル・ベネフィット (total benefit) のほんの一部分にすぎない」という文面を確認しておいて頂きたい。
5) 前掲浅田『鉄道員(ぽっぽや)』14頁(圏点は引用者)。

第10章　「鉄道員」の思想　367

6）　同上、20頁（圏点は引用者）。
7）　同上、22頁（圏点は引用者）。
8）　東京予備学校編『鉄道員立身案内』（東京予備学校出版部、1935年）1〜5頁、圏点は原文。
9）　東亜鉄道倶楽部編『昭和十三年度版　全国国有鉄道新規採用試験問題集』（東亜高等鉄道学校出版部、1939年）1〜3頁。
10）　同上、5頁以降、「東京鉄道局　（昭和十一年三月八日施行）＝中学校、甲種実業学校卒業者＝」の「数学」（計4問）、「国語」（計2問出題されている）、「地理」（計2問出題されている）、「常識」（計2問出題されている）の問題・解答が記されている。そして、甲種工業学校卒業者の「数学」（中学校、甲種実業学校卒業者と同じ）、「国語」（同上）、「常識」（中学校、甲種実業学校卒業者の「常識」と同じものが、1問だけ出題されている、計1問）と「専門学」（機械科、土木科、電気科、建築科ごとに異なり、それぞれ3問ずつ出題されている）の問題のみが記されている（解答は載っていない）。乙種実業、高等女学校卒業者の「数学」（計4問中、4問目のみ中学校、甲種実業学校卒業者と同じ）、「国語」（同上）、「地理」（計2問、そのうち1問は中学校、甲種実業学校卒業者と同じ）の問題・解答、「常識」（中学校、甲種実業学校卒業者と同じ）。乙種工業学校卒業者の「数学」（乙種実業、高等女学校卒業者と同じ）、「国語」（同上）、「常識」（同上）、「専門学」（土木科、電気科、建築科ごとに異なり、それぞれ3問ずつ出題されている）の問題のみ（解答は載っていない）。乙種鉄道学校卒業者の「数学」（乙種実業、高等女学校卒業者と同じ）、「国語」（乙種実業、高等女学校卒業者と同じ）……、と続いている。
11）　以下を参照。武藤康史『旧制中学入試問題集』（筑摩書房、2007年）。
12）　前掲、東京予備学校編『鉄道員立身案内』61、103頁。
13）　以下を参照。「〈旅路〉／ものがたり」（NHK広報室編『グラフNHK』NHKサービスセンター、1967年5月1日号）2〜3頁、平岩弓枝『旅路――第一部――』（東京文藝社、1967年）。
14）　平岩弓枝『旅路――第一部――』（東京文藝社、1967年「まえがき」圏点は引用者）。「雄一郎が1905年《明治38》生まれであること」は、同書にある「大正十四（1915――引用者）年十一月の或る晴れわたった朝、北海道手宮駅で貨物掛をしている室伏雄一郎は……」（同上、7頁）と「父の嘉一が鰊漁の操業中、海へ落ちて死んだのは今から十年前、雄一郎が十才のときだった」（同上、8頁、圏点は引用者）という記述からわかった。また、平岩のエッセイ集『旅路の旅』の「雄一郎の停年は、このドラマの鉄道関係のことでは一年間、たいへんにお世話になり、助言をいただいた札幌鉄道管理局の野元昌門氏の計算で、昭和三十六年三月だと指示

されていた」（平岩『旅路の旅』朝日ソノラマ、1969年、221頁）という文面ともぴったり来る。当時の「停年」は55歳であったから、「昭和三十六年三月」の「停年」ということは、1960年4月から1961（昭和36）年3月までに55歳となっていることが条件になる。それゆえ、1905（明治38）年4月から12月の生まれ、と推定される前記の『旅路──第一部──』文面と一致する訳である。

　平岩の『旅路』については、この他、以下を参照。平岩『旅路──第二部──』（東京文藝社、1967年）。平岩『旅路』（上）・（中）・（下）（東京文藝社、1988年）、前掲 NHK 広報室編『グラフ NHK』（1967年5月1日号）、同『グラフ NHK』（1967年9月15日号）。

　元東京駅長加藤源蔵が言う「立派な駅長さんや、助役さん……」に関連して、以下を参照。市川潔『駅長紳士録』（朝日新聞社、1965年）、土谷哲靖『国鉄・今昔人物群像』（鉄道公論社、1981年）。創立30周年記念事業委員会編纂『国鉄 OB 会30年史』（1985年、非売品）、地方人事調査会『国鉄史──国鉄を支えた人々の歴史──』東日本編（1987年）。

15)　イタリアフィルム社提供「鉄道員」シナリオ、（『映画芸術』第6巻第11号　共立通信社出版部、1958年11月）48頁（圏点は引用者）。

16)　葛西敬之『未完の「国鉄改革」──巨大組織の崩壊と再生──』（東洋経済新報社、2001年）20頁。
「そもそも国鉄は、昭和二四年にマッカーサー司令部によって、国の手による直接的な経営から独立採算制の公共企業体へと改組され、日本国有鉄道として発足した。（中略）当時の国鉄には、二つの使命があったと思う。その一つは、唯一組織的に機能していたインフラである全国的な鉄道網を駆使して、戦後の経済的復興に貢献すること。もう一つは、戦争により荒廃・老朽化した鉄道インフラを整備・近代化して、常に供給を上回っていた需要に見合うような増強をすること。つまり近代化・復興増強投資をやり、同時に効率的な運営を行うという二つのことを、独立採算制の公共企業体という仕組みのなかで実現をしていこうという狙いであったが、これは本質的な矛盾を内包していたといえよう。／その一つは、独立採算性という仕組みそのものである。これはすべての支出を利用者から運賃のみに依存して賄っていくという考え方である。しかしながら、鉄道網の近代化・設備増強といったインフラ投資は、利用者に直接帰属する便益ばかりでなく、国民経済・地域経済に帰属する便益も大きい。すなわち公共的な利益に大きく貢献する。逆にいえば、利用者に帰属する便益は投資がもたらすトータル・ベネフィット（total benefit）のほんの一部分にすぎない。一方、鉄道の建設・整備増強投資は膨大な額にのぼり、いったん完成を見たあかつきには供給能力は飛躍的に拡

大する。需要は逐次増加をたどるものであるから、投資の回収は長期にわたることになる。この外部経済効果の大きさ（利用者の便益の限定性）と回収期間の長期性を併せ考えると、鉄道のインフラ整備のコスト全部を利用者からの運賃料金収入に依拠することは無理なのである。／そういう意味で、戦後の日本にマッカーサーが導入した公共企業体制度においては、達成すべき目標・使命と、そのために与えられている手段との間に明らかにギャップがあった。国鉄はこれに早くから気づいていて、鉄道のインフラ整備増強のためには政府からの出資金が必要であるとし、政府出資金を強く求める要請をたびたび行ってきた。しかしながらそれはついに実行されることなく、代わりに財政投融資資金という形で、国が長期的に安定した金利の資金を貸してくれることになった。その後の国鉄の借金経営の大きな原因は、この制度そのものに初めから内包されていたといえる」（同上、5〜6頁、圏点・下線は引用者）。

17) 『鉄道公報』号外（1969年5月27日）、国鉄労働組合編『国鉄マル生運動資料集』（労働旬報社、1979年）51〜52頁（圏点は引用者）。

18) 加藤仁『国鉄崩壊』（講談社、1986年）109頁。

19) 「国鉄マル生運動」の顛末については、前掲『国鉄マル生運動資料集』以外に、日本生産性本部『生産性運動30年史』（1985年）を主に参照した。この他、「マル生」に関して、次のものが参考になった。国際労働問題研究協会編『マル生黒書――その正体と国鉄労使対決の全貌――』（労働文庫、1971年）、吉留路樹『郵政マル生の実態――このおどろくべき労働弾圧路線――』（二月社、1979年）、同『拡散するマル生――郵政から総産業へ――』（二月社、1979年）。

20) 上の『生産性運動30年史』では、「座して攻撃にさらされるより、立って反撃を」（821頁）と略記されているが、「中川執行委員長の決意表明」における「……座して手をこまねいていても現在の組織は守れず、くみしやすいと見たとき相手はますます攻撃を強化して、終局には全面的武装解除を迫ってくることは必至であると判断しなければなりません。したがって私たちは、抵抗こそ最大の防御であるという原則にのっとり、マル生運動粉砕……」（「中川執行委員長の決意表明（全文）　国労第三二回定期全国大会　71年8月24日〜28日」、前掲『国鉄マル生運動資料集』563頁）という部分を指しているのであろう。

中川の「決意表明」に続く、「大会宣言」の「……いまや、ますます危機を深めつつある資本主義体制の延命策に狂ほんする国家独占資本は、よりいっそう収奪と搾取を強化しています。全国的に及びつつあるあらゆる形の公害、まさにスタグフレーションそのものの高物価、独占奉仕と軍備強化のための重税、新全国総合開発計画の美名のもとにおしすすめられている過密・過疎化、さらには日本列

島株式会社に即応するための交通政策など、どれをとらえてみても、国民無視もはなはだしいといわなければなりません。／また国鉄に目を転ずれば、つくられた"赤字"をふりかざして国鉄経営の危機感をあおり、国民にはローカル線・小駅廃止と運賃値上げを、国鉄労働者には二十一万五千人の人べらしと労働強化の『合理化』を押しつけてきています。／これらの収奪と搾取を強行するために教育・司法の反動化、社会保障制度の改悪、生産性運動の導入、労働戦線の右翼的再編など、広はん多岐にわたる体制的な攻撃をしかけてきているのが現状です。／とくに、国鉄当局の気違いじみたマル生運動による思想攻撃、分裂支配、不当労働行為は、職場を暗黒にし、発狂、自殺者がつぎつぎに出るほど目に余るものがあります。……」(「大会宣言」、同上、563～564頁)の文面が何故か重い。もちろん、このまま全文を素直に受け入れることはできない。が、所々ハッとさせられなくもない。筆者は、今、現在(2010年)になって、驚かされている。

21)「昭和四六年一〇月一一日衆議院社会労働委員会」、同上、981～982頁(圏点は引用者)。

22)「私は証言する──『昇職試験合格エサに国労脱退説得された』」(『毎日新聞』1971年10月7日)、同上、1154～1155頁。

23) このあと磯崎総裁は、「マル生運動の導入」について、次のような興味深い説明もしている(「マル生導入説明」)。「国鉄がいわゆる左前と申しますか赤字に転落いたしましたのは昭和三十九年でございまして、それ以後毎年膨大な赤字を累積いたしまして今日に至っておるわけでございます。こういうふうになりましたのは、いろいろな原因がございまして、これを除去すべく昭和四十四年に国会の御承認をいただきまして、国鉄再建の臨時措置法をおつくりいただいたわけでございまして、その臨時措置法は先ほど申し上げましたとおり、まず国鉄自体の努力、それから国民の御協力と政府の援助、この三本を柱といたしまして再建に取りかかったわけでございます。(中略)もっと民間企業のように国鉄が隆盛だった時分に、まだまだ上り情勢だった時分に取り入れるべきものであったと存じますけれども、おそまきながら昭和四十四年から四十五年にかけましてその生産性運動を中に入れたわけでございます」(「昭和四六年一〇月一一日衆議院社会労働委員会」、同上、983頁、圏点は引用者)。そもそも、磯崎総裁は、衆議院社会労働委員会に「説明員」として出席していた。

1957年に鉄道業生産性視察団員として訪米した星野守之助(1958年当時国鉄職員局給与課長)は、『国鉄の労務管理』(一橋書房、1958年)の中で、「生産性向上運動は、労働者の協力のもとに一般消費者の福祉をも考慮に入れて、推進しようとするものである。ややもすれば、従来の能率向上や合理化運動は、労働者の犠

性において行われたが、そうしたものとは全く異なるものである。生活向上のためには、労働者は、こうした点についての認識を深め、地道な努力をかさねてゆくべきものと思う」(同書、172頁)と記していた。

24) 日本国有鉄道再建監理委員会『国鉄改革に関する意見――鉄道の未来を拓くために――』1985年7月26日、2頁。

25) 同上、142～151頁。例えば、②「業務能率が低下することはない」に関して、「旅客鉄道会社間をまたがる長距離列車のダイヤの設定に際して、双方の利害が対立したり調整に時間がかかって線区全体としての効率的な輸送計画が立てられなくなるのではないか」(同上、143頁)といった質問に対し、「当委員会の分割案を前提に現在の国鉄ダイヤを適用すると、会社間をまたがって運行される列車は全国で1日500本(うち2社を超えて運行される列車は30本弱)となるが、列車の総率は3％程度であり、ほとんどの列車は自社内で運行される列車である。ちなみに現在私鉄等で行われている列車の相互乗入れは全国で1日約6,000本に達している。／また、収益性の高い長距離旅客輸送のサービスを向上し、線区全体の輸送効率を高めることは、相互乗入れを行う双方のメリットになることは明らかであり、ダイヤの設定については、関係旅客鉄道会社間により、企業原理に基づき十分に調整され得るものと思われる」(同上、143～144頁)と回答している。このような「質問・回答」が計8つある。さらに、参考資料として「1．交通機関別輸送人キロの予測結果」、「2．交通機関別輸送人キロの推移と予測」、「3．県間普通旅客の交通機関別距離帯別シェア」、「4．昭和62年度旅客鉄道会社経営見通し」、「5．昭和62年度3島旅客鉄道会社経営見通しと昭和58年度国鉄収支との比較」、「6．鉄道旅客部門の適正要員数の推計について」、「7．昭和62年度地域別職員数」(同、152～159頁)が巻末に付されている。

26) 前掲浅田『鉄道員』18頁。

27) 三塚博『国鉄を再建する方法はこれしかない』(政治広報センター、1984年)33～34頁(圏点は引用者)。当時自民党国鉄再建小委員会の委員長であった三塚が、本書を出版したことによって、「国鉄再建」の方法は「分割・民営化」しかない、と世間に強く印象づけた。これは、前述の『国鉄改革に関する意見』(国鉄再建監理委員会、1985年)提出を、より容易にしたといえる。三塚は、のちに、「父に連れられ初めて小牛田駅に行くたびに、鉄道・駅がいかに街を発展させるのかを思い知らされると共に、東京に出てみたいとの思いが募りました。(中略)獣医志望だった私が政治への道を志したのは東京に出たことに起因するわけですが、国鉄改革いや国鉄再建が私のライフワークと言わしめ、運輸大臣となりそれを実現できたのは、あの時の思いが原点にあったような気がします」(三塚博「小牛田駅と

私」、NPO法人地域文化研究所小牛田セミナー編『小牛田駅の思い出』カルダイ社、2001年、82〜83頁、圏点は引用者）と述べている。三塚は、1985年12月から86年7月まで中曽根内閣の運輸相（初入閣）を務めた。

28)　同上、36〜37頁。なお、「スト権スト」、その後の「分割・民営化への道」について、同上書のほかに、以下のものを参考にした。「公企体等閣僚協専門懇意見書（1975年11月26日）」、公共企業体等労働組合協議会編著『公労協スト権奪還史』1978年、937〜966頁。加藤寛『現代日本の公企業──経営再建の途を探る──』（日本経済新聞社、1976年）。国鉄再建問題研究会編『国鉄再建への道』（日本リーダーズ協会、1981年）。鎌倉孝夫『「国鉄改革」を撃つ──公共交通の再生──』（緑風出版、1986年）。草野厚『国鉄改革──政策決定ゲームの主役たち──』（中央公論社、1989年）。佐藤昭夫『国家的不当労働行為──国鉄民営化批判の法理──』（早稲田大学出版部、1990年）。角本良平著・財団法人交通研究協会企画『国鉄改革をめぐるマスメディアの動向』（交通新聞社、1992年）。松崎明『国鉄改革──正々堂々と我が道を行く──』上・下巻（ぴいぷる社、1998年）。前掲、葛西『未完の「国鉄改革」』（2001年）。同『国鉄改革の真実──「宮廷革命」と「啓蒙運動」──』（中央公論新社、2007年）。

29)　「昭和47年は鉄道100年にあたり、3月には新幹線が岡山へのびたが、派手やかなお祭り騒ぎをする状況にはなかった。48年（1973年──引用者）の春闘では動労を中心とした強力な"順法闘争"が、3月に高崎線の上尾駅事件、4月には首都圏各駅の暴動を招き、磯崎（叡──引用者）の責任を問う声があちこちからあがった。磯崎は5月に再任されたものの、わずか4カ月後の9月19日、大量処分と運賃値上げ成立ののち突然辞表を提出する」（種村直樹「国鉄総裁の椅子──日本国有鉄道史　歴代総裁10氏の証言──」、『日本国有鉄道──大いなる旅路──』鉄道ジャーナル別冊 No. 18（鉄道ジャーナル社、1987年5月）134頁（圏点は引用者）。

また、『週刊新潮』1974年4月18日号には、「"国民"の名を使って何か大きなコトを起こすヤツは、たいてい国民の名を騙り、隠れミノにする下心を持っている。今度の"国民春闘"だって例外でない。インフレに国民の大多数が悩んでいるのは事実だ。しかし、大規模なゼネストを構えて、それで国民全部がインフレ渦から救われるような幻想をふりまく国労、動労など一部大労組の態度には疑念を禁じ得ない。キレイゴトのスローガンの陰で、いったいどれだけの平凡な勤労者、市民が悩み、嘆き、疎外されていることか。"スト支持ムード"の新聞が報道しない、もう一つの"国民の声"はこうである……」（「週刊新潮」編集部編『「週刊新潮」が報じたスキャンダル戦後史』新潮社、2006年、273頁、圏点は引用者）とした「『交

通ゼネスト』に新聞が書かない、もう一つの『国民の声』」という記事が掲載されている。

「スト権スト」(1975年) 以前に、局部的に激しく、全体的にも（それほど表立っていないかもしれないが）確実に、国鉄に対する「怒りの感情」は生じつつあった。

30) 同上、葛西『未完の「国鉄改革」』64頁。
31) 佐久間一郎「ピエトロ・ジェルミと『鉄道員』」(『映画芸術』第6巻第11号　共立通信社出版部、1958年11月) 33頁 (圏点は原文、下線は引用者)。
32) 前掲、浅田『鉄道員(ぽっぽや)』43頁 (圏点は引用者)。
33) 同上、45～46頁 (圏点は引用者)。
34) 寺井澄「トラック野郎の生活と意見」(『中央公論』第1067号、1976年2月) 125頁、圏点は引用者。「先日のスト権奪還ストのときのあの政府声明のあとで、公労協は勇ましく十日間打ち抜き宣言をやったのに、八日間で収拾されてしまった。(中略) 自民党の実力者と公労協幹部の双方に、ストが長びくことの、危機感のとらえかたに読み違えがあり、条件付きスト権付与とかいうものをめぐってかみ合うチャンスを失った。／その点についてはトラックによる輸送増強が、国民生活を大混乱におとしいれることから救った点を見逃してはならないよ。／つまりさ、公労協がたのみの武器とする『国鉄スト』でもって、首相の三木さんからスト権付与の決断をかちとれなかった最大の理由は、交通体系の変容で国鉄のシェアが極端に落ち込んでいることを組合さんは見落としていたからだろうよ。／家庭の台所に直結する生鮮食料品などは、高度成長の日本列島改造で道路が実によく整備されて、オレたちトラック野郎による輸送が大きく伸びて、スト期間中も東京中央卸売市場への魚や野菜、果物の入荷は順調だった。売行のほうが予想に反して低調だったので荷動きがにぶく、魚は安めだし、野菜は平日並みと値動きに大きな変動がなかったというわけよ。／口にはいるものが滞りなく流通したことで、交通ゼネストの効力半減ということさ」(同上、121頁、圏点は引用者)。
35) 三浦哲郎「解説」、浅田次郎『月のしずく』(文春文庫、2000年)、357～359頁 (圏点は引用者)。

〔付記〕

筆者は、今夏 (2010年9月)、「鉄道員(ぽっぽや)」・『旅路』の舞台となった (また、あの「函館大会」があった)、北海道へと向かった。小樽で旧手宮線の線路上を歩いているとき、乙松や雄一郎、そしてアンドレアにさえ会えたような気がした。足下の枕木から、「道を伝えて　己を伝えず」という教えが立ち昇り、地味な (地の味、地の塩) 列車 (者)

の響きがしてきた……。暑かったが、そのときばかりは、爽やかであった。不思議である。

中村慎一朗（なかむら・しんいちろう）
　1977年生まれ
　明治大学大学院経営学研究科博士前期課程修了
　現　　在：立教大学大学院経済学研究科博士課程後期課程在籍
　主要業績：「昭和初期における『大阪市商業調査書』の調査方法」『立教経済学論叢』第72号、
　　　　　2009年2月、69〜88頁

黒川徳男（くろかわ・のりお）
　1966年生まれ
　國學院大學大学院文学研究科日本史学専攻博士後期課程単位取得満期退学
　現　　在：國學院大學文学部兼任講師
　主要業績：「大政翼賛会調査会における家族論――国家総動員態勢下における「家」解体への対策
　　　　　として――」（『国史学』202、国史学会、2010年12月）

松本和明（まつもと・かずあき）
　1970年生まれ
　明治大学大学院経営学研究科博士後期課程中退
　現　　在：長岡大学経済経営学部人間経営学科教授
　主要業績：「渋沢栄一と外山脩造」（渋沢研究会『渋沢研究』第24号、2012年1月）

【執筆者紹介】（執筆順）

恩田　睦（おんだ・むつみ）
　　1980年生まれ
　　立教大学大学院経済学研究科博士課程後期課程修了
　　現　　在：弘前大学人文学部講師
　　主要業績：「戦前期秩父鉄道にみる資金調達と企業者活動──借入金調達を中心に」（『経営史学』
　　　　　　　第45巻第3号、2010年12月）ほか

小緑一平（こみどり・いっぺい）
　　1983年生まれ
　　立教大学大学院文学研究科史学専攻博士課程後期課程在籍

西谷直樹（にしたに・なおき）
　　1980年生まれ
　　立教大学大学院経済学研究科博士課程後期課程在籍
　　現　　在：私立西武台高等学校非常勤講師
　　主要業績：「企業進出と地域社会の変容──茨城県多賀郡日立村を対象に──」（『立教大学経済学
　　　　　　　論叢』第72号、2009年2月）ほか

鈴木和哉（すずき・かずや）
　　1983年生まれ
　　立教大学大学院経済学研究科博士課程後期課程単位取得退学
　　現　　在：立教大学経済学部会計ファイナンス学科助教
　　主要業績：「戦後日本における「企業会計基準法」構想と「企業会計原則」」（『立教経済学研究』
　　　　　　　第64巻第2号、2010年10月）ほか

高　宇（こう・う）
　　1957年中国吉林省生まれ
　　立教大学大学院経営学研究科経営学博士課程修了
　　現　　在：山西大学教授、立教大学兼任講師
　　主要業績：『戦間期日本の水産物流通』（日本経済評論社、2009年）

藤井英明（ふじい・ひであき）
　　1975年生まれ
　　立教大学大学院経済学研究科博士後期課程単位取得退学
　　現　　在：学習院大学経済学部非常勤講師
　　主要業績：「1970～80年代における富山市駅前開発と中心商店街──「商業近代化」政策とコミュ
　　　　　　　ニティー・マート事業──」（『立教経済学研究』第66巻第3号、2013年1月）

【編著者略歴】

篠崎尚夫（しのざき・たかお）
1958年生まれ
立教大学大学院経済学研究科博士課程単位取得退学
現　　在：金沢星稜大学女子短期大学部副学長、博士（経済学）
主要業績：『東畑精一の経済思想』（日本経済評論社、2008年）、『東京オリンピックの社会経済史』（第3章執筆、日本経済評論社、2009年）、『日本の経済思想1』（第7章執筆、日本経済評論社、2006年）

鉄道と地域の社会経済史

2013年4月25日　第1刷発行　　　　定価（本体6000円＋税）

編著者　篠　崎　尚　夫
発行者　栗　原　哲　也
発行所　株式会社　日本経済評論社
〒101-0051　東京都千代田区神田神保町3-2
電話　03-3230-1661　FAX　03-3265-2993
info8188@nikkeihyo.co.jp
URL：http://www.nikkeihyo.co.jp

装幀＊渡辺美知子　　　　印刷＊文昇堂・製本＊誠製本

乱丁・落丁本はお取替えいたします。　　Printed in Japan
© SHINOZAKI Takao et al., 2013　　ISBN978-4-8188-2255-9

・本書の複製権・翻訳権・上映権・譲渡権・公衆送信権（送信可能化権を含む）は、㈱日本経済評論社が保有します。

・JCOPY〈㈳出版者著作権管理機構　委託出版物〉
本書の無断複写は著作権法上での例外を除き禁じられています。複写される場合は、そのつど事前に、㈳出版者著作権管理機構（電話03-3513-6969、FAX03-3513-6979、e-mail: info@jcopy.or.jp）の許諾を得てください。

商品流通と東京市場
――幕末～戦間期――

老川慶喜・大豆生田稔編著

A5判　五七〇〇円

東京周辺の市場圏や各地域の実態に即しつつ、織物、肥料、塩、陶磁器等多様な商品市場が重層的に存在する東京市場の構造を具体的かつ実証的に解明する。

東京オリンピックの社会経済史

老川慶喜編著

A5判　四二〇〇円

東京五輪は、高度経済成長期の日本社会とどのように共鳴しあっていたか。都市開発、万博・ロンドン五輪との比較、消費、娯楽、流通など多彩な視点から検討。

近代日本の鉄道構想

老川慶喜著　近代日本の社会と交通③

A5判　二五〇〇円

明治期鉄道の敷設と政策について、福沢諭吉、井上勝、松方正義、『東京経済雑誌』の鉄道構想などのさまざまな議論を整理し、日本の経済発展と鉄道との関係を考察する。

戦間期日本の水産物流通

高宇著

A5判　四九〇〇円

都市化の進展とともに食料品の供給が社会の安定と経済の持続的成長にとって重要課題となった。水産物供給体制の形成過程を運輸、市場、企業の視点から検討する。

東畑精一の経済思想
――協同組合、企業者、そして地域――

篠崎尚夫著

A5判　五〇〇〇円

戦後日本の農業近代化と農村問題に貢献し、政府関連の要職を歴任した東畑。戦前からの「柳田・シュンペーター受容」は彼の内面にいかなる影響を与えたか。

（価格は税抜）

日本経済評論社